普通高等教育"十一五"国家级规划教材

交通工程教学指导分委员会"十三五"规划教材

高等学校交通运输与工程类专业教材建设委员会规划教材

Traffic Engineering

交通工程学

（第4版）

任福田　刘小明　孙立山　等　编著

人民交通出版社股份有限公司

北　京

内 容 提 要

本书在第3版的基础上进行修订。全书共分十六章，内容包括：绪论，人和车辆的交通特性，交通量，车速，交通密度，延误，交通量、车速和密度之间的关系，交通流理论，道路通行能力，交通规划，交通管理与控制，停车场，交通安全，城市公共交通，道路交通环境保护，智能交通系统。

本书可作为高等学校交通工程专业、交通运输专业、土木工程专业用教材，也可供从事交通工程研究的专业技术人员参考。

（为方便读者随时查阅本书内容，本书配有电子书，可扫描封面二维码获取）

图书在版编目(CIP)数据

交通工程学／任福田等编著． — 4版． — 北京：人民交通出版社股份有限公司,2023.8（2025.3重印）

ISBN 978-7-114-18846-6

Ⅰ.①交⋯　Ⅱ.①任⋯　Ⅲ.①交通工程学　Ⅳ.①U491

中国国家版本馆 CIP 数据核字(2023)第 112494 号

Jiaotong Gongchengxue

书　　名：	交通工程学（第4版）
著 作 者：	任福田　刘小明　孙立山　等
责任编辑：	李　晴　杨　思
责任校对：	孙国靖　卢　弦
出版发行：	人民交通出版社股份有限公司
地　　址：	(100011)北京市朝阳区安定门外外馆斜街3号
网　　址：	http://www.ccpcl.com.cn
销售电话：	(010)85285911
总 经 销：	人民交通出版社股份有限公司发行部
经　　销：	各地新华书店
印　　刷：	北京市密东印刷有限公司
开　　本：	787×1092　1/16
印　　张：	22.75
字　　数：	563千
版　　次：	2003年7月　第1版　2008年7月　第2版 2017年7月　第3版　2023年8月　第4版
印　　次：	2025年3月　第4版　第3次印刷　总第37次印刷
书　　号：	ISBN 978-7-114-18846-6
定　　价：	56.00元

（有印刷、装订质量问题的图书，由本公司负责调换）

再版前言

这本《交通工程学》是普通高等教育"十一五"国家级规划教材、交通工程教学指导分委员会"十三五"规划教材、高等学校交通运输与工程类专业教材建设委员会规划教材,自首次出版已20年,共印刷30余次,累计印刷11万册,受到大家广泛喜爱。在此感谢使用这本教材的师生和爱护该书的读者。

本版是《交通工程学》第4版。本次修订除根据行业发展情况、国内外研究成果和最新标准规范更新了相关数据、技术和要求,还在第十一章新增了"交通智能管理"内容,在第十四章新增了"共享交通"内容,在第十五章新增了"碳达峰、碳中和"内容。为使本书保持与时俱进、符合学科发展、适应人的认识规律、满足教学需要等,参编诸君付出了切实努力。尽管如此,疏漏难免,敬请读者指正。

本书由任福田、刘小明、孙立山等编著。孙立山编写第一章、第七章,胡江碧编写第二章,张智勇编写第三章、第四章,杨孝宽编写第五章,孔德文编写第六章,邵长桥编写第八章、第九章,严海编写第十章,石建军编写第十一章,关宏志编写第十二章,贺玉龙编写第十三章,魏中华编写第十四章,陈艳艳编写第十五章,赵晓华、许琰编写第十六章。

任福田
2023年5月于北京工业大学

目录

第一章　绪论 ··· 1
　第一节　交通工程学的定义 ··· 1
　第二节　交通工程学的内容 ··· 2
　第三节　交通工程学发展概况 ·· 4
　第四节　我国交通工程学的发展 ··· 8
第二章　人和车辆的交通特性 ··· 16
　第一节　驾驶员的交通特性 ··· 17
　第二节　行人的交通特性 ·· 31
　第三节　车辆的交通特性 ·· 34
　思考题 ··· 41
第三章　交通量 ··· 43
　第一节　交通量概述 ·· 43
　第二节　统计交通量的方法 ··· 51
　第三节　交通量调查 ·· 56
　第四节　交通量资料的应用 ··· 62
　思考题 ··· 64
第四章　车速 ·· 65
　第一节　车速概述 ··· 65
　第二节　影响车速变化的因素 ·· 68
　第三节　地点车速调查 ··· 70
　第四节　行驶车速及区间车速调查 ···································· 74

  第五节 车速资料整理 ·· 78
  思考题 ·· 82

第五章 交通密度

  第一节 交通密度概述 ·· 83
  第二节 交通密度调查 ·· 84
  第三节 交通密度资料的应用 ·· 90
  思考题 ·· 90

第六章 延误

  第一节 延误概述 ·· 91
  第二节 路段行车延误调查 ··· 93
  第三节 交叉口延误调查 ·· 97
  第四节 延误调查资料的应用 ·· 103
  思考题 ·· 105

第七章 交通量、车速和密度之间的关系

  第一节 三参数之间的关系 ·· 106
  第二节 车速-密度的关系 ·· 108
  第三节 交通量-密度的关系 ··· 109
  第四节 车速-交通量的关系 ··· 110
  思考题 ·· 112

第八章 交通流理论

  第一节 交通流的概率统计分布 ··· 113
  第二节 跟驰理论 ·· 125
  第三节 排队论 ·· 131
  第四节 流体力学模拟理论 ·· 137
  思考题 ·· 142

第九章 道路通行能力

  第一节 道路通行能力概述 ·· 143
  第二节 高速公路通行能力 ·· 148
  第三节 双车道公路路段通行能力 ·· 167
  第四节 城市道路路段通行能力 ··· 170
  第五节 道路平面交叉口通行能力 ·· 173

| 第六节 | 公共交通通行能力 | 184 |
| 思考题 | | 187 |

第十章　交通规划 … 188
第一节	交通规划的内容与程序	188
第二节	交通调查	190
第三节	交通需求分析及发展预测	197
第四节	道路系统规划	211
第五节	交通规划评价	212
思考题		215

第十一章　交通管理与控制 … 217
第一节	交通管理的目的和内容	217
第二节	交通法规	218
第三节	交通标志与标线	219
第四节	交通系统管理	223
第五节	交通需求管理	224
第六节	交通智能管理	227
第七节	道路交通信号控制	227
第八节	交通行为控制	238
思考题		243

第十二章　停车场 … 244
第一节	城市停车问题概述	244
第二节	停车场分类	245
第三节	停车调查	246
第四节	停车需求预测与停车场规划	249
第五节	停车场设计	256
第六节	非机动车停车场设计	263
思考题		266

第十三章　交通安全 … 267
第一节	道路交通事故	267
第二节	交通事故调查	269
第三节	道路交通事故原因分析	272

第四节	道路交通安全评价	283
第五节	提高道路交通安全的对策	287
第六节	道路交通事故的经济损失	289
思考题		294

第十四章 城市公共交通 296

第一节	常规公共汽车交通系统	296
第二节	轨道交通系统	303
第三节	快速公交系统（BRT）	305
第四节	共享交通	314
思考题		316

第十五章 道路交通环境保护 317

第一节	道路交通环境保护概述	317
第二节	大气污染	318
第三节	汽车污染物的危害及防治	320
第四节	噪声污染	326
第五节	城市交通噪声及其控制	330
第六节	振动危害及防治	335
第七节	碳达峰、碳中和	337
思考题		338

第十六章 智能交通系统 339

第一节	智能交通系统概述	339
第二节	智能交通系统体系结构	341
第三节	智能交通系统中应用的关键技术	344
第四节	ITS实用系统	346
第五节	物联网与车联网技术	350
思考题		352

参考文献 353

第一章

绪论

本章概述交通工程学科的起源与发展,介绍我国在交通工程领域取得的伟大成就。

第一节 交通工程学的定义

一、交通的定义

交通是交通体在交通管理空间上有通达目的的移动。

交通体是指人和载运工具。载运工具包括非机动车、机动车、火车、轮船和飞机等。交通是交通体有条件的移动,交通体不在交通管理空间上的移动不视为交通,如运动员在操场上的竞技、人群在舞池里翩翩起舞、车辆在工厂里的调动等都不是交通。交通体在交通管理空间上不为通达目的而引发的移动也不视为交通,如人群游行、汽车拉力赛、载运工具为完成某种特定的任务而产生的移动,也不属于交通。

广义上的交通包括道路交通、铁路交通、水路交通、航空交通、管道交通。本书论述的交通是道路交通。

二、交通工程学的定义

交通工程学是研究交通规律及其应用的一门技术科学。它的目的是探讨如何使交通运输安全、迅速、舒适、经济;它的研究内容主要是交通规划、交通设施、交通运营管理;它的研究对象主要是驾驶员、行人、车辆、道路和交通环境。

交通工程学是一门发展中的交叉学科,它与运输工程学、道路工程学、汽车工程学、电子工程学、系统工程学、工效学、心理学和经济学等学科密切相关,其内容包含自然科学和社会科学的成分,且仍在不断地丰富。

在交通工程学的发展历程中,各国机构、学者先后提出过一些不同的定义:

美国交通工程师协会早期给交通工程学下的定义是:交通工程学是工程学的一个分支。它研究道路规划、几何设计、交通管理和道路网、起终点站、毗连用地与各种交通方式的关系,以便使客货运输安全、有效和方便。1983年,美国交通工程师协会的会员指南又重新给出了交通工程学的定义:交通工程学是运输工程学的一个分支。它涉及规划、几何设计、交通管理和道路网、起终点站、毗连用地,以及与其他交通方式的关系。

澳大利亚著名的交通工程学教授布伦敦给交通工程学下的定义是:交通工程学是关于交通和出行的量测科学,是研究交通流和交通发生基本规律的科学。为了使人和物安全而有效地移动,把这些科学知识应用于交通系统的规划、设计和运营。

英国学者这样定义交通工程学:道路工程学中研究交通运营与控制、交通规划、线形设计的那一部分叫交通工程学。

苏联学者给交通工程学下的定义是:交通工程学是关于交通过程的规律和交通对道路结构、人工构造物影响的科学。

根据交通工程学涉及的内容,有人将交通工程学称为"六E"科学,包括执法(Enforcement)、教育(Education)、工程(Engineering)、环境(Environment)、能源(Energy)和经济(Economy)。

由于交通工程学的研究对象包括人(驾驶员、行人、乘客等)、车(机动车与非机动车等)、路(公路与城市道路等)和环境(噪声与景观等),所以也有人说交通工程学是研究人、车、路、环境的科学。

从上面的叙述我们可以看出,后面两种定义是一种通俗形象的说法,并不是科学的定义。美国交通工程师协会的定义是从学科研究内容和目的着手,英国学者的定义强调了学科内容,澳大利亚学者和苏联学者的定义则试图从学科的内涵去解释。

第二节 交通工程学的内容

交通工程学的内容主要包括以下几个部分:

一、交通特性

研究某一地区的交通,首先应掌握该地区的交通特性及其发展趋势。这部分内容包括人、车、路以及交通流的特性。

1. 驾驶员和行人的交通特性

驾驶员和行人是道路、车辆的使用者,应当从交通心理学的角度来研究驾驶员的视觉特性、反应特性、酒精对驾驶的危害性、驾驶员的驾驶适应性,以及疲劳、情绪、意志、注意力等对行车的影响;另外,由于新技术的应用,目前交通环境中新的设施、设备对人们交通行为的影响受到普遍重视。

2. 车辆的交通特性

(1) 车辆拥有量:车辆拥有量是一个城市或一个地区交通状况的具体体现。交通工程学研究车辆历年增长率、按人口平均的人均车辆数、车辆增长与道路建设和环境污染的关系、车辆组成,以及车辆拥有量的发展趋势。

(2) 车辆运行特性:研究车辆的尺寸、结构与质量、操纵特性、加速性能、制动性能、安全可靠性与经济特性。

3. 道路的交通特性

道路是主要的交通设施。交通工程学研究道路规划指标如何适应交通的发展,线形标准如何满足行车要求,线形设计如何保证交通安全,道路与环境如何协调。

4. 交通流的特性

本书研究的交通流是道路上的系统,交通流的运行有其规律性,因此要对交通流的三个重要参数——交通量、车速、密度的变化规律及其相互关系进行研究,同时要研究车头时距分布和延误的变化规律。只有对交通流进行定量分析,掌握各种特征参数的具体数值,才能针对具体情况进行科学的交通规划、线形设计和交通管理。

二、交通调查

交通调查是开展交通工程工作的基础,包括交通量调查、车速调查、车流密度调查、延误调查、交通起讫点调查等内容,这些是交通工程学的基本调查项目,是开展交通分析的基础。为满足什么要求而调查、如何进行调查(包括如何选取调查时间和调查地点、采用何种调查方法、如何制定调查方案)、如何取样、如何进行数据分析,都是交通工程学要研究的问题。

三、交通流理论

交通流理论的研究内容是寻求描述各种交通状态最恰当的模型,推导相应的表达公式,研究如何利用各种交通流特征参数来描述不同状态交通流的变化规律,为制定合理的交通规划、建设、运行和管理方案,评定交通事故提供依据。目前人们已用概率论方法、流体力学理论、跟驰理论、排队论等对交通流进行了研究。

四、交通规划

交通规划研究在一定的土地使用条件下交通需求与交通供给的平衡关系。它是根据人口的增长、经济发展、土地开发使用等条件,拟订交通规划方案、编制方案实施程序等。

交通规划依时间跨度可分为战略交通规划、中长期交通规划和近期交通规划。

五、交通管理

交通管理的研究内容比较多,如交通管理的原则、措施、设备、法规等;又如根据交通条件和道路情况,如何进行交通组织优化,组织车流在路网上合理分布,使交通流在路线上安全、有序行进,减少交通延误;再如利用交通标志、标线及各种交通设施,建立交通控制系统,保障交通安全等。

六、停车

随着车辆的增加,一些大城市已经出现停车难的局面,成为影响城市交通的棘手问题,停车问题亟待解决。停车问题的研究是根据车辆和出行的分布规律,分析如何选取停车场的位置,合理规划停车场的规模,进而研究如何合理布置停车场的车位,如何高效利用有限的停车用地,比如:向空中发展的停车场,修建停车楼;向地下、水下发展的停车场,修建地下、水下车库等;研究如何制定与交通需求管理相适应的停车政策,从而优化交通结构。

七、交通事故与安全

交通事故是一个全世界范围的严重问题。据世界卫生组织统计,全世界每年因道路交通事故死亡的人数约有135万人,相当于每天有约3700人因交通事故死亡,每年另有2000万~5000万人受伤。其中,交通事故是15~29岁年轻人的首要死亡原因。交通工程学主要是研究和掌握发生交通事故的规律,研究交通事故与人、车、路、环境之间的相互关系,以及研究减少交通事故的措施。交通安全的研究内容包括交通事故的定义、分类、表达方式、变化规律、影响因素、交通事故生成机理及安全保障措施等。

八、城市公共交通

随着可持续发展理念的推广深入,城市公共交通越来越成为城市交通系统中的优先发展对象。为了给居民出行提供方便,同时保证城市交通的可持续发展,城市公共交通研究各种公共交通方式[包括常规公交、轨道交通和大容量快速公交系统(BRT)]的特点、适用条件,以及各种交通方式如何衔接,并探索新的交通方式,以为居民出行提供更方便的公共交通体系。

九、交通环境保护

交通产生的振动、噪声和机动车尾气对大气的污染危及人身健康,影响工作效率。交通环境保护研究交通振动、噪声和大气污染的测量方法和计算模型,研究如何制定环境保护标准,以及减弱振动、降低噪声、减少废气排放的实用化措施,从而保证交通的可持续发展。

十、智能交通系统

智能交通系统研究如何利用技术手段,包括先进的传感器、通信、信息分析、控制等技术,通过大数据挖掘、系统集成技术的应用,提高出行的安全水平和方便程度,以及交通资源的利用效率。

第三节 交通工程学发展概况

人和物在道路上移动构成道路交通。道路交通是人类使用最早、与人们生活密切相关的一种交通方式。最初,修路只是供人、畜及人力、畜力车辆通行,某些工程师的任务也只是修好路。但是,随着汽车运输的发展、车辆行驶速度的提高、车流量的增大,产生了一些复杂的问题,诸如交通秩序混乱、交通拥堵、交通事故频繁等。这些问题迫使从事道路交通工程方面的技术人员开始开展交通工程的专门研究,于是产生了交通工程学。

交通工程学是伴随着汽车工业和道路交通事业的发展而发展起来的。

1886年,戈特利布·戴姆勒制造了一辆实验性的燃汽油的四轮汽车。同年,德国卡尔·本茨研制的燃汽油的三轮汽车获得了世界上第一张汽车专利证书。1888年,市场上首次出售奔驰汽车。从此,世界上出现了近代汽车。

1903年,美国开始大量生产汽车,至1920年,全国已有800多万辆汽车。为了管理车辆、驾驶员和交通秩序,便有专人分工从事这方面的工作,随后于1921年命名了交通工程师。至1930年,平均每1000个居民拥有180辆汽车。小汽车已成为美国人生活中不可缺少的交通工具。此时,美国已有400万km公路,大城市内部和大城市之间的汽车交通已相当繁忙。为了便于技术交流,讨论共同关心的交通问题,一些专门从事交通工程工作的技术人员聚集在一起,成立了世界上第一个交通工程师协会。

交通工程学创立的初期,从业人员的主要工作是交通管理,诸如给驾驶员颁发执照、设立交通标志、安装手动信号灯、进行路面画线等。

20世纪40年代,交通工程师们开始意识到,只靠交通管理无法根治交通问题,应该加强道路交通建设的前期工作。修建道路如果不以交通量大小为依据,则带有很大的盲目性。比如,今年修建一条双车道道路,由于交通的发展,明年这条双车道道路就可能满足不了交通需求;再如,在需要修建四车道道路的地方修建了双车道道路,道路建成后,必然会发生交通阻塞。于是,交通工程学增添了交通调查、交通规划的内容。在修路之前,首先进行交通调查,预测远景交通量。然后,根据车流的流量、流向,对道路布局、标准、几何线形提出要求,并考虑交通管理方案,配备必要的交通设施。最后,根据投资效益进行技术经济论证,将交通供给与交通需求联系起来,从而避免修路的盲目性。

20世纪50年代,高速公路和汽车工业得到迅猛发展,交通工程学进一步得到丰富。由于新建和改建公路的工程量大,能为大量失业人员提供就业岗位,并推动相关行业发展,为了尽快恢复第二次世界大战期间被破坏的工业体系,各工业发达国家都首先进行了公路建设。1956年,美国颁布了《联邦资助公路法案》,提供250亿美元,全力支持州际、国防公路系统建设。州际、国防公路系统是一个高速公路系统,修建总里程为6.84万km,连接42个州的首府,全国5万人口以上的城市几乎都在该路网系统之中。日本于1957年颁布了《高速公路干道法》,次年破土修建了第一条高速公路——名神高速公路。英国的首条高速公路建成于1958年,后成为M6公路的一部分。德国为发动侵略战争,早在20世纪30年代就开始修建高速公路,1933年修建了柏林—汉堡高速公路,后因战争影响,一度停止修建高速公路。到1955年,联邦德国又在全国范围内建设高速公路系统,平均每年建成150km。高速公路的扩建,极大地刺激了汽车工业的发展,各国汽车拥有量迅速增加,同时也带动了钢铁、橡胶、有色金属、塑料、石油、电器、动力、玻璃等相关产业的迅速发展。在美国,陆路交通打破了以铁路为中心的局面,形成了"汽车化"运输的新局面。与此同时,人们开始研究交通规划的理论与方法,并进行了交通规划的实践;在解决交通供需矛盾时,人们注意到公路交通与铁路、水运、航空和管道运输的衔接;综合考虑小汽车、公共汽车、轨道交通等各种交通方式的特点,充分发挥各种交通方式的功能,以使交通供给满足交通需求。在这个时期,道路通行能力、线形设计、立体交叉设计、停车问题都成了交通工程学的研究课题。

20世纪60年代,由于汽车数量的激增,交通拥堵和交通安全问题凸显,人们开始从规划、设计、运营等方面综合考虑交通治理的措施。至 1960 年，美国有 7385.8 万辆汽车，英国有 943.9 万辆汽车，法国有 718.1 万辆汽车，联邦德国有 639.1 万辆汽车，日本有 189.4 万辆汽车。当时，美、英、德、法、日等国的每公里公路平均汽车数量逐渐趋于饱和。1969 年，这些国家的汽车拥有量按每公里公路拥有的车辆计算为：英国 39 辆，联邦德国 33 辆，美国 18 辆，日本 15 辆，法国 9 辆。在纽约、巴黎、伦敦等城市的中心街道上，平均车速每小时只有 10 多公里。同时，交通事故与日俱增，越来越严重地威胁着交通参与者的生命安全。美国的交通事故死亡人数在 1966 年达到高峰，当年共有 50894 人死亡于交通事故。事故所造成的经济损失几乎与年度内各级公路的新建、改建、养护、管理等费用的总额相等。为了疏导交通，减少事故，提高行车速度，增加通行能力，1967 年，美国联邦公路局提出了一个增加通行能力和提高交通安全的交通管理计划(Traffic Operations Program to Increase Capacity and Safety)。于是，交通工程技术人员开始更为深入地研究车流特性，倡导"交通渠化"，用计算机控制交通，改进道路线形设计，注意使各元素之间保持协调，更多地考虑道路对所在地区带来的影响，如空气污染、噪声干扰、城市景观、环境协调等。在此期间，交通规划已形成了系统的理论和明确的规划方法。对地区或城市的交通规划而言，都是通过交通现状的调查，在分析综合运输现状的基础上，根据经济的发展和未来交通的需求，按照出行产生、交通分布、交通方式划分、交通分配的程式进行交通预测；从供需平衡的角度布设路网、枢纽、场站等交通设施。参与交通规划的人员，除交通工程专业的人员外，还包括园林、环境保护、土木工程、社会学等其他专业的人士。

20 世纪 70 年代，一方面，由于能源危机引起石油短缺，石油价格急剧上涨；另一方面，大量汽车排出的废气对空气造成严重污染，噪声、振动危及人们的健康，从而迫使这些工业发达国家对交通进行综合治理。1975 年 9 月，美国的城市公共交通局和联邦公路总署提出的交通系统管理(Transportation System Management, TSM)是非设施性和低投资管理，旨在节约能源、改善交通环境、充分利用现有道路的空间、控制车辆出行和运营、协调各种交通方式，力求达到整体效率最高。在此期间，交通工程学注意研究大众捷运系统，倡导步行，对公共交通实行优惠政策，推行合乘方式，减少不必要的人流和车流，加强交通对环境危害的防治工作，挖掘现有交通设施的潜力。

20 世纪 80 年代，在工业发达国家，多数城市的发展已经定型，大规模进行交通规划的时代已经过去，交通工程学研究的问题多集中于交通管理和交通安全方面。在交通工程学的发展过程中，针对如何解决交通拥堵问题，各工业发达国家根据自己的国情，采取了各自不同的措施。美国、加拿大等国，因其疆域辽阔，采取了增加道路车道数的办法，最多的增加到 20 多条车道，而不采用交通控制系统。然而，交通供给的增长总是不能适应交通发展的需求。因此，这些国家近年来也开始建立公路交通自动控制系统。以加拿大多伦多为例，多伦多是世界上第一个建立城市内部自动控制系统的城市，而其在城际高速公路上却一直采用增加车道的办法，而不建立交通自动控制系统。在其 401 国道中交通量最大的路段上（在多伦多市附近）已建有 16 个车道，1981 年平均日交通量已达 20 多万辆，堵塞严重，这才不得不在高速公路中建立自动控制系统。1991 年自动控制系统建成之后，虽然该路平均日交通量已增至 30 多万辆，但交通拥堵却得到了缓解。与美国、加拿大相反，日本则由于其国土面积小，在道路上增加车道有困难，因而一开始就采取建立交通自动控制系统的办法。其 8 个高速公路管理局所管辖的高速公路全部设有控制系统和控制中心。北海道的道央高速公路，在 1984 年刚刚建成时，交通量最大的一段仅有 8000 辆/d，也建有齐备的控制系统。他们认为高速公路一旦建成，交通量即将迅猛增长,届时再行改造极不经济。欧洲各国所采用的措施则介于前两者之间,既增加车道数,也加强交通自动控制系统的建设,但是,仍然难以满足交通量日益增长的需要。除交通拥堵外,交通安全也是一个重要问题。世界各国在兴建高速公路后,交通事故率大为降低,但由于在高速公路上车辆高速行驶,交通量增长,恶性事故率有所上升。针对日益严重的交通拥堵和交通安全问题,交通工程专家一直在研究保持道路畅通和提高交通安全的新技术。

20世纪90年代,世界各工业发达国家均集中大量人力、物力、财力,采用各种高新技术,研究智能交通系统(Intelligent Transportation System,ITS)。日本和欧洲各国在这方面起步较早,从20世纪80年代后期就开始进行研究。美国起步较晚,在1991年通过《多方式地面运输效率法案》(Intermodal Surface Transportation Efficiency Act,简称 ISTEA,也称冰茶法案)后,才得到联邦政府的重视和支持。该法案明确规定了"智能车路系统"(Intelligent Vehicle Highway System,IVHS,ITS前身)的研究工作。1997年8月,美国在圣迭戈与洛杉矶之间的一条12.8km的公路上进行了自动化公路的试验。在试验路上埋设了9.2万块磁铁,磁铁直径25.4mm,磁铁间隔1.22m,使整条公路形成一个磁场。在路上行驶的汽车,前保险杠安装了强磁器件,确保车辆在车道上安全行驶。试验过程中,车辆在摄像机和雷达系统的引导下,每8辆车自动编成一个小组,以104km/h的速度行进。当遇到障碍或事故时,前导车及时将信号传递给跟驰车,使其及时调整车速或采取其他相应措施。该项试验历时较长,费用昂贵,其结果显示,在当时的技术背景下,自动化公路的应用还有相当的距离,仍存在很多经济、技术问题。此外,智能交通系统的其他方面,如车辆导航系统、停车诱导系统、车辆自动控制系统、交通自动控制系统、不停车收费系统等,都有不同程度的发展。

交通与城市的发展有密切的关系,两者相互影响。一方面,交通方式决定了城市规模。当交通方式为步行时,自城市中心向外的活动半径只有1km左右,相应的城市规模很小。当交通方式为骑马或骑自行车时,活动半径为5km左右,这时城市的规模就大多了。自以汽车作为交通工具以来,人们的活动半径扩大到十几公里、几十公里甚至上百公里,因此城市的范围已扩大到某一区域。另一方面,城市的发展也在促进交通的发展。1900年,世界上只有15%的人生活在城市,超过100万人口的城市为11座,其中只有3座城市的人口超过200万人。到20世纪中叶,城市人口已超过世界总人口的30%,1960年,城市人口为世界总人口的33%,1975年为40%。目前,全世界约有56%的人口居住在城市,超过100万人口的城市有数百个,有些城市的人口超过2000万人。面对城市的发展,只有组织高效的城市交通,才能保证城市功能得以全面实现。而解决这些发展中的棘手问题,必然要求交通规划、交通方式、交通政策、交通管理等各方面的变革。正是在城市发展与交通发展的这种互动关系中,交通工程学的理论与实践才得以不断地向前发展。面对交通变革的新情况,交通工程学着重研究的问题有:

(1)将交通供给管理与交通需求管理一起研究,以求减少交通需求,增大交通供给,缓解交通紧张状况。

(2)研究如何高效地、协调地采用各种运输方式。其一是研究各种运输方式的功能与使用条件,尽量发挥各自的优势。其二是研究各种运输方式的衔接,以便形成更有效的交通系统。在城市交通中,还需研究"新交通体系"。

交通工程学作为一门独立的学科,是在20世纪20年代后期至30年代前期形成的。然而它的某些专业发展,却有其历史渊源。关于单行道和停车场,古罗马的单行道很多,并且在主要道路上不允许在路边停车,而在道路以外为战车设立了停车场。关于交通需求管理,早在古罗马恺撒皇帝颁布的交通法规中就有所体现:法规规定,在罗马帝国的一些大城市,由于交通拥挤,在一天的某段时间内禁止车辆进入市中心。现代的交通岛和环形交叉起源于在道路上修建的纪念碑和广场,巴黎的戴高乐广场是一个交通繁忙的环形交叉,它就是以20世纪建造的凯旋门作为中心环岛而设立的。关于路面标线,早在1600年,墨西哥城的主要街道上就使用了颜色鲜明的中心画线。说到交通控制,可追溯到19世纪,最早的信号灯是用手扳动的。1868年,在伦敦威斯敏斯特地区首次安装了一台煤气信号灯,有两种颜色的信号,后因煤气爆炸伤了值班警察,才中断了试验。1914年,美国克利夫兰市开始使用电照明的信号灯。1918年,纽约开始使用三色手动信号灯。至1926年,伦敦开始使用自动交通信号机。以上这些都是现代交通控制的基础。

综上所述,交通工程学自20世纪30年代建立以来,随着公路交通及相关科学技术的发展,逐步丰富和完善起来,至今仍在进一步发展当中。

第四节　我国交通工程学的发展

我国地域辽阔,历史悠久,道路交通的发展也源远流长。在交通工程学作为一门学科传入我国之前,我国交通行业的从业人员无疑做了很多属于交通工程学范畴的工作,并且对交通工程学的发展起到了促进作用。20世纪70年代后期,交通工程学进入我国,受到了道路交通规划设计部门、交通管理单位、有关学校和科研机构的普遍重视。各行业结合具体情况开展工作,取得了不少成绩。下面扼要地介绍我国交通工程学的一些进展。

一、交通调查

(一)公路交通调查

20世纪70年代中期,交通部公路科学研究所和公路规划设计院共同对国道进行了交通调查,研制了手控和自动控制(便携式和固定式)交通量调查仪。在此基础上,1979年,交通部通知各省、自治区、直辖市交通厅(局),要求在全国范围内对国家干线公路(国道)进行技术调查。从此,各单位在国道上先后建立了11262个间隙式交通调查点和183个连续式交通调查站,对交通量、车速、交通组成进行观测,这是一项开创性的、具有深远意义的交通工程实践工作。根据观测,人们积累了我国公路交通发展的第一手资料,掌握了国道当时的交通情况和交通变化规律,并整理出了所在地区的交通量换算系数。

为掌握城市道路上交通量的变化规律,北京、哈尔滨、福州等城市在街道上也设立了交通量观测站,收集了一批数据。此后,随着电子、通信技术的发展,北京、上海、广州、天津等诸多城市开始利用视频、微波、线圈、激光、无人机等检测器,以及卫星定位系统、手机等移动数据采集工具观测交通信息,通过交通监测系统进行实时交通调查。

(二)居民出行调查

为掌握城市客流交通的特性及其在时间、空间上的分布规律,应进行居民出行调查。询问被调查人因工作、学习、购物、文化娱乐、社交等产生交通的情况。根据调查得到的资料和规律,制定交通政策,指导城市交通规划和建设,这样才可能使交通措施有的放矢。

1981年,建设部城市规划设计院与天津市合作率先对天津市6个行政区(共156km^2、302.7万人)进行了出行调查。将调查范围按交通情况分成87个交通小区,按调查范围居民户数(73.3万户)的3%抽样,共抽出调查户数23663户,抽出调查人数76268人。经过调查,得出了天津市居民出行特征的主要参数和出行起讫分布规律。如天津市居民平均出行次数为2.44人次/(人·d)(指出行到达街道,时间超过5min),自行车、公共交通、步行及其他(包括地铁、出租汽车、单位客车、轮渡等)四类交通方式的比例分别为44.54%、10.33%、42.62%、2.51%等。

1981年,上海市相关单位对市区7万名居民和2600名外地来沪旅客进行了出行调查。经过调查,得出的结论为:上海市居民平均出行次数为2.9人次/(人·d),平均乘坐公共汽车次数为1.34次/d,在出行方式中,步行占57%,公共交通占29%,自行车占13%,其他交通方式占1%。1982年,又选定13万名居民再次开展了调查。

1986年,北京市对东城、西城、崇文、宣武、朝阳、海淀、丰台、石景山8区和大兴、昌平、通县(现为通州区)的部分乡镇进行了居民出行调查。调查区总人口为582万人,抽样5%,共调查7.5万户。分析得到了以下基本数据:全市居民日出行总量为1123.3万人次;居民出行方式中,步行占13.8%,自行车占54%,公交车占24.3%,其他占7.9%。

2014年,北京市开展了北京市第五次居民出行调查,共获取了4万份居民出行信息、500多个宾馆的流动人口出行信息、482个道路路段信息,以及城六区46万名中小学生的出行信息等交通调查数据。此次调查注重新技术的应用,开发了基于智能终端和互联网的出行调查采集系统,并利用了公交IC卡、电子不停车收费(Electronic Toll Collection,ETC)等信息化数据,数据覆盖量空前巨大。调查结果显示:六环内日均出行总量为3146万人次(不含步行),在居民出行方式构成中(不含步行),轨道交通占19.4%,公共汽(电)车占28.6%,小汽车占31.5%,自行车占12.6%,其他占7.9%。

随后广州、南京、沈阳、武汉等60多个地市开展了类似的交通调查工作。调查获得了交通决策需要的基本数据。随着城市规模的扩大、经济水平的提高,居民出行特征也会发生变化,各个地市应根据自身发展的需要定期组织居民出行调查,以掌握居民出行特性。

二、交通规划

(一)国道网规划

1913年,我国在湖南始建长沙—湘潭公路。截至2021年底,全国实有公路528.07万km。1979年,为了适应"四化"建设需要,亟须尽快建立一个以国家干线公路为骨架,布局合理、干支结合、四通八达的全国公路网。于是,人们对1964年编制的国家干线公路网规划草案(路网总长8.5万km)进行修改。1980年,试行方案在全国交通工作会议上被提出。1981年,国家计委、经委和交通部颁布《国家干线公路网(试行方案)》(计交〔1981〕789号)。这次规划的国道网共有70条干线公路,总里程为116768km,其中包括重复里程5201km、城市管辖里程1530km,故实际规划里程为110037km(首都放射线12条,23178km;南北纵线28条,38004km;东西横线30条,48855km),共穿越城镇5993个。

进入20世纪90年代后,交通部出台了《国道主干线系统规划》,这是一个以高速公路、汽车专用公路为主体的公路主骨架规划,计划用 30 年或更长的时间,完成"五纵七横"的布局框架,建设 12 条约 3.5 万 km 的国道主干线,其中 1.8 万 km 为高速公路。由于国家经济的高速增长,2004 年,交通部发布《国家高速公路网规划》,确定了我国高速公路网采用放射线与纵横网格相结合的布局方案,由 7 条首都放射线、9 条南北纵线和 18 条东西横线组成,简称为"7918"网,总规模约 8.5 万 km,其中主线 6.8 万 km,地区环线、联络线等其他路线约 1.7 万 km。2022 年,国家发展改革委和交通运输部公布了《国家公路网规划(2022—2035 年)》。其文件提出到 2035 年,国家公路网总规模将达到 46.1 万 km,其中国家高速公路约 16.2 万 km,普通国道约 29.9 万 km。

(二)城市交通规划

截至 2020 年底,我国已有城市 687 个,其中 1000 万以上人口的城市 7 个,500 万～1000 万人口的城市 14 个,300 万～500 万人口的城市 30 个。我们知道,城市的形成与演变在很大程度上取决于交通,城市的发展又促进了交通。《中华人民共和国城乡规划法》明确了城市总体规划应包括城市交通综合体系规划。为了适应国民经济的发展,各城市陆续编制(修改)总体规划,而城市交通规划成为其中的重要组成部分。

为进一步控制城市的发展规模,合理开发有限的城市用地。北京等超大城市已经明确规定,凡核心区 1 万 m^2 以上的商业开发用地、3 万 m^2 以上的住房开发用地都必须在开发之前进行交通影响分析。一方面,可以客观地评价开发项目对交通系统的影响;另一方面,也可以通过交通咨询对开发项目的交通条件进行优化,以减少对城市交通系统的压力。从而规范城市用地的开发,把交通规划纳入城市用地开发的源头。

(三)交通规划理论与方法

通过交通规划实践发现,按照早期美国的交通规划理论与方法进行城市交通规划,工作量大且费时、费钱,在交通分配模型方面也存在不足之处。东南大学等高校探讨了城市交通规划的规范化调查内容及技术,对最短路分配、容量限制-增量加载分配、多路径概率分配的实用性进行了研究,提出了动态多路径交通分配模型。目前,交通工程科技人员正在探索建立定性分析与定量分析相结合的交通规划理论与方法。

与此同时,国内对交通枢纽规划进行了研究,提出了一套可供实际应用的交通枢纽规划方法。这套方法包括交通枢纽规划内容、规划流程、枢纽选址方法与计算程序,以及枢纽规模的确定与功能设计的方法。此外,对公共交通线路优化的研究也取得了一批研究成果。在建立交通枢纽规划理论与方法的过程中,北京工业大学在枢纽的科学分类、枢纽选址计算方法等方面做了开拓性工作。

三、交通管理与控制

(一)交通管理

道路交通是一个复杂的开放系统,涉及政治、经济、技术等诸多问题,因此,治理交通需要运用系统工程理论,采取综合的措施。我国交通管理工作者在交通安全教育、制定交通法规、推广各种管理措施方面开展了长期持续的工作。

(1)早期,为促进汽车产业的发展,国家降低了购车的门槛,鼓励小汽车进入家庭。目前,为减少交通需求,降低污染物排放,在城市中开始实行限行、限购政策,采用弹性工作制,禁止某类车在规定时间进入特定区域等措施,实行科学的交通需求管理。

(2)为改善交通秩序,减少对交通资源的浪费,在城市交通中,广泛采取了信号控制、建立自动控制系统、路面画线、路口渠化、街区交通组织、禁止路边停车、设置变向车道等措施,以充分发挥道路交通系统的通行能力。

(3)交通部于1982年颁布了《公路标志及路面标线标准》,1986年,国家颁布了交通部和公安部联合编写的《道路交通标志和标线》(GB 5768—1986)。1999年,颁布了修订后的《道路交通标志和标线》(GB 5768—1999)。全国人大常委会2003年通过了《中华人民共和国道路交通安全法》;2021年,修订了《中华人民共和国道路交通安全法》。公安部及各地公安部门还研究制定了各种道路交通管理条例和违章处罚的规定等。

(4)随着计算机技术和网络技术的发展,各地交通管理部门也建立了机动车、驾驶员以及交通执法的信息库,大大提高了交通管理的水平。

(二)城市交通控制

1972年,交通部公路科学研究所研制了单点定周期的红绿灯信号控制机,周期频率可根据交通量进行调节。该产品解放了警力,促进了信号灯的广泛应用。1973年,又在北京北太平庄路口试验了单点感应式信号控制机,研制了感应式信号机及环形线圈式、磁感应式和超声波等车辆检测器,可自动辨认自行车和逆行汽车。同年,与北京市公安局合作,在北京前三门大街进行了城市交通线控系统的试验。1974年,又与天津市公安局合作,在天津市和平区最繁华的路段上进行了城市交通区域控制系统的试验,系统地研制了交通自动控制设备并开发了计算机控制软件,以期对城市交通实施自动控制。

"七五"期间,在国家重点课题的支撑下,公安部交通管理科学研究所、同济大学等以南京市为试验基地,对城市交通计算机区域控制进行了研究,研制了控制设备,编写了控制程序,建立了区域控制系统。

此后,北京、上海、深圳等城市也相继建立了计算机区域控制系统。

随着智能交通系统研究的不断深入,交通自动控制系统已逐渐成为交通研究的热点问题。科技支撑计划等国家级项目先后将智能交通控制确定为重点支持方向。

四、道路工程

(一)修建高速公路

近年来,由于国内经济发展的需要,为解除交通基础设施对经济发展的制约,国家大力投资建设交通基础设施,高速公路得到了长足的发展,我国修建的第一条高速公路为台湾地区纵贯南北的高速公路。该公路自高雄起,经台南、台中、台北到基隆止,全长373.4km,总投资470亿元台币,修建1km平均耗资超过1.2亿元台币,1970年动工,1978年10月通车。在大陆,20世纪80年代才开始修建高速公路,人们先后修建了沈大、沪嘉、京津塘、广佛、西临、广深、莘松及广州市环城等第一批高速公路。根据国家统计局数据,截至2021年底,我国的高速等级路公路里程已经达到16.91万km。而在城市内部及周边,北京、上海、南京、广州等也修建了标准较高的快速公路。其中京津塘高速公路就是典型的城际高速公路。该路由北京东南郊的左安门,经天津至塘沽河北路,全长142.48km,全封闭,有4条车道,中间设分隔带。横断面布置如图1-1所示。而北京的三环路则是典型的城市快速路,参见图1-2。

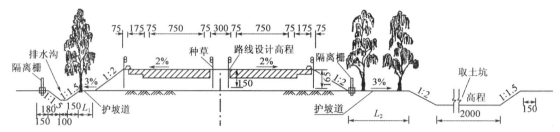

图1-1 京津塘高速公路横断面(尺寸单位:cm)

图1-2 北京市三环路典型路段

高速公路的修建,带来了交通监控系统、收费系统、通信系统、安全设施设计等诸多新课题。交通运输部公路科学研究院等有关单位对这些问题进行了研究,取得了丰硕成果。目前在部分高速公路上已建成了交通自动监控系统和控制中心,其中包括交通量、交通事故、路况及气候等信息系统、闭路电视系统和应急电话系统等,并采用同轴电缆、微波、光纤等各种不同的通信和数据传输系统建了试验路段。设计建设了开放式和封闭式收费系统,还创造了混合式收费系统,开发了不停车收费和联网收费系统。2000年9月1日,交通部颁布了《高速公路联网收费暂行技术要求》(交公路发〔2000〕463号)。北京市公路局在京石高速公路收费站研究建立了车型自动识别系统。在交通安全设施方面,交通部公路科学研究所从1972年开始就在京昌、京密、京周等公路上研究设立了反光标志、标线及发光标志,并对标志牌的尺寸、形式等进行了改进研究。此后,国内各交通研究机构开展了对标志版面尺寸、汉字视认性、汉字字符结构和大小等方面的试验研究,取得了丰富的试验数据。

1992年,中国公路工程咨询监理总公司对高速公路安全护栏进行了实体碰撞试验,根据试验数据进行了理论分析,在此基础上,编写了适合我国高速公路使用的安全护栏技术标准。中交第一公路勘察设计研究院联合多家单位编写了《高速公路交通工程及沿线设施设计通用规范》(JTG D80—2006)。这些成果均已在我国高速公路建设中得到应用。另外,在公路建设的过程中,逐渐重视道路景观设计,如在北京首都机场高速公路上,建设了具有我国民族特色的收费站。

(二)修建互通式立交

广东省第一座城市道路立交是广州市于1964年建成的大北环形立交,北京市兴建最早的道路立交是位于昌平路的白浮桥、蓝靛厂路的八里庄桥和车道沟桥三座跨路、跨河立交,均建成于1966年。1974年,在城区建成第一座苜蓿叶形互通式立交——复兴门桥(图1-3),此后又建成了环形立交、菱形立交、跨线立交(变形的菱形立交)以及新型组合型立交(四元桥、四惠桥,见图1-4)等。其中,北京的四惠桥是一座机动车和非机动车完全分离的新型组合型立交。

图1-3 北京市复兴门的苜蓿叶形互通式立交桥

图1-4 北京市四惠新型组合型立交桥

(三)道路线形设计新理论

在研究道路交通安全的过程中,人们发现一些交通事故与道路设计不尽合理有关。现行的道路线形设计理论,大多是以汽车行驶对道路的要求为依据,径直套用《公路工程技术标准》(JTG B01—2014)的规定,孤立地分析线形元素的尺寸。针对这种情况,北京工业大学提出了道路线形设计新理论,其要点是以用路者的交通需求为依据,从实际交通状况的角度出发,即用动态的观点分析问题,根据驾驶员在道路中实际的运行速度进行协调设计。所谓协调是指道路与环境的协调、道路三个投影面之间的协调、各线形元素之间的协调,用速度连续和视觉连续作为判断协调的标准。按照新理论设计的道路,充分考虑了用路者的生理、心理特征,使道路线形设计更加符合实际的行车规律,为保证道路交通安全创造了更好的条件。

(四)公路景观设计

我国公路景观设计的萌芽最早出现在20世纪60年代。1983年,交通部颁发了《公路标准化美化标准》,要求道路畅通、整洁、绿化、美化,道路景物交叉协调,构成流畅、安全、舒适、优美的道路环境。同时,形成了公路景观设计基本理论,包括动视觉特性的应用、公路线形的协调以及公路线形与环境的协调。进入21世纪,随着公路建设的快速发展,公路景观设计逐步发展成为一个新的方向。在研究内容上,人们除了考虑公路线形、景观绿化单元、附属设施外,还关注公路建设对生态的影响,提出公路景观与环境的协调发展,园林艺术的表现手法和研究方法被引入到公路景观设计。

五、其他研究

(一)交通安全

交通安全是道路交通的永恒话题之一。北京工业大学自1979年就开始在道路交通安全方面有层次地开展系列研究,此后湖南大学等高校也加入交通安全研究的行列。研究者们运用系统论、信息论、控制论的原理和方法,综合分析影响交通安全的道路条件、交通条件和环境条件等诸多因素,揭示产生交通事故的机理和交通事故发生的规律,科学地预测、预报交通事故,从而实现在宏观上可控制道路交通安全水平,在微观上能指导预防道路交通事故,建立道路安全保障体系的理论。目前,已形成高速公路交通安全设施标准、高速公路交通安全法规体系及交通安全审核、公路交通安全手册等多项研究成果。

(二)交通评价理论与评价方法

在交通评价范围内,人们研究了综合效益权数法、模糊数学法、灰色理论等的应用问题,提出了建模原则,建立了适合不同用途的评价体系,编制了交通规划评价专家系统。这些成果已广泛应用于城市交通综合评价、城市道路网系统综合评价、道路系统工程评价、交通规划方案评价、交叉路口评价、路面管理评价、交通安全评价等各个方面。目前,运用数据挖掘、模拟仿真等方法开展交通系统评价的研究正在不断深入。

(三)道路通行能力

1984—1987年,交通部公路科学研究所对混合交通双车道公路路段设计通行能力做了广泛、深入的研究,确定了四级服务水平,获得了五种路段上各车型的车辆折算系数,确定了设计通行能力及其影响因素。1992—1994年,该研究所又主持了"等级公路适应交通量和折算系数标准研究",提出了各级公路初期和远期所能适应的年平均交通量(AADT)建议值,以及各级公路车辆折算系数推荐值。在此之前,各高校运用流体力学、冲突点、有效绿灯和车队法等方法,研究了信号交叉口和环形交叉口的通行能力。"九五"期间,国家计委将"公路通行能力研究"列为国家重点攻关课题,对高速公路、双车道公路和无信号交叉口的通行能力进行了广泛、系统的研究,在实际观测数据的基础上,提出了适合我国道路交通状况的公路通行能力分析方法、公路通行能力分析指南及其相关的计算机分析计算软件。此后,各高校及研究机构对城市快速路和城市道路通行能力也开展了深入、系统的研究。

(四)交通仿真

我国曾对高速公路进行仿真模型研究。在微观仿真方面,北京工业大学建立了以下模型:DTS模型,运用计算机动态图形方法,直观、开放地对道路交通系统进行实时仿真;HCS模型,按照不同的跟车类型,以不同的车头时距组成反映不同车辆组成的交通流状况;CarSimu模型,是在综合考虑驾驶员判断和操作特性以及车辆性能因素的基础上,用模糊推理和可能性方法描述驾驶员-车辆单元行为的驾驶模型;BESS模型,用来研究高速公路基本路段的通行能力和车辆折算系数,以及各种设计速度下各种典型交通组成的速度-流量曲线;TWOSIM模型,描述了我国双车道公路中的交通流变化规律,为开展双车道公路通行能力分析提供了工具;

SIMSO模型,研究了信号交叉口的优化设计方法,提供了适合我国国情的信号交叉口优化设计工具。同济大学的 MicroSim 建立了车辆生成模型和基于驾驶员心理反应 PIEV 模式的车辆行驶模型,评价了影响道路入口匝道范围内交通流运行状况各种因素的作用。东南大学则在着重讨论慢车特性的基础上,研究了双车道公路的交通流特性。这些模型和研究,为研究交通问题提供了新的手段。

(五)智能交通系统

我国学者从 20 世纪 90 年代初开始关注国际上智能交通系统的发展,相继开展了一系列相关的科学研究和工程实践,取得了多项科研成果。1999 年组建国家智能交通系统工程技术研究中心,2000 年成立了全国智能运输系统(ITS)协调指导小组及办公室,初步完成了我国智能运输系统体系框架,包括服务领域、逻辑框架和物理框架。

"十五"期间,"智能交通系统关键技术及示范工程"作为国家"十五"科技攻关项目展开了系统的研究。

"十一五"期间,开展了"国家综合智能交通技术集成应用示范"研究,主要研究城市智能化交通集成技术、数学模型和软件、道路群体诱导、交通事件检测与处置、基于定位/通信的不停车收费、公路收费可信和安全技术及复杂异构交通数据交互与管理等技术,建立试验系统,实施示范工程,形成标准规范。

"十二五"期间,国务院颁布了《道路交通安全"十二五"规划》,通过智能化和信息化手段,研究了如何运用信息采集、处理、传输、发布等多种技术,加强其在路网运行监测与应急处置系统、交通出行信息服务系统、交通诱导系统、智能停车系统、不停车收费系统等系统中的多方面应用;以及在推动综合交通运输、城市公共交通高效发展,实现交通节能减排,保障车辆安全出行等领域中,智能技术与系统的研发和构建。

"十三五"期间,智能交通的研究与发展主要集中在两大方向:一是现有交通格局在区域综合交通的横向扩张与依托大数据资源形成"数据智慧"的纵向关联;二是培育全新的车联网、智能驾驶等新一代智能交通体系。

"十四五"期间,国务院印发《"十四五"现代综合交通运输体系发展规划》,将"第五代移动通信(5G)、物联网、大数据、云计算、人工智能等技术与交通运输深度融合,交通运输领域新型基础设施建设取得重要进展,交通基础设施数字化率显著提高,数据开放共享和平台整合优化取得实质性突破"列为发展目标之一。

六、人才培养

自 1979 年开始,有关单位多次请交通工程专家张秋回国讲学,传授交通工程学知识。同年,在我国高等教育体系中,创办了交通工程专业。1980 年招收了第一届交通工程专业本科生。此后,建立了交通工程专业硕士研究生培养点和博士研究生培养点。自北京工业大学于 1979 年成立交通工程专业以来,长安大学、同济大学、东南大学、哈尔滨工业大学等 130 余所院校开设了交通工程专业,每年向国家输送大批交通工程专业人才。

40 多年来,在交通城建及公安等有关部门的通力协作下,我国交通工程学科,从无到有,取得了很大成绩,目前已具有一定的技术基础和水平,在全国建立了一支从事交通工程行业的技术骨干队伍。我国的交通工程事业,方兴未艾,大有可为。我们必须密切注视交通工程技术的前沿动态,推动交通工程学科的发展。

第二章
人和车辆的交通特性

本章介绍人、车辆的交通特性及其相互作用,培养学生的工程伦理认知及社会责任感。

道路交通系统中的人包括机动车驾驶员、非机动车骑行者、乘客和行人等,人是交通系统中的主要组成部分,本章主要讲述驾驶员和行人。驾驶员通过视觉、听觉、触觉器官从交通环境中获得信息,大脑对其进行处理,做出判断,再支配手、脚等运动器官操纵汽车,使汽车按驾驶员的意志在道路上行进。如果驾驶员在信息的搜集、处理、判断的某一环节上发生差错,就可能引发交通事故。所以,驾驶员驾驶的可靠性对交通安全有决定性影响。

驾驶员驾驶的可靠性一般理解为在具体条件下和指定时间内,按预定的准确度完成预期驾驶任务的能力。驾驶的可靠性取决于驾驶员的技术熟练程度、感受信息的特性,以及在交通环境影响下这种特性随时间的变化。

在供人、车通行的道路上,机动车驾驶员、非机动车骑行者和行人对彼此交通特性的估计不足容易引发交通事故。因此,研究非机动车骑行者和行人的交通特性便于渠化、管理非机动车和行人交通,减少非机动车骑行者和行人与车辆的冲突,提高道路交通安全。

人的因素不仅关系到道路交通安全,而且贯穿整个交通工程学的各个方面。汽车的结构、仪表、信号、操纵系统应当适合驾驶员操纵,交通标志的大小、颜色、设置位置应考虑驾驶员的视觉机能,道路线形的设计要符合驾驶员的视觉和交通心理特性,制定的交通法规、条例应合情合理等。

因为人的交通特性各不相同,因此在从事交通工程的设计时,要考虑一般情况和非一般情况。例如,一般人过街与老年人过街需要的时间不一样,在信号配时上就要加以考虑。

交通事故统计数据表明,80%~90%的交通事故与驾驶员直接或间接相关。因此,在本章讨论人的交通特性时,将重点讨论驾驶员的感觉、知觉、视觉、反应、注意等特性。根据目前的研究水平,尽量予以定量分析,并说明这些特性与交通工程学的关系。同时,还要论述车辆的交通特性。

第一节　驾驶员的交通特性

一、感觉、知觉与信息处理

(一)感觉

驾驶员认识周围环境是从最简单的心理活动——感觉开始的,感觉是对客观物体个别属性的反应。人体器官具有不同的感觉:视觉、听觉、嗅觉、味觉、触觉、动觉和平衡觉等。

视觉给驾驶员提供80%左右的交通情况信息。听觉使驾驶员根据声音信息区分汽车构件的故障。驾驶员用手操纵汽车转向装置,用脚踩踏板,手和腿每个关节肌肉的感觉给驾驶员提供行车方向和行车速度的信息。平衡觉向驾驶员发送汽车在空间位置的信息。根据这些感觉,驾驶员可以判断车速、前进方向、加速和减速。

(二)知觉

知觉是驾驶员对整个物体的认识。通常我们指所谓看见物体,不仅意味着感觉到物体的颜色,而且意味着断定了物体的形状和数量。只有知觉才能断定物体的性质。例如,驾驶员在行车过程中先区分道路上的物体是什么,是硬的还是软的,是尖的还是圆的,而后决定是保持行车方向还是改变行车方向或者改变行车速度。

知觉的过程是理解物体和现象之间联系的过程,在知觉的基础上,形成所谓的"深度知觉",如目测距离、估计时间等。驾驶员凭借这种特性正确地判断交通情况。

(三)信息处理

汽车行驶时,驾驶员通过视觉、听觉、触觉等感知车内外的各种行车信息,这些信息通过注意的选择,一部分以较深刻的印象进入驾驶员的大脑神经中枢,驾驶员结合经验进行加工,然后形成相应的判断和决策,最后通过驾驶员的手、脚等运动器官操纵车辆。此时如果车辆运动与驾驶员的实际期望不符,则必须把信息及时反馈到神经中枢进行修正,之后再传递到运动器官,执行修正后的命令。

驾驶员在行车中的信息处理过程如图2-1所示。

总括起来,驾驶员行车的过程,就是**感知**、**判断决策**和**操纵**三个阶段不断循环往返的过程。

感知是驾驶员通过视觉、听觉、触觉等来感知行车的环境、条件等信息,如道路线形、交通标志标线和信号,以及其他人、车、路、环境状况等。

判断决策是驾驶员在感知信息的基础上,结合驾驶经验、技能和安全态度,经过分析,做出判断,确定有利于汽车安全顺畅行驶的措施。

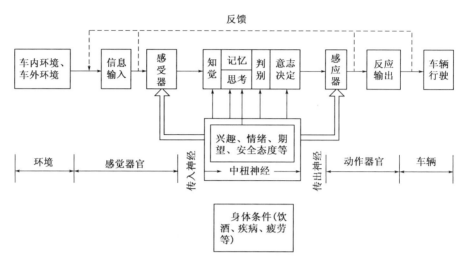

图 2-1 驾驶员在行车中的信息处理过程

操纵是驾驶员依据判断决策所做出的实际反应和行动。具体通过手、脚对汽车实施操纵控制,如加减速、制动、转向等。

二、视觉

驾驶员在行车过程中,主要依靠两只眼睛收集驾驶信息,所以对视觉机能的检查是考核驾驶员的重要内容。下面分别介绍有关视觉的几个问题。

(一)视觉器官

外界刺激经过视觉器官在大脑中所引起的生理反应,叫作视觉。视觉器官的外周感受器是人的眼睛。人眼的特点是神经细胞高度发达,具有完善的光学系统,以及各种使眼睛转动并调节光学装置的肌肉组织。

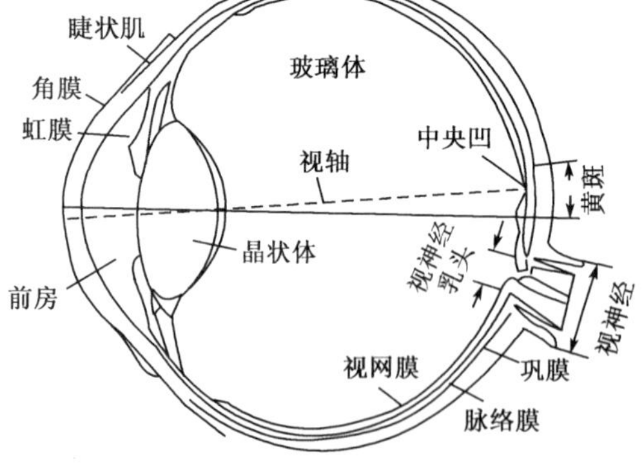

图 2-2 是人眼的结构示意图。其中视网膜是感受外界刺激的器官。视网膜上有两种感光细胞:圆锥细胞和圆柱细胞。这两种细胞分布不均匀。圆锥细胞分布在视网膜的中央,特别是中央凹部分,而圆柱细胞多分布在视网膜的边缘部分。圆锥细胞对光的强度有较低的感受性,因而是昼(白昼、强光)视觉的器官,它可以感受和分辨颜色。圆柱细胞对弱光有高度的感受性,因而是夜(黄昏、微光)视觉器官。

图 2-2 人眼结构示意图

正常的眼睛注视目标时,由目标反射出来的光进入眼内,经过眼中间物质的屈光和折射,投射于黄斑中央凹,形成物像,再由视神经经过视路传至大脑的枕叶视中枢,激起心理反应,形成视觉。

(二)视力

眼睛分辨视野中空间距离非常小的两个物体的能力叫视力。视力有静视力、动视力和夜间视力之分。

静视力是待检人员站在视力图表前面,距视力表5m,依次辨认视标测定的视力。国际标准视力表将视力分为12级。0.1至1.0每级差0.1,共10级,另有1.2和1.5两级。待检人员距视力表5m,能分辨视标上宽1.5mm缺口的方向时,其视力定为1.0。这时缺口在眼中构成的视角为1分。《标准对数视力表》(GB 11533—2011)采用5分记录法,规定能分辨1分视角的视力为正常视力标准,记为5分,即5.0相当于国际标准视力表的1.0视力。

我国驾驶员的体检视力标准为:大型客车、牵引车、城市公交车、中型客车、大型货车、无轨电车或者有轨电车准驾车型的驾驶员,要求两眼裸视力或者矫正视力达到对数视力表5.0以上;其他准驾车型的驾驶员要求两眼裸视力或者矫正视力达到对数视力表4.9以上,无红、绿色盲。驾驶员在行车过程中的视力叫动视力。随着汽车行驶速度的提高,视力明显下降。例如以60km/h的速度行驶,驾驶员能看清车前240m的标志,而以80km/h的速度行驶,则在接近160m处才能看清,视认距离减少33%。为保证驾驶员在发现前方有障碍物时,能有足够的时间辨认和采取措施,希望车速提高时,视认距离能相应地增加。但由于人的生理条件所限,其结果恰恰相反。因此,汽车的最高车速也受驾驶员的动视力的限制。

此外,视力下降数值与驾驶员的年龄也有关系。年龄越大,视力下降的幅度越大,如图2-3所示。室内试验表明,目标在垂直方向移动时,较在水平方向移动时视力下降的幅度大。目标移动时相对眼的角速度越大,视力下降的幅度越大。如在某种照明条件下,视力为1.2,则在角速度为100°/s时,动视力只有0.3。

夜间视力受某些因素的影响。位于明亮位置的物体,容易被人看见,位于黑暗之中的物体,不易被看见。照度增加,视力增大。在0.1～1000lx的照度范围内,两者为线性关系。黄昏时间的照度对驾驶员最不利,即使开启前照灯,车辆及行人的亮度也与周边环境接近,不易被发现而易发生事故。

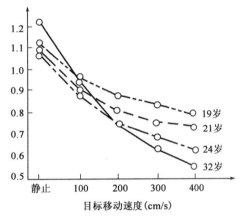

图2-3 动视力与目标移动速度的关系

夜间照明微弱,视网膜上的圆锥细胞不能工作,视力主要依赖分布于周边的圆柱细胞的活动。负责夜里看东西的圆柱细胞不能分辨颜色,所以,白天非常鲜艳的黄、红、橙色,天黑后被感知为暗蓝色,白天并不鲜明的青色反而惹人注目。夜间行车,在无外部照明,只用汽车前照灯照明的条件下,能发现各种颜色的距离和能辨认物体的距离见表2-1。

夜间驾驶员辨认距离(单位:m)　　　　表2-1

颜色	白	黑	乳白	红	灰	绿
能发现某种颜色的距离	82.5	42.8	76.6	67.8	66.3	67.6
能确认是某种物体的距离	42.9	18.8	32.1	47.2	36.4	36.4
能断定其移动方向的距离	19.0	9.6	13.2	24.0	17.0	17.8

由表2-1可知,一个身穿白色衣服的行人,当他距车82.5m左右时,驾驶员就能看到有白色物体;距车42.9m左右,能断定是一个人;离车19m,则可看清人的动向。若是穿黑色衣服的行人,离车9.6m左右,驾驶员才能看清其是横过道路还是沿着道路行走。驾驶员应当记住

这些数字,借此判断距离。例如,当看清前面的是一位身着红衣的妇女时,那就说明她离车子的距离已短于47.2m。若能看出她与汽车反方向行进,那她离汽车已经不足24m了。

由于汽车前照灯光线较低,所以物体在车前的位置越近,夜间越容易被发现。

一般而言,明度对比大的物体容易辨认。夜间的确认距离比白天短约53%。加强交通标志的颜色对比和反光效果,有助于驾驶员较早发现,以便及时采取措施。

夜间行车,自发现路上有物至确认路上有何物的距离之差,对交通安全影响很大,应在道路系统中采取措施,增大发现物体距离与确认物体距离的差值。

(三)视力适应

由明处到暗处,眼睛习惯,视力恢复,叫作暗适应。由暗处到明处,眼睛习惯,视力恢复,叫作明适应。

暗适应通常较明适应所需时间长。例如进入暗室时,形成习惯所需时间约为15min,若完全适应,则需30min以上。适应速度的快慢,受照明强度的影响,明适应较快,一般是数秒至1min。

图2-4是暗适应的曲线,这一过程可分为两个阶段,开始后5min,曲线变平缓,这段称为A段。A段表示圆锥细胞的暗适应。之后,曲线较快地下降,经15min后,又开始缓慢下降,这段称为B段。

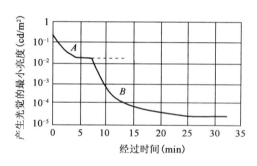

图2-4 暗适应曲线

明适应的过程,眼睛的瞳孔要缩小;暗适应的过程,瞳孔要扩大。

眼睛在明亮的白天和黑暗的夜间,虽然能通过瞳孔的变化来适应环境,发挥视觉功能,但对明暗的突然变化不能立即适应,特别是由明到暗比由暗到明更慢。一般由隧道外进入隧道内,驾驶员会产生暗适应,大约发生10s的视觉障碍;驶出隧道,驾驶员会产生明适应,大约发生1s的视觉障碍。因此,在隧道入口处应设有缓和照明,以减少视觉障碍,或在进入隧道前设置"隧道内注意开灯"的路侧标志,提醒驾驶员注意消除视觉障碍。

(四)眩目

通常,在一定范围内光线越明亮驾驶员的视觉越好。若视野内有强光照射,颜色不均匀,就会使人的眼睛产生不舒适感,形成视觉障碍,这就是眩目。夜间行车,对向来车的前照灯强光照射,最易使驾驶员感到眩目现象。眩目是由眩光产生的。眩光会使人的视力下降,下降的程度取决于光源的强度、视线与影响光间的夹角、光源周围的亮度、眼的适应性等多种因素。汽车夜间行驶,多数遇到的是间断性眩光。

强光照射中断以后,视力从眩光影响中恢复过来需要的时间,从亮处到暗处大约需 6s,从暗处到亮处约需 3s,视力恢复时间的长短与刺激光的亮度、持续时间、受刺激人的年龄有关。

为了避免眩光影响,可采取交通工程措施。如改善道路照明,设置防眩设施,在道路中央分隔带植树遮蔽迎面来车的灯光等。此外,可在两对向车相遇时关闭汽车远光灯,还可以采取用偏光玻璃做汽车前照灯灯罩、戴防眩眼镜等措施。

(五)色视觉

能引起视觉的电磁波称为可见光,可见光的波长在 380~780nm,只占电磁振荡全部波长的很小一段。在可见光波长范围内,不同波长的感觉阈限不同。可见的颜色是从波短的紫色到波长的红色之间的颜色。波长在此范围以上的为红外线,在此范围以下的为紫外线。

颜色有三个属性:色相、明度和彩度。

色相——反映各种具体色彩面貌的属性。色相决定于物体反射光的波长,是物体颜色在质方面的特性。红、黄、蓝为彩色的基本色。客观世界色彩缤纷,肉眼所能辨别的也不过几万种至十几万种,而大多数色彩人们无法命名。

明度——指彩色的明暗程度。就视觉反应而言,可将明度理解为反射光引起视觉刺激的程度,如浅红、深红、暗红、灰红等明度变化。

彩度——指颜色的纯度。当一个颜色的色素含量达到极限时,正好发挥其色彩的固有特性,正是该色相的标准色。

不同的颜色对驾驶员产生不同的生理心理作用。如红色显近,青色显远,明度高的物体视之似大、显轻,明度低者,视之似小、显重,等等。

从远处辨认颜色的顺序一般为红、黄、绿。表面色的易读顺序为黑/黄、红/白、绿/白、蓝/白、白/蓝、黑/白(分子为表面色,分母为底色)。红/黄色虽不易读,但最能引起人们的注意。世界各国制定交通标志,就是按照易读的原则把警告标志定为黄底黑色或红底白色图案。

(六)视野

两眼注视某一目标,注视点两侧可以看到的范围称为视野。

用大分度器状的视野表测定视野,将视野表上的弧向各种角度回转,做成视野图,可知与驾驶员最有关系的视野方向主要为水平视野。

将头部与眼球固定,能看到的范围为静视野。将头部固定,眼球自由转,能看到的范围为动视野。动视野比静视野大,左右约宽 15°,上方约宽 10°,下方无变化。正常的单眼视野范围,颞侧为 90°,鼻侧为 60°,上方为 55°,下方为 70°,两眼的视野可达 160°。

驾驶员的视野与行车速度有密切关系,随着汽车行驶速度的提高,注视点前移,视野变窄,周界感减少。图 2-5 为不同车速视野与注视点的关系。

行车速度越高,驾驶员越注视远方,视野越窄,注意力随之引向景象的中心而置两侧于不顾,结果形成所谓隧洞视。因此,在设计道路时,应在平面线形中限制道路直线段的长度,强制地促使驾驶员变换注视点的方向,避免打盹肇事。

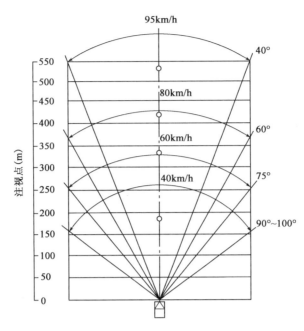

图 2-5　不同车速视野与注视点的关系

此外,在汽车行驶的过程中,靠近路边的景物相对于驾驶员眼睛的回转角速度若大于 72(°)/s,景物在视网膜上就不能清晰地成像,看起来模糊不清。所以,车速越高,就越看不清路边近处的景物。因此,交通标志的设置要与驾驶员有一定的距离。根据试验,当车速为 64km/h 时,驾驶员能看清车辆两侧 24m 以外的物体;而车速为 90km/h 时,驾驶员仅能看清 33m 以外的物体。小于这个距离,则无法识别物体。

此外,驾驶员年龄增大,周边视力会减退,识物能力下降;戴眼镜的驾驶员,视野略窄些。

(七)视觉敏锐程度

理论上讲,视觉可以感知视野范围内的所有物体,但不同位置的物体被感知的程度不同。在 3°～5° 的锥体内,视觉最敏锐;在 5°～6° 的锥体内,视觉十分敏锐;在 10°～12° 的锥体内,视觉清晰;在 20° 的锥体内,有满意的视觉。

在垂直面上,视觉敏锐程度只是水平面上视觉敏锐程度的 1/3～1/2。

研究表明,辨认出道路标志版面上字母的能力,随着眼的光轴与字母间夹角的增大,会很快地降低。当该夹角在 5°～8° 以下时,有 98% 的驾驶员能准确地分辨字母,而当该夹角增大到 16° 时,就只有 66% 的驾驶员能准确辨认出字母。

驾驶员的年龄影响视觉敏锐度。若取驾驶员 20 周岁时的视觉敏锐度为 100%,那么 40 周岁时的视觉敏锐度为 90%,60 周岁时的视觉敏锐度为 74%。

(八)错觉

错觉是对外界事物的不正确的知觉。

错觉可能是生理和心理原因引起的。同一分析器内部的相互作用,不同分析器提供的信号不一致,当前的知觉与过去的经验相矛盾,或者思维推理上的错误等,都是造成错觉的原因。

如对图2-6中的图形人们会产生错觉:图2-6a)中的图形的高度和宽度相等,但看上去却是竖长横短;图2-6b)的两条线段 AB 等于 AC,但看上去却是 AC 段长些, AB 段短些;图2-6c)开口图形看上去比闭口图形大。

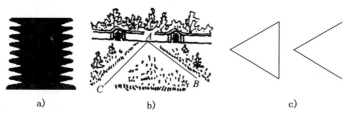

图 2-6 产生错觉的图例

此外,驾驶员在驾驶中还有一些错觉,如在相同线形和长度、不同环境的道路上,若环境枯燥,会感到时间过得很慢、路线长;若环境舒适,会感到时间过得很快、路线短。在改建道路时,往往将路幅宽度一分为二,一半进行改建,一半留着通车,可是坐在车子上总觉得翻修的那半幅宽一些,维持行车的这半幅窄一些。

过去,当路中心线的偏角小于5°时,该处可不设平曲线,或按常规设平曲线。但由于驾驶员的视觉特性,这样设置的曲线往往看起来比实际长度小,驾驶员会产生急转弯的错觉,且偏角越小越显著。所以现在,当偏角小时,应设置长曲线,使驾驶员产生路线是在顺适转弯的感觉,以免枉做减速转弯的准备。

偏角为何值时会产生错觉?各国规定不尽一致。美国国家公路与运输协会(AASHTO)通过试验定为5°;联邦德国的道路设计规范(RAL)规定为6°20′;苏联通过试验定为10°;日本规定为7°。

驾驶员行经凹形路段时,位于下坡段看对面的上坡段,容易产生错觉,把上坡段的坡度看得比实际坡度大。在下坡路段上行,驾驶员往往觉察不出自己是在下坡。

有一些错觉会重复出现,不易克服;另有一些错觉经过实践活动,可以慢慢改正,不再形成。不管能否克服,驾驶员都应知道有这种客观现象存在,同时注意避免。

三、听觉

物体振动发出声波,声波作用于听分析器而引起听觉。听觉可以区分音高、响度和音色。

音高取决于声波每秒振动的次数,即声音的频率。频率越高,听到的声音就越强。人对1000Hz附近的声音感受性最高。500Hz以下和5000Hz以上的声音,需要大得多的强度才能被感受。20Hz以下和20000Hz以上的声音,强度无论多么大,都不能使人产生听觉。

响度与声音的物理强度相对应。响度的单位是宋,频率为1kHz、声压级为40dB的纯音的响度定义为1宋。当响度超过一定水平时,所引起的不再是听觉而是不舒适的痛觉。

音色是将基本频率与强度相同,但附加振动的成分不同的声音彼此区分开来的特殊品质。

驾驶员凭借听觉收听声音信息,根据交通指挥人员的指令进行各种操作,根据汽车构件发出的噪声来判断是否发生故障等。

美国曾对全聋的驾驶员与不聋的驾驶员进行过试验。对女性驾驶员,在发生交通事故和违反交通法规方面,无显著差别。对男性驾驶员,在违反交通法规方面无显著差别,而在发生交通事故方面,全聋的驾驶员发生事故次数显著增多,事故次数比不聋的驾驶员多1.8倍。

参考《声环境质量标准》(GB 3906—2008),我国高速公路、一级公路、二级公路、城市快速路、城市主干路、城市次干路、城市轨道交通(地面段)、内河航道两侧区域应按 4a 类声环境功能区控制环境噪声,昼间不高于 70dB(A),夜间不高于 55dB(A);铁路干线两侧区域应按 4b 类声环境功能区控制环境噪声,昼间不高于 70dB(A),夜间不高于 60dB(A)。

四、反应

反应是回答某种刺激所产生的动作。

反应有简单反应与复杂反应之分。简单反应是以某一种动作对单一信号进行反应。这种情况下,除该信号外,驾驶员的注意力不为其他目标所占据。当驾驶员对外界某种刺激产生反应时,好像是立刻产生的,实际则不然,需要一定的时间。在试验室条件下,从眼到手这种简单反应,如要求按响喇叭,通常需要 0.15~0.25s;从眼到脚这种简单反应,如要求踩下制动踏板,约需 0.5s。

驾驶员感知信号,经过辨认、判断、采取动作并使动作发生效果所需要的时间叫作反应时间。在试验室条件下,用亮灯做信号测量反应时间,包括从亮灯开始到喇叭或制动收到电脉冲为止的总时间,根据有限的试验,得到表 2-2 所示的数值。

试验室条件下反应时间测量值(单位:s) 表 2-2

动　作	平均时间
按喇叭,手的起始位置在喇叭按盖上	0.38
按喇叭,手的起始位置在转向盘上	0.56
踩制动,右脚的起始位置在制动踏板上	0.39
踩制动,右脚的起始位置在压下的加速器上	0.59

在试验室条件下,总的反应时间,对从简单到复杂的刺激,需 0.2~1.5s。不过在室内做试验时,要求被试人员对给出的信号做出反应,没有犹豫、思考时间。而在路上驱车前进的驾驶员,对外界刺激产生反应的条件与室内试验不同。

复杂反应是对几种信号中的某一种信号做出反应。根据选择出的信号,做出动作回答。操纵汽车时,驾驶员同时要观察几种目标:车辆和行人交通情况、道路状况、各种标志标线、停车位置等。驾驶员应当对外界刺激产生正确反应,并协调自己对诸多因素的动作,可见操纵转向盘的动作属于复杂反应。复杂反应的复杂程度取决于交通量大小、汽车和车流中其他车辆的速度等多种因素。反应时间的长短取决于反应复杂程度、驾驶员的训练情况、心理生理状态、疲劳影响、身体状况等。

随着客观情况的复杂程度的增加,反应时间增长。在有信号控制的交叉路口的入口引道上,自由行驶的车辆对红灯的制动反应时间平均为 0.5s。在车流量很大、行人很多的交叉路口入口引道上,由于驾驶员要进行观察,故对相同信号的制动反应时间增加到 1.2~1.5s。AASHTO 建议,对所有车速,在确定安全停车距离时,反应时间采用 2.5s;在确定交叉口视距时,采用 2.0s。

实际上,总反应时间为 0.5~4.0s。反应时间的长短取决于驾驶员的性别、年龄、个性、对反应的准备程度以及驾驶经验等。年龄或性别不同的驾驶员,纵使其他情况相同,也会有不同的反应时间;年龄、性别、工作经验相同的驾驶员,反应时间也可能因个性、心理状态等的影响而不一样。

驾驶员的反应时间与年龄、性别之间的关系可参考图2-7。从图中可见,女性的反应时间一般长于男性;在年龄上,随着年龄的增长,反应时间有所延长。从40岁至50岁,反应时间均匀增加,一般反应时间增加25%左右。50岁以后,反应时间开始明显增加。

当车速为50km/h时,汽车每秒行驶14m;车速为60km/h时,每秒行驶17m。若反应时间增加0.2s,在紧急制动时,汽车将会多行驶2.8～3.4m。事实上,两车之间只要有零点几秒的安全距离,就会避免车辆碰撞。所以驾驶员的反应时间,应当以零点几秒计算。

应当指出,反应时间不仅要短,而且驾驶员动作要正确。驾驶员不能为了避免撞车,不考虑采取的措施后果如何,而一味地图快,这样会导致更为严重的后果。

在复杂的城市交通条件下,从众多的危险之中辨识最危险的情况,正确、冷静、迅速地做出反应是驾驶员必备的素质,特别是当有中等密度的行人时,更是如此。

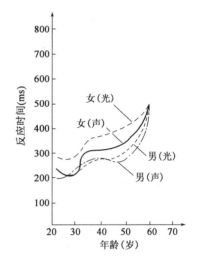

图2-7 反应时间与性别、年龄之间的关系

五、注意

对既定目标产生方向性意识,即在操纵汽车时,对行将出现的交通情况产生方向性意识叫作注意。

注意是驾驶员驾驶技能的一项基本指标,按这一指标来评定行车时的心理状态。对驾驶员来说,重要的不是看见目标,而是要了解看见的目标。不注意的驾驶员,可能看见危险情况,而不理解它的状态。不注意是做出错误决定的原因之一,极有可能导致交通事故。

注意可分为无意注意和有意注意。无意注意是人对周围事物不自觉的、预先未加关心的注意,如突然听到对向车流中车辆轮胎的爆裂声。有意注意就是自觉的、有预定目的的、需要付出一定努力的注意,如驾驶员在交通繁忙的道路上驾车时,时刻要注意相邻车辆的行驶状态。

驾驶员在驾车过程中,应对与行车安全有关的信息时刻保持有意注意,而对其他事物持以无意注意。如果注意的主次颠倒了,则有可能引发交通安全问题。

驾驶员还应当有分配注意力的能力,以便同时接收几个信号,同时完成几个工序。经验表明,同一视线可容纳4～6个目标。

注意力的灵活程度对驾驶员来说很重要。依靠注意力灵活性,驾驶员能把注意力从一个目标转移到另一个目标,从各种现象的总体中,分辨出最本质的、首要的现象。交通安全多取决于这种能力。

在城市的街道上开车,对心理和注意力集中程度的要求,比在乡村公路上开车更高。因此,当驾驶员沿通往城市的公路上行车进入市区街道时,应特别注意。

驾驶员在单一环境中行车,注意力衰减得很快。据试验,如果在15～20min内,驾驶员得不到新鲜信息,便会感到枯燥无味。因此,应在道路线形设计、道路环境的布设方面采取一些措施,不断向驾驶员提供新鲜信息,唤起注意,使其保持注意力稳定。

六、驾驶疲劳

驾驶疲劳是指由于驾驶作业引起的身体上的变化、心理上的疲劳及客观测定的驾驶机能低落。

驾驶汽车是一项脑力劳动与体力劳动并重、神经比较紧张的技术性工作。驾驶员驾车超过一定时间便会产生疲劳。此时人的感觉、知觉、判断、意志决定、运动等都会受疲劳的影响。

影响驾驶疲劳的原因有很多,归结起来大致有如下方面。

1. 驾驶员生活情况

即驾驶员每天的睡眠是否充足,与家庭、同事的关系是否和睦,家庭生活负担是否过重等都影响到驾车的疲劳。如睡眠不足去开车,不久后就想打瞌睡。在一般情况下,驾驶员一天行车超过10h,前一天睡眠时间不足4.5h者,事故率必然高。驾驶员家庭生活负担过重,家庭关系、同事关系不和睦,则在驾车时易走神、烦闷,或者因过度劳累而易产生疲劳。

2. 车内外环境

车内环境包括温度、湿度、噪声、振动、照明、气味、座椅的舒适度、与同乘者关系的融洽状况等。这些因素的一项或多项的不利影响长时间作用于驾驶员,则易使驾驶员产生疲劳。车外环境包括时间(昼或夜)、天气(晴、雨、雪、雾)、道路线形、路面状况、沿线设施及交通条件(车流畅通或拥挤)等。夜间、雨天、雾天、雪天车流不畅,驾车较辛苦,较易疲劳。道路线形单调或视线不良、路面颠簸不平或太光滑、沿线设施繁杂或设置不当、车流太拥挤或车流速度反复变化等,都会使驾驶员的身体劳累,精神感到枯燥或者过度紧张而易产生疲劳。

3. 驾驶员自身特性

包括年龄、性别、身体状况、驾驶技术等。通常情况下,年轻驾驶员与老年驾驶员相比,既易产生疲劳,也易消除疲劳。女性驾驶员在相同行车条件下比男性驾驶员易产生疲劳。身体健康、性格开朗的驾驶员在同等条件下驾车对疲劳的体验更轻、更少些。

驾驶疲劳给安全行车带来很大的影响。具体表现在驾驶员在驾车中反应时间增长、操作能力下降、判断失误增多等。据对疲劳驾驶员的检查可知,此时他们会出现视力下降,注意力不集中,作业粗糙,对环境、高度、距离等判断发生错误,动作的准确性、协调性变差等问题。上述这些问题的出现,都会使行车安全性大大地降低。

目前对疲劳的检查方法一般有生化法、生理心理测试法和他觉观察及主诉症状调查法。

生化法通过检查作业者的血、尿、汗及唾液成分的变化来判断疲劳。这种方法的不足之处是,测定时需终止驾驶活动,且容易给被测者带来不适和反感。

生理心理测试法包括:

(1)膝腱反射机能检查法。

(2)两点刺激敏感阈限检查法。

(3)频闪融合阈限检查法。

(4)连续色名呼叫检查法。

(5)反应时间测定法。

(6)脑电肌电测定法。

(7)心率(脉率)血压测定法。

(8)皮电、呼吸测定法。

(9)眨眼频率测定法。

在这些方法中,方法(1)、(2)使用起来较方便,是传统的检查方法,只要使用简单的仪器即能进行;方法(6)、(7)、(8)则较先进、精确、全面,是从深层次生理心理机制上寻找疲劳原因的检测方法。

他觉观察及主诉症状调查法也称自我感觉摄影,即以测试者自我感觉或体验来记述疲劳的特征和程度。

七、饮酒与驾驶

因饮酒造成交通事故的事例很多。据世界卫生组织统计,全球每年有约135万人死于道路交通事故,其中有20%~30%的道路交通事故与酒后驾驶有关。

捷克斯洛伐克共和国的莫斯曾做过对比试验,当血液中酒精浓度为0.03%~0.09%时,其事故发生率比不饮酒者增加7倍;当酒精浓度为0.1%~0.14%时,事故发生率为不饮酒者的32倍;当酒精浓度为0.15%时,事故发生率竟增加128倍。

驾驶员血液中的酒精浓度与行车事故数量倍数的关系如表2-3所示。人饮酒后,血液中的酒精浓度如表2-4所示。

血液中酒精浓度与行车事故数量倍数　　　　　　　　　　表2-3

血液中酒精浓度(‰)	行车事故数量倍数(倍)			血液中酒精浓度(‰)	行车事故数量倍数(倍)		
	死亡	伤	损		死亡	伤	损
0	1	1	1	0.8	4.42	3.33	1.77
0.1	1.20	1.16	1.07	0.9	5.32	3.87	1.90
0.2	1.45	1.30	1.15	1.0	6.40	4.50	2.04
0.3	1.75	1.57	1.24	1.1	7.71	5.23	2.19
0.4	2.10	1.83	1.33	1.2	9.29	6.08	2.35
0.5	2.53	2.12	1.43	1.3	11.18	7.07	2.52
0.6	3.05	2.47	1.53	1.4	13.46	8.21	2.71
0.7	3.67	2.87	1.65	1.5	16.21	9.55	2.91

饮酒量与血液中酒精浓度(单位:‰)　　　　　　　　　　表2-4

酒　类	饮量(mL)	体　重(kg)			
		50	60	70	80
淡啤酒	300	0.29	0.24	0.21	0.18
淡葡萄酒	250	0.58	0.48	0.41	0.36
浓葡萄酒	250	0.72	0.60	0.51	0.45
苦艾酒	200	0.70	0.58	0.50	0.44
利久酒	20	0.12	0.10	0.09	0.08
甜酒	20	0.24	0.20	0.17	0.15
啤酒	633	0.81	0.68	0.58	0.51
白酒	180	0.82	0.69	0.59	0.51
威士忌	25	0.31	0.26	0.22	0.19
白兰地	25	0.29	0.24	0.20	0.18

实践得出,酒后开车多产生恶性事故。因此,大多数国家都规定禁止酒后开车。《中华人民共和国道路交通安全法实施条例》也明确规定"不得醉酒驾驶"。

(一)饮酒对人的影响

人饮酒后,酒精被胃壁、肠壁迅速吸收,渗入体内组织。溶于血液中的酒精,无处不至。当脑及其他神经组织内的酒精浓度增高时,中枢神经的活动逐渐迟钝,并延至脊髓神经,使判断出现障碍,进而手脚迟缓,同时心跳加快。正常闭目静坐状态每分钟的心跳次数为 60~100 次,饮入中等量的酒以后,同样状态下的脉搏跳动次数增加 55%。

酒精对人体的麻醉作用会造成记忆障碍。饮酒者的记忆和认知能力低落,往往对饮酒时自己的言行健忘。

习惯饮酒者在饮酒后 30min,体内血液酒精浓度达到顶点。不习惯饮酒者和禁酒者,要在 60~90min 才能达到顶点。

(二)饮酒对驾驶机能的影响

根据日本学者的研究,当血液中酒精含量达到 0.5mg/mL 时,驾驶机能受到影响,辨色力降低,选择反应时间增加,错误反应增加。若血液中酒精浓度较高,则对驾驶机能影响更大。

美国学者认为,体内血液中酒精浓度为 0.1% 时,驾驶能力降低 15%;为 0.15% 时,驾驶能力降低 30%。

英国学者将优秀驾驶员分为三组,第一组不饮酒,第二组饮 23mL 的威士忌酒,第三组饮 68mL 的威士忌,令其驾驶宽为 244cm 的大客车进行穿桩试验。当两桩距为 246cm 时,不饮酒者均判断穿不过去而不穿行;而第二组有 3 人竟大胆穿行,其中 1 人在桩距 35cm 时也欲穿行;第三组有 2 人欲穿行 36~41cm 的桩距。

(三)酒后驾驶事故特点

(1)撞击静止物体(如安全带、分车道混凝土墩、电杆、树、栏杆等)。
(2)向停驻的车辆冲撞。
(3)夜间与对向车辆迎面撞击。
(4)因看错路而引起各种翻车事故。
(5)重大事故和恶性事故多,致死率高。

(四)饮酒鉴别

(1)观察驾驶状态。驾驶员血液酒精达到一定浓度后,驾驶有异样表现:在路上缓慢行驶,该快不快,该慢不慢,该停不停;过路口时停车时间过长,绿灯后迟迟不起动,超车时跨越中线过度;换挡有声响;汽车因其他原因被管理人员管制时,驾驶员态度异常等。

(2)心理生理试验。用一些简单试验检核驾驶员行动的灵敏程度。如人体平衡试验、步行回转试验、指鼻试验、拾硬币试验、书写试验、言语试验、光照试验等。

(3)直接检查酒精含量。用仪器检查驾驶员呼出气体中的酒精含量,然后按标准《车辆驾驶人员血液、呼气酒精含量阈值与检验》(GB 19522—2010)换算成血液酒精含量值或直接检验血液中的酒精含量。

《车辆驾驶人员血液、呼气酒精含量阈值与检验》(GB 19522—2010)规定,车辆驾驶人员血液酒精浓度含量大于或者等于20mg/100mL,小于80mg/100mL的驾驶行为,为饮酒驾车;车辆驾驶人员血液中的酒精含量大于或者等于80mg/100mL的驾驶行为,为醉酒驾车。

八、动态判断

动态判断主要讨论动态条件下驾驶员对距离和速度的知觉。这种知觉对驾驶员正确估计自己、避免事故有很大意义。

没有经验的驾驶员往往不能正确估计超车距离、被超车的车速和对面来车的速度。试验得出,驾驶员客观地了解对面来车的速度,可以提高超车效率。

(一)视线的移动

如上所述,在视野角度12°以内的目标,能够清晰可见。当视野角度增大时,视力下降,视物能力降低。因此,驾驶员在路上行车,应当经常移动自己的视线,总是把目标置于视力清晰的视野范围之内。当车速较小时,视线放得近些;当车速较大时,视线放得远些。

车速越快,驾驶员应当越早看见障碍物,以便有足够的时间采取措施,绕行或制动。然而,危险也可能在后面或者侧面发生。行车时,驾驶员观察周围物体,一旦发现行驶着的汽车或运动的物体,即使轮廓不十分清楚,驾驶员也应当马上注意捕捉运动着的目标,使之处于视觉清晰区。例如,当在交叉口的进口道上行驶时,会发生这种情况:视线的移动好像是一瞬间,其实视线移动占据一定的时间。例如,在交叉口驾驶员确定目标所需要的时间为:

视线向左移,用0.15~0.23s;

眼睛在左侧确定目标,用0.10~0.30s;

视线向右移,用0.15~0.23s;

眼睛在右侧确定目标,用0.10~0.30s;

充分观察,用0.50~1.06s。

这些数据只是观察时间,未计入反应时间。据已有的试验资料,驾驶员观察交叉口,包括判定交叉口上目标的运动方向和位置,然后采取某种决定,这两部分时间会达到2.5s。

驾驶员通过反光镜的后续画面观察情况,进行判断并采取决定所用的时间约为2s。

(二)判断行车速度

时间和距离知觉对驾驶汽车很重要。为防止撞到前导车,尾随车的驾驶员应当能正确估计两车之间距离和前导车速度的变化。

判断距离的能力可使驾驶员正确估计道路宽度、超车距离、选择可插间隙等。空间知觉在很大程度上取决于驾驶员的经验。经验较少的驾驶员通过狭窄的通道或门时,会怀疑自己的汽车不能通过。即便是有经验的驾驶员,当由驾驶小汽车换成驾驶公共汽车或大型货车时,刚开始也会遇到同样情况。经过一段时间之后,他们才能达到熟练判断距离的能力水平。

有经验的驾驶员即使不看速度表,也能较准确地判断汽车的速度。但是,持续高速度行车之后,驾驶员对速度的变化会估计不足。从城外干道驶入城市的入口道路上时,很多驾驶员不能及时根据已经变化的交通条件改变速度。因此，有时会造成在郊区道路上的事故数量比市中心区交通量很大的街道上的事故数量多。

此外，周围条件对判断速度也有影响。如有经验的驾驶员在四车道的道路上行车，车速为 100~110km/h，其感受却与在有行道树的双车道道路上行车时，车速为 60~70km/h 的感觉相似。

对运动速度和方向的知觉，是动态目测的基础。动态目测可以帮助驾驶员正确估计驶向交叉口的其他汽车的行进速度、距离交叉口的距离。基于这种估计，驾驶员或者让横向车通过，或者为自己优先安全地通过交叉口选择正确的速度。

在选择距离和时间、绕行超车、进入院门、通过没有信号控制的交叉口时，以及在其他许多情况下，良好的动态目测能力对驾驶来说是必要的。动态目测能力弱的驾驶员，应当通过实地练习，培养这种能力。

九、驾驶员的差异

在拟定道路设计标准、汽车结构尺寸，以及在对事故进行分析并采取安全措施时，要考虑驾驶员的各种特点，诸如性别、年龄、驾驶技术、精神状态、安全态度等。设计取值一般根据满足 85% 驾驶员的需要为度，对其余 15% 的驾驶员只予以适当考虑。

下面简单叙述驾驶员的几点差异。

(一)年龄差异

日本的研究者曾对 326 名驾驶员进行一般情况和紧急情况下的驾驶考试，结果表明：一般情况下，驾驶员随年龄增高(不超过 45 岁)得分高，事故少；紧急情况下，年龄在 20~25 岁者得分高，事故少，年龄大者得分低。

22 岁的青年，教习 22h，可获得驾驶执照。45 岁的男性，需要 35h 方可获得执照。45 岁以上的男驾驶员，身体素质、神经感觉、精力等均有衰退。

22~25 岁的驾驶员，反应时间最短。夜间眩目后的恢复时间，年龄越小越短。青年驾驶员视力恢复时间为 2~3s，超过 55 岁，恢复时间大约为 10s。

违章、超速、冒险行车者中以青年居多。老年人对交通标志、弯道、障碍判断不清，反应迟钝，易因此肇事。

老年人的生理心理机能同中青年相比已经下降或变差，如视觉特性、认知能力、反应速度、身体状况等均不如中青年人。当然，老年人驾车在某些方面也有自己的优点，如生活阅历丰富、处事平静沉稳等。这些优点在大部分时候能提高行车的安全性。随着国家经济的快速发展，人民生活水平大幅度提高，人口的老龄化程度加深，应加强对老年驾驶员的行为研究。

(二)安全态度

安全态度好的驾驶员驾驶安全性高、肇事率低，安全态度差的驾驶员驾驶安全性差、肇事率高。安全态度与驾驶员的知识水平等有关。

驾驶员的知识水平是指对车辆、道路和交通安全等相关知识的掌握程度。

了解驾驶员的安全态度对于安全教育、驾驶员培训、交通运输组织等都有重要意义。

十、影响驾驶员特性的外界因素

上述驾驶员的有关交通特性除受自身生理素质、婚姻状况、精神状态等条件影响之外,还受道路条件、车辆条件、交通和环境等外界因素的影响。现扼要叙述如下:

(1)道路线形设计欠佳,可能使视线失去诱导,使驾驶员产生错觉,增加驾驶员的心理紧张程度和驾驶疲劳。

(2)车辆的结构尺寸、仪表位置、操纵系统、安全设备等都对驾驶行为有影响。如制动踏板高于加速踏板15cm,与制动踏板和加速踏板在同一平面的布置相比较,脚由加速踏板移到制动踏板的时间有所不同,如表2-5所示。

脚由加速器踏板移到制动踏板的时间(单位:s)　　表2-5

座位高度(cm)	制动与加速踏板相对位置		座位高度(cm)	制动与加速踏板相对位置	
	差15cm	齐平		差15cm	齐平
43	0.309	0.194	30	0.337	0.183

(3)交通环境影响驾驶行为。交通量的大小、交通标志的布设会影响或约束驾驶员的行为;道路周围若有吸引驾驶员注意的干扰点,驾驶员的注意力会分散;沿途播放音乐,可影响车速;路上行人过多,会加重驾驶员的心理紧张;道路景观单调,则会加快驾驶员的疲劳等。

十一、驾驶员应具备的特点

综上所述,汽车驾驶员应具备下述特点:身体健康;能从危险之中辨识出最危险的情况,能正确、冷静、迅速而恒定地做出反应,对眩光不敏感,有判断速度、距离的能力,对转向盘和踏板能施加不同的力,能辨别不同颜色,准确行车,技术熟练,反应机敏,具备良好的安全态度等。

第二节　行人的交通特性

从对人、车混行的道路交通事故的分析可知,行人交通事故所占比例很大。在交通系统中,人是弱者,最易受害,因此应对行人交通予以管理。其中包括设置人行道、人行过街横道、行人过街专用信号、护栏、安全带(安全岛)、行人过街地道与天桥、照明设施,制定相关法令等。

一、行人交通事故

(一)交通事故所占比例

表2-6是2018年全球道路安全状况报告总结,世界部分区域行人交通事故死亡率。

世界部分区域行人交通事故死亡率　　表2-6

区域	欧洲	东地中海	东南亚	美洲	非洲	西太平洋	平均
死亡率(%)	27	34	14	22	40	22	23

我国行人交通事故也相当严重。根据国家统计局数据,2018 年,全国所有道路上共发生交通事故 244937 起,死亡 63194 人,其中行人交通事故 3045 起,死亡 1325 人,占总死亡人数的 2.1%。

(二)行人交通事故状态

从事故发生的地点来看,行人交通事故多发生在行人较集中的地方,如过街横道、出入巷口等交叉和转向情况比较复杂的路段或交叉口附近。据日本的统计,在路段上横穿过街导致的事故约占 50.8%,在交叉口附近的占 41.8%。我国一些城市的统计亦表明,发生在路段上的行人交通事故要比发生在交叉口内的多。我国 2007—2016 年城市道路行人交通事故中发生在路段上的占 72.1%,发生在交叉口内的约占 17.9%。

从事故发生的时间来看,行人交通事故一般多发生在交通最拥挤的时段,如上、下班人流、车流的高峰期。

(三)事故按年龄的分布

交通事故多发生于 20～50 岁之间的群体,这主要是由于该年龄段的人员是城市交通参与的主体。此外,由于身心机能欠佳,老年人与儿童在遇到危险情况时难以及时采取措施,因此老年人与儿童的事故死亡率偏高。

图 2-8 是 2016 年深圳市道路交通事故的年龄分布情况统计。从图中可见,20～50 岁年龄段的人员是交通事故发生的主要群体。

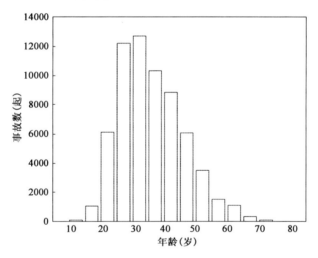

图 2-8 2016 年深圳市道路交通事故的年龄分布

二、行人交通特性

(一)基本参数特征

行人交通常用的基本参数为步频、步幅和步速。

步频为行人行走时在单位时间内跨步的次数,常用单位为步数/min,行人每分钟行走的步数变化在 80～150 步,常用值为 120 步。

步幅又称步长,是指行人行走时每跨出一步的长度,单位为 cm 或 m。据相关调查资料,我国行人步幅平均值约为 60cm。男性步幅比女性步幅稍大,而步幅大小与步行速度快慢几乎无关。

步速为行人在单位时间内所行进的距离,一般采用 m/s、m/min 或 km/h 表示。步速不但有男女老少之别,而且与步行道路特性也相关。如行人过街横道上的步速快于一般平路上的步速,平路上的步速又快于上坡路的步速等。设计时一般采用 1~1.2m/s 的步速。

(二) 行人过街状况

行人过街有单人穿越和结群而过之分。就单人过街而言,大体可归纳为三种情况:第一种情况是待机而过,行人等待汽车停驻或车流中出现足以过街的空隙,再行过街;第二种情况是抢行过街,车流中本无可过街的间隙,过街人快步穿越;第三种情况是适时过街,行人走到人行横道端点,恰巧车流中出现可过街的间隙,过街人不需要等待,随即穿越。

行人过街又可划分为四种类型:第一种类型是以均匀步速前进;第二种类型是中途停驻;第三种类型是中途加快,多半是过道路中线后加快脚步;第四种类型是中途放慢,多半是过道路中线后放慢步速。

(三) 行人过街的危险性

行人过街的危险程度与过街人数有关。人行横道上的人多,易使驾驶员提高警惕;人行横道上的人少,不易引起驾驶员的注意。

一般是车辆一停,行人便开始过街。此时后继车会从停驻车的左侧通过,先行车停驻位置挡住视线,会导致行人与后继车发生冲突,如图 2-9a) 所示。图 2-9c) 的情况与之类似。

行人过街时,有时只注意路中线另一侧右前方车辆的动向,考虑跨过中线后的处境。应根据左侧来车情况判断是否通过,否则会被左侧来车所伤,如图 2-9b) 所示。图 2-9d) 的情况与之类似。

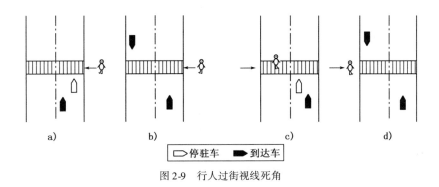

图 2-9 行人过街视线死角

(四) 过街等待时间

过街等待时间的长短主要取决于汽车交通量、道路宽度、行人心理因素。

交通量大,可穿越间隙少,只有等到变换信号灯时才可过街,因此过街等待时间就长。相反,过街等待时间就短。

街道宽,等待时间长;街道窄,等待时间短,但事故较多。

年龄大者,一般等待时间长。

上下班时间等待时间短,非上下班时间等待时间长。

(五)使用人行横道的情况

行人喜走捷径,有的行人过街不走人行横道,随意过街。究其原因,不外乎不愿意绕路、习惯、匆忙赶路赶车、以为车辆少没关系或认为车辆可能停驻等。日本研究者调查了 3000 人的过街情况,发现人行横道距过街地点 20m 以内时,人们才乐于使用。

日本在 1966 年的调查结果表明,由于上述种种原因,有 60% 的人不沿人行横道过街。因此,人行横道设置的地点要经过选择,对行人进行安全教育,同时采取一些措施,使行人走人行横道过街。

(六)使用过街天桥和过街地道的情况

据调查,若行人沿人行横道过街和经过街天桥(或过街地道)过街用的时间大致相等,约有 80% 的人喜欢使用过街天桥或过街地道。若经过街天桥(或过街地道)的时间大于直接过街时间,使用过街天桥(或过街地道)的人数就会下降。一旦经过过街天桥(或过街地道)的时间超过直接过街时间的一倍,几乎无人愿意使用过街天桥(或过街地道)。

使用过街天桥(或过街地道)的人,安全感强、安全性高。

三、儿童交通特点

汽车交通的发展给儿童的生活带来很大影响。儿童在道路上玩耍、在上下学的路上和广场上玩耍等都有可能与汽车发生冲突而肇事。因此,家庭、学校应对儿童进行交通安全教育。

儿童交通事故发生较多。以我国为例,根据中国疾病预防控制中心发布的《中国青少年儿童伤害现状回顾报告》显示,道路交通伤害是中国 1~14 岁儿童的第二位死因。每年有超过 1.85 万名 14 岁以下儿童死于交通事故。

儿童的活动有其特点。6 岁以下的儿童,活动半径很小,距住地一般不超过 100m。倘若看护不到,突然跑到街上去玩,就有可能肇事。幼儿园的儿童及小学低年级的学生,智力未完全发育成熟,思想单纯,缺少交通安全知识,敢冒险从汽车前后穿越,因此酿成事故。随着年龄增长,小学高年级学生及初中学生,活动范围增大,骑车上学,可能因骑车技术不熟练或速度过快而发生交通事故。

为了保护儿童,应从小就对其进行交通安全教育。随着交通安全意识的普及,我国积极组织开展中小学生交通安全宣传教育工作,进一步增强中小学生的交通文明意识、安全意识、法治意识,并健全学校周边交通安全设施的设置。在小学、幼儿园、少年宫、儿童游乐场等儿童频繁出入的场所或通道处,都要求设有"注意儿童"的交通标志,以引起驾驶员注意。

第三节 车辆的交通特性

掌握车辆特性在完成交通工程的某项任务时能起很大作用。车辆的尺寸会影响道路线形、道路结构物的净空、停车场地等交通设施的设计。车辆的各种性能与使用这些性能的驾驶员结合在一起,又会影响交通流的特性和交通安全。下面以汽车为例展开介绍。

一、汽车的分类

道路交通中使用的车辆主要是汽车。《道路交通管理 机动车类型》(GA 802—2019)对汽车给出了分类:汽车主要分为载客汽车、载货汽车、专项作业车三类。

(1)载客汽车:设计和制造上主要用于载运人员的汽车,包括装置有专用设备或器具但以载运人员为主要目的的汽车。载客汽车分类及规格如表2-7所示。

载客汽车分类及规格　　　　　　　　　　　　　　表2-7

分　类	说　明
大型	车长大于或等于6000mm或者乘坐人数大于或等于20人的载客汽车
中型	车长小于6000mm且乘坐人数为10~19人的载客汽车
小型	车长小于6000mm且乘坐人数小于或等于9人的载客汽车,但不包括微型载客汽车
微型	车长小于或等于3500mm且内燃机气缸总排量小于或等于1000mL(对纯电动汽车为驱动电机总峰值功率小于或等于15kW)的载客汽车

(2)载货汽车:设计和制造上主要用于载运货物或牵引挂车的汽车,包括装置有专用设备或器具但以载运货物为主要目的的汽车。载货汽车分类及规格如表2-8所示。

载货汽车分类及规格　　　　　　　　　　　　　　表2-8

分　类	说　明
重型	总质量大于或等于12000kg的载货汽车
中型	车长大于或等于6000mm的载货汽车,或者总质量大于或等于4500kg且小于12000kg的载货汽车,但不包括重型载货汽车和低速货车
轻型	车长小于6000mm且总质量小于4500kg的载货汽车,但不包括微型载货汽车和低速汽车(三轮汽车和低速货车的总称)
微型	车长小于或等于3500mm且总质量小于或等于1800kg的载货汽车,但不包括低速汽车
三轮(三轮汽车)	以柴油机为动力,最大设计车速小于或等于50km/h,总质量小于或等于2000kg,车长小于或等于4600mm,宽小于或等于1600mm,高小于或等于2000mm,具有三个车轮的货车。其中,采用转向盘转向、由传递轴传递动力、有驾驶室且驾驶人座椅后有物品放置空间的,总质量小于或等于3000kg,车长小于或等于5200mm,宽小于或等于1800mm,高小于或等于2200mm。三轮汽车不应具有专项作业的功能
低速(低速货车)	以柴油机为动力,最大设计车速小于70km/h,总质量小于或等于4500kg,车长小于6000mm,宽小于或等于2000mm,高小于或等于2500mm,具有四个车轮的货车。低速货车不应具有专项作业的功能

(3)专项作业车:装置有专用设备或器具,在设计和制造上用于工程专项(包括卫生医疗)作业的汽车,如汽车起重机、消防车、混凝土泵车、清障车、高空作业车、扫路车、吸污车、钻机车、仪器车、检测车、监测车、电源车、通信车、电视车、采血车、医疗车、体检医疗车等,但不包括装置有专用设备或器具而座位数(包括驾驶人座位)超过9个的汽车(消防车除外)。专项作业车的规格分为重型、中型、轻型和微型,具体按照载货汽车的相关规定确定。

二、汽车的主要技术参数

汽车的主要技术参数反映汽车的技术性能以及适用范围,包括尺寸参数、质量参数和性能参数。

(一)尺寸参数

汽车的主要尺寸参数有外廓尺寸、最小转弯半径、接近角、离去角等。

外廓尺寸是指车辆外廓的长、宽、高,它影响道路建设的净空和车内容量。

最小转弯半径是指转向盘打到极限位置,车辆转向时外侧前轮的轨迹圆半径。最小转弯半径越小,说明汽车的机动性越好。

接近角是指车辆静载时,水平面与切于前轮轮胎外缘的平面之间的最大夹角。接近角越大,说明汽车的通过性越好。

离去角是指车辆静载时,水平面与切于车辆后轮轮胎外缘的平面之间的最大夹角。离去角越大,越不易发生尾部与路面的碰撞,说明汽车的通过性越好。

(二)质量参数

汽车的质量参数包括:整车自重(kg)、载质量(kg)、总质量(kg)、空载轴荷分配等整车整备质量。

(三)性能参数

汽车的性能参数包括动力性、燃油经济性、发动机的性能和舒适性等。

三、汽车的动力性指标

汽车的动力性通常用三个指标来评定,即汽车的最高车速、汽车的加速时间、汽车能爬上的最大坡度 i_{max}(爬坡能力)。

(一)最高车速

最高车速是指在无风条件下,在水平、良好的沥青或水泥路面上,汽车所能达到的最大行驶速度。

(二)加速时间

加速能力指汽车在行驶中迅速增加行驶速度的能力,通常用加速时间(有时也用加速距离)来表示。加速能力包括两个方面,即原地起步加速性能和超车加速性能。汽车在道路上超车时,有一段时间与被超车辆并行,最容易发生事故,加速能力强,就可以缩短这段时间,提高超车的安全性。常用 0→400m 或 0→80.5km/h 用的加速秒数表示汽车原地起步的加速能力。超车加速能力的表示方法尚无统一规定,采用较多的是用高挡或次高挡由 30km/h 或 40km/h 全力加速至某一高速度所需的时间。

(三)爬坡能力

汽车爬坡能力由汽车满载时以一挡在良好路面能爬上的最大坡度 i_{max}(%)表示。小客车的最高车速大,加速时间短,又在较好的平坦路面上行驶,所以一般不强调它的爬坡能力。货车经常要在各种路面上行驶,所以要求它具有足够的爬坡能力,一般 i_{max} 为 30%(16.5°)左右。

为了维持道路上各种车辆形成的车流畅通行驶,有的国家规定在常遇到的坡道上,汽车必须保证一定的速度,以此表明汽车的爬坡能力。如要求汽车单车在 3% 的坡道上能以 60km/h 的车速行驶,汽车列车在 2% 的坡道上能以 50km/h 的速度行驶。

四、汽车的行驶方程式

研究汽车的动力性就是为了研究汽车沿着行驶方向的运动状况。因此要了解沿汽车行驶方向作用于汽车的各种外力。根据力的平衡关系,建立汽车行驶方程式,从而估算汽车的最高车速、加速度和最大爬坡度。

汽车的行驶方程式为:

$$T = \sum R \tag{2-1}$$

式中:T——汽车的驱动力,kN;
$\sum R$——汽车行驶阻力之和,kN。

(一)汽车的驱动力

汽车发动机产生的力矩经传动系传至驱动轮上。此时,作用于驱动轮上的力矩 M_K 对路面产生一个水平向后的作用力 T,路面对驱动轮产生一个反作用力 T'。当车轮不打滑空转时,T' 即为从后轴传到车架驱动汽车前进的驱动力,如图 2-10 所示。

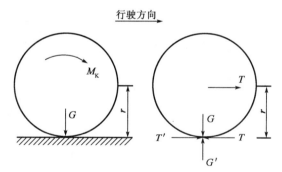

图 2-10 汽车的驱动力

汽车的驱动力可按下式计算:

$$\begin{cases} 载货汽车\ T = 270\dfrac{N_m}{v_m}\eta\left[1.2 - 1.3\left(\dfrac{v}{v_m} - 0.6\right)^2\right] \\ 小客车\ T = 270\dfrac{N_m}{v_m}\eta\left[1.1 - 1.1\left(\dfrac{v}{v_m} - 0.7\right)^2\right] \end{cases} \tag{2-2}$$

式中:T——汽车驱动力,kN;
N_m——发动机的最大有效功率,马力(1 马力 = 0.735kW);
v_m——一个排挡下的最大车速,km/h;

v——车速,km/h;

η——传力系统的机械效率,%。

(二)行驶阻力

汽车在行驶过程中遇到的阻力有滚动阻力、坡度阻力、空气阻力和加速阻力。现分别叙述如下。

1. 滚动阻力

滚动阻力主要由下列几个因素引起:①轮胎或路面的变形;②路面不平引起振动和撞击;③轮胎与路面之间的滑移;④从动轮轴承间的摩擦力。滚动阻力可用下式计算:

$$R_f = Gf \tag{2-3}$$

式中:R_f——滚动阻力,kN;

G——车辆总重,kN;

f——滚动阻力系数,与路面种类和状况、轮胎结构和充气压力、汽车速度有关。对于一定类型的轮胎,在一定车速范围内,可视其为只与路面有关的系数。具体取值见表2-9。

滚动阻力系数 表2-9

路面种类	f	路面种类	f
水泥混凝土和沥青混凝土路面	0.01~0.02	干燥平整的土路	0.04~0.05
表面平整的黑色碎石路面	0.02~0.025	潮湿不平整的土路	0.07~0.15
碎石路面	0.03~0.05		

2. 坡度阻力

汽车爬坡时,汽车的重力在平行路面方向上产生分力,该分力阻止汽车前进,称坡度阻力。其大小为:

$$R_i = G\sin\alpha \tag{2-4}$$

因为在角 α 很小时,$\sin\alpha \approx \tan\alpha = $ 纵坡 i,所以:

$$R_i = Gi \tag{2-5}$$

3. 空气阻力

空气阻力是汽车直线行驶时受到的空气作用力在行驶方向上的分力。该力由空气压力、空气与汽车表面的摩擦力、车尾因空气稀薄而产生的吸力三部分组成。其大小按下式计算:

$$R_w = KFv^2 \tag{2-6}$$

式中:R_w——阻力,kN;

v——速度,m/s;

F——车辆的迎面面积,即汽车在行驶方向的投影面积,m^2。一般可采用下列数值:半挂车为 $7.0m^2$,载货车为 $6.2m^2$,小客车为 $2.0m^2$;

K——阻力系数,$kg \cdot s^2/m^4$。半挂车为 $0.004 kg \cdot s^2/m^4$,载货车为 $0.0035 kg \cdot s^2/m^4$,小客车为 $0.0025 kg \cdot s^2/m^4$。

4. 加速阻力

加速阻力是汽车在加速或减速时的惯性阻力。它由两部分组成:①汽车加速或减速前进而产生的惯性力,其值为 $G/g \times dv/dt$;②汽车上各种机械的转动部分,因加速或减速而产生的惯性力,与第一部分惯性力成正比,可采用乘系数的方法计算,因此加速阻力为:

$$R_j = \delta \frac{G}{g} \frac{dv}{dt} \tag{2-7}$$

式中:R_j——加速阻力,kN;

G——车辆总重,kN;

g——重力加速度,m/s²;

$\frac{dv}{dt}$——加速度,m/s²;

δ——旋转物体的影响系数,与汽车车型和变速器的变速比有关,可近似按 $\delta = 1.0 + \alpha i_k^2$ 计算;

i_k^2——变速器的变速比;

α——系数,按车型而定。轻型汽车为 0.03~0.05,载货汽车和大型客车为 0.05~0.07。汽车加速时 R_j 为正数,减速时 R_j 为负数。

将上述各力代入式(2-1),得到:

$$T = R_f + R_i + R_w + R_j$$
$$= G(f + i) + KFv^2 + \delta \frac{G}{g} \frac{dv}{dt} \tag{2-8}$$

(三)汽车行驶条件

汽车在道路上行驶必须满足两个条件。

(1)驱动力必须大于各项阻力,即 $T > \sum R$。

(2)驱动力不能大于轮胎与路面间的附着力,即 $T < G_k \phi$。因为附着力小于驱动力,则车轮在路面上打滑,车辆不能前进。所以驱动力又受附着力的制约。式中 ϕ 为轮胎与路面间的附着系数,路面处于干燥状态为 0.5~0.7,路面处于潮湿状态为 0.3~0.4,路面泥泞结冰为 0.1~0.2。G_k 为驱动轮荷重,一般情况下,小客车为汽车总重的 0.5~0.65,货车为汽车总重的 0.65~0.8。

从汽车行驶条件出发,路面既要平整又要粗糙。路面平整,滚动阻力降低;路面粗糙,附着力提高,且利于制动。

五、汽车的动力因数和动力特性图

简单地通过驱动力大小,不能评判两辆汽车的动力性孰优孰劣。必须把驱动力与车重结合起来考虑,并且还要考虑在行驶过程中遇到的空气阻力。现在将汽车行驶方程式做些变换,得到:

$$T - R_w = G(f + i) + \delta \frac{G}{g} \frac{dv}{dt} \tag{2-9}$$

令 $f + i = \psi$,则:

$$\frac{T - R_w}{G} = \psi + \frac{\delta}{g} \frac{dv}{dt} \tag{2-10}$$

上式右边是汽车行驶时的道路阻力系数 ψ 及加速度与 δ/g 的乘积。左边是驱动力与空气

阻力之差除以车重 G，表征汽车本身具有的参数。我们将 $\frac{T-R_w}{G}$ 叫作汽车的动力因数，并用符号 D 表示，于是：

$$D = \psi + \frac{\delta}{g}\frac{dv}{dt} \tag{2-11}$$

由式(2-8)可见，无论车重等参数有何不同，只要动力因数 D 相同，便能克服同样的坡度、产生相同的加速度。因此，目前常把动力因数作为表征汽车动力特性的指标。表示 D-v 关系的图叫动力特性图，如图 2-11 所示。

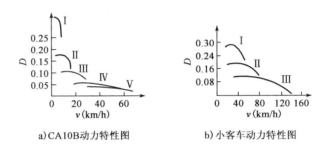

a) CA10B动力特性图　　b) 小客车动力特性图

图 2-11　动力特性图

利用式(2-11)和图 2-11 可以确定汽车的最高车速、加速能力和爬坡能力。

1. 最高车速

最高车速是指汽车在良好的水平路面上能达到的最高速度，故没有加速度，即 $\frac{dv}{dt}=0$。又因 $i=0$，所以 $\psi=f$。由式(2-11)得 $D=f$。此时在图 2-11 的 D 轴上找到数值等于 f 的点，而后由该点作 v 轴的平行线，交特性图于某点，该点对应的车速即为最大车速。

2. 加速能力

根据加速能力的含义知，$i=0$，故有：

$$\frac{dv}{dt} = \frac{g}{\delta}(D-f) \tag{2-12}$$

由此可知，D 曲线的纵坐标与 f 之差的 g/δ 倍，就是汽车各挡的加速度。求直接挡的加速度时，粗略取 $\delta\approx1$，$g\approx10\text{m/s}^2$，所以加速度值就是 $(D-f)$ 的 10 倍。

3. 爬坡能力

因上坡时 $\frac{dv}{dt}=0$，式(2-11)变成了 $D=f+i$，所以 $i=D-f$。于是我们可概略地认为 I 挡的最大动力因数 $D_{\text{I max}}$ 与 f 之差就是汽车的最大爬坡能力 i_{max}。

动力特性图是按海平面高程条件下的 T、K 值和满载时的 G 值绘制的。如要研究非海平面高程条件下、非满载时的动力特性，则将上述情况的 D 值乘以"海拔-功率-总重"修正系数 λ 即可。

利用动力特性图还可研究汽车的各种行驶情况，如等速、加速、减速行驶和坡度限制、坡长限制等情况。

六、汽车的制动性

汽车的制动性是汽车的主要性能之一。如果汽车的制动性不可靠,那么再好的动力性也不能发挥。汽车制动性直接关系到道路用户和环境中生命财产的安全,是汽车行驶的重要保障。在事故统计中,因制动性不好而肇事者为数不少。因此,只有保证汽车具有良好的制动性能才能在安全行驶的条件下提高行车速度,从而提高运输生产率。

汽车的制动性主要指以下三个方面。

(一)制动效能

制动效能即制动距离与制动减速度。汽车的制动距离 L 可用下式计算:

$$L = \frac{v^2}{254(\varphi \pm i)} \tag{2-13}$$

式中:v——汽车制动开始时的速度值,km/h;

i——道路纵坡坡度值,%,上坡为正,下坡为负;

φ——轮胎与路面间的附着系数,与路面种类、路面表面状况、轮胎花纹和轮胎气压、车速等因素有关。

驾驶员从发现障碍物采取措施到制动器生效,需要一段时间,这段时间称为反应时间,其长短因人而异。在确定安全停车距离时,可取反应时间等于 1.5~2.0s。因此,安全停车距离应包括制动距离 L 和在反应时间内汽车行驶的距离。

(二)制动效能的恒定性

制动过程实际上是把汽车行驶的动能通过制动器吸收转化为热能。所以温度升高后,汽车能否保持在常温状态时的制动效能是要考虑的重要问题。制动效能的恒定性对高速时制动和长下坡连续制动很有意义。

(三)制动时汽车行驶方向的稳定性

方向稳定性主要指制动时不产生跑偏、侧滑及失去转向能力的性能。制动跑偏与侧滑,特别是后轴侧滑是造成事故的主要原因。例如某市郊区公路上,某年雨季在两周内发生 7 起交通事故,其中 6 起是由于制动时后轴侧滑或汽车失去转向能力造成的。因此交通管理部门验车时,要对汽车的制动性进行严格检验。

【思考题】

1. 感觉和知觉有什么差异?
2. 描述驾驶员信息处理过程。
3. 交通设施设计中,哪些考虑了驾驶员的交通特性?请举例说明。

4. 驾驶员的哪些个性特征可以影响驾驶行为？其影响如何？
5. 哪些因素容易导致驾驶疲劳？应该如何避免？
6. 为什么严禁驾驶员饮酒？
7. 哪些因素是影响汽车行驶的主要阻力？
8. 如何确定汽车的加速能力、爬坡能力？

第三章 交通量

本章介绍交通量的基本概念、时空分布特征以及统计调查方法,培养学生的数据处理和实践能力。

交通量作为描述交通流特性的三个最重要的参数之一,是指在给定的统计时间内,通过道路某一地点、某一断面或某一条车道交通体的数量。交通量分为机动车交通量、非机动车交通量和行人交通量,一般不加说明则指机动车交通量,且指来往两个方向的车辆数。

交通量不是一个静止的量,不同时间段、不同地点的交通量都是不同的。交通量的大小与经济发展水平、居民生活水平、出行方式、地理位置和气候等复杂因素有关,随着空间的不同和时间的差异而变化。交通量这种随时间和空间的变化而变化的特性称为交通量的分布特性。研究或观察交通量的变化规律,对于进行交通规划,交通管理,交通设施规划、设计方案比选和经济分析以及交通控制与安全,均具有重要的意义。

第一节 交通量概述

一、交通量的表达方式

由于交通量是随时间变化的,因此对于不同的计量时间段,交通量有不同的表达方式,通常取某一时间段内的交通量平均值作为该时间段内的代表交通量。

常用的交通量的表达方式有：平均日交通量、年平均日交通量、月平均日交通量、周平均日交通量、小时交通量、高峰小时交通量、第30小时交通量以及不足一小时的时段交通量。下边对重要表达方式展开论述。

平均日交通量（Average Daily Traffic，ADT）：将观测期间内统计的交通量总和除以观测总天数，所得的平均值即为平均日交通量。计算式为：

$$\text{ADT} = \frac{1}{n}\sum_{i=1}^{n} Q_i \tag{3-1}$$

式中：Q_i——观测期内第i天的交通量，辆/d；
$\quad\quad n$——观测天数，小于全年总天数。

年平均日交通量（Annual Average Daily Traffic，AADT）：一年内观测的交通量总和除以一年的总天数（365或366），所得的平均值即为年平均日交通量。计算式为：

$$\text{AADT} = \frac{1}{365}\sum_{i=1}^{365} Q_i \tag{3-2}$$

式中：Q_i——观测期内第i天的交通量，辆/d。

月平均日交通量（Month Average Daily Traffic，MADT）：一月内观测的交通量总和除以一月的总天数，所得的平均值即为月平均日交通量。计算式为：

$$\text{MADT} = \frac{1}{k}\sum_{i=1}^{k} Q_i \tag{3-3}$$

式中：Q_i——观测期内第i天的交通量，辆/d；
$\quad\quad k$——当月天数，$k=28,29,30,31$。

周平均日交通量（Week Average Daily Traffic，WADT）：一周内观测的交通量总和除以一周的总天数（7），所得的平均值即为周平均日交通量。计算式为：

$$\text{WADT} = \frac{1}{7}\sum_{i=1}^{7} Q_i \tag{3-4}$$

式中：Q_i——观测期内第i天的交通量，辆/d。

在某些情况下，还常以"周×的年平均交通量"表示，即将全年中每周某日（如周三）的交通量总和除以全年该日（如周三）的总天数，所得的平均值，即为该日（如周三）的年平均交通量。

如果将观测交通量的时间间隔缩短，能更加具体地反映观测断面的交通量变化情况，因此又常用：

小时交通量：一小时内通过观测断面的车辆数，单位为辆/h。

高峰小时交通量：一天内的高峰期间连续60min的最大交通量，单位为辆/h。

第30小时交通量：一年当中8760个小时交通量按大小次序排列，从大到小序号第30的那个小时的交通量，称为第30小时交通量。

美国和日本取第30小时交通量作为设计小时交通量。这是因为从第1到第30位左右的小时交通量减少比较显著，曲线斜率较大。从第30位以后，减少缓慢，曲线平缓。采用第30小时交通量作为设计小时交通量，全年只有29个小时（个别情况也可能稍多于29）的交通量超过交通设施的容量得不到保证，仅占0.33%，而保证率为99.67%。

我国幅员辽阔，各地区的经济条件以及气候、交通量、交通设施使用性质及混合交通等因素均不相同，根据交通运输部规划研究院关于设计小时交通量系数的研究，原则上采用第30

位小时作为设计小时,但对于交通设施规划,设计者可根据各地区的具体情况与条件适当地调整设计小时的时位。为了不至于使全年产生太多的交通拥堵现象,调整范围宜控制在第20位小时~第40位小时,一般按照交通设施的重要程度取值,例如重要的国家高速公路、城市快速路等取第20小时交通量,一些次重要的乡村公路、城市支路等取第40小时交通量。

二、交通量的空间分布

所谓空间不同是指地域、城乡、路线、方向、车道等的差别,下面概要地介绍交通量的空间分布特征。

(一)地域分布

由于我国幅员辽阔,各地区经济发展水平、工农业生产水平、居民生活水平不均衡,导致东、南部沿海经济发达省份、中部经济一般发达省份和西部经济欠发达省份之间交通量有明显差别,如表3-1所示。

2021年东、中、西部地区概况及高等级公路平均交通量　　　表3-1

地　　区	面积 (万 km²)	人口 (万)	人均产值 (元)	等级公路里程 (万 km)	高速公路 AADT (MTE/d)
东部沿海,以福建省为例	12.40	约4187	约116939	约9.79	22592
中部,以湖南省为例	21.18	约6622	约69440	约23.10	30278
西部,以陕西省为例	20.56	约3954	约75360	约17.30	11334

注:MTE 为中型货车换算交通量。

(二)城乡分布

城乡之间经济发展、生产活动、生活水平的不均衡造成城乡之间交通量有明显差别。一般来说,城市道路的交通量大于农村道路的交通量。例如美国,在乡村公路44%的里程中,交通量都小于1000辆/d。在城市道路64%以上的里程中,交通量都大于4000辆/d,而在约36%的城市街道上,交通量超过10000辆/d。

2017年我国公路交通量观测站的数据表明,广大农村公路的交通量都很小,90%的乡道、村道年平均日交通量不超过1000辆/d,85%的县道年平均日交通量不超过3500辆/d;而大城市出入口道路的交通量一般都大于17000辆/d,城市道路的交通量则更大,2017年8月15日北京市安立路的调查结果为38154辆/d。

(三)方向分布

一条道路往返两个方向的交通量,在较长的时间内可能是平衡的,但是在某段时间内,可能是一年中的某个季节,一个月中的某几天,也可能是一天中的某个时段,两个方向的交通量会有很大的差别。对于农村公路,秋季有大量农副产品运进城镇,冬季有丰富的轻工产品运回农村。对于靠近停车场、专业车队的道路,上班时间有大量的车辆外出,下班时间则流向相反。对于通往卫星城镇、住宅区、工矿企业等的市郊道路,上下班时间客流方向明显不同。为了表示这种方向的不均衡性,引入方向分布系数 K_D,其定义为:

$$K_D = \frac{\text{重行车方向交通量}}{\text{双向总交通量}} \times 100\% \tag{3-5}$$

根据国外数据，上下班路线 $K_D = 70\%$，其他主要道路 $K_D = 60\%$，市中心区道路 $K_D = 50\%$。交通运输部规划研究院调查了我国东部、中部和西部三大地区平原微丘和山岭重丘区的高速公路、一级公路、二级公路、三级公路和四级公路，得到了我国公路的方向分布系数，如表 3-2 所示。

我国公路的方向分布系数 表 3-2

类型	东部			中部			西部		
	5min	15min	60min	5min	15min	60min	5min	15min	60min
城郊公路	0.66	0.58	0.58	0.61	0.57	0.57	0.65	0.57	0.58
乡村公路		0.71	0.60	0.61	0.60	0.57			

（四）车道分布

当同向车行道有两条或多于两条时，处于不同位置的车道，其交通量分布不同。每条车道交通量的大小主要与车道两侧的干扰、慢行车的比例和进出口的数量、位置有关。当车流为连续流时，主要受车辆车速的影响，小汽车专用车道的交通量显然比大型汽车车道大。

三、交通量的时间分布

交通量的时间差异是指一年中某个季节、某个月、某一天、某个小时的差异。交通量随时间发生的变化反映了经济与社会对交通的需求。随着经济的不断增长，每年的交通量都会有所增加。交通量按年度变化的规律在推算远景交通量时会讨论，这里只叙述年度内交通量的时间分布。

（一）一年内月交通量的变化

以一年为周期，统计 12 个月的交通量，每个月的交通量不尽相同。一年内各月交通量的变化称为月变化。以月份为横坐标，月平均日交通量（MADT）相当于年平均日交通量（AADT）的百分数为纵坐标，绘成交通量的月变图。年平均日交通量与月平均日交通量之比，称为交通量的月变系数 $K_\text{月}$（也称月不均衡系数或月换算系数），用以表示一年内月交通量的变化。其表达式（以平年为例）如下：

$$K_\text{月} = \frac{\text{AADT}}{\text{MADT}} = \frac{\text{年平均日交通量}}{\text{月平均日交通量}} = \frac{\frac{1}{365}\sum_{i=1}^{365}Q_i}{\frac{1}{k}\sum_{i=1}^{k}Q_i} \tag{3-6}$$

式中：k——当月天数，可以取 28、29、30、31；
Q_i——观测日的交通量，辆/d。

为简便起见，年平均日交通量可用下式计算：

$$\text{AADT} = \frac{12 \text{ 个月的月平均日交通量的总和}}{12} \tag{3-7}$$

【例 3-1】 某观测站得到一条公路一年内各月交通量及全年累计交通量的观测结果如表 3-3 所示,试求各月的月变系数 $K_月$。

某观测站公路交通量月变系数计算表　　　表 3-3

月份	月交通量总和(辆)	MADT(辆/d)	$K_月$	$1/K_月$	备注
1	162986	5257	1.20	0.833	
2	131694	4703	1.34	0.745	
3	196144	6327	1.00	1.002	
4	197958	6599	0.96	1.045	
5	200431	6466	0.98	1.024	
6	195409	6514	0.97	1.032	AADT = 6313 辆/d
7	193276	6235	1.01	0.988	全年总交通量 = 2304232 辆
8	203563	6567	0.96	1.040	
9	205441	6848	0.92	1.085	
10	190656	6150	1.03	0.974	
11	205951	6865	0.92	1.087	
12	220723	7120	0.89	1.128	

解: 12 个月的总交通量为 2304232 辆。

$$\text{AADT} = \frac{2304232}{365} = 6313(\text{辆/d})$$

计算 $K_月$,以 1 月份为例,按式(3-6):

$$K_月 = \frac{6313}{5257} = 1.20$$

以此类推,最后得到各月的 $K_月$,如表 3-3 第 4 列所示。

以月份为横坐标,月变系数的倒数为纵坐标,绘出月交通量的变化图,以反映一年内该路段观测断面上交通量的月变化曲线。图 3-1 比较了该条公路及其所连接的某条城市道路观测交通量的月变化。

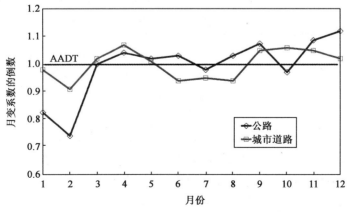

图 3-1　月交通量变化图

一般来说,交通量的月变化在乡村道路上显示出的受季节影响比城市道路大,城市道路交通量月变化比较均匀;交通量的月变化在主要为旅游服务的乡村道路上显示出的季节性变化比主要为生产运输服务的乡村道路明显;一年中第一季度第二个月的月变系数最大,此时天气较为寒冷,又逢我国春节,交通出行少,交通量低。

(二)一周内日交通量的变化

以一周为周期,每天的交通量分布也不均匀,但有规律性。一周内各天交通量的变化称为日变化。在我国的城市道路上,一般工作日的交通量变化不大,在节假日变化比较明显,多数交通量都减少;而主要为旅游服务的乡村公路一般工作日的交通量不大,在节假日则有较明显的增加;一般公路交通量相对变化不大。通常用日交通量系数 K_d(也称日变系数)表示交通量的日变化。其表达式如下:

$$K_d = \frac{周平均日交通量}{观测日年平均交通量} = \frac{\frac{1}{7}\sum_{i=1}^{7}Q_i}{Q_i} \tag{3-8}$$

式中:Q_i——周 i 的交通量,辆/d。在实际计算时:

$$Q_i = \frac{全年所有周\ i\ 的累计交通量}{全年周\ i\ 的总天数} \tag{3-9}$$

【例3-2】 某观测站得到周一至周日的一年总交通量列于表3-4第二行,试求周一至周日的年平均交通量与日变系数。

解:周 i 的年平均日交通量,以周日为例,因该年有53个周日,则按式(3-9)得:

$$周日的年平均日交通量 = \frac{111469}{53} = 2103(辆/d)$$

周日的日变系数为:

$$K_d = \frac{2415}{2103} = 1.15$$

以此类推,可以算出其余各日的年平均日交通量和日变系数,列于表3-4第三、四行。

周 i 的年平均日交通量和日变系数计算表　　表3-4

周	日	一	二	三	四	五	六	全年
累计交通量(辆)	111469	128809	129486	128498	127030	129386	126838	881516
周 i 的年平均日交通量(辆/d)	2103	2477	2490	2471	2443	2488	2439	2415
K_d	1.15	0.97	0.97	0.98	0.99	0.97	0.99	

显示一周内7天中交通量日变化的曲线叫作交通量日变图,通常用此图来描述一周内日交通量的变化。图3-2 显示了我国不同道路类型(城市道路、一般公路、旅游公路)的观测结果。三条曲线表明,一般公路交通量周变化不明显,旅游公路周六和周日的交通量明显高于工作日,城市道路周六和周日的交通量明显低于工作日。

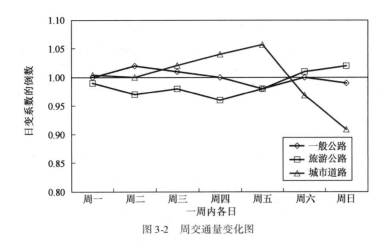

图 3-2 周交通量变化图

(三)一日内各小时交通量的变化

若以一日为周期,各个小时的交通量分布也不均衡。虽然由于地点不同,交通量大小各异,导致每天的分布曲线不尽相同,但是分布曲线的变化趋势和高峰出现时间却大致相似。

我国国家干线公路交通量调查资料表明,高峰小时在上午9点至10点之间出现。高峰小时交通量为当日交通量的9%~11%。一天中交通量主要集中分布在12~16个小时之内。所以,通常采用日交通量12小时系数和16小时系数来表征日交通量的集中程度。这两个系数在进行交通量调查观测等工作中有着重要应用。日交通量12小时系数是指6:00—18:00时段的交通量占日交通量的百分比;日交通量16小时系数是指5:00—21:00时段的交通量占日交通量的百分比。根据我国一些连续式交通量观测站(点)的观测资料,其代表路段平均日交通量12小时系数为:东中部省份0.67、西部省份0.71;16小时系数为:东中部省份0.82、西部省份0.87。

一日内以连续60min计的交通量的最高值称为高峰小时交通量,它是影响道路交通畅通的一个重要因素。道路通行能力若能够满足高峰小时的交通量,则能满足全天其他时刻的交通需求。常用高峰小时流量比来描述高峰小时交通量的特征,高峰小时流量比是高峰小时交通量与全天交通量的比值,反映高峰小时流量的集中程度,并可用于高峰小时交通量与日交通量之间的相互换算。据统计,我国公路高峰小时流量比一般为8%~10%,出现时间与观测站距城市中心的位置有关。

城市道路交通量一般有两个高峰,即早高峰和晚高峰。图3-3为某条城市道路某日的交通量变化曲线,可以看出,机动车晚高峰交通量低于早高峰。根据我国大城市主干道的观测数据,工作日每天上午7:00—9:00为机动车早高峰,17:00—19:00为机动车晚高峰。节假日有些后延,且高峰流量较小。

标准高峰小时流量比的确定方法为:首先,以小时交通量的大小为序绘制曲线,曲线横坐标为小时交通量序数,纵坐标为小时交通量与年平均日交通量之比值;然后,从曲线中找出曲率变化明显处的小时交通量比值,即为标准高峰小时流量比K。K值一般为9%~14%。

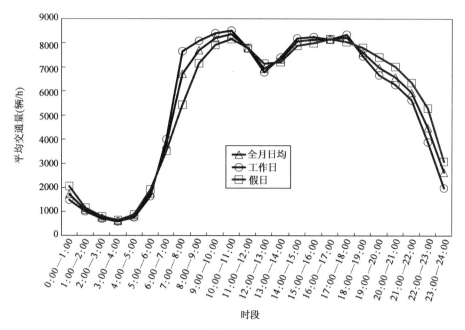

图 3-3 某城市道路某日 24h 流量变化曲线

(四)高峰小时内交通量的变化

高峰小时交通量的持续时间并非刚好 1h,可能大于或小于 1h。同时,高峰小时内交通量也并不均匀。因此,再将高峰小时划分成更短的时段以显示各时段交通量的变化特征。一般按 5min 和 15min 划分时段。某高峰小时内连续 5min 或 15min 交通量最大的时段称为高峰小时内的高峰时段,并把由该时段的交通量推算得到的小时流率称为高峰小时流率。高峰小时交通量与高峰小时内某一时段推算的高峰小时流率的比值称为高峰小时系数(PHF)。

$$PHF = \frac{高峰小时交通量}{高峰小时流率} \tag{3-10}$$

以 5min 计的高峰小时系数为:

$$PHF_5 = \frac{高峰小时交通量}{12 \times 高峰 5min 交通量} \tag{3-11}$$

以 15min 计的高峰小时系数为:

$$PHF_{15} = \frac{高峰小时交通量}{4 \times 高峰 15min 交通量} \tag{3-12}$$

《道路通行能力手册》(简称 HCM)提出,15min 的高峰交通量是造成交通拥堵的重要因素,所以常常研究 15min 的高峰小时交通量,在城市道路中,15min 的高峰小时系数一般为 0.8 ~ 0.98,较低值表示在高峰小时中流量具有较大的可变性,较高值表示流量变化不大,超过 0.95 时通常表示在高峰小时内流量受到通行能力制约。

【例 3-3】 某观测站测得的连续 5min 时段的交通量统计数如表 3-5 所示,求 5min 和 15min 的高峰小时系数。

某路段高峰时段连续 5min 统计交通量　　　　表 3-5

观测时段	7:00—7:05	7:05—7:10	7:10—7:15	7:15—7:20	7:20—7:25	7:25—7:30	7:30—7:35	7:35—7:40	7:40—7:45	7:45—7:50	7:50—7:55	7:55—8:00
交通量(辆)	90	92	116	115	116	119	158	150	184	176	130	132
观测时段	8:00—8:05	8:05—8:10	8:10—8:15	8:15—8:20	8:20—8:25	8:25—8:30	8:30—8:35	8:35—8:40	8:40—8:45	8:45—8:50	8:50—8:55	8:55—9:00
交通量(辆)	119	108	129	133	114	100	95	104	109	99	95	82

解:由表 3-5 知高峰小时为 7:20—8:20,高峰小时交通量为 1654 辆,7:40—7:45 为最高 5min,按照式(3-11),可得:

$$PHF_5 = \frac{1654}{12 \times 184} = 0.75$$

7:35—7:50 为最高 15min,按照式(3-12),可得:

$$PHF_{15} = \frac{1654}{4 \times 510} = 0.81$$

其中,5min 流率、15min 流率、高峰小时交通量之间的关系如图 3-4 所示。

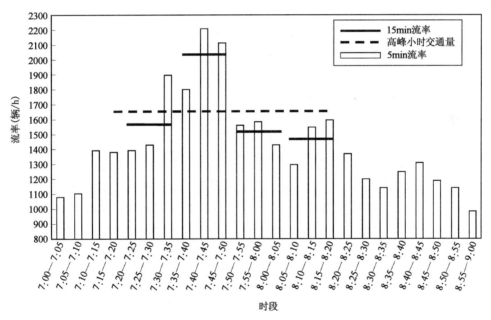

图 3-4　5min 流率、15min 流率、高峰小时交通量之间的关系

第二节　统计交通量的方法

通常有三种统计交通量的方法,即人工计数法、自动计数法和卫星定位法。采用何种方法,主要取决于所能获得的设备、经费和技术条件、调查目的要求及要求提供的资料情况等。

一、人工计数法

(一)人工纸上计数法

人工纸上计数法是我国目前应用最广泛的一种交通量调查方法,只要有一个或几个调查人员,即能在指定的路段或交叉口引道一侧进行调查,组织工作简单,调配人员和变动地点灵活,使用的工具除必备的计时器(手表或秒表)外,一般只需手动(机械或电子)计数器和记录用的记录板、纸和笔。

应用人工纸上计数法,可以获得分车种分流向的交通量、交叉口处转向交通量、非机动车或行人交通量、车道使用、排队长度等多方面的资料,这些功能是机械法所不具备的。

人工纸上计数法适用于任何地点、任何情况的交通量调查,机动灵活,易于掌握,精度较高(调查人员经过培训,比较熟练,又具有良好的责任心时),资料整理也很方便。但是这种方法需要大量的人力,劳动强度大,冬夏季室外工作辛苦。对工作人员要事先进行业务培训,加强职业道德和组织纪律性的教育,在现场要进行预演调查和巡回指导、检查。另外,如需做长期连续的交通量调查,由于人工费用的累计数很大,因此需要较多费用。一般这种方法最适于做短期的交通量调查。

(二)流动车法

流动车法是英国运输与道路研究室的沃德罗普(Wardrop)和查尔斯·沃思(Charles Worth)在1954年提出的方法,可用来测定某一路段上的交通量和行驶车速、行车时间等,是一种较好的交通综合调查方法。

流动车法一般需要有一辆测试车,小型面包车或工具车最好,吉普车或小汽车也可以,尽量不要使用警车等有特殊标志的车,以工作方便、不引人注意、座位足够容纳调查人员为宜。

流动车法一般需要驾驶员1人,观测记录人员3人。其中1人记录与测试车反向行驶的会车数,1人记录与测试车同向行驶的超车数和被超车数,另一人记录测试车往返行驶的时间。当交通量较小时,可以减少观测记录人员。行程距离应已知或由里程碑、地图读取,或自有关单位获取,如不得已则应亲自实地丈量。调查过程中,测试车一般需沿调查路线往返行驶12~16次(即6~8个来回)。

根据所调查观测的数据,可按下列公式计算测定方向上的交通量 q_E:

$$q_E = \frac{X_W + Y_E - Z_E}{t_E + t_W} \times 60 \tag{3-13}$$

式中:q_E——路段待测定方向上的单向交通量,辆/h;

X_W——与测试车反向(其行驶方向为W)行驶的会车数,辆;

Y_E——测试车在待测定方向行驶时,超越测试车的车辆数,辆;

Z_E——测试车在待测定方向行驶时,被测试车超越的车辆数,辆;

t_W——测试车与待测定车流反方向行驶时的行驶时间,min;

t_E——测试车与待测定车流同方向行驶时的行驶时间,min。

【例 3-4】 测试车在长 1.2km 的一段东西向街道上,往返行驶 12 次,得到如表 3-6 所示观测结果。求该路段的交通量。

观 测 结 果 表 3-6

东行	t_E(min)	X_E(辆)	Y_E(辆)	Z_E(辆)
6 次平均	2.61	84.0	1.5	1.0
西行	t_W(min)	X_W(辆)	Y_W(辆)	Z_W(辆)
6 次平均	2.42	111.5	0.5	1.0

解:

$$q_E = \frac{X_W + Y_E - Z_E}{t_E + t_W} \times 60 = \frac{111.5 + 1.5 - 1.0}{2.61 + 2.42} \times 60 = 1336(辆/h)$$

$$q_W = \frac{X_E + Y_W - Z_W}{t_W + t_E} \times 60 = \frac{84 + 0.5 - 1.0}{2.61 + 2.42} \times 60 = 996(辆/h)$$

用流动车法调查交通量要使测试车的车速尽可能接近车流的平均速度,当交通量很小时,则应接近调查路段的限制车速。对于多车道的情况,最好变换车道行驶。另外,要尽可能使超车数与被超车数接近平衡,特别当交通量不高时更应如此。流动车法调查延续的时间较长,为了真实反映交通情况,应注意路段和行程时间不要太长,尽可能分段以较短时间完成调查。流动车法观测到(经过计算获得)的交通量是一个平均值,即在整个观测时段内的平均值,而由每一次观测所得数据计算的交通量才是该时段的交通量。

(三)摄影法

目前常利用摄像机作为便携式记录设备,可以通过一定时间的连续图像给出连续的交通流详细资料。在工作时要求将摄像机升高到工作位置(或合适的建筑物),以便能观测到所需的范围。将摄制到的视频资料重新放映出来,按照一定的时间间隔以人工方式来统计交通量。用这种方法搜集交通量或其他数据资料的优点是现场人员较少,资料可长期反复应用,也比较直观。其缺点是费用比较高,整理资料花费人工多。

对于交叉口交通状况的调查,往往可采用摄影法。通常将摄像机安装在交叉口附近的某制高点上,镜头对准交叉口,连续摄像,可以得到最完全的交通资料。对于如自行车、行人交通量、分车种分流向的机动车交通量、车辆通过交叉口的速度及延误时间损失、车头时距、信号配时、交通堵塞原因、各种行人与车辆冲突的情况等,均能给出令人信服的证据,并且资料可以长期保存。其缺点是费用高,内业整理工作量大。

二、自动计数法

目前,世界各国已经广泛采用自动装置进行交通量调查。由于自动装置的种类很多,因此只要选择适当,这种方法几乎适用于各种道路、交通和气候条件下的机动车交通量调查。自动装置可连续计数 24h、一个月、一年的交通量,除一次性投资较大外,单位时间花费较省,特别适合长期、连续的交通量调查。目前,自动装置都已经能分车道区分车种和流向,但大都不能调查非机动车和行人交通量。对于交通组成比较复杂的情况,如机非混行的情况,则常需辅以人工调查。

自动装置主要由检测器和计数器两部分组成。

(一)检测器主要类型

1. 气压式检测器

气压式检测器是横于车行道并排放置的两根橡胶管,一端密封,另一端与计数器相连。当车辆通过橡胶管时,管中空气压力发生变化,以此传递来车信息。气压式检测器测得的是通过管子的车轴数,而不是车辆数。由于已知并排放置的两根橡胶管之间的距离(一般为5~7m),计数器中的单片机根据同一车轴通过两根橡胶管的时间差,可以准确地计算出车速和轴距,由于不同类型车辆的轴距和轴数有一定的规律性,因此根据轴距和轴数的分布规律,计数器在记录交通量的同时,可以分辨出车型和流向。

气压式检测器具有价格低廉、便于移动、安装和维修简便等优点,因此使用比较广泛。其主要缺点是不能分出各车道的交通量;由于橡胶管直接放置在路面上,受来往车辆碾压,特别是当扫路车、铲雪车、防滑轮胎链、刹车链碾压以及紧急制动滑行时易于损坏;当无人看管时,易于被人偷盗;长期使用,橡胶易于老化,精度降低;冰雪以及温度变化较大时,也影响其精度。

安放气压式检测器的地点要选择适当。要使橡胶管与车辆行驶方向正交,避开车辆转向处,以免由于车辆与橡胶管斜交而发生重复计数;不要安放在车辆易发生滑溜的地方,如小半径曲线处;要避开行车易出现大的加速或紧急制动的地方,如较陡的坡道上,要选择路面平整的地方,以免损坏橡胶管;要避开路侧停车的地点;在交叉口引道上,要安放在可能的排队长度以外;在其他可能出现车辆排队的地方,如收费站、加油站等处也应同样考虑。

2. 电接触式检测器

电接触式检测器主要有固定式和便携式两种类型。所谓固定式是将两组带有绝缘橡胶的电接点埋置于车行道路面之下,其顶面与路面齐平。当车辆通过时,电极接通,检测到车辆经过。这种形式的检测器避免了气压式检测器的缺点,可以分车道统计交通量,但由于需要挖开路面,增加了安装的困难和费用。便携式检测器是一条横于车行道的内有两组接点的电橡胶带,靠电橡胶带内的电极是否接通传递来车信息,其优缺点及安装时的注意事项与气压式检测器类似。这种类型的检测器可以得到分车道、分方向、分车型的交通量、车速、车头时距等数据。

3. 光电式检测器

光电式检测器主要由光源和光电管组成,通过光源是否被遮断使光电管感知车辆的有无。其主要优点是结构简单,可以和各种类型的计数器相连接。缺点是不能区分各车道的交通量,同时,停止的车辆以及行人或自行车遮断光源都会计数;在交通量大时精度较低。

此外,光电式检测器的安装高度不易选择。其距地面的高度既不能是大型车的车轴高度,又不能是小轿车的车窗高度。光电式检测器不适用于交通量在1000辆/h以上的双车道或多车道的道路,一般来说,只能用于统计货车的交通量。

4. 雷达式检测器

雷达式检测器是根据多普勒效应(Doppler Effect)制成的。其精度很高,性能可靠,不受来往车辆碾压和天气的影响,也不存在老化问题,可同时用于车速调查。通常安装在拟调查的车道中心上方,因此可得到每车道的交通量。但是雷达式检测器的价格和维修费用比其他类型的检测器都高。

5. 磁场式检测器

磁场式检测器有主动式和被动式两种类型,都是根据车辆通过引起磁场变化的原理获得来车信息的。所不同的是,前者形成自身的电磁场,后者不形成磁场,而是利用地磁场。磁场式检测器可规避气压式检测器的缺点,不受路上交通的影响,也不受冰、雪等恶劣天气的影响,可以分车道检测。但检测线圈安装麻烦,需挖开路面,且不易维修。便携式磁场型交通量检测仪尽管安装和使用方便,但价格昂贵,且一台仪器仅能检测一个车道。

6. 超声波式检测器

超声波式检测器是利用超声波发生器向地面发射超声波,通过鉴别其反射波来感知车辆的有无。其优点是精度很高,不受来往车辆碾压的影响,也不受天气的影响。缺点是成本高,且不管是对于车辆还是行人,只要通过探头下方都会计数。通常将超声波探头安装在车行道上方中心,可以分车道检测。

7. 红外线式检测器

红外线式检测器主要有两种类型,一种是发出红外线使路上车辆传感的主动式检测器,另一种是检测路上行车热线的被动式检测器。其优缺点及安装方法与超声波式检测器类似。

8. 视频检测

视频检测有两种类型,一种是利用摄像机,在录像带上记录一个断面的连续交通流信息,然后在室内利用专门的视频处理设备,对交通流信息进行事后处理;另一种是利用安装在交通设施上方的摄像头,通过专用电缆把连续的交通流图像传输至专门的视频处理设备,对交通流信息进行实时处理。进行数据检测时,镜头应在交通设施上方 7~10m,迎着或逆着车辆运行方向进行摄像。视频处理设备可以同时连接 2~4 台摄像机进行视频检测,每台摄像机的视野中可以布置 255 个虚拟检测线圈,可以分车道、分流向、分车型获得交通量、车速、占有率、车头时距、延误等数据。视频检测设备安装方便,应用广泛,精度较高,省时省力,但设备成本比较高,安装要求比较高,且直接影响视频检测精度,同时可能受光线条件影响。

(二)计数器主要类型

1. 数字式计数器

数字式计数器直接显示出车辆累计数的当前值。由于没有打印设备,要求使用者在预先设定的周期的起点和终点分别记下读数,两者之差就是该周期内的车辆数。通常使用的机械式计数器和数字显示电子计数器均属此类。

2. 录带式计数器

录带式计数器装有纸带,定时自动打印。通常是每 15min 或 1h 打印一次累计数,1h 后自动归零。这种计数器曾经在美国普遍应用。

3. 环形图表式计数器

环形图表式计数器装有绘图笔和环形坐标纸,径向坐标为交通量,环向为时间。可以自动画出车流量曲线,每一周期完后,绘图笔自动归零。需要注意的是,这种计数器对于 5min、10min、20min、30min 和 60min 的时间间隔,能记录的交通量范围为 0~1000 辆。根据装备情况,这种计数器能以一定的周期连续记录 24h 或一周的交通量。

4.计算机式计数器

计算机式计数器装有微型电子计算机或单片机,能连接各种检测器。利用各种软件根据用户需求自动处理资料,并自动输出用户定制的交通信息。它能存储大量资料,且可以长期保存,精度很高,性能可靠,且价钱便宜,是目前国内外应用较为广泛的计数器。

选用何种类型的检测器以及配接何种类型的计数器,要根据观测目的、观测对象、设备性能及费用等条件决定。我国目前已研制出多种检测器和自动记录仪,选用时要认真阅读使用说明书,注意其特性和适用条件。

检测器与计数器多以专用电缆(或光缆)连接。有些永久性观测站只装有传感器,将信息传到记录中心,此时除用电缆连接外,还可以使用无线网络传送。

三、卫星定位法

卫星定位法是一种新型的交通量调查方法,通过卫星系统对车辆进行定位和追踪,以获得交通流量的准确数据。

在卫星定位法的运用上,调查人员首先需要在车辆上安装车载定位设备。这些设备可以通过卫星系统来实时记录车辆的位置信息。其次,将这些信息传输到中心服务器进行存储和处理。最后,对收集到的数据进行分析,包括车辆位置、速度、行驶时间等信息的处理和计算,最终获得交通量数据。

卫星定位法的优点在于可以提供更加全面、精确的交通量数据。此外,卫星定位法还可以实现对车辆行驶速度、行驶路线等信息的获取,从而更好地分析交通流的分布和变化情况。然而,卫星定位法也有其不足之处。首先,其设备的成本比人工计数法和自动计数法更高,需要更多的投入。其次,卫星定位需要在开放空间进行,因此在高层建筑密集的城市区域和地下隧道等区域可能会受到信号干扰,影响调查的准确性。最后,卫星定位法也存在一定的隐私问题,例如车辆位置信息的泄露等。

第三节　交通量调查

交通量数据是交通工程学中最基本的资料,交通量调查的目的在于通过长期连续性观测或短期间隙和临时观测,收集交通量数据,了解交通量在时间、空间上的变化和分布规律,为交通规划、道路建设、交通管理和控制、工程经济分析等提供必要的数据。

一、交通量调查的方法

(一)交通量调查说明书

在实施交通量调查之前,应先考虑调查方案,编写说明书。说明书大致包括下列内容。
(1)调查目的。
(2)拟调查地区的平面图:应标明道路宽度、路面标线、周围地物、视距障碍、路面状况、交通标志等。
(3)观测站的位置也要标到平面图上,并对选点依据提出书面说明。
(4)车种划分:公路交通量调查,一般将车辆划分为小型载货汽车、中型载货汽车、大型载货汽车、小型客车、大型客车、载货拖挂车、小型拖拉机、大中型拖拉机、畜力车、人力车和自行车 11 种;城市道路交通量调查,一般将车辆划分为单机大货车、拖挂车、单机大客车、通道式大客车、小客车、其他车、自行车 7 种。

(5)调查时间及周期。

(6)观测仪器:如采用自动装置,要提出设备的规格、型号及数量,并对设备的性能加以扼要说明,还应给出详细的设备安装施工图。

(7)人员配备及分工。

(8)记录表格的形式:其表头通常要包括道路名称或道路编号、观测站位置、运行方向、观测日期(年、月、日、星期)、观测时间、天气、观测人等项目。

(9)调查资料整理方法及格式。

(10)注意事项。

(二)公路交通量调查

在拟调查的公路上,选择有代表性的地点建立观测站。观测站附近应没有大出入口,视距通畅,道路条件与整个路段相似,没有大量人流的干扰,除非调查是针对这些因素进行的。根据观测站的功能不同,可以将其分成以下几种。

1. 连续观测站(永久性观测站或控制性观测站)

设置连续观测站的目的在于获取全年完整的交通量数据,摸清交通量的变化规律,求出交通量的各种变化系数,供其他仅有局部数据的观测站或条件类似的路段推算年平均日交通量使用。同时,为简化观测工作量,在连续观测站,每天昼夜连续观测 24h,来去车辆不分,合并计数,按小时记录 11 种车型的绝对数,而后换算成解放牌中型载货汽车的当量汽车车辆数。观测结果按业务领导部门的要求填表上报,并绘制交通量分布示意图。图上包括混合交通量、汽车交通量(绝对数和换算数)和路线技术等级允许的交通量等。

2. 间隙观测站

间隙观测站是连续观测站的辅助性观测站,与连续观测站设在同一公路的不同路段上,或设在性质相似的不同公路上。在间隙观测站,每月观测 1~3 次,具体日期可自行规定。若经过长期观测已得出白天交通量比重,即 K_{12}、K_{16},可只在白天观测 12~16h,12h 观测可从 7:00—19:00,16h 观测可从 6:00—22:00。观测所得的资料可配合连续观测站数据使用,分析路段的交通量变化规律,或推算本站的年平均日交通量。围绕一个连续观测站可设几个甚至十几个间隙观测站。间隙观测站的观测内容与填报要求与连续观测站相同。

3. 补充观测站(临时观测站)

如有特殊需要观测某一路段或某一交叉路口的交通量,而该处原来未设观测站,则需临时补充设立观测站,完成观测任务后,就撤销观测站。

在观测站附近,当有本路或平行路维修、附近桥梁维修、因偶然因素发生车辆阻塞等异常情况时,应在记录中详细注明,以免造成分析错误。

(三)城市道路交通量观测

为了获得城市道路系统上交通量的变化规律,求出有关变化系数,推算年平均日交通量,宜在每条主干道上建立一个连续观测站,在每种类型的次要道路上,建立间隙观测站,如城市较小可分别在商业区、工业区、居住区道路上总共建立 3~9 个间隙观测站。同时针对特殊的调查需要还要建立补充观测站。

为了得到日换算系数和月换算系数,在连续观测站可每周观测一次,轮流更换观测日。例如第一周在星期一,第二周在星期二,直到第七周在星期日观测。每次观测24h,使一年内各月各周各日都有观测记录。间隙观测站的观测时间、次数根据需要而定,每天只观测16h。

(四)平面交叉路口交通量观测

调查平交路口交通量的主要目的是得到有关交通需求、通行能力、流向分布和交通组成等方面的资料,以便对路口运行效能做出准确的评价,提出管理措施或改建方案。路口交通量调查通常选在高峰期间。持续时间至少为1h,最好大于1h,这样不至于错开高峰小时。根据需要,分别对早晚机动车高峰和非机动车高峰进行观测。调查周期多采用15min,有时根据需要,如观测上下班时自行车交通量可采用5min。还有时按信号灯周期统计,但此时需要同时进行信号灯配时调查,以便进行资料的统计。

由于交叉口交通流的特征比较复杂,需分车种、分流向调查,一般均采用人工计数,以停车线作为观测断面。当入口渠化较好,车辆严格遵循分道行驶时,每人负责一个车道,否则,每一入口需要3人,分别统计左转、直行、右转的车流量。对于自行车,通常每一入口也需要3人,分别统计各方向流量。当自行车流量特别大时,需要使用手动式计数器,有时还要以5辆或10辆作为一个计数单位。因此,对于一个典型的十字交叉路口,通常需要24人。当要求调查行人流量时,还要增加人员。

调查日应避开雨、雪等恶劣的天气以及星期六和星期日、节假日和公休日,除非调查是针对这种情况进行的。对于以路口改建前后对比研究为目的交通量调查,要使两次调查的时间、地点、方法、天气条件尽可能相同。

研究路口通行能力,有时要用到饱和交通量。当路口交通量已经饱和时,例如一个周期的绿灯期间,每一面排队等候的车辆均不能全部放行,饱和交通量不难获得。当交通量达不到饱和情况时,有时要用"阻车"法来人为地使其饱和,即利用原有路线上的车辆,使其在短时间内暂停通行,待各入口引道上积累了一定数量的车辆后再放行,这时进行观测便可获得饱和交通量。这一方法,除非确有必要,不可随意采用。因此法实施起来有很大困难,容易发生交通事故,造成交通拥堵,给群众带来诸多不便。非用不可时,要事先向当地行政管理部门提出详细报告,说明其必要性和重要性,争取支持,实施时要和交通管理部门密切配合。参加人员要明确分工,另外要避开上下班的高峰时间,尽可能缩短堵车时间。

(五)路网交通量普查

进行路网交通量普查为的是绘制某一区域道路网的交通流量图。该图对于运输规划、路网规划、编制道路养护维修计划等是十分有用的。交通流量图一般用年平均日交通量绘制。

进行路网交通量普查之前,首先应对拟调查的区域做详细的研究,将所有的道路标在该地区的平面图上,然后确定观测站系统。

交通量资料由连续观测站和间隙观测站提供。当拟调查的区域原已建有连续和间隙观测站时,不必再设观测站。当拟调查的区域没有这类观测站时,应在每一类型的道路上于交通量有代表性的地方建立间隙观测站。间隙站一般每三个月连续观测一周,或者每个月选星期一至星期五中的一天,每隔一个月增加一个星期日进行24h观测,但要避开交通量异常的日子和开放夜市的夜间。间隙站多采用人工计数,根据设备情况,有时也可以用自动装置代替。

补充观测站遍布整个拟调查的区域。其间距根据人力和设备条件确定,一般规定郊区干线公路 3~5km 一个,城区 1.5km 左右一个,在交通量变化较大的地点还需增设。补充观测站通常采用人工计数,选择星期一至星期五中的一天做 24h 或 48h 连续观测,也可以用流动车法或自动装置代替。

（六）小区出入交通量调查

进行小区出入交通量调查,是确定进入和流出某个特定的、根据自然条件或根据需要人为划定的一个完全封闭的小区的交通量。进入与流出交通量之差,可以表征小区内累计交通量的增加或减少情况。

小区出入交通量调查有两种类型,一种用于 OD 调查,一种用于中心商业区。前者将在 OD 调查中讲述,这里只讲后者的调查。

一般来说,每一条道路与拟调查区域的境界线的交点处都要设立观测站,对于某些交通量很小的街道也可以不进行调查,但必须保证这些不进行调查的街道上的总交通量不得超过总出入交通量的 3%~4%。观测断面要选在路段上,以避免由于存在转向车辆而造成的重复计数。

为了减少观测站的数量,境界线应尽量利用天然的或人为的分隔线,如河流、区界线等,但不要选在道路的中线上。划定的区域要包括所有的通过主要临街商店的道路,避免在境界线上有较大的临街商业网点。

由于这种调查要获得出入中心商业区的交通量的详细资料,对各种机动车、非机动车、行人、乘客的数量都应按方向统计,因此采用人工计数。

乘公共电汽车、地铁、轮渡等交通工具进出拟调查区域的乘客数,最好从公共交通部门获得,不得已时,再在观测站计数。而乘大客车、小客车等社会车辆进出的人数和步行者的数量只能在观测站统计。这些资料能够为公共交通部门编制符合实际的运行时间表提供可靠的依据。

为获得发展趋势而进行的中心商业区出入交通量调查应每年进行一次,选择星期二、三、四中的一天,要求其所在月份的月平均日交通量接近年平均日交通量,逐年调查的日期要保持在同一个月的同一周。若为了获得中心商业区出入交通量的峰值,应选择商业活动集中的节假日进行观测。每次调查通常持续 12h,从早 7 时至晚 7 时,根据当地的实际情况,也可以延长到 16h 或少于 12h,一般每 15min 累计一次统计数。

二、交通量的表示方法

（一）汇总表

各种调查方法所获得的交通量资料,经过整理,都可以列成（汇）总表。汇总表要有内容详细的表头,至少应包括现场记录表表头的所有项目。汇总表竖向一般按时间分隔,若以 15min 为一栏,则每小时要小计一次,横向可以按车种分隔,当不计车种时,可以按流向划分。对于长期连续观测站的资料,每周的调查结果可以汇总于一张表内。对于交叉路口高峰期间的调查结果,还应提出高峰小时各入口方向分流向、分车种的交通量汇总表,以及以百分比表示的流向分布和车种分布表。

(二)柱状图

柱状图常用来表示一天中小时交通量的变化,典型的形式如图 3-5 所示。横坐标为时刻,纵坐标为相应小时的交通量,更多时候采用的是小时交通量占日交通量的百分比,一般采用双向交通量的合计值。

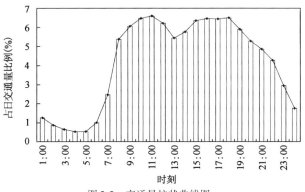

图 3-5 交通量柱状曲线图

(三)曲线图

曲线图常用来表示交通量的小时变化、日变化和月变化以及一年按序号排列的小时交通量变化。直接连接图 3-5 中每个小矩形顶部的中心,便得到一天中小时交通量的曲线图。若纵坐标采用绝对数,便是图 3-5 中连线所示的形式。

(四)流量流向图

流量流向图用来表示交叉路口车辆的运行状况,图 3-6 为一典型的十字交叉路口的流量流向图。由图 3-6 可以一目了然地看到交叉口的流量流向分布。通常根据高峰小时的当量交通量绘制,当不知道车辆换算系数时,也可以直接用混合交通量代替。当机动车高峰与非机动车高峰不重叠时,一般应对每个高峰小时的机动车和非机动车分别绘制。

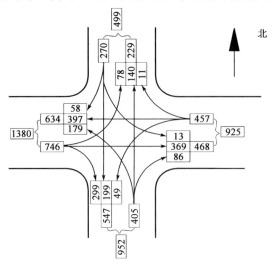

图 3-6 交叉口流量流向图(单位:辆)

(五)路网流量图

此图根据路网交通量普查资料绘制,用粗细与交通量成正比的线条表示各条道路的交通量,并注以数字,如图 3-7 所示。当交通量的方向性较显著时,最好用两种不同的线条加以区分。最好采用年平均日交通量绘制,也可以用平均日交通量或高峰小时交通量及其他周期的交通量绘制。

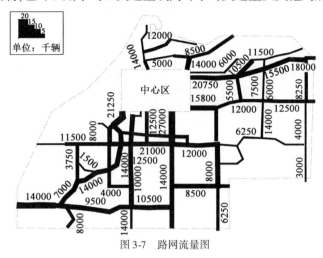

图 3-7 路网流量图

(六)出入交通量示意图

出入交通量示意图如图 3-8 所示,通常用来表示小区出入交通量的调查结果。按一定的比例将 12h 或调查持续时间内进入和流出该区域的交通量总数分别标在各观测断面上。对于机动车、非机动车和人,流量应分别绘制。另外再画一张柱状图,表示每小时各断面出入交通量的合计值。

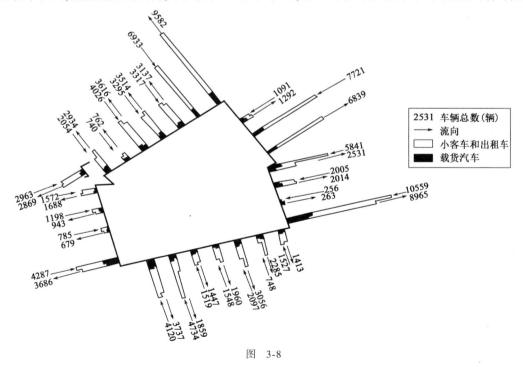

图 3-8

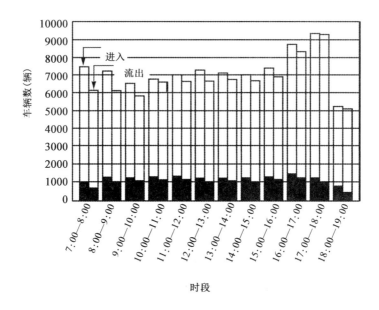

图 3-8 出入交通量示意图

第四节 交通量资料的应用

交通量资料在交通规划、设计、运营、管理和研究等方面有着广泛的用途,现将其应用扼要叙述如下。

(一)确定道路分级

参考《公路工程技术标准》(JTG B01—2014),高速公路为专供汽车分方向、分车道行驶,全部控制出入的多车道公路。高速公路的年平均日设计交通量宜在15000辆小客车以上。一级公路为供汽车分方向、分车道行驶,可根据需要控制出入的多车道公路。一级公路的年平均日设计交通量宜在15000辆小客车以上。二级公路为供汽车行驶的双车道公路。二级公路的年平均日设计交通量宜为5000~15000辆小客车。三级公路为供汽车、非汽车交通混合行驶的双车道公路。三级公路的年平均日设计交通量宜为2000~6000辆小客车。四级公路为供汽车、非汽车交通混合行驶的双车道或单车道公路。双车道四级公路年平均日设计交通量宜在2000辆小客车以下;单车道四级公路年平均日设计交通量宜在400辆小客车以下。

(二)为道路几何设计和确定交通管理设施提供依据

交通量是一些最基本的数据,有了这个数据,才能确定道路的宽度、交叉口的类型、交通管理设施和道路的断面形式等。

道路宽度按下列公式计算:

$$车行道宽度 = 车道条数 \times 每条车道宽度 \tag{3-14}$$

$$车道条数 = \frac{单向设计小时交通量}{一条车道的通行能力} \times 2 \tag{3-15}$$

$$Q_D = AADT \times K_{时} \times K_D \tag{3-16}$$

式中:$K_{时}$——设计小时系数,为设计小时交通量与年平均日交通量之比;

K_D——方向分布系数;

Q_D——单向设计小时交通量,辆/h。

又如,在交叉路口,当某方向上的交通量大到使交叉方向的车辆通过感到困难时,需要考虑安装信号灯。同时,应根据交通量确定信号灯的周期和配时,具体方法参见第 11 章。

(三)评定已有道路的使用情况、通过经济论证确定筑路计划

通过交通量调查,可以判断道路是否达到饱和、服务水平如何、是否需要改建或另辟新线。而无论是新建或改建一条路,都要进行经济分析,论证其必要性与合理性。这就要考虑可能吸引到新线上的交通量有多少,在此基础上计算出由于新线比旧线通畅而获得的经济效益有多大,以便安排筑路的先后顺序。

(四)评价道路交通安全程度

有了交通量才能评价不同道路上的事故发生率。事故表示方法有绝对数字法与相对数字法之分。例如某条公路日交通量为 10000 辆,一年发生事故 15 起,另一条公路日交通量为 200 辆,一年发生事故 2 起。粗看起来,前者不如后者安全,实则相反,若用事故率表示,前者的事故率为 0.15%,后者为 1%。

(五)探求交通趋势

通过交通量调查,经统计分析,可以找出交通量增长的规律,据此预测若干年后的交通量,为交通规划和路网建设提供依据。

(六)安排交通运营计划、确定交通管制措施

一般经过交通量普查,把流量标记在相应道路上,这就是通常所说的流量图。从流量图上可以一目了然地看出哪条路拥堵,哪条路畅通。行车调度和驾驶员据此可选择行车路线。对于交通管理部门,可以根据流量确定哪里需要采取单行或禁止货车通行、禁止左转等管理措施。目前,在智能交通技术的发展下,动态交通量资料的获取和发布,为更为科学地安排交通运营计划、确定交通管制措施提供了良好的数据基础。

【思考题】

1. 哪些参数可以用来衡量交通量的时间变化特性?
2. 简述流动车观测交通量的基本方法。
3. 自动计数器的计数原理有很多种,请举例说明 5 种。
4. 交通量调查的目的是什么?调查数据可以用来做什么?
5. 如何定义交通量?
6. 试述第 30 小时交通量的意义。

第四章

车速

本章介绍车速的基本概念、调查方法与所用技术,培养学生的实践能力与安全意识。

第一节 车速概述

一、基本定义

(一)地点车速

车辆驶过道路某断面时的瞬时速度,称为地点车速或点车速。一般速度测量设备直接观测的是点速度,用于描述观测点交通状况,也常用于交通流理论研究及确定限速和运行速度。

(二)行驶车速(技术速度)

车辆驶过某段路程的长度与行驶时间之比,即为行驶车速。行驶时间是指车辆通过路段所用的时间,不包括所有停车延误时间。在公共交通业务中,又叫技术速度,常用于衡量道路服务水平和估算路段通行能力。

(三)区间车速(行程车速、综合车速、运送速度)

车辆驶过某段路程的长度与所用的总时间(包括中途停车损失时间,但不包括客、货运车辆在起、终点的掉头时间)之比,即为区间车速。它与行驶车速一起,是评价道路行车通畅程度与估计行车延误的重要资料。在公共交通业务中使用运送速度。

显然,行驶车速一般高于区间车速。

(四)设计车速

设计车速是指在道路、交通、天气良好的情况下,车辆仅受道路设计特点控制时所能保持的最大安全车速。它是设计道路线形尺寸的依据。

二、时间平均车速和区间平均车速

(一)时间平均车速

道路某断面观测时间内地点车速观测值的算术平均值,称为时间平均车速,简称平均车速,即:

$$\bar{v}_t = \frac{1}{n}\sum_{i=1}^{n} v_i \tag{4-1}$$

式中:$\bar{v}_t$——时间平均车速,km/h;

v_i——第 i 辆车的地点车速,km/h;

n——观测时间内观测到的车速数据量。

(二)区间平均车速

在某一特定瞬间,行驶于道路某一特定长度内全部车辆的车速平均值,称为区间平均车速。当观测长度一定时,其数值为地点车速观测值的调和平均值。实际计算时常用下式:

$$\bar{v}_s = \frac{L \cdot n}{\sum_{i=1}^{n} t_i} \tag{4-2}$$

式中:$\bar{v}_s$——区间平均车速,km/h;

t_i——第 i 次行程的行程时间,h;

n——行驶该行程的次数;

L——行程长度,km。

如果说时间平均车速表示的是该观测路段的"点"车速(即定点测量),那么区间平均车速则表示的是某观测路段的"线"车速。

(三)两者的数学关系

利用下式可由时间平均车速推求区间平均车速:

$$\bar{v}_s = \bar{v}_t - \frac{\sigma_t^2}{\bar{v}_t} \tag{4-3}$$

式中:σ_t^2——时间平均车速观测值的方差,(km/h)^2。

利用下式可由区间平均车速推求时间平均车速:

$$\bar{v}_t = \bar{v}_s + \frac{\sigma_s^2}{\bar{v}_s} \tag{4-4}$$

式中：σ_s^2——区间平均车速观测值的方差，$(km/h)^2$。

由回归分析，得到两种车速的关系为：

$$\bar{v}_s = -1.88960 + 1.02619\bar{v}_t \tag{4-5}$$

该回归方程表明：当速度增加时，两种车速之间的差异将变小。

三、车速频率分布

在各类车速中，只有地点车速为瞬时速度，其他速度实际上都是平均速度。由于地点车速在平均值周围一般分散很宽，单用这一参数不足以描述其特征，因此还需要通过车速频率曲线和累计频率分布曲线及相应的数字特征从统计上加以分析。

车速频率分布，是指在同一地点观测到的以某一确定速度行驶的车辆数 n 与总的观测车数 N 的比值。将这样的比值用直角坐标系中的柱状图表示出来，即为地点车速的频率柱状图（或称直方图），如图4-1所示。将这一直方图每一小矩形的顶部中点用光滑曲线连接起来形成的曲线，叫作车速频率分布曲线。

由频率分布曲线可绘得累计频率分布曲线，如图4-2所示。图中纵坐标即为小于或等于各组地点车速的相应的累计频率。这两条曲线用来表明该观测路段地点车速的统计特征，从中可以选取以下参数作为特征地点车速。

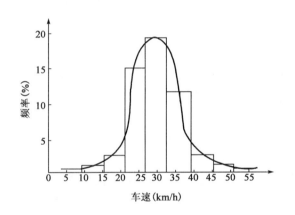

图4-1 车速频率分布曲线

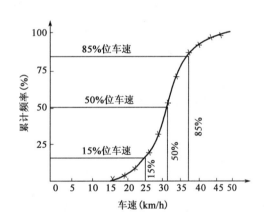

图4-2 车速累计频率分布曲线

（一）中位车速（50%位车速）

中位车速是指在该车速以下行驶的车辆数等于在该车速以上行驶的车辆数时的车速，即图4-2中累计频率为50%时相对应的横坐标值，也称50%位车速。只有当图4-1所示的速度频率分布曲线完全对称时，该值才等于所有车辆车速的算术平均值。

（二）85%位车速

85%位车速是指图4-2中累计频率为85%时相对应的横坐标值，即在观测到的车辆总数中，有85%的车辆的地点车速小于或等于该值。85%位车速用于确定观测路段的最大限制车速。

(三)15%位车速

15%位车速是指图4-2中累计频率为15%时相对应的横坐标值,即在观测到的车辆总数中,有15%的车辆的地点车速小于或等于该值。15%位车速用于确定观测路段的最小限制车速,该指标在高速道路上尤为重要。

地点车速的标准差的大小,反映车速离散程度的大小,也从一个侧面反映了交通量的大小。事实上,车辆通过观测地点时,若能自由行驶,则其瞬时速度就高,车辆性能差异就表现得更加明显,标准差也大。若交通量大,车辆行驶不自由,车速减小,其标准差也减小。

第二节 影响车速变化的因素

影响车速的因素很多,主要包括驾驶员、车辆、道路、交通条件及环境等。

一、驾驶员的影响

汽车行驶速度除与驾驶员的技术高低、开车时间长短有关系外,还与驾驶员的个性、年龄、性别和婚姻状况有关。一般而言,开新车长途旅行的人比本地出行的人开得快;车上无乘客时,驾驶员开车往往比有乘客时快;青年驾驶员、男性驾驶员、未婚驾驶员,一般比中年驾驶员、女性驾驶员、已婚驾驶员开车快。

二、车辆的影响

车型对地点车速有影响。在我国,小客车车速最快,专用大客车次之,货车最慢;载货汽车的平均车速按轻型单机货车、中型货车、重型组合车、重型单机货车的次序下降;单辆货车的地点车速随货运物总质量的增加而下降;新车的车速高于旧车。

三、道路的影响

驾驶员实际开车的速度在很大程度上受道路条件的影响。诸如道路类型、平纵线形、坡长、车道数和路面类型等对车速都有影响。又如道路所处的地理位置、视距条件、车道位置、侧向净空和交叉口间距等对车速也有影响。

(一)道路类型的影响

在高速道路、城市快速道路与城市之间的公路上,车辆一般都能以道路线形和交通设施所容许的车速安全行驶。而在一般城市道路上,车速将受到高峰交通量、交通信号、交叉口、交通管理措施和城市环境等的限制。美国密歇根州不同类型道路的平均车速范围为:高速公路,64~97km/h;无信号的干道,51~64km/h;绿波控制街道,35~51km/h;市中心区信号控制街道,35km/h。我国公路上载货汽车的平均运行速度推算为:一级公路,52.1km/h;二级公路,45.6km/h;三级公路,39.2km/h;四级公路,36.2km/h。

(二)平面线形的影响

一般在平曲线上车速较直线段上要低。平曲线半径越大,车速越高。在设计车速较低的弯道上,平均车速接近设计车速;在设计车速高的弯道上,平均车速低于设计车速,并接近于在切线段观测到的平均车速。

(三)纵断面线形的影响

道路的纵断面线形对车速影响显著,并且这种影响对货车比对小客车更为明显。运行在下坡与运行在平坡直线路段相比,对于货车当纵坡大至5%,对于专用大客车和小客车当纵坡大至3%,平均车速都是增加的。当下坡超过此坡度以及在上坡道,各类车辆的车速都降低。对重型货车爬坡行驶的研究表明,在一定坡度的路段上,车速随坡度的增加几乎是呈线性下降趋势,直至降到等于爬坡速度,并以此速度继续爬坡。

(四)车道数及车道位置的影响

多于四车道时,车行道的特性与四车道的特性相似。在四车道公路上,由于行驶时不受对向行车的约束,因此比在双车道和三车道公路上的平均车速高。当有中央分隔带时,这种差异更明显。三车道上的车速略高于相类似的双车道上的车速。

(五)视距的影响

道路上视距若不能满足要求,则车速明显降低。

(六)侧向净空的影响

在双车道公路上,一般侧向净空受到限制时,平均车速降低2~5km/h,货车比客车受到的影响小。

(七)路面条件的影响

路面类型由低级发展到高级时,地点车速将逐渐增加。例如,我国大量的砂石路面改善为高级、次高级路面后,车速提高了30%左右。目前,载货汽车在高级路面上行驶,车速可达60~80km/h;在次高级路面上行驶,车速可达40~60km/h;在中级路面上行驶,车速可达30~40km/h。

四、交通条件的影响

(一)交通量的影响

交通量越大,交通密度越大,车速越低。这是由于道路的交通量越大,超车就越困难。超车时,超车驾驶员要提高车速,一般比被超车辆速度平均高16km/h。交通量大时超车数量减少,快速行车少,所以平均车速要下降。

(二)交通组成的影响

快慢车分离比快慢车混合行驶车速高,在郊区公路上,畜力车越多,汽车车速越低。在城市道路上,设置隔离带的道路相较于未设置隔离带的道路车速更高。行人,特别是横过街道的行人交通量的大小,对车速也有很大影响。

(三)交通管理的影响

道路渠化能使车速有比较明显的提高,这是由于车辆各行其道,减少了相互间的干扰。在交叉口实行线控制的道路上,行驶车速和行程车速均比交叉口为点控制的道路要高。例如北京前门大街实行线控后行驶车速有明显提高,小客车速度提高了 19.5%,货车速度提高了 40%。

五、环境的影响

时间、天气和地理位置对车速有影响。据美国资料显示,白天的平均车速比晚上高,市区约高 1.6km/h,郊区高出 3~13km/h。我国车速调查表明,在山岭、重丘区公路上,货车的运行车速比在平原、微丘区的公路低 10km/h 左右。公路入口控制的严格程度越高,公路主线的平均车速越高。邻近村镇、居民区、学校等的道路与周围环境开阔的道路相比,车速明显偏低。

第三节　地点车速调查

一、地点车速调查的目的

(一)掌握某地点车速分布规律及速度变化趋势

在选定的地点定期抽样调查,测定各种车辆的速度,得到车速随时间的变化规律,从而探求速度的发展趋势。

(二)作为改善道路的依据

根据道路的车速分布,判断某路段的道路条件和交通状况,针对存在的问题采取合适的改善措施。

(三)用于交通事故分析

确定车速与交通事故的关系,以便提出适当的改善措施。

(四)判断交通改善措施的成效

比较采取交通改善或管制措施前后的车速变化资料,可以定量评价所用措施的效果。

(五)确定道路限制车速

地点车速资料可用来确定限制车速的数值。一般以 85% 位车速为标准,限速值取 5km/h 的倍数。

(六)设置交通标志的依据

确定在规定曲线上和交叉口入口采用的安全车速、标志位置、信号位置、禁止超车区范围、建立速度分区等都要使用地点车速资料。

二、观测地点的选择

地点车速是表征汽车通过某个地点的瞬间速度。因此,观测地点应选择在交叉口之间、线形平直、间距较大而又无路侧停车和行人等干扰影响的路段。

对于某些拟测的特定地点,如交通事故频发地点、拟限制行车速度地段、准备设置交通信号与交通标志的地点,可不受上述限制,根据目的设站观测。

前后对比调查应保证两次调查地点不变,旨在收集基本数据的调查应选择典型路段。

为减小观测者与观测设备对行驶车速产生的影响,选择车速调查地点时还应注意设备的隐蔽,尽可能不使行进车辆上的驾驶员察觉,并且要避免群众围观,从而使观测记录能反映真实情况。

总之,观测地点的选择应以取得实际正常的车速数据为目标。

三、调查时间

地点车速调查应选择天气良好和交通情况正常的日子进行。调查的具体时间取决于调查的目的和用途。调查车速限制、收集基础数据等一般性调查,应选择非高峰时段,如 9:00—17:00、14:30—16:00、19:00—21:00。

如做前后对比调查或长期观测,应尽可能使前后调查时间和交通流状况保持一致。

四、调查方法

(一)道路检测器法

道路检测器法可分为临时检测器法和长期检测器法。

临时检测器法通常是用气压式检测器,在道路固定距离间隔的两端横越车道各设置一根充气橡胶管,当车辆通过第一根管子时,车轮压着管子瞬时产生空气冲击波,从而触发计时装置开始计时,当车轮通过第二根管子时,计时装置自动停止。时间数据可由观测员读记,也可借用自动数据记录器记下。由于距离 $L(m)$ 是已知的,记录下通过时间 $t(s)$,则可由 $v=L/t$ (m/s)或 $v=3.6L/t(km/h)$ 计算车速。如果有双向车流,为了测量另一行驶方向的车辆车速,可以采用传感器代替充气橡胶管,用电信号代替空气冲击波信号,其原理是一样的,该方法由于将检测器布设于道路路面之上,一般只适用于道路改造、科学实验等目的的短期地点车速调查。

长期检测器法一般在测试路段两端埋设电感式、线圈式等检测器,记录车辆通过前后检测器的时间计算车速,并回传数据采集系统。该方法一般适用于交通量较大且有长期检测需求的道路。

(二)雷达仪法

雷达仪法是向车辆发射微波,根据其反射波的多普勒效应测定车速的方法。即用雷达仪向车辆发射雷达束,根据运行对象的速度与发射到对象的雷达束往返之间频率上的变化成正比的定律,将频率变化转变为以 km/h 计量的车速而直接读数。许多雷达仪都附带自动记录器,提供永久性记录。

由于不能从行驶车辆的正面发射和接收雷达束,所以这种方法有一定的误差。其误差与雷达束方向和道路中线之间夹角的余弦成正比。例如,夹角15°产生的误差约为3.5%。

这种方法的优点是操作简单,设备安装和移动方便,而且不易于被驾驶员发觉,但在交通量较大或多车道道路上,要获得所有车辆的速度是困难的。

(三)光电管法

此法如图4-3a)所示,将光源放在路侧的A、B两点,将光电管(C、L)放在道路另一侧,分别接收由A、B两点来的光束。车辆通过时就会遮断光束,使接通的继电器移动电笔,在滚动纸上记下符号。如果从A、B两点记入的符号能平行于同一滚动纸上,如图4-3b)所示,则通过A点的第一辆车在A线上记下a_1,第二辆车记下a_2,直至第n辆车,记下a_n。通过B点也同样在B线上记下同一辆车的b_1、b_2、$\cdots$、b_n。于是,如果已知从a_1向B线的投影a_1'到b_1的长度l,就可以知道从A到B所需的时间t,A、B的距离为已知,即可求得车速。但是,当A、B间距离比较长,自动记录同一车辆时,应为a_3b_3,a_4b_4;在有超车现象时,就容易在整理记录时错误地记为a_3b_4,a_4b_3,因此,观测员在整理与观测时要注意超车情况。

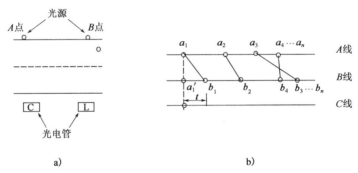

图4-3 用光电管测地点车速

A线-通过A点的车辆记录;B线-通过B点的车辆记录;C线-时间记录

(四)摄影法

摄影法可分为路侧摄影法和无人机摄影法。

1. 路侧摄影法

一般在城市道路,可选择立交桥、过街天桥或路侧高大建筑放置摄像机,获取车辆通过摄像机下方的动态图像,利用视频图像识别技术或通过后期观看录像,利用人工秒表测速法算出车速。

路侧摄影法观测简单,可以同时测量一个车队的车速。对于所有交通流的数据,例如交通量、车辆分类、车间距离等还可通过图像取得永久性记录,并能消除观测时的误差。但由于摄影机需要安装在高处有利拍照的位置,因而限制了其应用。

2. 无人机摄影法

一般在郊区公路,可利用无人机上装载的摄像机,悬停或慢速沿公路飞行,一般在20~50m的高度,获取车辆通过摄像机下方的动态图像,利用视频图像识别技术或通过后期观看录像,利用人工秒表测速法算出车速。

(五)卫星定位法

卫星定位法是一种新型的调查车速的方法,通过卫星系统获取车辆的位置信息和时间信息,以获得车速的准确数据。

在卫星定位法的运用上,调查人员首先需要在车辆上安装车载定位设备。这些设备可以通过卫星系统来实时记录车辆的位置和时间信息。其次,将这些信息传输到中心服务器进行存储和处理。最后,调查人员对收集到的数据进行计算分析,从而获得车速数据。

卫星定位法调查车速的优点是非常显著的。首先,它可以准确、实时地获取车辆的位置信息和时间信息,提高了调查的效率和准确性。其次,卫星定位法可以覆盖更广泛的区域,而且可以进行长时间连续的监测,从而可以更全面地了解车速的情况。此外,卫星定位法不会对实际的道路运行造成影响,更加安全可靠。

五、样本要求

(一)样本量

为满足统计结果的精度要求,根据样本的性质,需要的最少样本量可按下式计算:

$$N \geq \left(\frac{SK}{E}\right)^2 \tag{4-6}$$

式中:N——最少样本量;

S——计算的样本标准差,km/h;

K——对应于要求置信度的常数;

E——车速计算的容许误差,km/h。

S 值可以根据以前调查的经验选用,当没有这方面的资料时,可以根据交通区域与道路类型按表 4-1 查用。

用于确定样本量的地点车速标准差 表 4-1

交通区域	道路类型	平均标准差(km/h)	交通区域	道路类型	平均标准差(km/h)
郊区	双车道	8.5	过渡地带	四车道	8.5
郊区	四车道	6.8	城市	双车道	7.7
过渡地带	双车道	8.5	城市	四车道	7.9

从表 4-1 看出,平均标准差分布在 6.8~8.5km/h 范围内。为了简单起见,建议无论何种区域何种道路,一律取 $S = 8.0$km/h,以最大限度地保证统计结果精度。

K 值根据要求的置信度来确定。对于正态分布,按表 4-2 取用 K 值。

对应于不同置信度的 K 值 表 4-2

置信度(%)	68.3	86.6	90.0	95.0	95.5	98.8	99.0	99.7
K	1	1.5	1.64	1.96	2	2.5	2.58	3

车速计算的容许误差 E,取决于车速计算所要求的精度。其取值范围从 ±1.5km/h 到 ±8.9km/h。一般用 1.5~2km/h,或再小一些。

【例 4-1】 在一条城市四车道的道路上,希望得到平均车速的容许误差在 2km/h 以内,并具有95%的置信度,则至少应取多少样本?

解:查表4-1得,地点车速标准差 $S = 7.9 \text{km/h}$。

查表4-2得,95%置信度对应的常数 $K = 1.96$。

由式(4-6),得

$$N \geqslant \left(\frac{SK}{E}\right)^2 = \left(\frac{7.9 \times 1.96}{2}\right)^2 = 59.94(辆)$$

即至少应观测60辆车。

如果我们所关心的不是平均车速,而是某一百分位的车速,则所需的最小样本量由下式求出:

$$N \geqslant \frac{S^2 K^2 (2 + \gamma^2)}{2E^2} \tag{4-7}$$

式中:γ——常数,$\gamma = \begin{cases} 0.00 & (平均车速) \\ 1.04 & (第15\%或85\%位车速) \\ 1.64 & (第5\%或95\%位车速) \end{cases}$

其余符号意义同式(4-6)。

在【例4-1】中,如果我们关心的是85%车速,则最小样本量为:

$$N \geqslant \frac{7.9^2 \times 1.96^2 \times (2 + 1.04^2)}{2 \times 2^2} = 92.35(辆)$$

即至少应观测93辆车。

当用式(4-6)、式(4-7)算出的 N 值小于30时,一律取为30,即观测的车辆数在任何情况下不得少于30辆。

(二)样本的选择

当交通量较低(少于200辆/h)时,观测员有可能测得其中90%或更多车辆的车速。当交通量较大时,就不可能将每辆车的速度都测量下来,因而需要选择,即进行抽样。为了不致产生偏见,观测人员应从车流中进行随机取样。这时应注意以下几点:

(1)抽样应是随机的,要避开特殊情况,如减速、停车、突然加速等,不要特意抽取高速或者慢速车辆。

(2)当一个车队驶过时,尽量避免总是选择车队中的第一辆汽车。由于跟随的车辆速度至少同带头的车辆一样,甚至可能快些,但为头车所压,后车只好跟进,总是测头车就会使所得车速偏低,故应选单辆车或车队中不同位置上的车辆。

(3)当不分车种调查时,样本中各种车辆所占比例应与其在交通流中比例大体一致。

第四节　行驶车速及区间车速调查

行驶车速和区间车速两者都是研究整条路线的畅通程度与发生延误的原因,或者分析整条道路通行能力的重要资料。若道路交通条件允许各个车辆自由选择行车速度,则区间车速接近行驶车速。但是,由于路上有交叉口、停车和公交车辆停靠站对车速产生影响,所以区间车速与行驶车速一般总是相差较大。

行驶车速和区间车速都是通过测量通过已知长度道路的行驶时间和行程时间来获得的。通常要求拟调查路线的长度大于 1.5km。观测时间取决于调查目的,可选在高峰时段,也可选在非高峰时段。我国在公路上进行车速调查,选用路段长度为 30km。

一、行驶车速及区间车速调查的目的

(一)掌握道路交通现状

作为评价道路服务水平的主要指标,某段道路上,行驶车速及区间车速的数值在很大程度上反映着那里的交通情况,如是否阻塞及阻塞的程度如何,故而可作为评价道路服务水平的主要指标。

(二)作为衡量道路上车辆运营经济性的重要参数

车速提高,直接意味着时间的节约、交通成本的降低、污染的减少。因此,行驶车速和区间车速是一项综合评定交通情况的指标。

(三)用作分流与改建的依据

将路网各条道路上的行驶车速或区间车速标记在图中相应位置,可得到车速的空间分布图,即速度图。速度图可作为交通规划中路网交通流量分配、联动交通信号配时及道路拓宽、改建的重要依据。

(四)评价道路改建及交通管理措施的效果

比较改善前后的车速资料,可定量评价道路工程及管理措施的有效性。

二、测量行驶时间和行程时间的方法

测量行驶时间和行程时间的方法很多,下面介绍常用的三种。

(一)牌照法

在调查路段的起点、终点各设调查员 4～6 人,按上下行分为两组观测。当只需一个方向的资料时,起、终点各需 2～3 人。一人读通过该点的汽车车牌号码的末三位数及车型,一人读通过该点的时间,一人记录。当交通量很小时,记录者可同时看表。如果交通量很大,则可以只读车牌号码的最后一位数字,例如 0 与 5(抽查 20%),或只读 0(抽查 10%)。观测后,将起、终点同一车牌号码对应起来,算出行驶时间,根据起、终点之间的距离,算出车速。如能有 50 组数据,则可取得很准确的资料。

对于中途交叉口较多,有较大出入口或中途停车、存车多的区间,应当避免使用这种调查方法。这是因为牌照法不能记录延误时间,只能测量通过起终点的总时间,在这种情况下,无法分清总时间是行驶时间还是行程时间。

观测时要求起终点秒表必须同步,并且观测期间不得停表。若希望获得 50 组数据,则观测的车辆数必须大于 50,据经验,回收率能达到 80% 就很不容易了。牌照法的另一个缺点是数据整理工作量较大。因此它不是很理想的测量方法。

(二)流动车法

流动车法在第三章中已作过说明。平均行程时间用式(4-8)计算,平均行驶速度用式(4-9)计算。

$$\bar{t}_c = t_c - \frac{Y_c}{q_c} \tag{4-8}$$

式中:$\bar{t}_c$——测定路段的平均行程时间,min;

t_c——测试车在待测定车流方向行驶的时间,min;

Y_c——测试车在待测定方向上行驶时,超越测试车的车辆数减去被测试车超越的车辆数(即相对测试车顺测定方向上的车辆数),辆;

q_c——路段待测定方向上的交通量(单向),辆/min。

$$\bar{v}_c = \frac{l}{\bar{t}_c} \times 60 \tag{4-9}$$

式中:$\bar{v}_c$——测定路段的平均车速(单向),km/h;

l——测定路段长度,km。

(三)跟车法

用图纸测量路段全长及各交叉口间及特殊地点(如道路断面宽度变化点)间的长度,并在实地上做好标记。测速时,测试车辆必须跟踪道路上的车队行驶。车上有两名观测人员,一人观测沿线交通情况,并用秒表读出经过各标记的时间、沿线停车时间及停车原因,另一人记录。

这种方法的主要优点是能测量全程各路段间的行程车速、行驶车速、停车延误时间及原因,便于综合分析与车速有关的因素;所需观测人员少,劳动强度低,适用于交通量大、交叉口多的城市道路。

缺点是测量次数受行程时间的影响,次数不可能很多,一般只能往返6~8次,有时还要受偶然因素的影响。当交通量大时,测量数据能代表道路上的实际行车速度,但当交通量小时,测试车较难跟踪到有代表性的车辆,所测车速受到测试车性能及驾驶员行车习惯的影响。

【例4-2】 乘某路公共汽车从 A 出发到 B,中途经过两个交叉口(I_1,I_2)和三个停靠站(S_1,S_2,S_3),单方向行驶5次,用秒表计时,得到表4-3所示的结果。试计算平均行驶车速和平均区间车速。

跟车法调查结果　　　　表4-3

地点	停车时间 t_{1i} (min)					行驶时间 t_{2i} (min)					距离(m)
A	1.03	0.95	1.10	1.17	0.86	—					—
I_1	0.51	0.87	0.00	1.01	0.77	0.20	0.27	0.18	0.22	0.21	100
S_1	0.47	0.63	0.52	0.78	0.84	2.93	3.15	2.76	2.88	3.21	1650
I_2	3.21	4.37	1.55	2.73	2.87	0.27	0.38	0.41	0.23	0.29	150
S_2	0.66	0.54	0.72	0.69	0.79	0.65	0.72	0.51	0.63	0.55	400

续上表

地点	停车时间 t_{1i}(min)					行驶时间 t_{2i}(min)					距离(m)
S_3	0.41	0.37	0.34	0.45	0.57	1.00	0.97	1.21	1.37	0.85	600
B	0	0	0	0	0	0.91	0.86	1.17	1.06	1.35	500
合计	5.26	6.78	3.13	5.66	5.84	5.96	6.35	6.24	6.39	6.46	3400

解:根据定义,行程时间不应包括在起点站 A 的等候时间,因此应将其剔除后,再对停车时间按竖向求和。

(1)平均行驶时间

$$\bar{t}_2 = \frac{1}{n}\sum_{i=1}^{n} t_{2i} = \frac{1}{5} \times (5.96 + 6.35 + 6.24 + 6.39 + 6.46) = 6.28(\min)$$

(2)平均停车时间

$$\bar{t}_1 = \frac{1}{n}\sum_{i=1}^{n} t_{1i} = \frac{1}{5} \times (5.26 + 6.78 + 3.13 + 5.66 + 5.84) = 5.33(\min)$$

(3)平均行程时间

$$\bar{T} = \bar{t}_1 + \bar{t}_2 = 6.28 + 5.33 = 11.61(\min)$$

(4)平均行驶车速

$$\bar{v}_R = \frac{L}{\bar{t}_2} \times 60 = \frac{3.4}{6.28} \times 60 = 32.48(km/h)$$

(5)平均区间车速

$$\bar{v} = \frac{L}{\bar{T}} \times 60 = \frac{3.4}{11.61} \times 60 = 17.57(km/h)$$

用跟车法通过测定行驶时间调查行驶车速,所需要的最少运行次数通常根据规定的容许误差和行驶车速的平均极差按表4-4选用。

跟车法调查行驶车速的最少运行次数(置信度95%) 表4-4

行驶车速的平均极差	与下列容许误差相应的最少运行次数				
	±2km/h	±3.5km/h	±5km/h	±6.5km/h	±8km/h
≤5	4	3	2	2	2
≤10	8	4	3	3	2
≤15	14	7	5	3	3
≤20	21	9	6	5	4
≤25	28	13	0.8	6	5
≤30	38	16	10	7	6

容许误差的选择与观测目的有关。对于运输规划调查,在估计平均行驶车速时的容许误差建议取 ±5.0 ~ ±8.0km/h;对于交通运行趋势分析与经济评价调查,建议取 ±3.5 ~ ±6.5km/h;对于前后对比调查或运输路线运行调查,建议取 ±2.0 ~ ±5.0km/h;其他目的调查,可比照上述建议值确定。

表4-4中行驶车速的平均极差可按下式求出:

$$R = \frac{\sum_{i=1}^{n-1} S_i}{n-1} \tag{4-10}$$

式中：R——行驶车速的平均极差，km/h；

S_i——第 i 次运行与第 $i+1$ 次运行行驶车速之差的绝对值，km/h；

n——跟车运行次数。

一般来说，测定行驶车速用跟车法较流动车法要好。因为在连续的试验运行期间，即使在交通条件比较相似的条件下，也会遇到不同的延误，跟车法可以排除这种影响，而流动车法则不能。另一方面，跟车法还可以同时取得区间车速等资料，对于研究和评价公共交通的运行情况及确定行车时刻表尤为适用。

(四)卫星定位法

卫星定位法根据调查目的，确定调查地点、调查路线及调查时间等信息。测量时，调查人员在起点处上车时启动卫星定位终端，按调查路线行驶后，在终点处下车时关闭卫星定位终端。调查结束后，由调查人员采用相关软件对数据进行提取、处理及可视化等工作，进而获得行驶时间与行程时间等数据。

这种方法的主要优点是精度高，卫星定位终端可为各类用户提供动态的三维位置、三维速度及时间信息，单点定位精度可达 5~10m，差分定位精度可达 1m。随着卫星定位接收设备的不断改进，通过卫星定位开展交通调查的可操作性提高。

这种方法的缺点是容易受到周边环境，如大楼、高架桥以及电磁波等的影响，出现定位漂移等现象。

第五节 车速资料整理

本节主要介绍地点车速资料的数学分析及整理。

车速资料的整理主要包括给出时间平均车速度频率分布曲线、速度累计频率分布曲线，并对车速总体平均数做出区间估计。

由于车速属于连续型随机变量，对这类数据，一般应采取分组整理。所谓分组整理就是将调查数据所分布的范围划分为若干首尾相接的区间，而每个区间就称为一个组。在数理统计上，通常要求将原始数据分成 10~20 个组，亦有分为 7~8 个组的。如果分组太少，计算结果过于粗糙；分组太多，又失去了分组的意义。每一组的组距要尽可能规则一些，如果条件许可，尽可能取整或取偶。

确定组数和组距后，接着要确定第一组的上下限，通常只要将原始数据中的最小值包含进第一组即可。

由于组距和第一组区间的下限的选择可以不同，因此最后实际划分的组数可能与原定的有所差异，但这无碍进一步的分析工作。

在地点车速资料整理中，常需要进行以下数学分析。

(一)计算统计特征值

1. 均值

均值即平均地点车速。

$$\bar{v} = \frac{\sum f_i v_i}{n} \tag{4-11}$$

式中：$\bar{v}$——地点车速的算术平均值，km/h；
v_i——各组车速的平均值，km/h；
f_i——地点速度观测值分组的频数；
n——观测到的车速数据量。

2. 最小值

最小值即样本中的最小车速。

3. 最大值

最大值即样本中的最大车速。

4. 中间车速

中间车速是速度按递增或递减顺序排列的中间值，所观测的车速有一半大于此值，一半小于此值。中间车速等于累计频率分布曲线上累计频率为50%的车速，亦即将累计频率分布曲线划分为两个面积相等部分的垂线与横坐标的交点。在频率分布表中可用下式内插求算中间车速：

$$v_{中} = v_{下} + \frac{\frac{n}{2} - f_o}{f_m} \times C \tag{4-12}$$

式中：$v_{下}$——中间车速区间的下限速度，km/h；
n——观测到的车速数据量；
f_o——到中间车速区间下限为止的车速数据量；
f_m——中间车速区间内观测到的车速数据量；
C——包含中间车速的区间长度，km/h。

5. 常见速度

常见速度是频率分布曲线中出现频率最高的那个数值。当分组收集速度资料时，要精确定出常见速度比较困难，有时将常见速度估计为位于频率分布曲线峰点相对应的速度。

如果速度频率分布曲线对称，则算术平均速度、常见速度及中间速度均相同。

常见速度受极大速度和极小速度的影响，一般要比算术平均速度所受的影响小（即极大或极小速度对算术平均速度影响大，对常见速度影响小）。

6. 标准差

标准差为衡量离散程度的标准，其计算公式如下：

$$S = \sqrt{\frac{\sum f(v - \bar{v})^2}{n - 1}} \tag{4-13}$$

而将 $\bar{v} = \frac{\sum f_i v_i}{n}$ 代入后，得：

$$S = \sqrt{\frac{\sum f_i v_i^2}{n-1} - \frac{(\sum f_i v_i)^2}{n(n-1)}} \quad 或 \quad S = \sqrt{\frac{\sum f_i v_i^2}{n-1} - \frac{n}{n-1}\bar{v}^2} \qquad (4\text{-}14)$$

7. 极差

极差是样本中的最大车速与最小车速的差值,它反映车速的分布幅度。

(二)对车速均值做区间估计

$$E = t_\alpha \frac{\sigma}{\sqrt{n-1}} \qquad (4\text{-}15)$$

式中:E——误差上限,km/h;

t_α——显著水平 α 所对应的 t 分布临界值;

σ——标准差,km/h。

(三)分析车速的频率分布

分析车速的频率分布即绘出速度频率分布曲线、速度累计频率分布曲线。

【例 4-3】 经观测,将某一地点的车速按照有效到达的顺序,写在表 4-5 第 2 列中,第 3 列为同一车速出现的频数,第 4 列频率与第 5 列累计频率是对观测数据的整理数据。试以此表为基础,分析车速的频率分布。

某一地点车速的数据   表 4-5

序号 i	车速 v_i (km/h)	频数 N_i	频率 f_i (%)	累计频率 F_i (%)	$N_i v_i$	v_i^2	$N_i v_i^2$
1	48	1	5	5	48	2304	2304
2	50	1	5	10	50	2500	2500
3	51	1	5	15	51	2601	2601
4	53	2	10	25	106	2809	5618
5	54	3	15	40	162	2916	8748
6	55	2	10	50	110	3025	6050
7	56	5	25	75	280	3136	15680
8	57	1	5	80	57	3249	3249
9	58	2	10	90	116	3364	6728
10	60	1	5	95	60	3600	3600
11	65	1	5	100	65	4225	4225
合计		20	100		1105		61303

解:由于计算上的需要,也为了便于检查,在表的第 6~8 列内,列出 $N_i v_i$、v_i^2、$N_i v_i^2$。由表 4-5,可以进行如下的工作:

(1)计算统计特征值。

均值:

$$\bar{v} = \frac{1}{n}\sum_{i=1}^{11} N_i v_i = \frac{1105}{20} = 55.25 (\text{km/h})$$

最小值:

$$v_{\min} = 48 \text{km/h}$$

最大值:

$$v_{\max} = 65 \text{km/h}$$

标准差：

$$\sigma_x = \sqrt{\frac{\sum N_i v_i^2}{N} - \bar{v}^2} = \sqrt{\frac{61303}{20} - 55.25^2} = 3.55(\text{km/h})$$

极差：

$$L_x = 65 - 48 = 17(\text{km/h})$$

(2) 对车速总体的均值做区间估计。

先计算误差上限 E：

$$E = t_\alpha \frac{\sigma_x}{\sqrt{n-1}}$$

取 $\alpha = 0.05$，即置信度为 $1 - 0.05 = 0.95$。相应地，查 t 分布表，得 $t_\alpha = 2.09$。
于是：

$$E = 2.09 \times \frac{3.55}{\sqrt{20-1}} = \pm 1.70(\text{km/h})$$

而总体的均值 μ 所在区间为：

$$\bar{x} - E < \mu < \bar{x} + E$$

$$55.25 - 1.70 < \mu < 55.25 + 1.70$$

$$53.55 < \mu < 56.95$$

总体的均值 μ 落在 $(53.55, 56.95)$ 中，其误差上限为 1.70，置信度为 95%。对此，也称作该点的代表性车速是在 $\bar{x} \pm E$ 的范围内。

顺便指出，误差范围，即"置信区间"。它表示估计结果的精确程度，置信度则表示估计结果的可靠程度。

(3) 根据表 4-5 绘制车速的频率分布曲线及累计频率分布曲线。

为此，在直角坐标系内，以速度 x 为横坐标，以频率 f 或累计频率 F 为纵坐标，先作各自的直方图，再连接各"柱顶"的中点，即得图 4-4 与图 4-5。

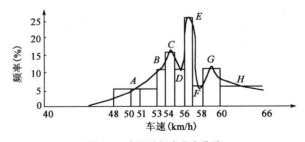

图 4-4　车速的频率分布曲线

图 4-4 表明，曲线有三个高峰，两个低峰，故车速的概率分布为非正态分布。

图 4-5 表明，曲线单调上升。车速的累计频率总是递增的。

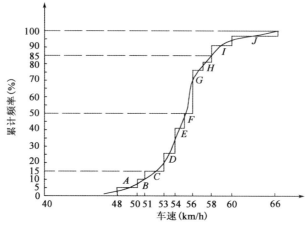

图 4-5 车速的累计频率分布曲线

【思考题】

1. 请描述地点车速和区间车速的异同。
2. 车速频率分布统计有什么意义?
3. 影响车速的主要因素包括哪些?
4. 请分别描述 3 种地点车速和区间车速的调查方法。
5. 请举例 3 种车速统计的特征参数,并阐述其应用。

第五章 交通密度

本章介绍交通密度的基本概念及调查方法,培养学生的实践能力与应变能力。

第一节 交通密度概述

交通密度是指在单位长度车道上,某一瞬时所存在的车辆数,一般用辆/(km·ln)或辆/km 表示,其中 ln 指车道,也可用某个行车方向或某路段单位长度上的车辆数来度量。交通密度与交通量不同,交通量表示的是车辆通过道路断面的频繁程度,而交通密度表示的是道路上的车辆密集程度。

根据定义,交通密度是在一段道路上测得的瞬时值,它不仅随时间的变化而变动,也随测定区间的长度而变化。在实际应用中,往往采用较容易测量的车辆的道路占用率来间接表征交通密度,车辆占用率越高,交通密度越大。占用率可分为空间占用率和时间占用率两类。

(一)空间占用率

空间占用率是指在单位长度车道上,汽车投影长度总和占车道长度的百分率。在实测中,一般测量路段(车道)上的车辆总长度与该路段(车道)长度的百分比,其表达式如下:

$$R_s = \frac{\sum_{i=1}^{n} l_i}{L} \times 100 \tag{5-1}$$

式中：R_s——空间占用率，%；
　　　L——观测路段总长度，m；
　　　l_i——第i辆车的长度，m；
　　　n——观测路段内的样本数。

车辆的空间占用率不仅与交通量有关，还与车辆的大小有关。它表示的是某一时刻车辆占用路段的比例，用来反映观测路段上的交通负荷程度。

车辆的空间占用率与密度的差别在于密度不能直接反映车队的长度，而车辆的空间占用率则在测定时，就已可预见到车队的长度。

（二）时间占用率

时间占用率是指在道路的观测断面上，车辆通过时间累计值占测定时间的百分率，其表达式如下：

$$R_t = \frac{\sum_{i=1}^{n} t_i}{T} \times 100 \tag{5-2}$$

式中：R_t——时间占用率，%；
　　　T——测定时间，s；
　　　t_i——第i辆车通过观测断面所占的时间，s；
　　　n——测定时间内通过观测断面的样本数。

车辆的时间占用率不仅与交通量有关，还与车辆的长短及地点车速有关。它是从车辆行驶的时间占用方面来反映道路的拥挤情况。

车辆的时间占用率与空间占用率的差别在于空间占用率是在一个区间段内测定的，而道路的时间占用率是在一点测得的，交通量也在一点测得，两者之间可建立直接的联系。

此外，交通密度还可以用平均车头间距来计算。

车头间距是指同一车道上行驶的连续车辆中，前后两车车头与车头之间的距离。观测路段上所有的车头间距的平均值即为平均车头间距。根据平均车头间距即可求得观测车道的交通密度：

$$K = \frac{1000}{\bar{h}_s} \tag{5-3}$$

式中：K——观测车道的交通密度，辆/km；
　　　$\bar{h}_s$——平均车头间距，m。

因此，平均车头间距间接地反映了道路的交通运行情况。

第二节　交通密度调查

一、交通密度调查时段与路段区间长度

正是由于经常使用某一时段内的平均密度值来描述交通密度，因此往往需要在某一时段内连续调查瞬时密度，然后求算平均值。测定的结果与选定的路段长度、总计时间有关。

根据实测经验,调查时段越长,密度变化越平缓;此外,在正常的交通量条件下,车辆在道路上分布也不均匀,即路段不同,其交通密度一般也不相同,只有实测路段达到一定长度后,交通密度的变化才能够趋于平稳。

根据有关的实测资料分析可知:

(1)实测密度均方差为实测时段和区间长度的减函数。

(2)实测时段达 5min 以上时,均方差受测定路段长度的影响较弱。

(3)实测区段长度大于 800m 时,均方差受测定时段长度的影响较弱。

因此,为了保证测定结论具有足够的精度,建议在进行交通密度调查时选用路段长度尽量大于 800m,时段延续 5min 以上。

二、调查方法

交通密度调查的方法主要有出入量法和摄影法两种。摄影法又可分为地面上(高处)摄影观测法和航空摄影观测法。此外,也可通过测定交通量、车速等来计算交通密度。

(一)出入量法

所谓出入量法,是一种测定无出入匝道路段上两断面之间现有车辆数,计算该路段交通密度的方法。

1. 出入量法的基本原理

在某道路上选择 A、B 两点间的路段为观测路段,车流从 A 驶向 B(图5-1)。观测开始时($t = t_0$),AB 路段内存在的初始车辆数为 $E(t_0)$,从 t_0 到 t 这一时段内从 A 处驶入的车辆数为 $Q_A(t)$,从 B 处驶出的车辆数为 $Q_B(t)$,则 t 时刻路段内存在的现有车辆数 $E(t)$ 应为初始车辆数 $E(t_0)$ 与 t_0 到 t 这一时段内路段车辆数的改变量 $[Q_A(t) - Q_B(t)]$ 之和。即:

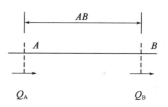

图 5-1 AB 区间示意图

$$E(t) = E(t_0) + [Q_A(t) - Q_B(t)] \tag{5-4}$$

则 t 时刻 AB 路段内的交通密度为:

$$K_t = \frac{E(t)}{L_{AB}} \tag{5-5}$$

上两式中:K_t——t 时刻 AB 路段上的交通密度,辆/km;

$E(t)$——t 时刻 AB 路段上存在的车辆数,辆;

L_{AB}——AB 路段的长度,km;

$E(t_0)$——t_0 时刻 AB 路段上存在的初始车辆数,辆;

$Q_A(t)$——从 t_0 到 t 这一时段内从 A 处驶入的车辆数,辆;

$Q_B(t)$——从 t_0 到 t 这一时段内从 B 处驶出的车辆数,辆。

从上面的计算式可知,只要知道路段内的初始车辆数和从 t_0 到 t 时段内路段车辆数的改变量,就可计算得到 t 时刻路段的现有车辆数(路段实际交通量见图5-2)。从而可计算得到 t 时刻该路段的交通密度。

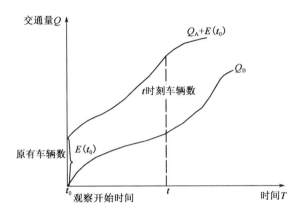

图 5-2 路段实际交通量

2. 初始车辆数的求法

求初始车辆数的方法有流动车法、牌照、摄影法等多种方法。其中,较为简易的方法是流动车法,下面对该方法进行简单的介绍。

测定方法如下。在测定路段的两端设置车辆情况示波器或动态录像机,从开始时刻起,测定通过这两端的车辆数,同时还要测定测试车在测定路段内的超车和被超车的车辆数。为了记取测试车通过路段两端的时刻,必须在测试车上标以特殊的记号。此时,若使用车辆情况示波器进行测定,当测试车通过两端时,要按动显示器把具有特殊记号的测试车记录在记录纸上;若使用动态录像机,也要对准测试车的记号摄影,以便整理资料时记取那个时刻。

由于需要有测试车抵达路段两端时所对应的两端点处的交通量,而测试车抵达时间又不总是在测定交通量的单位时间的起点或终点,因此,在路段的两端处,应于流量的单位观测时间内,分别记录单位观测时间的起点时刻至测试车到达时刻的交通量,以及测试车到达时刻至单位观测时间的终了时刻的交通量。表 5-1 中的数据即为某一观测的实测数据记录。

测试车法测定交通密度汇总整理   表 5-1

时间	A端交通量 ①	B端交通量 ②	变化量 ③	时刻	初始车辆数 ④	现有车辆数 ⑤	调整值 ⑥	修正值 ⑦	瞬间密度 ⑧	平均密度 ⑨	测试车情况
14:0′—14:1′	40	54	−14	14:1′							
1′—2′	74	60	14	2′							
2′—3′	39	40	−1	3′							
3′—4′	61	68	−7	4′							
4′—5′	37	60	−23	5′							
5′—6′	72	59	13	6′							
6′—7′	52/9	48/7	4/2	7′	94/0	0/96	0	96	119		
7′—8′	67	58	9	8′		105	0	105	130		14:6′50″进
8′—9′	19/24	21/26	−2/−2	9′	103/0	103/101	0	101	125		$a=10, b=2$
9′—10′	69	65	4	10′		105	0	105	130		14:8′20″出
小计	563	566	−3								

续上表

时间	A端交通量①	B端交通量②	变化量③	时刻	初始车辆数④	现有车辆数⑤	调整值⑥	修正值⑦	瞬间密度⑧	平均密度⑨	测试车情况
10′—11′	46	66	−20	11′		85	0	85	105		
11′—12′	69	56	13	12′		98	0	98	121		
12′—13′	57	65	−8	13′		90	1	91	112	115	
13′—14′	57	59	−2	14′		88	1	89	110		
14′—15′	58	46	12	15′		100	1	101	125		
15′—16′	52	48	4	16′		104	1	105	130		
16′—17′	40	58	−18	17′		86	1	87	107		
17′—18′	59	59	0	18′		86	1	87	107	128	
18′—19′	47/20	29/15	18/5	19′	105/0	104/110	0	110	136		14:18′43″进 $a=14, b=3$
19′—20′	49	31	18	20′		128	0	128	158		
小计	554	532	22								
20′—21′	37	48	−11	21′	117	117	0	117	144		14:21′00″出
21′—22′	39	40	−1	22′		116	0	116	143		
22′—23′	48	59	−11	23′		105	0	105	130	125	
23′—24′	41	65	−24	24′		81	−1	80	99		
24′—25′	72	65	7	25′		88	−1	87	107		
25′—26′	65	76	−11	26′		77	−1	76	94		
26′—27′	53	63	−10	27′		67	−2	65	80		
27′—28′	56	63	−7	28′		60	−2	58	72	75	
28′—29′	46	50	−4	29′		56	−2	54	67		
29′—30′	42	43	−1	30′		55	−3	52	64		
小计	499	572	−73								

注:表中①、②两列为端点交通量;③列为A、B两端交通量之差,即③=①−②,表示AB区间内现有车辆数的变化;测试车情况列为测试车行驶过程中超越其他车辆数a和被超越车辆数b,最后计算出$(a-b)$的数值;第④列为计算的初始车辆数$E(t_0)$,即按式(5-6)计算得到;第⑤列为每一观测单位的实有车辆数,即初始车辆数$E(t_0)$与经过单位观测时间后的车辆变化量(即第③列)之和;第⑥列为误差调整值,即经测试车测试计算所得的$E(t_0)$与根据前次试验推算而得的数值可能不相等,但数值一般相差很小,对精度影响不大,为了保持数据的一致性,则以测试车测试计算的结果为准,把此项误差分配于前后两次测试车的观测时间范围内的第⑥列内,作为调整值;第⑦列为修正后的实有车辆数,即⑦=⑤+⑥;第⑧列为瞬间交通密度,使用式(5-5)计算;第⑨列为第⑧列的平均值,计算平均密度时,一般以5min或10min的总计时间作为一组计算单元。

3. 数据分析与计算

测试车在A端的时刻为t_0,到达B端的时刻为t_1,则自t_0到t_1的时段通过B端的车辆数q,即为t_0时刻AB路段的初始车辆数。测试车的行驶速度应尽量与同时行驶的车流速度保持一致,既不被超车也不超越其他车辆,测试结果才较为准确。若出现超车现象,则应按下式计算初始车辆数:

$$E(t_0) = q + a - b \tag{5-6}$$

式中:$E(t_0)$——在t_0时刻,AB路段内的初始车辆数,辆;

q——从 t_0 到 t_1 这一时段内通过 B 端处的车辆数,辆;
a——测试车超越其他车的辆数,辆;
b——其他车超越测试车的辆数,辆。

4. 出入量法的优缺点

用出入量法测定路段交通密度的优点是方法简便,无须使用很多设备,适用于观测路段间无合流、分流情况下的各种交通状况,既能保证精度又实用有效。

出入量法的缺点是,通过两端车辆数的测量误差随时间而累加。为了减少误差的累加,除应增加测试车的观测次数外,要把测试车每次经过 A 端的时刻都作为开始时刻,且该时刻的现有车辆都作为每次的初始车辆数。

(二) 摄影法

摄影调查法是对观测路段连续拍照,然后在所拍摄到的照片上直接点数车辆数,因此这种方法是密度调查最准确的途径。但是,由于拍摄胶片的清晰度受天气情况影响较大,调查时应注意选择晴朗的天气。

摄影调查法又可分为地面上(高处)摄影观测法及航空摄影观测法。

1. 地面上(高处)摄影观测法

(1) 测定方法

通常是用 16mm 的动态摄影机在高处进行摄影,摄影机应置于观测路段的附近,并且能够覆盖整个观测路段。测定路段长度依路段内的状况和周围地区条件而变化,一般取 50~100m,若超过 100m,测定精度将受影响。为此,当测定长路段上的交通现象(也包括交通密度在内)时,需要好几个摄影机同时进行观测。

摄影的时间间隔依测定路段长度而异。当区间长为 50~100m 时,可每隔 5~10s 用一个画面即可。遇有要求详细分析交通流的场合,一般是交通量与交通密度同时进行观测。为了取得精确的交通量数值,就得缩短摄影间隔。这时摄影间隔(摄像机的送片速度)一般可取每秒 1 个画面;在高速公路上,由于车速高,这时可取每秒 2 个画面的速度。

测定交通密度时,在道路上要标记每台摄影机所摄范围的道路路段长。一般有两处做标记即可。如果容许精度稍低,也可不必在路面上画记号,可利用车道分隔线的段数、护栏支柱数或电线杆数等参照物代替。

(2) 交通密度计算与分析

根据上述观测资料,可按下面介绍的方法计算交通密度。

设摄影的间隔时间 Δt,总观测时间为 T,则胶卷的画面张数为 $n = T/\Delta t$。观测人员应在胶卷的每一画面中,读取摄影观测路段长度范围和清点出在此范围内存在的车辆数 K_i。将所有的 K_i 集中在总观测时间 T 内,用平均路段长度计算平均存在车辆数,然后再换算成每车道每公里存在的车辆数,亦即交通密度,并用式(5-7)表示:

$$K = \frac{\sum_{i=1}^{n} K_i}{n} \times \frac{1}{L} \tag{5-7}$$

式中:K——在 T 时间内路段 L 上的平均交通密度,辆/km;
K_i——第 i 个画面上测定区间内清点得到的车辆数,辆;

n——在 T 时间内,供读取车辆数用的画面数;

L——观测区间(路段)长度,km。

如前所述,当总观测时间在 5min 以上时,交通流的偶然性变化或周期性变化就能被消除。这种方法可以很方便地看出交通密度随时间的变化情况;同时,又因为它包含短时间的变化,也可以描绘出密度的倾向性变化。

2. 航空摄影观测法

(1)测定方法

航空摄影观测法(简称航测法)要利用固定翼机(普通飞机)或旋转翼机(直升机)从空中向下摄影。多用具有低速悬停功能的旋转翼机,这种飞机一般以在 1000～1500m 高空中能停留 30min 为极限。

进行航测时,一般采用测量用航空照相机。因为不要求达到勘探测量那样高的精度,所以相机的拍摄效果已能满足交通调查的要求。航空摄影的缩小比例尺一般可按式(5-8)求得:

$$摄影缩小比例 R = \frac{透镜的焦距}{摄影高度} \quad (5-8)$$

如果比例尺与透镜焦距已知,则可根据上式求得摄影高度。航空摄影在交通调查中所使用的缩小比例尺根据调查目的不同种类有多种,但考虑到放大照片的限制,一般取 1/10000～1/12000。

(2)交通密度的计算与分析

在摄影后的胶卷或是照片上读取观测路段内存在的车辆数后,用式(5-7)求得平均交通密度。但是,采用航测方法时,其目的一般不仅限于观测交通密度,还要对各种交通现象进行调查。故不宜硬性规定用某一种分析方法,通常都是根据各种调查的目的综合考虑分析方法。

(3)航测法的优缺点

使用航空摄影观测法测定路段交通密度最为适宜,同时它得到的数值最为准确。

航测法不适宜持续时间过长。这不仅是因为航空摄影费用高,而且直升机在空中飞行时间有限,航空照相机一次摄影的张数亦受到限制。再者,在调查车流的空间平均速度和复杂的交通现象时,其精度与摄影间隔有关,摄影间隔越短,精度就越高。目前精度还另外受到相机本身构造的影响。

另外,航测时观测不到诸如隧道、跨线桥下的车辆。

(三)道路占用率的检测和调查

如果事先已获得各车型的车长资料,根据密度调查现场统计的分车型交通量资料,就可以按式(5-1)计算空间占用率。如果事先没有各车型的车长资料,要在现场直接测量车长是很困难的,一般是先测定车辆的占用时间,再按式(5-2)计算时间占用率。

车辆的占用时间是利用现场检测器(感应线圈、磁力计或超声波仪等)测定的。当车辆在检测器的有效地带范围内时,检测器就能保持接通状态,通过计时装置就可测量计算出车辆通过检测器的延续时间,然后用式(5-2)计算时间占用率。

如果在测计车辆占用时间的同时测计车辆的地点车速,计算地点车速的平均值即时间平均车速,则车辆的占用时间与该车地点车速的乘积即为该车的占用长度,总观测时间与时间平均车速的乘积即为总观测时间相应的路段长度 L,代入式(5-1)也可求得车辆的空间占用率。

第三节 交通密度资料的应用

交通密度调查是交通调查的重要组成部分,它对了解研究交通状况具有十分重要的作用。交通密度资料的应用如下:

(1)交通密度资料是研究交通流理论和制定交通控制措施的重要基础数据。交通密度是描述交通流的三参数之一,调查交通密度即可对道路的三参数函数关系进行研究,掌握交通的运行规律,以便预测未来的交通运营发展情况,制定交通控制措施。

(2)交通密度资料是划分服务水平的依据。它是反映道路上车辆拥挤程度的最直观的指标,直接反映了道路上车辆的密集程度。因此,了解道路的交通密度,就可以对道路的交通状况做出评价,同时为改善道路的各种设施提供参考。

(3)交通密度资料可以反映道路交通堵塞状况。当道路上交通严重拥挤,车辆运行处于停滞状态时,交通量与车辆运行速度等于0,这时用交通量与车速两参数已无法描述交通状况,用交通密度则可以表示出这样的状况。

(4)交通密度资料对道路通行能力的研究十分有用。交通密度资料是道路通行能力研究的依据。通过测量交通密度和速度,可以计算不同道路状况下的通行能力。

【思考题】

1. 交通密度的表示方法有哪些?其含义有何不同?
2. 交通密度的调查方法有哪些?各有什么优缺点?

第六章 延误

本章介绍各类延误的基本概念及调查方法,培养学生的实践能力与团队协作能力。

第一节 延误概述

一、基本定义

延误的定义为实际旅行时间与驾驶员期望的旅行时间之差,以秒或分钟计,延误通常针对机动车辆。造成延误的原因主要是交通干扰及交通管理与控制。根据延误发生的原因可将其分为固定延误、行驶延误、停车延误、排队延误、引道延误和控制延误等。

(一)固定延误

固定延误是指由交通控制、交通标志、管理等引起的延误。它与交通流状态和交通干扰无关,主要发生在交叉路口。

(二)行驶延误

行驶延误是指车辆通过某一路段的实际时间与计算时间之差。计算时间为车辆在交通不拥挤的条件下以畅行车速通过该路段的时间。

(三)停车延误

停车延误是指车辆由于某种原因而处于静止状态所产生的延误,等于停车时间,包括车辆由停止到起动时驾驶员的反应时间。

(四)排队延误

排队延误是指车辆排队时间与不拥挤条件下车辆以平均车速通过排队路段的时间之差。排队时间是指车辆从第一次停车到越过停车线的时间。

(五)引道延误

引道延误是指车辆在引道上的实际消耗时间与车辆畅行越过引道延误段的时间之差。在入口引道上,从车辆因前方信号或已有排队车辆而开始减速行驶之断面至停车线的路段叫作引道延误段。

(六)控制延误

控制延误是指控制设施引起的延误,对信号交叉口而言是车辆通过交叉口的实际行程时间与车辆以畅行车速通过交叉口的时间之差。控制延误包括车辆在交叉口范围内的停车延误和加减速损失时间。

二、行车延误的影响因素

行车延误受许多因素的影响,这些因素有人(包括驾驶员,行人等)、车(包括车辆类型、车龄、车辆的动力性能等)、道路条件、交通条件(包括交通组成、转向车比例和路边停靠车辆等)、交通管理与控制(包括交通信号、交通标志等),以及道路环境等。下面选取主要因素展开论述。

(一)驾驶员和行人的影响

行车延误不仅和驾驶员的技术水平有关,还与驾驶员生理和心理特征有关,驾驶员的性别、年龄等也对行车延误有影响。一般来说,青年驾驶员较中年驾驶员、男性驾驶员较女性驾驶员反应快,反应时间短,应变能力强,车速高,因而行车延误低。

此外,行人过街也会对交通流产生干扰,增加车辆延误。

(二)车辆的影响

不同车型和不同车龄的车,由于动力性能不同,对延误的影响不一样。一般而言,绿灯亮时,从头车反应时间加起动时间来看,小型车要比大型车短,而大型车要比拖挂车短;从加速性能来看,小型车加速性能也要强于大型车。因此,对于车型混杂的车流,大型车越多,延误越高。

(三)道路条件的影响

用隔离墩分离的道路要比用标线分离的道路延误低;快慢车分离的道路比快慢车混行的道路行车延误低;车道较多、行车道较宽的道路比车道数少、行车道较窄的道路延误低;此外,设有专用左转车道的交叉口引道入口的行车延误也与未设专用左转车道的入口延误不一样。

(四)交通条件的影响

当交通流中大型车和重型车所占比例较大时,行车延误也会增加;左转和右转通过路口的车速都低于直行车速,因此,转向车比例越大,平均每辆车的延误也越高。交通量大,延误高。

(五)交通管理与控制的影响

交通控制的方式对行车延误影响较明显。对于交叉口控制,感应式信号机在控制延误方面要好于单点定周期信号机,而线控则比前两者都好。信号灯配时不当也会引起较高的行车延误。一般来说,信号周期合适,绿信比越大,延误就越低。过长或过短的信号周期都会增大延误。此外,停车标志、让路标志也会影响车辆的延误。

第二节 路段行车延误调查

行车延误的调查方法很多,这里主要给出两种常用的调查方法:跟车法和输入-输出法。

一、跟车法

用跟车法调查行车延误,可同时获得行驶时间、行驶车速、行程时间、行程车速和延误时间等完整资料。跟车法调查延误一般需要观测员、记录员各一名,两只秒表。其中一人读表,一人记录。当车辆驶过调查起点时,观测员启动第一只秒表(车辆到达调查终点前不得中途停表),记录沿路程经过各控制点的时间。当车辆停止或被迫缓行时,观测员启动第二只秒表,测量每一次延误的持续时间。记录员将延误时间连同地点、原因一起记录于表6-1。车辆恢复正常行驶时,观测员将第二只秒表及时归零。最后,车辆驶过调查路线终点时,停止第一只秒表,并记录运行的总时间。

跟车法观测行程时间与延误现场记录 表6-1

日期_____		天气_____		行程编号_____	
路线_____		方向_____		里程_____	
行程开始时间_____		开始地点_____			
行程结束时间_____		结束地点_____			
控制点			停止或被迫缓行		
地点	时间		地点	延误(s)	原因
行程长度_____		行驶时间_____		行驶车速_____	
停驶时间_____		行程时间_____		行程车速_____	
		观测员_____		记录员_____	

调查路线的总长度和所选各控制点之间的距离,可直接用皮尺测量或在可靠的地图上用比例尺确定,也可以根据车辆上装置的里程表得到。即使不需要求出车速,也要确定起终点间的距离,以便得到单位长度的延误值。调查结果可汇总为图 6-1 所示的形式。

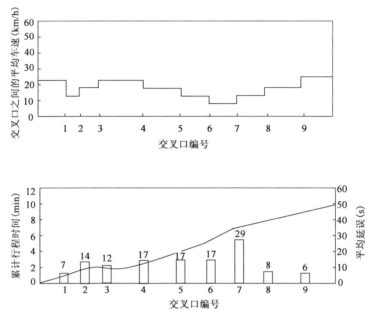

图 6-1　行程时间、平均车速和延误

调查时要注意以下事项:调查路段总长度一般不小于 15km;调查通常是在良好的天气条件下进行,对于对比调查要选择相似的天气条件;调查公共交通车辆的延误和行程时间,在选择调查时间时,要考虑早晚上下班高峰,以反映该时段的运行状况。

公交车的行车延误调查结果如图 6-2 所示。

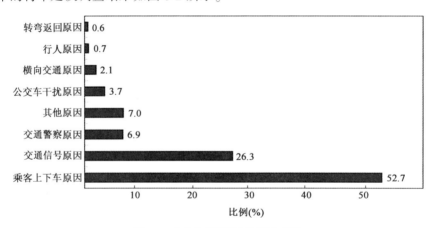

图 6-2　公交车延误调查结果示意图

二、输出-输入法

这种方法只适合于调查瓶颈路段的行车延误。并且假设如下:车辆到达和离开为均匀分布;在某一持续时间段内,一直有车辆排队现象,在其中某一个时段中,当到达的车辆数大于道路的通行能力时则开始排队,而当到达的车辆数小于道路通行能力时队列将逐渐消散。

(一)调查方法

在瓶颈路段的起、终点各设一名观测员,用调查交通量的办法,以5min或15min为间隔累计交通量。要求两个断面调查同时进行,即两断面的开始调查时间同步。如果受阻车辆排队有可能超过瓶颈起点,则该断面位置要根据实际情况后移。若该路段通行能力已知,则瓶颈终点(出口)断面可以不调查。

(二)调查数据整理和分析

表6-2是某公路上的瓶颈路段发生阻塞时的调查结果。已知该处通行能力为360辆/h,或每15min平均通过90辆车。

某瓶颈路段阻塞调查结果　　　　　　　　　　　　　表6-2

时段	到达车辆数(辆)		离开车辆数(辆)		阻塞情况
	到达	累计	离开	累计	
8:00—8:15	80	80	80	80	无阻塞
8:15—8:30	100	180	90	170	阻塞开始
8:30—8:45	120	300	90	260	阻塞
8:45—9:00	90	390	90	350	阻塞
9:00—9:15	70	460	90	440	阻塞开始消散
9:15—9:30	70	530	90	530	阻塞结束

由表6-2可见,在8:00—8:15这段时间内,到达的车辆数少于道路通行能力,没有阻塞。而从8:15开始的第二个15min内到达车辆数为100辆,比离开车数多10辆,于是开始堵塞。8:30—8:45是高峰,到达车辆数增加,所以继续堵塞。9:00—9:15来车量已减少。在8:15—9:00这段时间内,车辆到达一直超过通行能力,车辆排队有增无减,直至出现最大排队长度。在8:15—8:30这段时间内,开始出现排队,阻塞开始;直到9:00以后,排队逐渐消散;阻塞也慢慢消散;在9:30以后,累计到达车辆数等于累计离开车辆数,交通拥堵结束。

现在试求单个车辆,如第180辆车通过瓶颈路段的延误时间。它的位置在180−170=10(辆)排队车辆的末尾,由于瓶颈路段的通行能力是90辆/15min,所以每辆车通过瓶颈路段所需的时间为15/90(min)。所以第180辆车通过瓶颈路段所需的时间为:

$$\frac{15}{90} \times 10 = \frac{5}{3}(\min)$$

由延误的定义可知,第180辆车通过瓶颈路段的延误为实际行程时间与无阻碍的行驶时间之差,即:

$$\frac{5}{3} - \frac{15}{90} = 1.5(\min)$$

可将表6-2的数据绘成图6-3所示的车辆到达-离开曲线。其中,虚线表示累计到达的车辆数;实线为离开的累计车辆数(当通行能力已知时,可用计算的数据;当通行能力不能确定时,为实测的累计离开车辆数);两曲线之间的水平间隔就是某辆车通过瓶颈路段所需的时间,垂直间隔则为某个时刻的受阻塞车辆数。两曲线围成的面积是所有受阻塞车辆通过瓶颈路段所需的总时间,记为 D_a。当车辆不受阻塞通过瓶颈路段所需时间与受阻塞通过瓶颈路段所需时间相比较小时, D_a 可认为是受阻塞车辆的总延误时间。

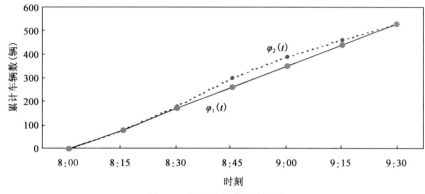

图 6-3 车辆到达-离开曲线图

由数学分析可知:

$$D_a = \int_a^b [\varphi_2(t) - \varphi_1(t)] dt \tag{6-1}$$

式中: $\varphi_1(t)$、$\varphi_2(t)$——t 时刻累计离开和累计到达车辆数,辆;

a、b——调查的起始和终止时刻。

在实际问题中, $\varphi_1(t)$、$\varphi_2(t)$ 解析式一般不易求得,不能直接应用式(6-1)。可用 $\varphi_1(t)$、$\varphi_2(t)$ 折线形式近似计算 D_a,计算结果为:

$$D_a \approx 1351 \text{ 辆·min}$$

所以每辆车通过瓶颈路段所需的平均行车时间为:

$$T_s = \frac{D_a}{\text{总通过量}} \quad (\text{s 或 min}) \tag{6-2}$$

当无阻塞时,每辆车所需行驶时间 t_a 为:

$$\begin{cases} t_a = \dfrac{3600}{\text{通行能力}} & (\text{s}) \\ t_a = \dfrac{60}{\text{通行能力}} & (\text{min}) \end{cases} \tag{6-3}$$

所以,平均每辆车的延误为:

$$d_s = T_s - t_a \tag{6-4}$$

当 t_a 较小时,可以忽略,则 $d_s = T_s$。

对于上述例子,则有:

$$d_s = \frac{1351}{530} - \frac{60}{360} = 2.38 (\text{min})$$

(三)注意事项

(1)用输入-输出调查方法很难得到平均每一受阻塞车辆的延误以及受阻塞车辆百分比,并且不能确定延误产生的准确地点和原因,也无法分清延误类型。

(2)输入-输出调查方法的前提假设是车辆到达率和离开率是均匀的,而实际的交通状况是车辆到达率与离开率往往是随机的。因此,交通量的统计间隔越小,精度越高;瓶颈路段长度越短,精度也越高。

(3)虽然输入-输出法存在上述这些缺点,但该方法简单,调查结果可以十分直观地以图表形式呈现,因此,它作为研究瓶颈路段行车延误的方法,具有一定的实用价值。

第三节 交叉口延误调查

一、调查地点和调查时间

(一)调查地点

一般而言,调查地点应根据调查目的确定。在实践中有三种情况:
(1)指定交叉口,目的是了解某条道路或整个路网延误情况,需对有关的交叉口进行延误调查。
(2)经常发生交通堵塞的交叉口,目的是为制定改善措施提供基础延误资料。
(3)某个交叉口一个或几个引道,目的是了解交叉口引道的延误情况或对交叉口运行效率做出评价。

(二)调查时间

调查时间一般也要根据调查目的确定。要了解高峰时段延误情况就要选择高峰时段,具体选早高峰还是晚高峰,机动车高峰还是非机动车高峰,则要根据具体调查内容确定。如果是为了对比高峰和非高峰时段延误,则还要调查非高峰时段延误。

做前后对比分析时,两次调查应在时间上尽可能保持一致。

调查应在天气良好、交通正常的条件下进行。只有需要研究不利条件下的延误特征时,才选择天气恶劣或不利的交通条件进行调查。

二、调查方法

交叉口延误的调查方法可分为两类:行程时间法和停车时间法。行程时间法又分为流动车法、牌照法等;停车时间法有点样本法和分间断航空摄影法等。行程时间法是测定从交叉口前某一点至交叉口后某一点的行程时间,各车辆的平均行程时间减去这段行程的车辆畅行行驶时间就是交叉口的延误。因此,由行程时间法得到的延误包括停车延误和减速延误,当选择的观测点位于交叉口之后时,也可用于调查控制延误。相关资料给出的控制延误的测定方法和点样本方法类似,但其中包含了对减速延误和加速延误的修正。

本节重点介绍牌照法、点样本法和控制延误调查方法。

(一)牌照法

牌照法是通过记录一定车辆的牌照号码、特征和通过交叉口延误调查路段两端的时刻,进而获得在交叉口实际耗时的方法。用实际耗时减去畅行行驶时间,即为车辆延误时间。如果有以往资料已知畅行车速,则可利用交叉口延误段长度除以畅行车速计算出畅行时间,否则还需要调查畅行车速。

1. 人员和设备

每个引道入口可设一个观测小组,每个小组需要 5~6 名观测员、2 台无线对讲机和 4 只秒表。

2. 样本容量

为了保证一定的精度,进行交叉口延误调查时,需要确定调查的最小车辆数,可根据式(4-6)确定。式中样本标准差 S 的单位为 s,通常取 $S = 10 \sim 20s$;容许误差 $E = 2 \sim 5s$;与所要求置信度相应的常数 K,可按表4-4 查用。

3. 调查方法

观测时,必须确定入口断面和出口断面。入口断面记为断面 I,参照以往引道最长排队长度来确定;将交叉口入口停车线作为出口断面,记为断面 II。

调查时,1 人持对讲机站在断面 I 的路侧,当欲调查的车辆到达断面 I 时,便将其车型、特征和车牌号末三位数字用对讲机通知断面 II 的观测人员。调查小组的其余调查人员均站在断面 II 的路侧,1 人持对讲机与断面 I 观测人员联络,其余 3~4 人记录。持对讲机者负责接收断面 I 观测人员发来的信息,将接收到的信息告诉记录人员。记录人员一听到传送的关于某辆车的信息,立即记下当时的时刻,然后按记录的该车特征、车型及车号,在来车群中寻找自己负责记录的车辆。当该车通过断面 II 时,马上记录下其通过时刻。如果要分流向研究车辆的延误,记录人员还要记下该车辆通过停车线后的去向。表 6-3 为典型牌照法延误调查的现场记录表。

牌照法延误调查现场记录表 表 6-3

交叉口名称_____ 引道_____ 调查时段_____
日期_____ 时间_____ 天气_____ 记录员_____

序号	特征	车型	车牌号末三位	通过断面 I 时刻	通过断面 II 时刻	流向	通过调查路段的时间(s)

畅行车速可通过来回几次驾驶车辆通过交叉口,并记录车辆在交叉口上游某点的地点速度得到,一般要求该点位于不受交叉口影响的中间路段上,且不受排队车辆的影响。

4. 注意事项

(1) 调查过程中一旦发现车辆排队超过了断面Ⅰ的位置,应及时予以调整,并将调整前后的调查资料分开整理。

(2) 要慎重对待在交叉口延误段有停靠站的公交车辆。如果不抽取这些车辆也能获取足够的样本数,最好不调查这些车辆,只有在需要调查这类车辆时才抽取它们。

(3) 当需要调查某一流向车辆的延误时间时,抽取的样本总数要比通常要求的样本数大某一倍数。

(4) 上述调查得到的延误为交叉口引道延误,若断面Ⅱ选择在交叉口下游某点,则可得到控制延误观测数据。

5. 调查结果的整理与分析

(1) 将实际耗时和畅行行驶时间的数据分组整理,分别求平均值,两者之差就是平均每辆车的延误时间。

(2) 将实际耗时的观测数据减去畅行行驶时间平均值,则可获得延误的分布规律。

(二) 点样本法

点样本法获得的是车辆在交叉口引道上的停车延误时间,每一入口需要3~4名观测员和一只秒表。观测员站在停车线附近的路侧人行道上,其中一人持秒表,按预先选定的时间间隔(通常为15s,根据情况也可以取其他值,例如20s)通知另外2~3名观测员。第二名观测员负责清点停在停车线后面的车辆数,记录在记录表(参见表6-4)中,每到一个预定的时间间隔就要清点一次。第三名观测员负责清点经过停车通过停车线的车辆数(停驶数)和不经停车通过停车线的车辆数(不停驶数),当交通量较大时,可由两个观测员分别清点,每分钟小计一次,并记入记录表中相应的栏内。连续不间断地重复上述过程,直至取得所需的样本量或交叉口引道上的交通显著发生改变,不同于拟研究的交通状况时为止。

若所调查的交叉口为定时信号控制,选定的取样间隔时间应保证不能被周期长度整除,否则清点停车数的时间有可能是周期中的某个固定时刻,而失去了抽样的随机性,调查启动(开始)时间应避开周期开始(如绿灯或红灯启亮)时间。每到一个清点停在入口车辆数的时刻(例如15s时),要清点停车入口或拟调查的车道上的所有车辆,而不管它们在上一个时刻是否已被清点过。也就是说,若一辆车停驶超过一次抽样时间间隔,则这辆车就要不止一次地被清点。在任意1min内,入口交通量的停驶数一栏中的数值总是小于或等于这1min内停在入口的车辆数(即0s、15s、30s、45s时停在入口车辆数之和),这一特性,可用来判断记录的正确性。

对于入口为多车道的交叉口,若不要求区分某一具体车道上的延误,可不分车道调查,否则要按车道安排调查人员。

交叉口延误调查,通常要求提供以下成果:

$$总延误 = 总停驶数 \times 抽样时间间隔 \quad (辆 \cdot s)$$

$$每一停驶车辆的平均(停车)延误 = \frac{总延误}{停驶车辆数} \quad (s)$$

$$每一入口车辆的平均(停车)延误 = \frac{总延误}{入口交通量} \quad (s)$$

$$停驶车辆百分比 = \frac{停驶车辆数}{入口交通量} \times 100 \quad (\%)$$

$$停车百分比的容许误差 = \sqrt{\frac{(1-p)K^2}{pN}}$$

式中符号的意义同前。

【例 6-1】 表 6-4 为某一交叉口入口车辆延误调查结果,试对其做出分析。

某一交叉口入口车辆延误调查结果　　　　　　表 6-4

交叉口＿＿＿＿　　入口＿＿＿＿　　车道号＿＿＿＿

日期＿＿＿＿　　星期＿＿＿＿　　天气＿＿＿＿　　记录员＿＿＿＿

开始时刻	在下列时间停在入口的车辆数(辆)				入口交通量(辆)	
	+0s	+15s	+30s	+45s	停驶	未停驶
9:00	2	1	6	0	9	8
9:01	4	0	3	2	8	9
9:02	3	2	1	0	10	12
9:03	3	4	0	5	11	7
9:04	1	3	1	1	5	10
9:05	0	2	3	6	7	13
9:06	9	0	4	0	10	8
9:07	4	3	5	2	11	7
9:08	2	5	2	0	10	11
9:09	3	2	5	4	13	14
9:10	2	1	4	5	10	12
9:11	4	3	3	3	12	7
9:12	5	4	1	0	9	13
9:13	1	6	2	2	8	12
9:14	6	2	3	1	10	16
小计	49	38	43	31	143	159
合计	161				302	

解:总延误 = $161 \times 15 = 2415$(辆·s);

每一停驶车辆的平均(停车)延误 = $\frac{2415}{143} = 16.9$(s);

每一入口车辆的平均(停车)延误 = $\frac{2415}{302} = 8.0$(s);

停驶车辆百分比 = $\frac{143}{302} \times 100 = 47.4$(%);

取置信度为 90%,则停车百分比的容许误差 = $\sqrt{\frac{(1-0.474) \times 2.7}{0.474 \times 302}} = 10.0$(%)。

点样本法的优点是该方法可以自动调整,一个样本中的错误或遗漏对总的结果几乎没有影响;同时,该方法不依赖于信号设备。点样本法能够得到比较完整的描述交叉口停车延误的统计数字。但是，当停驶车辆百分比很高时，由于排队车辆数目很大，在 15s 或 20s 的时间里清点停在入口的车辆数几乎是不可能的，点样本法很难适用。当入口为多车道且有左右转专用车道时，需要考虑增加观测小组和观测员。对于入口为多车道的情况，无论是否分车道调查，清点停驶车辆和不停驶车辆都是比较困难的。即使入口为单车道入口，点样本法也无法区别不同流向的车辆延误时间。另外，点样本法只能得到平均停车延误时间，而无法获得延误时间的分布特性。

(三) 控制延误调查方法

1. 方法介绍

这里给出的控制延误调查方法是通过直接观测交叉口排队车辆计算车辆的延误。一般每个调查的车道组需要 3 个人（交通量较大时可考虑增加观测人员），第一个观测员配备一只秒表，第二个和第三个观测员各配备一个计数器、交通量记录表格。调查开始时，观测员站在停车线附近路侧人行道上，第一个观测员持秒表，按预先选定的时间间隔（通常为 15s，根据情况也可以取其他值，例如 20s）发出计数指示。第二个观测员跟踪每个周期停驶车辆排队的队尾，并记录每个时间间隔内的排队车辆数，填入相应的记录表格中。第三个观测员任务是记录调查时间内到达车辆中一次或多次停驶的车辆数和总到达车辆数（一辆多次停驶的车辆只记为一辆停驶车辆）。

2. 注意事项

(1) 在详细调查之前，调查者应估计一下调查时段的平均畅行速度。畅行速度是假设绿灯时间足够长时车辆无阻碍离开交叉口的速度，该速度可取用车辆在交叉口上游某点的点速度，一般要求该点位于不受交叉口影响的中间路段上，且不受排队车辆的影响。

(2) 调查应该从车道组的某个周期红灯启亮开始，最好是没有前一绿灯相位余下的排队车辆。

(3) 若所调查的交叉口为定时信号控制，选定的取样间隔时间应保证不能被周期长度整除，否则清点停车数的时间有可能是周期中的某个固定时刻，而失去了抽样的随机性。

(4) 调查开始时，调查时间虽然可采用明确规定的调查时间长度（如 15min），但对定时信号控制交叉口，为了操作方便，一般采用周期的整数倍。重要的一点是，为了准确记录调查时间内最后到达的车辆或停驶的车辆并计入调查车辆内（直到其离开交叉口），必须事先确定调查结束的时间。

3. 调查数据整理

(1) 将调查资料汇总，并填入计算表（表 6-6），计算整个调查时段内的排队车辆数：

总排队车辆数 = 所有调查时间间隔内排队车辆数之和

(2) 每辆车的平均排队时间可由式 (6-5) 计算：

$$d_{vq} = \left(I_s \times \frac{\sum V_{iq}}{V_{tot}} \right) \times 0.9 \quad (6-5)$$

其中:I_s——调查计数间隔,s;

$\sum V_{iq}$——总排队车辆数,辆;

V_{tot}——到达车辆数,辆;

0.9——经验校正系数。

(3)停车率 FVS 可用下式计算:

$$\text{FVS} = \frac{\text{停驶车辆数}\ V_{stop}}{\text{到达车辆数}\ V_{tot}} \times 100 \tag{6-6}$$

式中:FVS——停车率,%。

每个信号周期每车道平均停驶车辆数可用式(6-7)计算:

$$\text{每个信号周期每车道停驶车辆数} = \frac{\text{停驶车辆数}\ V_{stop}}{\text{车道数}\ N_c \times \text{观测信号周期数}\ N} \tag{6-7}$$

(4)参照表6-5,查阅对应车道组畅行速度和每个信号周期每车道平均停驶车辆数的修正系数 CF,该系数用于对减-加速延误进行校正。

减-加速延误校正系数 CF(单位:s)　　　　表6-5

畅行速度(km/h)	≤7 辆	8~19 辆	20~30 辆
≤37	+5	+2	-1
37~45	+7	+4	+2
≥45	+9	+7	+5

注:当每车道排队车辆超过30辆时,结果不准确。

(5)平均每辆车的控制延误 d 可用式(6-8)计算:

$$d = d_{vq} + d_{ad} \tag{6-8}$$

式中:d_{vq}——每辆车的平均排队时间,s;

d_{ad}——校正的减-加速延误,s,$d_{ad} = \text{FVS} \times \text{CF}$。

4.算例

【**例6-2**】 对某个信号交叉口一个引道入口调查了15min,约8个周期(每个信号周期115s),选择15s为计数间隔时间,由于15s不是周期的除数,因此,排除了周期性车辆排队可能带来的偏差。调查汇总结果如表6-6所示。

交叉口控制延误调查作业单　　　　表6-6

交叉口名称:	调查日期:
调查部门:	观测员:
天气:	地区类型:□商业中心区　　□其他
调查时段:	分析年:

续上表

输入初始参数			
车道数 N_c	2	到达车辆数 V_{tot}(辆)	530
畅行速度 FFS(km/h)	40	停驶车辆数 V_{stop}(辆)	223
调查计数间隔 I_s(s)	15	周期长 C(s)	115

输入现场观测排队车辆数(辆)									
时刻	周期数	计数间隔							
		1	2	3	4	5	6	7	8
4:43	1	3	8	11	15	12	2	0	2
	2	6	12	15	16	6	0	0	2
	3	7	11	14	14	2	0	0	
	4	5	7	10	13	13	2	0	1
4:45	5	4	6	10	12	3	0	0	1
	6	5	7	9	13	4	0	0	
	7	3	6	8	12	12	0	0	0
4:47	8	4	7	11	16	9	0		
	汇总	37	64	88	111	61	4	0	6

计 算

总排队车辆数: $\sum V_{iq} = \underline{371}$

每辆车的平均排队时间: $d_{vq} = \left(I_s \times \dfrac{\sum V_{iq}}{V_{tot}}\right) \times 0.9 = \underline{9.5}$(s)

调查的周期数: $N = \underline{7.8}$

每个信号周期每车道停驶车辆数 $= \dfrac{V_{stop}}{N_c \times N} = \underline{14}$

减-加速延误校正系数: CF(参阅表 6-5) $= \underline{4}$

停车率: $FVS = \dfrac{V_{stop}}{V_{tot}} = \underline{42\%}$

校正的减-加速延误: $d_{ad} = FVS \times CF = \underline{1.7}$(s)

控制延误(每辆车): $d = d_{vq} + d_{ad} = \underline{11.2}$(s)

从调查数据处理结果看,停车率为 42%,每辆车的控制延误为 11.2s,该引道入口车辆运行效率较高。

第四节 延误调查资料的应用

延误调查资料在交通规划、交通设施建设、交通管理等诸多方面有着重要的应用价值。具体地说,延误调查资料在以下几个方面有着重要的应用。

(一)评价道路交通拥堵程度

行车延误十分直观地反映了道路交通的阻塞情况。通过分析延误调查资料可以确定交通拥堵的位置、程度和原因,并对阻塞程度给出合理的评价。延误越高,则阻塞程度越严重。若车辆在某条路线上行车延误很高,则说明该路线阻塞程度严重;相反,若车辆行车延误时间很低,则说明该路线阻塞程度低。对于阻塞程度相当严重的路段或交叉口,则应考虑采取相关措施。

(二)评价服务质量

《道路通行能力手册》采用延误作为划分交叉口服务水平的依据。我国许多学者也建议采用延误作为划分道路服务水平等级的主要指标。利用延误调查资料可以确定观测路段和交叉口的服务水平等级,评价道路的服务质量。

(三)探求行车延误发展趋势

对选定的地点定期进行行车延误调查,可以探求延误随时间的变化规律和发展趋势,对交通状况是日益好转还是恶化做出判断,为交通管理和管制提供基础信息。

(四)提供改建道路和交叉口的依据

根据延误调查资料,可以对阻塞严重的路段或交叉口提出相应的改建措施,如是否应拓宽道路或是否应设左转专用车道等。

(五)进行前后对比研究

对比改建前后的道路或交叉口延误,可以对所采取措施的效果做出评价。例如,北京的崇文门路口,经过改善,平均每辆车的排队时间在道路交通高峰时减少了36.5s,在平峰时减少了21.4s,仅此一项,一年可产生经济效益28.4万元,相当于改善工程的投资。

(六)用于运输规划

交通运输部门在运营调度时往往不是选择距离最短的路线,而是选择行车时间最短的路线。因此,可根据延误调查资料进行路线选择。

公共交通运输部门制定行车时刻表、调整路线时,也要依据延误调查资料。

(七)用于经济分析

交通运输部门计算运输成本,管理部门对交通工程建设方案进行论证与可行性研究时,需要计算道路使用者的费用,这些费用的计算都离不开延误调查资料。

(八)用于交通管制

根据延误调查资料,可以确定是否应限制停车,是否应采取单行或禁行等交通管制措施。

(九)用于交通规划

行程时间直接影响人们对出行方式的选择和交通量的分配,而交通方式选择模型和交通量分配模型中采用行程时间作为主要参数,因此,行程延误也是交通规划的基础资料。

此外,车辆在交叉口的延误调查资料也是优化信号灯配时方案的重要依据。

【思考题】

1. 影响行车延误的因素有哪些?
2. 路段行车延误和交叉口行车延误的调查有什么不同?为什么?
3. 停车延误和控制延误有哪些区别与联系?控制延误调查时应注意哪些事项?
4. 延误调查资料有什么应用?

第七章
交通量、车速和密度之间的关系

本章介绍交通流三参数的关系,培养学生的逻辑思维及计算能力。

第一节 三参数之间的关系

描述交通流基本特征的宏观指标是交通量、车速、密度三个参数。交通量指单位时间通过某道路断面的车辆个体数,单位通常为"辆/h"或者"辆/(h·ln)"。车速指"区间平均车速",单位通常采用"km/h"或者"km/(h·ln)"。密度指单位长度道路区段上的车辆个体数量,单位通常为"辆/km"或者"辆/(km·ln)"。在这里,区间平均车速及密度指标均针对特定的一段道路或一段车道,而交通量则针对特定的地点。

将交通流看作是由车辆个体所构成的流体,此处假设其为连续流,则其运行状况如图7-1所示,在长度为 L 的路段上有连续行进的 n 辆车,车速为 v。如果区间平均车速与密度均针对相同的道路区段,则会有如下的相关关系。

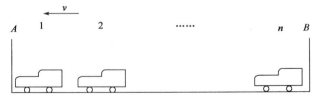

图7-1 三参数计算图

L 路段上的车流密度为 $K = \dfrac{n}{L}$；

n 号车通过 L 路段所用的时间为 $t = \dfrac{L}{v}$；

n 号车通过 A 断面的交通量为 $Q = \dfrac{n}{t}$。

将以上各式整理得：

$$Q = \frac{n}{t} = \frac{n}{\dfrac{L}{v}} = \frac{n}{L}v = Kv \tag{7-1}$$

式中：Q——交通量，辆/h；

v——区间平均车速，km/h；

K——密度，辆/km。

对于稳定流，即该区段的进入交通量等于离开交通量，则区段内没有排队现象产生，式(7-1)所计算出的 Q 值可以代表区段中任一点的交通量；对于非稳定流，即区段内有排队现象，式(7-1)所计算出的 Q 值代表区段内所有点的交通量的均值。

式(7-1)是一个普适的流体力学公式，但它不足以推定三参数的具体取值，对于一个特定的交通量 Q，可以有无穷多的速度和密度的组合，只要它们的乘积是相同的值。事实上，在交通量、车速与密度的任意两个指标之间，还存在着进一步的相关关系，这使得三者之间的相互关系更为确切。历来有许多研究三参数相互关系的成果。

图 7-2 显示的是三参数大致的关系。图 7-2 中交通量-车速曲线以及交通量-密度曲线的顶点所对应的交通量，即为道路的通行能力。图中虚线部表示非稳定流或称为强迫流状态，即到达交通量超出了下游的通行能力，此时会有排队现象产生，此时的交通量不再继续增加而是降低，直至达到交通量为 0，此时的密度称为"阻塞密度"。与此相对应的实线部分为稳定流状态，初始时（理论上 $Q = 0$）的速度为"自由流速度"。

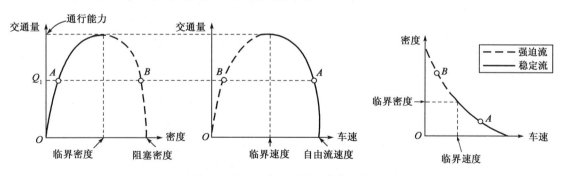

图 7-2　交通量、车速、密度三参数的关系

注：流量 Q_1 发生在两个不同的交通流状态下，在图中分别对应 A 点和 B 点。

我们还注意到，相同的一个交通量值，例如图 7-2 中的 Q_1，可以发生在两种交通流状态下，即图中的 A 点与 B 点，其中 A 点代表速度较高、密度较低的稳定流状态，而 B 点代表速度较低、密度较高的强迫流状态。正由于两种截然不同的状态可能对应着同一个交通量值，因此交通量不能完全描述交通流特征，也不能描述交通流的质量。相反地，特定的速度、密度值对应着唯一的交通流状态,因此更适合作为描述稳定交通流特征或运行质量的参数。

本节只是介绍了三参数之间的一种"大致关系",它们之间相关曲线的更为确切的形状和特征,则依赖于特定的交通状况,而这种状况在不同的地点可能是不同的,甚至在相同的地点的不同时期也有可能是变化的。历来有许多学者对三参数关系进行深入研究,本章第二节至第四节将系统介绍这些成果。

第二节 车速-密度的关系

在实践中,可以看到这样一种现象:当道路上的车辆增多、车流密度增大时,驾驶员被迫降低车速。当车流密度由大变小时,车速又会增加。这就说明速度和密度之间有一定的关系。

一、直线关系模型

格林希尔兹(Greenshields)在对大量观测数据进行分析之后,提出了车速-密度的单段式直线关系模型:

$$v = a - bK \tag{7-2}$$

其中,a、b 是常数。当 $K=0$ 时,v 值可达到理论最高值,即自由流速度 v_f,代入式(7-2)得 $a = v_f$。当密度达到最大值,即 $K = K_j$ 时,车速 $v = 0$,代入式(7-2)得 $b = v_f/K_j$。将 a、b 代入式(7-2)得:

$$v = v_f - \frac{v_f}{K_j}K = v_f\left(1 - \frac{K}{K_j}\right) \tag{7-3}$$

将式(7-2)和式(7-3)的特征点结合实际观测数据绘制在图 7-3 中。

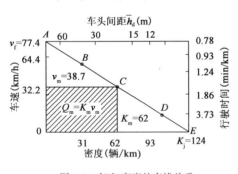

图 7-3 车速-密度的直线关系

由图 7-3 可知,在 A 点是理想的自由流速度 v_f。实际上,AE 线不与竖坐标轴相交,而是渐渐趋近于该轴。因为在路上至少有一辆车以车速 v_f 行驶,这时 v_f 只受道路条件限制。

利用图 7-3 也可以推算交通量。如在 C 点,车速为 v_m,密度为 K_m,其交通量为 $Q_m = v_m K_m$,即图上带阴影的矩形的面积。直线 A、B、C、D、E 各点与交通量-密度图和车速-交通量图两个图上的点是相对应的,因此可以互相比较。

格林希尔兹提出的速度-密度的单段式直线关系模型,在车流密度适中的情况下是比较符合实际的。但当车流密度很大或很小时就不适宜使用此模型,这个早期的研究成果尤其不适应现代交通流的状况。

二、对数关系模型

当车流密度大时,车速-密度的关系用格林伯格(Greenberg)提出的对数模型就比较符合实际,其公式如下:

$$v = v_\mathrm{m}\ln\left(\frac{K_\mathrm{j}}{K}\right) \tag{7-4}$$

式中：v_m——对应最大交通量的车速，km/h；
其余符号意义同前。
这种模型对于交通流拥挤情况的现场数据很符合，但是当交通密度小时，就不能用这种关系式。

三、指数模型

当交通密度小时，指数模型比较符合实际，其公式如下：

$$v = v_\mathrm{f}\mathrm{e}^{-\frac{K}{K_\mathrm{m}}} \tag{7-5}$$

式中：K_m——对应最大交通量的密度，即临界密度，辆/km；
　　e——自然对数的底数；
其余符号意义同前。
这种模型很符合小交通量情况下的现场数据，缺点是当 $K \to K_\mathrm{j}$ 时，$v \neq 0$。

四、广义速度-密度模型

$$v = v_\mathrm{f}\left[1 - \left(\frac{K}{K_\mathrm{j}}\right)^n\right] \tag{7-6}$$

式中：n——大于 0 的实数，当 $n=1$ 时，该式变为直线关系式。

第三节　交通量-密度的关系

一、数学模型

根据格林希尔兹公式(7-3)和基本公式(7-1)可以得到：

$$Q = Kv = Kv_\mathrm{f}\left(1 - \frac{K}{K_\mathrm{j}}\right) = v_\mathrm{f}\left(K - \frac{K^2}{K_\mathrm{j}}\right) \tag{7-7}$$

由式(7-7)知，交通量与密度的关系是二次函数关系，如图 7-4 所示。

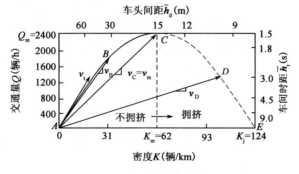

图 7-4　交通量-密度曲线图

如果用不同的车速-密度公式,则根据式(7-4)、式(7-5)或式(7-6)可以导出不同的交通量-密度公式以及相应的曲线图。

二、特征描述

按图7-4所示的基本关系可得到下列一些主要特征:

(1)当车流密度值为0时,无车辆行驶,交通量为0;密度增大,交通量增加;密度增大到临界密度K_m时,交通量取最大值Q_m。密度再增大,交通量减少;到阻塞密度K_j时,车辆停驻,交通量为0。因此,曲线经过坐标A点、C点和E点。对式(7-7)求导并令其为0得:

$$K = K_m = \frac{1}{2}K_j$$

$$v = v_m = \frac{1}{2}v_f$$

$$Q_m = \frac{1}{4}v_f K_j$$

(2)由坐标原点A向曲线上任一点画矢径。这些矢径的斜率表示区间平均车速,以km/h计。而其切线的斜率则表示交通量微小变化时车速的变化,即:$\bar{v} = Q/K$,$\Delta v = \Delta Q/\Delta K$。同时,在$A$点曲线的切线斜率最大,表示车速最高,交通量与车流密度均很小,车辆以自由流速度v_f行驶。

三、算例

【例7-1】 假定车辆平均长度为6.1m,对应阻塞密度的单车道车辆间的平均距离为1.95m,因此车头间距$\bar{h}_d = 8.05$m,试说明交通量与密度的关系。

解:由$\bar{h}_d = 1000/K$,图7-4上E点的阻塞密度$K_j = 1000/\bar{h}_d = 1000 \div 8.05 = 124$(辆/km),如假定$\bar{h}_t = 1.5$s,由$\bar{h}_t = 3600/Q$,$C$点的最大通行能力$Q_m = 3600 \div 1.5 = 2400$(辆/h)。$C$点的密度$K_m = \frac{1}{2}K_j = 62$(辆/km),此时的车速$v_m = Q_m/K_m = 2400 \div 62 = 38.7$(km/h)。

点B表示不拥挤情况,由图可知点B的交通量为1800辆/h,密度为30辆/km,车速为60km/h。

点D表示拥挤情况,D点的交通量为1224辆/h,密度为106.6辆/km,车速为11.6km/h。

第四节 车速-交通量的关系

一、数学模型

从前面的论述可知,以车速-密度关系式为基础,不同的车速-密度关系式将产生不同的车速-交通量关系式。若车速-密度模型为直线形,由式(7-3)知$K = K_j\left(1 - \frac{v}{v_f}\right)$,将密度表示式代

入式(7-1),得到:

$$Q = K_j \left(v - \frac{v^2}{v_f} \right) \tag{7-8}$$

二、特征描述

Q 与 v 为二次函数关系,如图 7-5 所示。从图 7-5 曲线可知,车速-交通量曲线具有如下特征:

(1)当车流密度与交通量均较小时,车速可达最大值,即自由流速度 v_f,如图 7-5 中最高点 A;当车流密度增大,交通量也随之增大时,车速逐渐减小,直至达到临界车速 v_m,这时交通量最大,为 C 点。

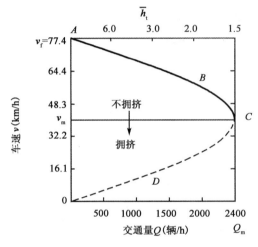

图 7-5 车速-交通量曲线图

(2)当车流密度继续增大时,交通量反而减小,车速也减小,直至达到最大密度 K_j 时形成阻塞,这时车流停驶,交通量与速度均为 0。因此,车速-交通量曲线通过坐标原点。

三、算例

【例 7-2】 已知某公路上自由流速度 $v_f = 80 \text{km/h}$,阻塞密度 $K_j = 100$ 辆/km,车速-密度关系为直线关系。试问:

(1)该路段上期望得到的最大交通量是多少?
(2)此时所对应的车速是多少?

解:(1)因为最大交通量 $Q_m = \dfrac{v_f K_j}{4}$,所以 $Q_m = \dfrac{80 \times 100}{4} = 2000$(辆/h)。

(2)当交通量最大时,车速 $v_m = \dfrac{v_f}{2}, v_m = \dfrac{80}{2} = 40 (\text{km/h})$。

【例 7-3】 对某路上的交通流进行观测,发现车速与密度的关系是对数关系:$v = 40 \times \ln 180/K$,式中车速单位为 km/h,密度单位为辆/km。试问该路段的阻塞密度是多少?车速为何值时交通量最大?

解：车流密度大时，车速-密度关系用式(7-4)表示，即 $v = v_m \ln\left(\dfrac{K_j}{K}\right)$，将 $v = 40 \times \ln 180/K$ 与式(7-4)比较可知，该路段的阻塞密度 $K_j = 180$ 辆/km，车速 $v_m = 40$ km/h 时通过的交通量最大。

【思考题】

1. 交通流三参数间有什么关系？有哪些特征变量？
2. 车速与密度之间的关系模型有哪些？分别适用于描述什么状态下的车速-密度关系？
3. 请阐述交通量和密度之间的相关关系。
4. 请阐述交通量和车速之间的相关关系。

第八章 交通流理论

本章介绍交通流的基本理论,解析交通流的运行机理与规律,培养学生的数学思维与创新意识。

交通流理论是交通工程学的基本理论。其内容涉及交通流的概率统计分布、跟驰理论、排队论、流体力学模拟理论、系统工程和控制论、计算机模拟等。限于篇幅,本章重点介绍交通流概率统计分布、跟驰理论、排队论、流体力学模拟理论部分及其相关应用。

第一节 交通流的概率统计分布

概率统计方法是较早应用于交通流理论的数学方法,它为解决交通中具有随机性现象的问题提供了有效手段。如信号配时设计中,用离散分布描述车辆到达的分布,可预测一个周期内到达的车辆数;在可接受间隙理论中,用连续分布描述车头时距分布,可估计支路的通行能力。本节讨论交通工程领域中常用的几种离散型分布和连续型分布。

一、离散型分布

离散型分布常用于描述一定时间间隔内事件的发生数。如某交叉口引道入口一个周期内到达的车辆数、某路段一年内发生的交通事故数等。交通工程中常用的离散型分布主要有3种:泊松分布、二项分布和负二项分布。

(一)泊松(Poisson)分布

泊松分布的分布函数:

$$P(X = x) = \frac{(\lambda T)^x e^{-\lambda T}}{x!} \quad (x = 0,1,2,\cdots) \tag{8-1}$$

式中:$P(X=x)$——在计数时间 T 内,事件 X 发生 x 次的概率;

λ——单位时间内平均发生的事件次数;

T——计数时间,如一个信号周期;

e——自然对数的底数。

若记 $m = \lambda T$,则 m 为时间 T 内平均发生的事件次数,式(8-1)可写为:

$$P(X = x) = \frac{m^x e^{-m}}{x!} \quad (x = 0,1,2,\cdots) \tag{8-2}$$

如果 X 表示时间 T 内到达的车辆数,则由式(8-2)可计算时间 T 内恰好到达 x 辆车的概率。同样,可计算以下事件发生的概率。

时间 T 内到达车辆数小于 x 辆的概率:

$$P(X < x) = \sum_{i=0}^{x-1} \frac{m^i e^{-m}}{i!} \tag{8-3}$$

时间 T 内到达车辆数小于或等于 x 辆的概率:

$$P(X \leq x) = \sum_{i=0}^{x} \frac{m^i e^{-m}}{i!} \tag{8-4}$$

时间 T 内到达车辆数大于 x 的概率:

$$P(X > x) = 1 - \sum_{i=0}^{x} \frac{m^i e^{-m}}{i!} \tag{8-5}$$

时间 T 内到达车辆数大于或等于 x 的概率:

$$P(X \geq x) = 1 - \sum_{i=0}^{x-1} \frac{m^i e^{-m}}{i!} \tag{8-6}$$

时间 T 内到达车辆数大于 x 但不超过 y 的概率:

$$P(x < X \leq y) = \sum_{i=x+1}^{y} \frac{m^i e^{-m}}{i!} \tag{8-7}$$

由式(8-2)可求得 X 的期望 $E(X)$ 和方差 $\text{Var}(X)$ 分别为:

$$E(X) = \sum_{x=0}^{\infty} x \frac{m^x e^{-m}}{x!} = m \sum_{x=1}^{\infty} \frac{m^{x-1} e^{-m}}{(x-1)!} = m \tag{8-8}$$

$$\text{Var}(X) = \sum_{x=1}^{\infty} (x-m)^2 \frac{m^x e^{-m}}{x!} = m \tag{8-9}$$

在实际应用中,期望 $m = E(X)$ 和方差 $\text{Var}(X)$ 可分别由其样本均值 $\overline{m}$ 和样本方差 S^2 分别进行估计:

$$\overline{m} = \frac{\sum_{i=1}^{n} x_i f_i}{\sum_{i=1}^{n} f_i} = \frac{\sum_{i=1}^{n} x_i f_i}{N} \tag{8-10}$$

$$S^2 = \frac{1}{N-1} \sum_{i=1}^{n} (x_i - m)^2 = \frac{1}{N-1} \sum_{j=1}^{n} (x_j - m)^2 f_j \tag{8-11}$$

式中:n——观测数据分组数;

f_j——观测时间内,事件 X 发生 x_j 次的频率;

N——调查样本数。

由概率论的知识知道,泊松分布的期望 $E(X)$ 和方差 $\mathrm{Var}(X)$ 是相等的,并且,样本均值 $\overline{m}$ 和样本方差 S^2 分别为其无偏估计。因此,当 $\dfrac{S^2}{\overline{m}}$ 显著不等于 1 时,意味着泊松分布拟合不合适,实际应用中,常用此作为能否应用泊松分布拟合观测数据分布的初始判据。

下面给出实际计算中常用的递推式:

当 $x = 0$ 时,

$$P(X = 0) = \mathrm{e}^{-m} \tag{8-12}$$

当 $x \geqslant 1$ 时,

$$P(X = x) = \frac{m}{x} P(X = x - 1) \tag{8-13}$$

在交通工程中,泊松分布最早用于描述一定时间内到达车辆数的分布规律。当交通量不大且没有交通信号干扰时,基本上可用泊松分布拟合观测数据;当交通拥堵时,车辆之间的干扰较大,则应考虑用其他分布。

(二)二项分布

交通工程中,描述计数事件发生次数的另一个常用分布是二项分布。分布函数为:

$$P(X = x) = \mathrm{C}_n^x p^x (1 - p)^{n-x} \quad (x = 0, 1, 2, \cdots) \tag{8-14}$$

式中:C_n^x——$\mathrm{C}_n^x = \dfrac{n!}{x!(n-x)!}$;

p、n——二项分布参数,$0 < p < 1$,n 为正整数。

X 的期望和方差分别为:

$$E(X) = np \tag{8-15}$$
$$\mathrm{Var}(X) = np(1-p) \tag{8-16}$$

由式(8-15)和式(8-16)可得参数 p、n 的一组估计:

$$\hat{p} = \frac{\overline{m} - S^2}{\overline{m}} \tag{8-17}$$

$$\hat{n} = \frac{\overline{m}}{\hat{p}} = \frac{\overline{m}^2}{\overline{m} - S^2} \quad (\text{取整数}) \tag{8-18}$$

式中:$\overline{m}$、S^2——样本均值和样本方差,可由式(8-10)与式(8-11)分别计算得到。

如果用 X 表示给定的时间内到达的车辆数,则由式(8-14)可计算到达车辆数小于 x 的概率:

$$P(X < x) = \sum_{i=0}^{x-1} \mathrm{C}_n^i p^i (1-p)^{n-i} \tag{8-19}$$

同样,可计算到达车辆数大于 x 的概率:

$$P(X > x) = 1 - \sum_{i=0}^{x} \mathrm{C}_n^i p^i (1-p)^{n-i} \tag{8-20}$$

实际计算时,可用下面递推式:

当 $x = 0$ 时,

$$P(X = 0) = (1 - p)^n \tag{8-21}$$

当 $x \geq 1$ 时,

$$P(X = x) = \frac{n - x + 1}{x} \cdot \frac{p}{1 - p} P(X = x - 1) \tag{8-22}$$

由式(8-15)和式(8-16)可得二项分布的一个重要性质:

$$\frac{\text{Var}(X)}{E(X)} = \frac{np(1 - p)}{np} = 1 - p < 1 \tag{8-23}$$

即二项分布方差和期望的比小于1。由于样本均值和方差 $\overline{m}$、S^2 分别为期望和方差的无偏估计,因此,可计算 $\dfrac{S^2}{\overline{m}}$ 值,初步判定能否应用二项分布来拟合观测数据。由式(8-23)可知,当观测数据服从二项分布时,应有 $\dfrac{S^2}{\overline{m}} < 1$。

对于拥挤的交通流,车辆自由行驶机会减少,可考虑采用二项分布描述车辆到达分布。

(三)负二项分布

负二项分布函数为:

$$P(X = x) = C_{x+k-1}^{k-1} p^k (1 - p)^x \quad (x = 0, 1, 2, \cdots) \tag{8-24}$$

式中:p、k——负二项分布参数,$0 < p < 1$,k 为正整数。

X 的期望和方差分别为:

$$E(X) = \frac{k(1 - p)}{p} \tag{8-25}$$

$$\text{Var}(X) = \frac{k(1 - p)}{p^2} \tag{8-26}$$

由式(8-25)和式(8-26)可得参数 p、k 的一组估计:

$$\hat{p} = \frac{\overline{m}}{S^2} \tag{8-27}$$

$$\hat{k} = \frac{\overline{m}^2}{S^2 - \overline{m}} \quad (\text{取整数}) \tag{8-28}$$

式中:$\overline{m}$、S^2——样本均值和样本方差,可由式(8-10)与式(8-11)分别计算得到。

同样,如果用 X 表示给定的时间内到达的车辆数,可计算到达车辆数小于 x 的概率:

$$P(X < x) = \sum_{i=1}^{x} C_{i+k-1}^{k-1} p^k (1 - p)^i \tag{8-29}$$

同理,可计算到达车辆数大于 x 的概率:

$$P(X > x) = 1 - \sum_{i=1}^{x} C_{i+k-1}^{k-1} p^k (1 - p)^i \tag{8-30}$$

下面给出负二项分布的计算递推式:

当 $x = 0$ 时,

$$P(X = 0) = p^k \tag{8-31}$$

当 $x \geq 1$ 时,

$$P(X = x) = \frac{x + k - 1}{x} (1 - p) P(X = x - 1) \tag{8-32}$$

当观测到达车辆数据方差很大时,特别是当计数过程包括高峰期和非高峰期时,交通量变化较大,用负二项分布描述车辆的到达是个很好的选择。当计数间隔较小时,也会出现大流量时段与小流量时段,也可用负二项分布拟合观测数据。此外,由式(8-25)和式(8-26)可知,$\dfrac{\mathrm{Var}(X)}{E(X)} = \dfrac{1}{p} > 1$,因此,当 $\dfrac{S^2}{m} > 1$ 时,可考虑应用负二项分布拟合观测数据。

二、连续型分布

在交通工程中,另一个用于描述车辆到达随机特性的度量就是车头时距的分布。常用的分布主要有4种,即负指数分布、移位的负指数分布、M3分布和爱尔兰分布。

(一)负指数分布

用 H 表示车头时距,则 H 为随机变量。若 H 的分布密度为:

$$f(t) = \lambda \mathrm{e}^{-\lambda t} \tag{8-33}$$

则车头时距服从负指数分布。由式(8-33)可得其分布为:

$$F(t) = 1 - \mathrm{e}^{-\lambda t} \tag{8-34}$$

其意义是车头时距 H 小于 t 的概率。而实际中,工程人员往往关心的是车头时距大于或等于 t 的概率:

$$P(H \geq t) = \mathrm{e}^{-\lambda t} \tag{8-35}$$

由式(8-33)可求得:

$$\lambda = \frac{1}{E(H)} \tag{8-36}$$

即参数 λ 为平均车头时距的倒数。因此,如果用 Q 表示交通量(辆/h),则 $\lambda = Q/3600$(辆/s)。记 $T = 3600/Q = 1/\lambda$,式(8-35)又可写为:

$$P(H \geq t) = \mathrm{e}^{-t/T} \tag{8-37}$$

图8-1、图8-2为不同车头时距大小时的概率曲线。

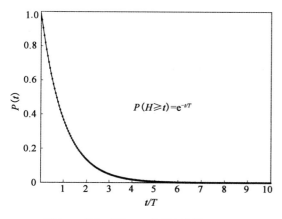

图8-1 车头时距 $H \geq t$ 的概率曲线($T=1$)

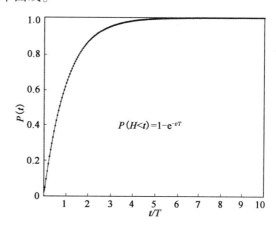

图8-2 车头时距 $H < t$ 的概率曲线($T=1$)

负指数分布广泛地被应用于描述车头时距分布,适用于车流密度不大、车辆到达随机性较大的情况。

有趣的是,当车辆到达服从泊松分布时,车头时距则服从负指数分布;反之结论也成立。

(二)移位的负指数分布

负指数分布拟合单车道交通流车头时距分布时,理论上会得到车头时距在 0 ~ 1.0s 的概率较大这一结论,这与实际情况不符。为了克服负指数分布描述车头时距分布不准确的问题,引入了移位的负指数分布,即假设最小车头时距不应小于一个给定的值 τ。移位的负指数分布函数为:

$$F(t) = 1 - e^{-\lambda(t-\tau)} \quad (t \geq \tau) \tag{8-38}$$

其密度函数为:

$$f(t) = \lambda e^{-\lambda(t-\tau)} \quad (t \geq \tau) \tag{8-39}$$

并且,可求得车头时距期望 $E(H)$ 和方差 $\mathrm{Var}(H)$ 分别为:

$$E(H) = \frac{1}{\lambda} + \tau \tag{8-40}$$

$$\mathrm{Var}(H) = \frac{1}{\lambda^2} \tag{8-41}$$

在式(8-40)和式(8-41)中用车头时距的样本均值和样本方差代替总体分布的均值和方差,求解方程便可得到参数 λ 和 τ 的估计值。另一个简便方法是在式(8-41)中用车头时距的最小观测值估计参数 τ,用样本均值代替总体分布均值求解 λ。

(三)M3 分布

当交通较拥挤时,部分车辆呈车队状态行驶,无论用负指数分布还是移位的负指数分布都不能很好地描述车头时距的统计性质。针对此问题,考恩(Cowan)1975 提出了 M3 分布模型。该模型假设车辆处于两种行驶状态:一部分车辆成车队状态行驶,另一部分车辆按自由流状态行驶。分布函数为:

$$F(t) = \begin{cases} 1 - \alpha\exp[-\lambda(t-\tau)] & (t \geq \tau) \\ 0 & (t < \tau) \end{cases} \tag{8-42}$$

式中:α——按自由流状态行驶车辆所占的比例;

τ——车辆呈车队状态行驶时,车辆之间保持的最小车头时距,s;

λ——$\lambda = \dfrac{\alpha q}{1 - q\tau}$;

q——流量,辆/s。

由概率论知识,容易求得期望 $E(H)$ 和方差 $\mathrm{Var}(H)$ 为:

$$E(H) = \tau + \frac{\alpha}{\lambda} \tag{8-43}$$

$$\mathrm{Var}(H) = \frac{\alpha(2-\alpha)}{\alpha^2} \frac{(1-\tau q)^2}{q^2} \tag{8-44}$$

需要指出的是,即使车辆呈车队行驶时,车头时距也有波动。因此,该模型不能刻画很小的车头时距分布,运用该模型时,往往可根据实际经验确定 τ 值,只要车头时距小于该值即认为车辆呈车队状态行驶。

(四)爱尔兰分布

爱尔兰分布的密度函数为:

$$f(t) = \lambda e^{-\lambda t} \frac{(\lambda t)^{k-1}}{(k-1)!} \quad (k = 1,2,3,\cdots) \tag{8-45}$$

式中:k、λ——参数,k 为正整数。

对于给定的参数 k,式(8-45)对应着一种分布,而随着 k 取不同的值,可以得到不同的分布函数。因此,爱尔兰分布适用范围较广。在交通工程中也常用其来描述车头时距的分布,特别地,当 $k=1$ 时,式(8-45)对应着车头时距为负指数分布的情形,当 $k=\infty$ 时,式(8-45)对应着车头时距为均匀分布的情形。k 值越大,说明交通越拥挤,驾驶员行为的随机程度越小。

实际应用中,参数 k 可由式(8-46)估计:

$$\hat{k} = \frac{\overline{m}^2}{S^2} \tag{8-46}$$

式中:$\overline{m}$——样本均值;
S^2——样本方差。

三、分布的拟合优度检验

(一)拟合优度检验步骤

上面讨论了交通流理论中常用的分布,但在实际应用中,往往很难知道所研究对象的具体分布,而是基于一定的经验假设其服从某一分布。这种假设是否正确可用拟合优度检验方法——χ^2 检验加以验证。需要指出的是,以下讨论是针对随机变量分布完全已知的情况的拟合优度检验问题,但对分布参数未知的情况也给出了相应的说明。χ^2 检验的具体步骤如下:

1. 建立原假设 H_0

原假设 H_0 为随机变量 X 服从完全给定的分布。所谓"完全给定的分布"是指分布的函数形式已知,并且该分布中的参数也已知。

2. 构造统计量

由数理统计理论可知,经验分布在一定条件下可作为概率分布的估计。如果原假设 H_0 成立,则假设的概率分布与经验分布应相差不大。反之,如果被研究对象的经验分布与假设的分布相差甚远,就有理由否定原假设 H_0。设样本在 i 组的频数为 f_i,在原假设成立的条件下,样本"落入"该组区间的概率为 p_i,若观测样本数为 N,则 $N \cdot p_i$ 可认为是样本落入该区间的频数理论值,记为 F_i,称之为理论频数。在原假设成立的条件下,f_i 与 $F_i (i=1,2,\cdots,g)$ 应相差不大。基于上述思想构造统计量:

$$\chi^2 = \sum_{i=1}^{g} \frac{(f_i - F_i)^2}{F_i} = \sum_{i=1}^{g} \frac{f_i^2}{F_i} - N \tag{8-47}$$

3. 确定统计量的临界值

由概率论的知识可知,当样本量 N 足够大时,统计量 χ^2 服从自由度 $DF = g - 1$ 的 χ^2 分布。因此,对给定的显著性水平 $\alpha(0 < \alpha < 1)$,可根据自由度 DF,由 χ^2 分布的分位数表查出临界值 χ_α^2,分位数表见表 8-1。

χ^2 分 布 分 位 数 表 8-1

DF	α			DF	α		
	0.10	0.05	0.01		0.10	0.05	0.01
1	2.706	3.841	6.635	16	23.542	26.296	32.000
2	4.605	5.991	9.210	17	24.769	27.587	33.409
3	6.251	7.815	11.345	18	25.989	28.869	34.805
4	7.779	9.488	13.277	19	27.204	30.144	36.191
5	9.236	11.070	15.086	20	28.412	31.410	37.566
6	10.645	12.596	16.812	21	29.615	32.671	38.932
7	12.017	14.067	18.475	22	30.813	33.924	40.289
8	13.362	15.507	20.090	23	32.007	35.172	41.638
9	14.684	16.919	21.666	24	33.196	36.415	42.980
10	15.987	18.307	23.209	25	34.382	37.652	44.314
11	17.275	19.675	24.725	26	35.563	38.885	45.642
12	18.549	21.026	26.217	27	36.741	40.113	46.963
13	19.812	22.362	27.688	28	37.916	41.337	48.278
14	21.064	23.685	29.141	29	39.087	42.557	49.588
15	22.307	24.996	30.578	30	40.256	43.773	50.892

4. 判断假设是否成立

比较 χ^2 计算值和临界值 χ_α^2,若 $\chi_\alpha^2 \geq \chi^2$,则接受原假设,即认为随机变量 X 服从给定的分布;若 $\chi_\alpha^2 < \chi^2$,则拒绝原假设。

上述讨论了"随机变量 X 服从完全给定的分布"这类问题的假设检验问题。如果只假设随机变量 X 服从某种分布形式,而其分布函数中有未知的参数,则不能直接用上述讨论的方法,此时,可将参数的估计值代入分布,计算各组的理论频数 F_i,然后按式(8-47)计算 χ^2 值。此时,χ^2 统计量的自由度 $DF = g - 1 - l$。其中,l 为分布函数中估计的参数个数。

(二)拟合优度检验的注意事项

应注意的事项如下:
(1) 样本量应足够大。
(2) 对样本分组应连续,并且通常要求分组数 g 不小于 5。

(3) 各组的理论频数 F_i 不得少于5。若某个组的理论频数 F_i 小于5，则将其和相邻的组合并，直至合并后的理论频数大于5为止。

(4) 注意 χ^2 统计量自由度 DF 的确定。对于分布完全已知的情形，自由度等于样本最终的分组数减去1，即 DF = $g-1$；当分布函数中有未知的参数时，按"估计一个参数损失一个自由度"的原则确定自由度，即自由度 DF = $g-1-l$，其中 g 为样本分组数，l 为分布函数中估计的参数个数。

(5) 注意显著性水平 α 的取值。在实际应用中，一般可取 $\alpha = 0.05$。

(三) 算例

【例 8-1】 试用泊松分布拟合到达车辆分布。

在某段公路上，观测到达机动车车辆数，以 5min 为计数间隔，结果如表8-2所示。试求5min内到达车辆数的分布并检验。

车辆到达观测及统计分析结果 表8-2

序号	来车数 x_i	观测频数 f_i	$P(X=x_i)$	理论频数 F_i		$f_i - F_i$	$(f_i - F_i)^2$	$\dfrac{(f_i - F_i)^2}{F_i}$
1	0	3	0.0086	2.83	16.28	0.72	0.5184	0.031843
2	1	14	0.0410	13.45				
3	2	30	0.0974	31.06		-1.06	1.1236	0.036175
4	3	41	0.1544	50.63		-9.63	92.7369	1.831659
5	4	61	0.1834	60.16		0.84	0.7056	0.011729
6	5	69	0.1744	57.19		11.81	139.4761	2.438820
7	6	46	0.1381	45.31		0.69	0.4761	0.010508
8	7	31	0.0938	30.76		0.24	0.0576	0.001873
9	8	22	0.0557	18.28		3.72	13.8384	0.757024
10	9	8	0.0294	4.65	14.43	-3.43	11.7649	0.815308
11	10	2	0.0140	6.59				
12	11	0	0.0060	1.98				
13	≥12	1	0.0038	1.21				
总计		328	1.00	324.10				$\chi^2 = 5.935$

解： 根据表8-2所给出的数据，可知：

观测频数：

$$N = \sum_{i=0}^{12} f_i = 328$$

样本均值：

$$\bar{m} = \frac{\sum_{i=0}^{12} x_i f_i}{\sum_{i=0}^{12} f_i} = \frac{1559}{328} \approx 4.753$$

样本方差:

$$S^2 = \frac{\sum_{i=0}^{12}(x_i - \overline{m})^2 f_i}{N-1} = 4.186$$

可得 $\frac{S^2}{\overline{m}} = \frac{4.186}{4.753} = 0.881$,接近 1.00,可用泊松分布拟合观测数据。拟合过程见表 8-2 第 4～9 列。计算统计量 χ^2:

$$\chi^2 = \sum_{i=0}^{9} \frac{(f_i - F_i)^2}{F_i} = 5.935$$

自由度 DF = 9 - 1 - 1 = 7,查 χ^2 分布的分位数表,有 $\chi_{0.05}^2 = 14.07 > 5.935$。因此,不能拒绝车辆到达数服从泊松分布的假设。

因此,每 5min 时间内到达的车辆数可用泊松分布拟合,分布函数为:

$$P(X = x) = \frac{4.753^x e^{-4.753}}{x!}$$

注:在表 8-2 第 3 列中,组序号为 1 的理论频数小于 5,故把其与第 2 组合并,同理,把第 10、11、12、13 组合并。合并后的组数为 9。由于没有给出泊松分布参数值,因而用样本均值估计参数值,根据"估计一个参数损失一个自由度"的原则,最后确定自由度 DF = 9 - 1 - 1 = 7。

【例 8-2】 试用负指数分布拟合车头时距分布。

在一个信号交叉口引道上连续观测了 206 辆车的车头时距,数据分组整理结果如表 8-3 所示。试用负指数分布拟合观测车头时距分布,并予以检验。

车头时距观测及统计分析结果　　　　表 8-3

车头时距分组 $(a,b]$	区间组中值	观测频数 f_i	$t_i \in (a,b]$ 概率	理论频数 F_i	$f_i - F_i$	$(f_i - F_i)^2$	$\frac{(f_i - F_i)^2}{F_i}$
(0, 1.5]	0.75	16	0.286442	59.0071	-43.0071	1849.6070	31.3455
(1.5, 2.5]	2.00	43	0.143769	29.6164	13.3836	179.1195	6.0480
(2.5, 3.5]	3.00	43	0.114802	23.6492	19.3508	374.4530	15.8336
(3.5, 4.5]	4.00	29	0.091671	18.8843	10.1157	102.3278	5.4187
(4.5, 5.5]	5.00	18	0.073201	15.0794	2.9206	8.5299	0.5657
(5.5, 6.5]	6.00	13	0.058452	12.0411	0.9589	0.9194	0.0764
(6.5, 7.5]	7.00	7	0.046675	9.6151	-2.6151	6.8385	0.7112
(7.5, 8.5]	8.00	9	0.037271	7.6778	1.3222	1.7483	0.2277
(8.5, 9.5]	9.00	18	0.029761	6.1308	11.8692	140.8772	22.9785
(9.5, 12.5]	11.00	4	0.057895	11.9263	-7.9263	62.8263	5.2679
(12.5, 16.5]	14.50	3	0.035638	7.3415	-4.3415	18.8485	2.5674
>16.5	—	3	0.024422	5.0309	-2.0309	4.1247	0.8199
总计		206	1.00	206			91.8604

解：由表 8-3 可求得平均车头时距为 4.447s，由此值估计负指数分布函数中的参数，把其代入分布函数，有 $F(t) = 1 - e^{-t/4.447}$，由此计算：

$$\chi^2 = \sum_{i=0}^{9} \frac{(f_i - F_i)^2}{F_i} = 91.8604$$

观测数据分组数为 12，分布函数中有一个未知参数，所以统计量自由度为 DF = 12 - 1 - 1 = 10，查 χ^2 分布的分位数表，有 $\chi^2_{0.05} = 18.307 < 91.8604$。所以，不能接受车头时距服从负指数分布。

四、统计分布的应用

统计分布在交通工程中有着广泛的应用，这里只给出部分简单的例子来说明统计分布理论如何揭示交通内在的规律。

【例 8-3】 某交叉口信号周期长为 90s，某相位的有效绿灯时间为 45s，在有效绿灯时间内排队车辆以 1200 辆/h 的交通量通过交叉口。假设信号交叉口上游车辆到达率为 400 辆/h，服从泊松分布。求：

(1) 一个周期内到达车辆不超过 10 辆的概率。

(2) 到达车辆不致两次排队的概率。

解：(1) 由于车辆到达率为 400 辆/h，所以一个周期内平均到达车辆数为：

$$m = \frac{400}{3600} \times 90 = 10 (辆)$$

所以，一个周期内到达车辆数 X 不超过 10 辆的概率为：

$$P(X \leq 10) = \sum_{x=0}^{10} 10^x \frac{e^{-10}}{x!} = 0.5830$$

(2) 由于到达车辆只能在有效绿灯时间内离开，所以一个周期能离开最大车辆数为 $1200/3600 \times 45 = 15(辆)$，如果某周期内到达车辆数 X 大于 15 辆，则最后到达的 $X - 15$ 辆车就不能在本周期通过，而要在下个周期通过，以致二次排队。所以，不发生二次排队的概率为：

$$P(X \leq 15) = \sum_{x=0}^{15} 10^x \frac{e^{-10}}{x!} = 0.9513$$

由本例可见，当车辆均匀到达时，则不会出现车辆二次排队的现象，而实际上车辆到达是随机的，导致部分绿灯时间不能完全充分利用，部分周期有可能出现车辆二次排队现象。

【例 8-4】 某交叉口最新的改善措施中，欲在引道入口设置一条左转待转车道，为此需要预测一个周期内到达的左转车辆数。经研究发现，来车符合二项分布，并且每个周期内平均到达 25 辆车，有 20% 的车辆左转。求：

(1) 左转车的 95% 置信度的来车数。

(2) 到达 5 辆车中有 1 辆左转车的概率。

解：(1) 由于每个周期平均来车数为 25 辆，而左转车只占 20%，所以左转车 X 的分布为二项分布：$P(X = x) = C_{25}^x 0.2^x (1 - 0.2)^{25-x}$。因此，置信度为 95% 的来车数 $x_{0.95}$ 应满足：

$$P(X \leq x_{0.95}) = \sum_{i=0}^{x_{0.95}} C_{25}^i p^i (1-p)^{25-i} \leq 0.95$$

计算可得：$P(X \leq 9) \approx 0.928$，$P(X \leq 10) \approx 0.970$。因此，可令 $x_{0.95} = 9$，即左转车的 95% 置

信度的来车数为 9。

（2）由题意可知，到达左转车服从二项分布：
$$P(X=x) = C_5^x 0.2^x (1-0.2)^{5-x}$$
所以：
$$P(X=1) = C_5^1 0.2^1 (1-0.2)^{5-1} = 0.4096$$
即到达 5 辆车中有 1 辆左转车的概率为 0.4096。

【例 8-5】 设有 30 辆车随意分布在 6km 长的道路上，试求其中任意 500m 长的一段路段上，至少有 4 辆车的概率。

解：由题意可知，由于 30 辆车独立而随机地分布在 6km 长的道路上，因此，500m 长路段上所包括的平均车辆数为：$m = \frac{30}{6 \times 1000} \times 500 = 2.5$(辆)，其上的车辆数服从泊松分布：
$$P(X=x) = \frac{2.5^x e^{-2.5}}{x!}$$

并且：$P(X=0) = e^{-2.5} = 0.082$，由递推公式 $P(X=x) = \frac{m}{x}P(X=x-1)$，可求得 $P(X=1) = 0.205$，$P(X=2) = 0.257$，$P(X=3) = 0.214$，$\sum_{x=0}^{3} P(X=x) = 0.758$。

所以，$P(X \geq 4) = 1 - P(X<4) = 1 - \sum_{x=0}^{3} P(X=x) = 1 - 0.758 = 0.242$。故至少有 4 辆车的概率为 0.242。

【例 8-6】 某无信号交叉口，主要道路上的车流量为 Q(辆/h)，次要道路上车辆横穿主路车流所需要的时间为 α(s)，假设主要道路上车头时距服从负指数分布，求次要道路上车辆的平均等待时间。

解：主要道路上车头时距为负指数分布，即分布密度为 $f(t) = \lambda e^{-\lambda t}$，分布函数为 $F(t) = 1 - e^{-\lambda t}$，其中 $\lambda = \frac{Q}{3600}$。

由于只有当主路上车头时距 $H \geq \alpha$ 时，次要道路上的车辆才可以穿越。所以，主路上任意一个间隔可被接受的概率为：
$$P(H \geq \alpha) = e^{-\lambda \alpha}$$
被拒绝的概率为：
$$P(H < \alpha) = 1 - e^{-\lambda \alpha}$$
可求任意一个被拒绝的间隔其分布为 $G(t)$：
$$G(t) = P(H<t/H<\alpha) = \frac{P(H<t, H<\alpha)}{P(H<\alpha)}$$
由概率论的条件概率部分知识，可求得：
$$G(t) = \begin{cases} \frac{F(t)}{F(\alpha)} & (0<t<\alpha) \\ 0 & (\text{其他}) \end{cases} = \begin{cases} \frac{\lambda e^{-\lambda t}}{1-e^{-\lambda \alpha}} & (0<t<\alpha) \\ 0 & (\text{其他}) \end{cases}$$
所以，被拒绝的间隔平均长度为：
$$\bar{h} = \int_0^{\alpha} t \, dG(t) = \frac{e^{\lambda \alpha} - \lambda \alpha - 1}{\lambda e^{\lambda \alpha}(1-e^{-\lambda \alpha})}$$

假设次要道路上的车辆接受了第 $j+1$ 个间隔,则其前 j 个间隔都小于 α,只有第 $j+1$ 个间隔不小于 α。所以,拒绝 j 个间隔的概率为:

$$p_j = [P(H < \alpha)]^j P(H \geq \alpha) = (1 - e^{-\lambda\alpha})^j e^{-\lambda\alpha}$$

所以,拒绝的间隔平均个数为:

$$\bar{n} = \sum_{j=0}^{\infty} jp_j = \sum_{j=0}^{\infty} j(1 - e^{-\lambda\alpha})^j e^{-\lambda\alpha} = \frac{1 - e^{-\lambda\alpha}}{e^{-\lambda\alpha}}$$

车辆等待时间为拒绝的间隔平均个数 $\bar{n}$ 与其平均长度 $\bar{h}$ 的乘积,故等待时间 $\bar{w}$ 为:

$$\bar{w} = \bar{n} \cdot \bar{h} = \frac{1 - e^{-\lambda\alpha}}{e^{-\lambda\alpha}} \frac{e^{\lambda\alpha} - \lambda\alpha - 1}{\lambda e^{\lambda\alpha}(1 - e^{-\lambda\alpha})} = \frac{1}{\lambda}(e^{\lambda\alpha} - \lambda\alpha - 1)$$

第二节 跟驰理论

跟驰理论是运用动力学的方法,研究在无法超车的单一车道上车辆列队行驶时,后车跟随前车行驶状态的一种理论。它用数学模型表达跟驰过程中发生的各种状态。

跟驰模型的研究对于交通安全、交通管理、通行能力、服务水平等方面都有着重要的意义。跟驰理论研究的一个重要目的是通过观察各车辆逐一跟驰的方式来了解单车道交通流的特性。对这种特性的研究曾用于检验管理技术和通信技术,减少追尾碰撞事故,分析交通流稳定性。同时,跟驰特性也可用于对隧道和瓶颈路段车流特性的分析与改进;可以从机理上分析通行能力,定量地给出一些反映驾驶员行驶自由性的指标,定量地描述服务水平。跟驰模型的另一重要应用是进行交通模拟。自 20 世纪 80 年代后期以来,跟驰模型研究基本上都是用来开发交通流仿真模型或是模拟驾驶行为。

一、车辆跟驰特性分析

在道路上,当交通流密度小时,驾驶员能根据自己的驾驶特性和车辆条件、道路条件进行驾驶,而基本不受或少受道路上的其他使用者的影响,通常能保持他们的期望车速,这时的交通流被称为自由流;当交通流密度加大时,车间距较小,车队中车辆的车速会受到前车车速的制约。驾驶员为了避免发生碰撞和节省行车时间,将紧密而安全地按前车的速度发生变化时提供的信息采用相应的车速,这种状态被称为非自由行驶状态。车辆跟驰理论就是研究非自由行驶状态下车队的行驶特性。

非自由行驶状态的逐一跟驰车辆有以下的行驶特性。

(一)制约性

在一队车流中,后车跟随前车运行,出于对旅行时间的考虑,驾驶员总不愿意落后很多,而是紧随前车前进,这是"紧随要求"。从安全的角度考虑,跟驶车辆要满足两个条件:一是后车的车速不能长时间大于前车的车速,只能在前车速度附近摆动,否则会发生碰撞,这是"车速条件";二是前后车之间必须保持一个安全距离,即前车紧急制动时,两车之间有足够的距离,从而有足够的时间供后车驾驶员做出反应,采取制动措施,这是"间距条件"。显然,车速高时,制动距离长,安全距离也应加大。紧随要求、车速条件和间距条件构成了一队车流跟驰行驶的制约性,即前车的车速制约着后车的车速和两车间距。

(二)延迟性

从跟驰车队制约性可知,前车改变运行状态后,后车也要改变。但前后车运行状态的改变不是同步的,而是延迟的。这是由于驾驶员对于前车运行状态的改变要有一个反应的过程,需要一定反应时间。假设反应时间为 T,前车在 t 时刻的动作,后车要经过 T 的时间在 $T+t$ 时刻才能做出相应的动作,这就是延迟性。

(三)传递性

由制约性可知,第一辆车的运行状态制约着第二辆车的运行状态,第二辆车又制约着第三辆车……第 n 辆车制约着第 $n+1$ 辆,这就是传递性。这种传递性由于具有延迟性,所以信息沿车队向后传递不是平滑连续的,而是像脉冲一样。

二、线性跟驰模型

(一)模型描述

跟驰模型是刺激-反应方程的一种形式,反应就是交通流中跟驰车辆驾驶员对直接在它前面运行车辆的反作用。交通流中表征驾驶员反应的是与刺激大小成比例的加速或减速。该模型的基本方程式如下:

$$反应(t+T) = 灵敏度 \times 刺激(t) \tag{8-48}$$

假设跟驰中驾驶员保持后随车与前导车的距离为 $s(t)$,后随车驾驶员的反应时间为 T,该时间是从前车驾驶员开始停车的时刻 t 起直到第二辆车驾驶员开始停车操作止,在反应时间内,车速不变。两车在 t 时刻的相对位置如图 8-3 的上半部所示。n 为前导车,$n+1$ 为后随车。t 时刻,前导车开始制动,两车停止后的相对位置如图中下半部所示。

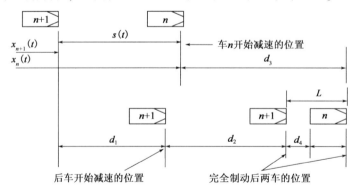

图 8-3 跟驰关系图

L-停止时的车头间距,m;T-后随车驾驶员的反应时间,s;d_1-车辆 $n+1$ 在反应时间 T 内行驶的距离,m;d_2-车辆 $n+1$ 从制动到完全停车所行驶的距离,m;d_3-车辆 n 从制动到完全停车所行驶的距离,m;d_4-两车停车后的安全距离,m;$x_n(t)$-第 n 辆车在 t 时刻的位置,m

因此，在 t 时刻前车突然停车而不发生碰撞，所要求的车头间距为：

$$s(t) = x_n(t) - x_{n+1}(t) = d_1 + d_2 + L - d_3 \tag{8-49}$$

由于车辆的速度为：

$$v(t) = \frac{\mathrm{d}x(t)}{\mathrm{d}t} = \dot{X}(t)$$

加速度为：

$$a(t) = \frac{\mathrm{d}^2 x(t)}{\mathrm{d}t^2} = \ddot{X}(t)$$

代入式(8-49)可得：

$$s(t) = x_n(t) - x_{n+1}(t) = T\dot{X}_{n+1}(t) + \frac{\dot{X}_{n+1}^2(t+T)}{2\ddot{X}_{n+1}(t+T)} + L - \frac{\dot{X}_n^2(t)}{2\ddot{X}_n(t)}$$

式中：$\dot{X}_n(t)$——第 n 辆车在 t 时刻的速度，m/s；

$\ddot{X}_n(t)$——第 n 辆车在 t 时刻的加速度，m/s²。

假定两车停车所需的加速度和距离都相等，即 $d_2 = d_3$，则车头间距为：

$$x_n(t) - x_{n+1}(t) = T\dot{X}_{n+1}(t+T) + L$$

即在反应时间 T 内，后随车所行驶的距离 d_1 加上停车时的车头间距 L。

对上式中的 t 进行微分，则 $\dot{X}_n(t) - \dot{X}_{n+1}(t) = T\ddot{X}_{n+1}(t+T)$，因此，在 $t+T$ 时刻，后车的加速度为：

$$\ddot{X}_{n+1}(t+T) = \frac{1}{T}[\dot{X}_n(t) - \dot{X}_{n+1}(t)] \tag{8-50}$$

式(8-50)是在假定两车停车所需的加速度和距离都相等的情况下推导出来的。实际情况要比假定条件复杂得多，为了适应更一般的情况，可以修改为：

$$\ddot{X}_{n+1}(t+T) = \lambda[\dot{X}_n(t) - \dot{X}_{n+1}(t)] \tag{8-51}$$

式中：λ——反应强度系数，s^{-1}。

这里 λ 不再是简单的敏感度，而是与驾驶员动作的强弱程度直接相关的系数。式(8-51)表明后车的反应与前车的刺激成正比，因此，被称为线性跟驰模型。

(二)模型的稳定性

在研究跟驰特性时，车队车辆的稳定性问题是很重要的。如果驾驶员的特性有改变，或车辆中的机械部件或信号灯有变化，一个重要的工作就是确定系统是否稳定。所谓稳定有两层意思，一是指前后两车之间的距离变化是否稳定，例如车间距的摆动，若摆动大则不稳定，若摆动小则稳定，这称为局部稳定性；另一种是前车向后面各车传播速度的变化，如速度振幅扩大，则不稳定，如振幅逐渐衰弱，则稳定，这称为渐进稳定性。

线性跟驰模型是一个较复杂的二阶微分方程，利用拉普拉斯变换求解该微分方程，可推导出关系式：

$$C = \lambda T \tag{8-52}$$

式中：C——表示车间距摆动特性的参数，该值越大表示车间距的摆动越大；

λ——同前,其值越大,表示反应越强烈;

T——反应时间。

局部稳定:表 8-4 列出了各种 C 值对应的车间距的摆动情况。可以看出,随 C 值的增加,车间距逐渐不稳定。这是因为,对出现的事件反应时间越长,反应越强烈(λ 大,表现在踏加速踏板和制动踏板太重),则在做出反应时,情况可能偏离实际需要。

线性跟驰模型的车间距摆动情况　　　　　　　　　　表 8-4

C 值	车间距摆动情况	C 值	车间距摆动情况
$0 \leqslant C < \dfrac{1}{e}$(即 0.368)	不摆动,基本稳定	$C = \dfrac{\pi}{2}$	非衰减摆动
$\dfrac{1}{e} \leqslant C < \dfrac{\pi}{2}$	衰减摆动	$C > \dfrac{\pi}{2}$	摆动幅度增大

如图 8-4 所示,当 $C = 0.50$ 时,间距值的摆动衰减很快;当 $C = 0.80$ 时,其摆动幅度逐渐减小;当 $C = 1.57$ 时,摆动停止衰减,其间距基本稳定;当 $C = 1.60$ 时,摆动幅度逐渐增大。可见,$C = 1.57 \left(即 \dfrac{\pi}{2}\right)$ 为线性跟驰模型中车头间距从稳定到非稳定的临界值。

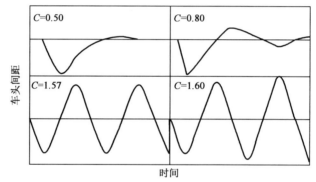

图 8-4　前后相邻两车间的车头间距变化

渐近稳定:对于一列处于跟驰状态的车队,仅当 $C < 0.5$ 时,才是渐近稳定的。与局部稳定相比较,$C = 0.50$ 时,车头间距的摆动衰减很快。头车运行中的扰动是以 $1/\lambda$ 的速率沿车队向后传播的。当 $C > 0.50$ 时,将以增大变动幅度传播,增大了车辆间的干扰,当干扰的幅度增大到使车间距小于一个车长时,则发生追尾事故。图 8-5 显示了一列有 8 辆车的车队,在不

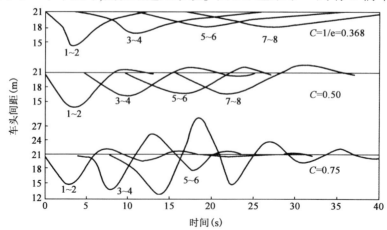

图 8-5　不同 C 值时车队内的车头间距变化

同的 C 值时的车头间距(车辆间初始间距为 21m,当头车减速后又加速到原来的速度,图中曲线的变化表示扰动沿各车向后传播的情况)。

(三)算例

【**例 8-7**】 在交通信号前等候的两辆车的车头间距为 7.5m,驾驶员反应时间 T 取 1.0s,且灵敏度 λ 为 $1.0s^{-1}$。当绿灯启亮时,第一辆车即以 9m/s 的速度向前行驶(这是为了使计算简单而做的一个实际上不可能的假设)。试描述交通的稳定性。

解:根据已知条件,线性跟驰模型式(8-51)可以写为:

$$\ddot{X}_2(t+1) = \dot{X}_1(t) - \dot{X}_2(t)$$

由于直接求解上式的解析解是很困难的,所以可求其近似解。假定每段时间间隔 $\Delta t = 1s$,且在 Δt 内加速是均匀的,即等于该段时间的头、尾加速度的平均值。若测量的距离都以停车线作为起点,则速度 $\dot{X}_2(t)$ 和位移 $X_2(t)$ 的方程如下:

$$\dot{X}_2(t) = \dot{X}_2(t-\Delta t) + \frac{1}{2}[\ddot{X}_2(t-\Delta t) + \ddot{X}_2(t)]\Delta t$$

$$X_2(t) = X_2(t-\Delta t) + \dot{X}_2(t-\Delta t)\Delta t + \frac{1}{2}[\ddot{X}_2(t-\Delta t) + \ddot{X}_2(t)]\frac{\Delta t^2}{2}$$

$$= X_2(t-\Delta t) + \frac{1}{2}[\dot{X}_2(t-\Delta t) + \dot{X}_2(t)]\Delta t$$

这三个方程的数值解见表 8-5,由表中两车的间距值 $X_1 - X_2$,可以清楚地看到车头间距的变化过程:在跟随前车的过程中,绿灯启亮后跟随车先是滞后,在第 5s 做急冲,经过 8s 后,除了在速度和间距上有些小的调整外,基本上缓和下来,以大约 16.5m 的车头间距连续跟驰下去。

车辆跟驰计算结果　　　　　　　　　　　　　　　　　　　表 8-5

时间(s)	$\dot{X}_1$ (m/s)	$\ddot{X}_2$ (m/s²)	$\dot{X}_2$ (m/s)	$\dot{X}_1 - \dot{X}_2$ (m/s)	X_1 (m)	X_2 (m)	$X_1 - X_2$ (m)
0	9	0	0	9	0	−7.50	7.50
1	9	9	0	9	9	−7.50	16.50
2	9	9	9	0	18	−3.00	21.00
3	9	0	13.500	−4.500	27	8.25	18.75
4	9	−4.500	11.250	−2.250	36	20.64	15.36
5	9	−2.250	7.875	1.125	45	30.18	14.82
6	9	1.125	7.313	1.687	54	37.77	16.23
7	9	1.688	8.719	0.281	63	45.81	17.19
8	9	0.281	9.704	−0.704	72	55.02	16.98
9	9	−0.704	9.492	−0.492	81	64.62	16.38
10	9	−0.492	8.894	0.106	90	73.80	16.20

续上表

时间(s)	$\dot{X}_1$ (m/s)	$\ddot{X}_2$ (m/s²)	$\dot{X}_2$ (m/s)	$\dot{X}_1 - \dot{X}_2$ (m/s)	X_1 (m)	X_2 (m)	$X_1 - X_2$ (m)
11	9	0.106	8.701	0.299	99	85.59	13.41
12	9	0.299	8.903	0.097	108	91.41	16.59
13	9	0.097	9.103	-0.103	117	100.41	16.59
14	9	-0.103	9.100	-0.100	126	109.50	16.50
15	9	-0.097	8.999	0.001	135	118.52	16.48
16	9	0.002	8.949	0.051	144	127.53	16.47
17	9	0.051	8.975	0.025	153	136.50	16.50
18	9	0.025	9.014	-0.014	162	145.47	16.53
19	9	-0.014	9.192	-0.192	171	154.50	16.50
20	9	-0.019	9.003	-0.003	180	163.50	16.50

(四)从跟驰理论到交通流模型

线性跟驰模型的特点是简便和对稳定性分析的敏感性强,但它明显的缺点是后车的反应(加速度)仅考虑了两车相对速度的影响,而未考虑车间距。1959 年,盖齐斯等提出灵敏度系数 λ 与车头间距成反比例关系,得到非线性跟驰模型:

$$\ddot{X}_{n+1}(t+T) = \frac{\alpha}{X_n(t) - X_{n+1}(t)}[\dot{X}_n(t) - \dot{X}_{n+1}(t)] \tag{8-53}$$

式中:α——常数,km/h,$\alpha = v_m = v_f/2$;

v_m——临界速度,km/h;

v_f——自由流速度,km/h。

表 8-6 列举了参数 α 的试验结果。

非线性跟驰模型 α 的试验结果　　　　表 8-6

试 验 地 点	驾驶员数量(人)	α(km/h)	反应时间 T(s)
通用公司试验跑道	8	44.1	1.5
荷兰隧道	10	29.3	1.4
林肯隧道	16	32.7	1.2

在非线性跟驰模型的发展过程中,很多人根据不同的假设提出了不同的模型。在 1961 年,盖齐斯又提出了跟驰模型的一般公式:

$$\ddot{X}_{n+1}(t+T) = \alpha \frac{\dot{X}_{n+1}^m(t+T)}{[X_n(t) - X_{n+1}(t)]^l}[\dot{X}_n(t) - \dot{X}_{n+1}(t)] \tag{8-54}$$

式中:$\alpha \frac{\dot{X}_{n+1}^m(t+T)}{[X_n(t) - X_{n+1}(t)]^l}$——灵敏度,$s^{-1}$;

m、l——常数。

假设在某车流中,头车以恒定速度 v 前进,而各跟随车辆以同样的速度行进,与前一辆车的间距由驾驶员的感觉和驾驶员对安全跟随距离的判断来决定。车队沿车行道以稳定状态行驶,对此可以观测流率 q、密度 K 及速度 v。盖齐斯证明:从微观的跟驰理论建立运动规律,通过积分运算可得到宏观的交通流方程。盖齐斯等利用实测交通流数据,对 m 和 l 值的各种组合下的稳定交通流状态进行了综合讨论(表8-7),建立了一组交通流微观跟驰模型和宏观模型之间的对应关系。

微观跟驰模型与宏观交通流模型对应表　　　　表8-7

l	$m=0$	宏 观 模 型
0	$q = \alpha(1 - K/K_j), \alpha = q_m$	线性模型
1	$q = \alpha K \ln(K_j/K), \alpha = v_m$	对数模型
3/2	$q = \alpha K [1 - (K/K_j)^{1/2}], \alpha = v_f$	德留模型
2	$q = \alpha K(1 - K/K_j), \alpha = v_f$	格林希尔兹模型
l	$m=1$	宏 观 模 型
2	$q = \alpha K e^{-(K/K_m)}, \alpha = v_f$	伊迪模型
3	$q = \alpha K e^{-\frac{1}{2}(K/K_m)^2}, \alpha = v_f$	钟形模型

第三节　排　队　论

排队论又称随机服务系统理论,是研究系统由于随机因素的干扰而出现排队(或阻塞)现象规律性的一种理论。排队论源于20世纪初的电话服务理论研究,第二次世界大战以后,排队论应用于很多领域。在交通工程中,排队论被广泛用于车辆延误、通行能力、信号灯配时以及停车场、收费亭、加油站等交通设施的设计与管理等方面的研究中。

排队论内容丰富,应用很广,本节主要介绍排队论的基本方法及其在交通工程中的某些应用。排队论应用到交通工程中时,其中的术语被赋予了具体的含义,这里仍然保留了排队论中的术语。

一、基本概念

(一)概述

实际生活中,到处可以见到排队现象,如车辆排队通过交叉口、汽车在加油站排队加油、船舶排队停靠码头等,均可类比为顾客与服务窗之间的一种服务关系,可用框图表示这类排队过程,如图8-6所示。没有被服务而依次自成行列等候的顾客构成了队列。而对整个系统而言,系统中的顾客既包括排队等候服务的顾客,也包括正在接受服务的顾客。

图8-6　排队模型框图

（二）排队系统

一个排队系统一般有三个组成部分，即输入过程、排队规则和服务窗。

（1）输入过程就是指各种类型的"顾客"（车辆或行人）按怎样的规律到达。如：

确定型输入——顾客有规则地等距到达。

泊松输入——顾客到达符合泊松分布。

爱尔兰输入——顾客到达时间间隔服从爱尔兰分布。

（2）排队规则就是指到来的顾客按怎样的次序接受服务。主要有三种方式：

损失制——顾客到达系统时，若所有服务窗均被占用，该顾客就随即离去。

等待制——顾客到达时，若发现所有服务窗都忙着，就排队等候服务。服务规则有先到先服务即按到达次序接受服务，也有优先服务（如救护车、警车、消防车等优先通过）。

混合制——是损失制和等待制混合组成的排队系统。顾客到达时，若队长小于 L，顾客就加入排队队伍；若队长等于或大于 L，顾客就离去。

日常中，我们经常遇到的是先到先服务的等待制系统。

（3）服务窗就是指同一时刻有多少服务设施可接纳顾客，为每一顾客服务多少时间。系统可以没有服务窗，也可以有一个或多个服务窗。

一个服务窗可以为单个顾客服务或为成批顾客服务。例如公共汽车一次可装载大批乘客。

服务时间分为：

确定型分布——顾客的服务时间都是相同的，为一个常数。

负指数分布——顾客的服务时间相互独立，服从负指数分布。

爱尔兰分布——顾客的服务时间相互独立，服从爱尔兰分布。

引入以下记号：M 代表负指数分布或泊松输入，D 代表确定型输入或服务。于是泊松输入、负指数服务、N 个服务窗的排队系统可以记为 $M/M/N$；泊松输入、确定型服务、单个服务窗的排队系统可以写成 $M/D/1$。对于其他系统可以同样理解，如果不附加说明，则这种记号一般表示先到先服务的等待制系统。

（三）排队系统运行指标

（1）服务率：单位时间内服务的顾客平均数。

（2）交通强度：单位时间内被服务的顾客数和请求服务顾客数之比。

（3）系统排队长度：可分为系统内的顾客数和排队等待服务的顾客数。常用于描述系统的状态。

（4）等待时间：从顾客到达时起到开始接受服务时止的这段时间。如车辆在交叉口入口引道上的排队时间。

（5）忙期：即服务台连续繁忙的时间长度。

二、$M/M/1$ 系统

$M/M/1$ 排队系统中，排队等待接受服务的通道只有一条，因此，也叫"单通道服务"系统。

设顾客平均到达率为 λ，则两次到达之间的平均时间间隔为 $\dfrac{1}{\lambda}$。假设从单通道接受服务后出来的输出率（即系统的服务率）为 μ，则平均服务时间为 $\frac{1}{\mu}$。比率 $\rho = \frac{\lambda}{\mu}$ 即为交通强度或利用系数。如 $\rho < 1$，则每个状态都会按一定的概率反复出现。如 $\rho \geq 1$，则排队长度会越来越长，系统状态是不稳定的。因此，只有 $\rho < 1$，即 $\lambda < \mu$ 时，系统才可以保持稳定，通道内的排队顾客才能够消散。

下面不加证明地给出 $M/M/1$ 系统常用的一些计算公式。

系统中没有顾客的概率：

$$P(0) = 1 - \rho \tag{8-55}$$

系统中有 n 个顾客的概率：

$$P(n) = \rho^n(1-\rho) = \rho^n P(0) \tag{8-56}$$

排队系统中顾客的平均数：

$$\bar{n} = \frac{\rho}{1-\rho} \tag{8-57}$$

排队系统中顾客数的方差：

$$\sigma^2 = \frac{\rho}{(1-\rho)^2} \tag{8-58}$$

平均排队长度：

$$\bar{q} = \frac{\rho^2}{1-\rho} = \rho\bar{n} \tag{8-59}$$

顾客的平均数 $\bar{n}$ 和顾客数的方差 σ^2 与 ρ 的关系，可由图 8-7 与图 8-8 看出，当交通强度 $\rho > 0.8$ 时，平均排队顾客数（最少算出平均排队长度）和方差迅速增加，即系统不稳定性增强。

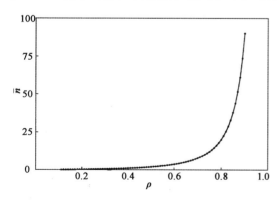

图 8-7 顾客平均数 $\bar{n}$ 和交通强度 ρ 的关系

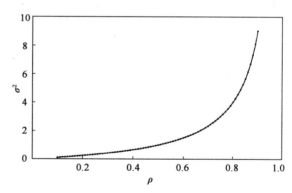

图 8-8 顾客数方差 σ^2 和交通强度 ρ 的关系

平均非零排队长度：

$$\bar{E} = \frac{1}{1-\rho} \tag{8-60}$$

排队系统中的平均消耗时间：

$$d = \frac{1}{\mu - \lambda} \tag{8-61}$$

排队系统中的平均等待时间：

$$\bar{w} = \frac{\lambda}{\mu(\mu - \lambda)} = d - \frac{1}{\mu} \tag{8-62}$$

三、$M/M/N$ 系统

这种排队系统的一个特点是服务通道有 N 条，所以又称为"多通道服务"系统。根据排队方式的不同，又可分为单路排队多通道服务和多路排队多通道服务两种。

单路排队多通道服务是指等候服务的顾客排成一队等待数条通道服务的情况。排队中第一个顾客可视哪个通道有空就到哪里去接受服务，如图 8-9 所示。

多路排队多通道服务是指每个通道的顾客各排一队，每个通道只为其相对应的一队顾客服务，排队顾客不能随意换队，如图 8-10 所示。这种情况相当于 N 个单通道服务系统。

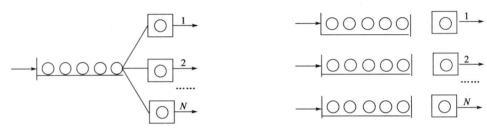

图 8-9　单路排队多通道服务　　　　　图 8-10　多路排队多通道服务

对于单路排队多通道服务系统，系统保持稳定的条件是 $\rho/N < 1$；而对于多路排队多通道服务系统，则要求每个通道的交通强度小于 1。下面主要针对单路排队多通道服务系统存在的关系式展开讨论。

系统中没有顾客的概率：

$$P(0) = \frac{1}{\sum\limits_{n=0}^{N-1} \frac{\rho^n}{n!} + \frac{\rho^N}{N!(1-\rho/N)}} \tag{8-63}$$

系统中有 n 个顾客的概率：

$$\begin{cases} P(n) = \dfrac{\rho^n}{n!} P(0) & (n \leqslant N) \\ P(n) = \dfrac{\rho^n}{N! N^{n-N}} P(0) & (n > N) \end{cases} \tag{8-64}$$

排队系统中顾客的平均数：

$$\bar{n} = \rho + \frac{P(0)\rho^{N+1}}{N!N} \frac{1}{\left(1 - \dfrac{\rho}{N}\right)^2} \tag{8-65}$$

平均排队长度：

$$\bar{q} = \frac{P(0)\rho^{N+1}}{N!N} \frac{1}{\left(1 - \dfrac{\rho}{N}\right)^2} = \bar{n} - \rho \tag{8-66}$$

排队系统中的平均消耗时间：

$$d = \frac{\mu\left(\frac{\lambda}{\mu}\right)^N P(0)}{(N-1)!(N\mu-\lambda)^2} + \frac{1}{\mu} = \frac{\bar{n}}{\lambda} \quad (8\text{-}67)$$

排队系统中的平均等待时间：

$$\bar{w} = \frac{\mu\left(\frac{\lambda}{\mu}\right)^N P(0)}{(N-1)!(N\mu-\lambda)^2} = \frac{\bar{q}}{\lambda} \quad (8\text{-}68)$$

四、算例

【例 8-8】 一个停车库出口只有一个门,在门口向驾驶员收费并找零钱。假设车辆到达服从泊松分布,参数 λ 为 120 辆/h,收费平均持续时间为 15s,服从指数分布,试求收费空闲的概率、系统中有 n 辆车的概率、系统中的平均车辆数、平均排队长度、平均非零排队长度、系统中的平均消耗时间、系统中的平均等待时间。

解：由题意可知,这是个 $M/M/1$ 系统,并且 $\lambda = 120$ 辆/h, $\mu = 3600 \div 15 = 240$(次/h)。

$$\rho = \frac{\lambda}{\mu} = \frac{120}{240} = 0.5 < 1$$

所以,系统为稳定的。

由式(8-55)可求得系统中没有车辆的概率：

$$P(0) = 1 - \rho = 0.5$$

由式(8-56)可求得系统中有 n 辆车的概率：

$$P(n) = \rho^n(1-\rho) = 0.5^{n+1} = 0.5^n \times 0.5$$

由式(8-57)可求得系统中的平均车辆数：

$$\bar{n} = \frac{\rho}{1-\rho} = 1$$

由式(8-59)可求得平均排队长度：

$$\bar{q} = \frac{\rho^2}{1-\rho} = 0.5(\text{辆})$$

由式(8-60)可求得平均非零排队长度：

$$\bar{E} = \frac{1}{1-\rho} = \frac{1}{1-0.5} = 2(\text{辆})$$

由式(8-61)可求得系统中的平均消耗时间：

$$d = \frac{1}{240-120} = \frac{1}{120}(\text{h}) = 0.5(\text{min})$$

由式(8-62)可求得系统中的平均等待时间：

$$\bar{w} = \frac{\lambda}{\mu(\mu-\lambda)} = \frac{120}{240 \times 120} = \frac{1}{240}(\text{h}) = 0.25(\text{min})$$

【例8-9】 拟修建一个服务能力为120辆/h的停车场,只有一个出入通道。据调查,每小时有72辆车到达,假设车辆到达服从泊松分布,每辆车服务时间服从负指数分布,如果出入通道能容纳5辆车,问是否合适?

解: 这是个 $M/M/1$ 排队系统。由题意可知：

$$\lambda = 72 \text{ 辆/h}$$

$$\mu = 120 \text{ 辆/h}$$

$$\rho = \frac{\lambda}{\mu} = \frac{72}{120} = 0.6 < 1$$

所以,系统为稳定的。并且由式(8-57)可求得系统中的平均车辆数为:

$$\bar{n} = \frac{\rho}{1-\rho} = \frac{0.6}{1-0.6} = 1.5(\text{辆}) < 5(\text{辆})$$

所以,系统中的平均车辆数小于通道的容纳能力,故合适。也可计算系统中车辆数超过5的概率。由式(8-56)可得:

$$P(0) = 1 - 0.6 = 0.4$$
$$P(1) = 0.6 \times (1 - 0.6) = 0.24$$
$$P(2) = 0.6^2 \times (1 - 0.6) = 0.14$$
$$P(3) = 0.6^3 \times (1 - 0.6) = 0.09$$
$$P(4) = 0.6^4 \times (1 - 0.6) = 0.05$$
$$P(5) = 0.6^5 \times (1 - 0.6) = 0.03$$

所以,系统中车辆数超过5辆车的概率为:

$$P(n>5) = 1 - \sum_{n=0}^{5} P(n) = 0.05$$

由计算结果可以看出,系统中车辆数超过5的可能性只有5%,所以该通道的容量是合适的。

【例8-10】 一服务公司停车场,白天车辆到达率为4辆/h,平均每辆车停留在停车场的时间为0.5h。停车场地有五排车位可停放车辆,为了对停车场的管理性能做出评价,试求系统服务指标。(假设车辆到达服从泊松分布,停车时间服从负指数分布)

解: 由题意可知,该系统为 $M/M/N$ 系统,并且 $N=5$,$\lambda=4$ 辆/h,$\mu=\frac{1}{0.5}=2$(辆/h),$\rho=\frac{\lambda}{\mu}=\frac{4}{2}=2$,利用系数 $\frac{\rho}{N}=\frac{2}{5}=0.4<1$。所以,可求得以下指标。

(1) 停车场地空闲的概率:

$$P(0) = \frac{1}{1 + \frac{2}{1!} + \frac{2^2}{2!} + \frac{2^3}{3!} + \frac{2^4}{4!} + \frac{2^5}{5! \times 0.6}} = 0.134328$$

(2) 系统中有 n 辆车的概率:

$$P(n) = \frac{2^n}{n!} \times 0.134328 \quad (n \leq 5)$$

$$P(n) = \frac{2^n}{5!5^{n-5}} \times 0.134328 \quad (n>5)$$

特别地：
$$P(0) = 0.134328$$
$$P(1) = 0.268656$$
$$P(2) = 0.268656$$
$$P(3) = 0.179104$$
$$P(4) = 0.089552$$

(3) 系统中的平均车辆数：
$$\bar{n} = 2.0398 \text{ 辆}$$

(4) 系统中的平均消耗时间：
$$d = 0.50995 \text{h}$$

(5) 系统中的平均等待时间：
$$\bar{w} = 0.00995 \text{h}$$

第四节 流体力学模拟理论

英国学者莱特希尔(Lighthill)和惠瑟姆(Whitham)将交通流比拟为流体流，提出了流体力学模拟理论。该理论运用流体力学的基本原理，模拟流体的连续性方程，建立车流的连续性方程。把车流密度的疏密变化比拟成水波的起伏而抽象为车流波。当车流因道路或交通状况的改变而引起密度的改变时，在车流中产生车流波的传播。通过分析车流波的传播速度，以寻求车流流量、密度和速度之间的关系。因此，该理论又称为车流波动理论。

流体力学模拟理论是一种宏观分析方法。它假定在车流中各个车辆的行驶状态与它前面的车辆完全一样，这是与实际不相符的。尽管如此，该理论在"流"的状态较为明显的场合，如在分析瓶颈路段的车辆拥挤问题时，有其独特的用途。

一、车流连续性方程的建立

假设车流依次通过断面Ⅰ和断面Ⅱ的时间间隔为 dt，两断面的间距为 dx。同时，车流在断面Ⅰ的流量为 q，密度为 k。车流在断面Ⅱ的流出量为 $q+dq$，密度为 $k-dk$。dk 取负号表示车流密度随车流的流出而减少。根据质量守恒定律：

流入量 − 流出量 = 数量上的变化

即：
$$[q - (q+dq)]dt = [k - (k-dk)]dx$$

化简得到：
$$-dqdt = dkdx$$
$$\frac{dk}{dt} + \frac{dq}{dx} = 0 \tag{8-69}$$

又因：
$$q = kv$$
于是：
$$\frac{dk}{dt} + \frac{d(kv)}{dx} = 0 \tag{8-70}$$

该方程表明，车流量随距离而降低时，车流密度则随时间而增大。

同样，还可以用流体力学的理论建立交通流运动方程：
$$\frac{dk}{dx} = -\frac{dv}{dt} \tag{8-71}$$

该方程表明，车流密度增加时，产生减速。

二、车流波动理论

图 8-11 是由八车道路段过渡到六车道路段的半幅平面示意图。由图可以看出，在四车道的路段（即原路段）和三车道的路段（即瓶颈段），车流都是各行其道，井然有序，而在由四车道向三车道过渡的那段路段内，车流出现了拥挤、紊乱，甚至阻塞。这是因为车流在即将进入瓶颈段时会产生一个方向相反的波，就像声波碰到障碍物时的反射，或者管道内的水流突然受阻时的后涌那样。这个波导致在瓶颈段之前的路段，车流出现紊流现象。

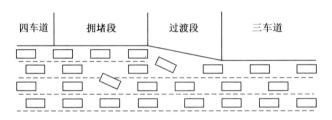

图 8-11 瓶颈处的车流波

（一）基本方程

为讨论方便，取图 8-12 所示的计算图示。假设一分界线 S 将交通流分割为 A、B 两段。A 段的车流速度为 v_1，密度为 k_1；B 段的车流速度为 v_2，密度为 k_2；分界线 S 的移动速度为 v_w，假定沿路线按照所画的箭头 x 正方向运行，速度为正，反之为负。并且：

$v_1 =$ 在 A 区的车辆的区间平均车速

$v_2 =$ 在 B 区的车辆的区间平均车速

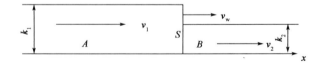

图 8-12 两种密度的车流运行状况

则在时间 t 内横穿 S 分界线的车辆数 N 为：
$$N = k_1[(v_1 - v_w)t] = k_2[(v_2 - v_w)t]$$

即：

$$(v_1 - v_w)k_1 = (v_2 - v_w)k_2 \tag{8-72}$$

$$v_w = \frac{v_1 k_1 - v_2 k_2}{k_1 - k_2} \tag{8-73}$$

令 A、B 两部分的车流量分别为 q_1、q_2，则根据宏观交通流模型 $q = kv$ 可得：

$$q_1 = k_1 v_1$$
$$q_2 = k_2 v_2$$

于是，式(8-73)可写为：

$$v_w = \frac{q_1 - q_2}{k_1 - k_2} \tag{8-74}$$

当 $q_1 > q_2$，$k_1 < k_2$ 时，v_w 为负值，表明波的方向与原车流流向相反。此时在瓶颈过渡段(图8-11)内的车流开始排队，出现阻塞。有时 v_w 可能为正值，表明此时不致发生排队现象，或者是已有的排队开始消散。

若 A、B 两区的车流量与交通密度大致相等，则可以写成：

$$q_1 - q_2 = \Delta q, \quad k_1 - k_2 = \Delta k$$

可得紊流的传播速度为：

$$v_w = \frac{\Delta q}{\Delta k} = \frac{dq}{dk} \tag{8-75}$$

至此，以上分析尚未触及区间平均车速 v_1 及 v_2 与密度 k_1 及 k_2 之间的任何具体关系。如果采用线性的速度与密度的关系式，即：

$$v_i = v_f \left(1 - \frac{k_i}{k_j}\right)$$

再进一步，设：

$$\eta_i = \frac{k_i}{k_j} \tag{8-76}$$

则可得到：

$$v_1 = v_f(1 - \eta_1)$$
$$v_2 = v_f(1 - \eta_2)$$

式中：η_1、η_2——在分界线 S 两侧的标准化密度。

将以上关系代入方程(8-73)，可得波速为：

$$v_w = \frac{v_f(1-\eta_1)k_1 - v_f(1-\eta_2)k_2}{k_1 - k_2} \tag{8-77}$$

由方程(8-76)得到的 η_1 和 η_2 的关系式可用来简化式(8-77)，则利用交通密度不连续分界线 S 两侧的标准化密度可描述波速的大小，即：

$$v_w = v_f[1 - (\eta_1 + \eta_2)] \tag{8-78}$$

(二)交通密度大致相等的情况

分界线 S 两侧的标准化密度 η_1 与 η_2 大致相等的情况如图8-13所示。S 左侧的标准化密

度为 η,而 S 右侧的标准化密度为 $\eta + \eta_0$,这里的 $\eta + \eta_0 \leqslant 1$。在此情况下,设:
$$\eta_1 = \eta, \eta_2 = \eta + \eta_0$$
并且:
$$1 - (\eta_1 + \eta_2) = 1 - (2\eta + \eta_0) \approx 1 - 2\eta$$

式中 η_0 忽略不计。将上式代入式(8-78),则此断续的波就以下列速度传播:
$$v_w = v_f(1 - 2\eta) \tag{8-79}$$

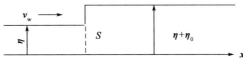

图 8-13 交通密度微小的不连续性

(三)停车产生的波

对于车流的标准化密度为 η_1,以区间平均车速 v_1 行驶的车辆,假定下式成立: $v_1 = v_f(1 - \eta_1)$。在道路上位置 $x = x_0$ 处,因红灯停车,车流立即呈现出饱和的标准化密度 $\eta_2 = 1$。如图 8-14 所示。线 S 左侧,车流仍以原来的密度 η_1 按上式的平均速度继续运行。设 $\eta_1 = \eta_1$, $\eta_2 = 1$,可得到停车产生的波的波速为:
$$v_w = v_f[1 - (\eta_1 + 1)] = -v_f\eta_1 \tag{8-80}$$

上式说明,由于停车产生的波以 $v_f\eta_1$ 的速度向后方传播。如果信号在 $x = x_0$ 处变为红灯,则经过时间 t 以后,一列长度为 $v_f\eta_1 t$ 的车辆就要停在 x_0 之后。

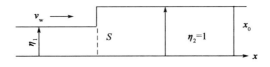

图 8-14 停车产生的波

(四)发车产生的波

现在来讨论一列车辆起动(发车)所产生的波的性质。假定 $t = 0$ 时,一列车已停在位于 $x = x_0$ 处的信号灯后方。因为这列车停止,所以具有饱和密度 $\eta_1 = 1$,如图 8-15 所示。如果在 $t = 0$ 时,$x = x_0$ 处变为绿灯,车辆以速度 v_2 起动,此时,停车一方(S 线左侧)的交通密度仍为饱和密度 $\eta_1 = 1$,而 η_2 可以从 $v_2 = v_f(1 - \eta_2)$ 求得,即:
$$\eta_2 = 1 - \frac{v_2}{v_f}$$
则:
$$v_w = v_f[1 - (1 + \eta_2)] = -v_f\eta_2 = -(v_f - v_2) \tag{8-81}$$

所以,一列车辆起动(发车),就产生发车波,该波从 x_0 处以 $v_f - v_2$ 的速度向后传播。由于发车速度 v_2 一般总是很低,所以可以看作是以 v_f 的速度传播。

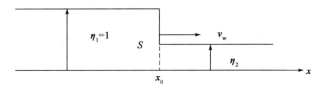

图 8-15 发车产生的波

三、算例

【**例 8-11**】 车流在一条六车道的公路上畅通行驶,其速度 v 为 80km/h。路上有座四车道的桥,每车道的通行能力为 1940 辆/h。高峰时车流量为 4200 辆/h(单向)。在过渡段车速降至 22km/h。这样持续了 1.69h,然后车流量减到 1956 辆/h(单向)。

(1) 试估计 1.69h 内桥前的车辆平均排队长度。
(2) 估计整个过程的阻塞时间。

解:(1) 计算排队长度

桥前高峰时车流量为 4200 辆/h(单向),其 V/C 约为 0.72,交通流能够保持畅通行驶,车道内没有阻塞现象,因此桥前来车的交通流密度 k_1 为:

$$k_1 = \frac{q_1}{v_1} = \frac{4200}{80} = 53(辆/km)$$

在过渡段,由于该处只具有 $1940 \times 2 = 3880$(辆/h)的通行能力,而现在却有 4200 辆/h 的交通需求强度,故在过渡段出现拥挤,过渡段的交通流密度 k_2 为:

$$k_2 = \frac{q_2}{v_2} = \frac{3880}{22} = 177(辆/km)$$

得:

$$v_w = \frac{q_1 - q_2}{k_1 - k_2} = \frac{4200 - 3880}{53 - 177} = -2.58(km/h)$$

表明此处出现排队的反向波,其波速为 2.58km/h。因距离为速度与时间的乘积,且开始时刻排队长度为 0,1.69h 末的排队长度为 2.58×1.69 km,此过程中排队长度均匀变化,故此处的平均排队长度为:

$$L = \frac{0 \times 1.69 + 2.58 \times 1.69}{2} = 2.18(km)$$

(2) 计算阻塞时间

高峰过去后,排队即开始消散,但阻塞仍要维持一段时间。因此阻塞时间为排队形成时间(即高峰时间)与排队消散时间之和。

已知高峰后的车流量 $q_3 = 1956$ 辆/h < 3880 辆/h,表明通行能力已有富余,排队开始消散。

排队车辆数为:

$$(q_1 - q_2) \times 1.69 = (4200 - 3880) \times 1.69 = 541(辆)$$

疏散车辆数为:

$$q_3 - q_2 = 1956 - 3880 = -1924(辆/h)$$

则排队消散时间 t' 为:

$$t' = \frac{(q_1 - q_2) \times 1.69}{|q_3 - q_2|} = \frac{541}{1924} = 0.28(\text{h})$$

阻塞时间 t 为:

$$t = t' + 1.69 = 0.28 + 1.69 = 1.97(\text{h})$$

【思考题】

1. 试分析泊松分布、二项分布、负二项分布的特点是什么？统计特征参数包括哪些？各种分布适用于描述什么样的交通状况？
2. 负指数分布、移位负指数分布、M3 分布的区别与联系是什么？
3. 对某个路段的交通流进行调查，资料如表 8-8 所示。

交通流调查资料　　　　表 8-8

每5min到达车辆数 x_i	0	1	2	3	4	5	6	7	8	9	10	11	≥12
每5min到达车辆数为 x_i 的频数	3	14	30	41	61	69	46	31	22	8	2	0	1

试用 χ^2 检验其分布是否符合泊松分布。

4. 已知某公路断面流量 $q = 720$ 辆/h，试求该断面 5s 内有没有车辆通过的概率（假设车辆到达服从泊松分布）。
5. 已知某无信号交叉口，主要道路上的车流量为 800 辆/h，次要道路上车辆横穿主路车辆所需要的最小车间时距为 6s。假设主要道路上车头时距服从负指数分布，试求次要道路上车辆的平均等待时间。
6. 假设某收费站车辆到达率为 1200 辆/h，该收费站设有两个服务通道，每个服务通道的可服务车辆数为 800 辆/h，试计算收费站空闲的概率、排队的平均长度、排队系统中的平均消耗时间、排队系统中的平均等待时间（假设车辆到达服从泊松分布，服务时间服从负指数分布）。
7. 车辆的跟驰特性有哪些？跟驰特性与交通流的宏观特性有联系吗？为什么？
8. 排队系统的组成要素有哪些？各有哪些类型？
9. 流体力学模型的基本假设是什么？该方法主要可用于哪些分析？

第九章 道路通行能力

本章介绍道路通行能力的概念和计算方法,培养学生的工匠精神与可持续发展观。

第一节 道路通行能力概述

道路通行能力也称道路容量,是指道路的某一断面在单位时间内所能通过的最大车辆数。道路通行能力是道路的一种性能,是度量道路疏导车辆能力的指标,也是道路规划、设计和运营的一项重要参数。研究道路通行能力,有助于科学地解决下面一些问题。

(1)根据交通需求预测以及设计交通量的分析,可以正确地规划道路等级、性质和设计道路的横断面形式,选择适合的交通设施。

(2)通过分析现有道路的交通量,可评价道路在交通高峰期间能够提供的服务水平,还能进一步疏导多少交通量;进而发现道路系统的缺陷,并针对问题提出改建措施。

(3)根据道路通行能力和运营状况分析,可提出各种改进交通管理的措施,更加充分地利用道路的时空资源。

(4)根据居民出行特征和公共交通通行能力分析,可确定在交通高峰期间需要多少公交车辆来满足交通需求,以及公交车站能否满足运营要求,并确定运营过程中可能出现的瓶颈地带。

(5)根据交通需求和行人、自行车通行能力分析,可确定拥挤的街道中人行道、自行车道的布局、宽度等主要技术指标。

进行通行能力分析的主要目的是求出在不同运行质量情况下 1h 所能通行的最大交通量,也就是在指定的交通运行质量条件下所能疏导交通的能力。同时,还要进行运行质量的分析,这样将道路规划、设计及交通管理等与运行质量联系起来,有助于合理地使用道路工程建设资金,并提高道路工程和汽车运输的综合经济效益。

一、道路通行能力相关知识简介

(一)道路通行能力的分类

根据道路通行能力的作用性质,可将其分为三种:

1. 基准通行能力

基准通行能力是指在一定时段,在给定的相对基准的道路、交通、控制和环境条件下,道路的一条车道或一均匀段或一交叉点上,合情合理地期望能通过人或车辆的最大小时流率。

2. 实际通行能力

实际通行能力是指在一定时段,在具体的道路、交通、控制及环境条件下,一条车道或一均匀段或一交叉点上,合情合理地期望能通过人或车辆的最大小时流率。

3. 设计通行能力

设计通行能力是指在一定时段,在具体的道路、交通、控制及环境条件下,一条车道或一均匀段或一交叉点上,对应服务水平的通行能力。

可见,基准通行能力是在相对基准条件下,道路具有的通行能力;而实际通行能力则是在具体条件下,道路具有的通行能力,其值通常小于基准通行能力。设计通行能力则是指在设计道路时,为保持交通流处于良好的运行状况所采用的特定设计服务水平要求的通行能力。

另外,通行能力是"合情合理"的期望数值,同其他交通特征参数一样具有统计特征。对于确定的交通设施而言,在规定时间内能通过的最大车辆数是一个随机数,而所谓的通行能力是指在交通需求充足的高峰期间能反复达到的交通流率。

(二)道路通行能力的时间计算单位、交通量和交通流率

对交通量而言,时间计算单位越大,交通量不均匀性越不明显,越不能很好地反映交通量与运行质量之间的关系。比如,以 1h 为单位统计的交通量变化,就不可能反映不同 15min 的交通量变化。通常,以"h"为单位来计算通行能力和设计交通量。而对于道路通行能力研究则通常采用"15min"作为分析时段,这样能更清楚地研究交通高峰对运行质量的影响。

交通量是在一定时段内实际统计到的通过观测点的车辆数。交通流率是将交通量扩大为某一计时单位的数值。研究认为稳定交通流的最短存在时间为 15min,故观测 15min 的交通量,将 15min 的交通量乘以 4,即扩大为小时流率,用此交通流率而不以小时交通量来计量通行能力。

(三)基准条件

由于影响道路通行能力的因素众多,且各因素之间相互关联,导致道路通行能力的分析比较复杂,因此,目前多采用从基准条件出发,根据不同影响因素进行修正的办法来分析。可见,

基准条件是讨论通行能力的基础,是通行能力分析的出发点。

所谓基准条件,原则上是指交通运行相对理想的条件。具体内容包括道路条件、交通条件、控制条件和交通环境。

(1)道路条件主要是指道路的几何特征。包括车道数,车道、路肩和中央带等的宽度,侧向净宽,设计速度,平、纵线形指标和视距等。

(2)交通条件是指交通特征。包括交通流中的选用交通组成比例和跟驰条件,以及车道的位置。

(3)控制条件是指交通控制设施的形式及特定设计和交通规则。

(4)交通环境主要是指横向干扰程度以及交通秩序等。

(四)车辆折算系数和折算交通量

1.车辆折算系数

由于现实的交通组成千差万别,在分析计算通行能力和服务水平时,需要将实际或预测的交通组成中各类车辆交通量换算成标准车当量,这就要用到车辆折算系数。车辆折算系数的定义是:在通行能力方面,某类车辆的一辆车等于标准车辆的车辆数。《公路工程技术标准》(JTG B01—2014)中的车辆折算系数如表9-1所示。

各级公路通用的车辆折算系数　　　　表9-1

汽车代表车型	车辆折算系数	说　　明
小客车	1.0	座位≤19 座的客车和载质量≤2t 的货车
中型车	1.5	座位>19 座的客车和2t<载质量≤7t 的货车
大型车	2.5	7t<载质量≤20t 的货车
汽车列车	4.0	载质量>20t 的货车

2.折算交通量

也称当量交通量(Passenger Car Unit,PCU)。就是将总交通量中各类车辆交通量折算成标准车型交通量之和,其计算式如下:

$$V_e = V \sum P_i E_i \tag{9-1}$$

式中:V_e——当量交通量,pcu;

V——总的自然交通量,辆;

P_i——第 i 类车交通量占总交通量的百分比,%;

E_i——第 i 类车的车辆折算系数。

(五)道路通行能力的主要影响因素及其对通行能力的修正系数

道路通行能力的主要影响因素包括道路条件、交通条件、控制条件、交通环境以及人为的度量标准。道路各组成部分的主要影响因素及其对通行能力的修正系数参见本章有关内容。

另外,需要说明的是,路面使用质量尤其是平整度的大小对通行能力有较大的影响;天气条件尤其是雨、雪、雾以及台风等对特定地区道路的通行能力存在较大的影响。但路面使用质量及天气的影响程度变化范围很大,且不易定量表示,故在主要影响因素中没有涉及路面使用质量及天气这两种影响因素。本章中通行能力和服务水平的各种关系及参数值均是在路面使用质量良好及天气正常情况下得出的。

(六)道路设施的种类

根据车辆运行特征,交通流可分为连续性交通流(简称连续流)和间断性交通流(简称间断流)。连续流的道路上没有交通信号等固定因素从外部来导致交通流的中断,交通流状况是交通流内部车辆之间相互作用和影响及道路几何构造、环境条件等对车辆作用和影响的结果。间断流道路的通行能力不仅受到几何构造等条件的限制,而且还受到交通流利用道路的有效时间的限制。连续流道路的通行能力则与时间利用效率无关。一般来讲,当从外部导致交通流周期性中断或显著减慢的信号相距超过 3.2km 时,其间的交通流就可以认为是连续流。常见的道路设施种类见表 9-2。

道路设施种类汇总　　　　　　　　表 9-2

连续流交通设施	间断流交通设施
高速公路基本路段; 不控制进入的多车道公路路段; 不控制进入的双车道公路路段; 混合交通双车道公路路段	信号控制的平面交叉口; 无信号控制的平面交叉口; 市区及近郊干线道路

由于以上各种道路设施形式的交通运行特性存在明显的差别,且衡量各自运行特性所采用的特征指标和通行能力分析方法也各不相同,所以表 9-2 中的道路设施形式都需要分别进行通行能力和服务水平分析。

二、服务水平概述

(一)服务水平的定义

道路通行能力的分析往往是和服务水平的分析紧密结合在一起的。服务水平是衡量交通流运行条件以及驾驶员和乘客所感受的服务质量的一项指标,通常根据交通量、速度、行驶时间、驾驶自由度、交通间断、舒适性和方便性等指标确定服务水平。服务水平反映了道路在某种交通条件下所提供运行服务的质量水平。需要指出的是,安全性并不包括在服务水平的影响因素之列。

(二)服务水平分级及运行质量描述

在达到最大交通量之前,交通量越大,交通密度也越大,而车速越低,运行质量也就越差,即服务水平越低。达到最大交通量之后,交通量不再增加,其间运行质量越低,交通量也越低,交通密度越大,直至车速及交通量均下降至 0 为止。HCM 中的高速公路的速度-流量关系如图 9-1 所示。

HCM 将服务水平分为 A~F 六级,对于连续流的道路设施,各级服务水平的一般描述如下:

(1)服务水平 A:交通量很小,车流为自由流,使用者不受或基本不受交通流中其他车辆的影响,驾驶自由度大,可自由地选择所期望的速度,为驾驶员和乘客提供的舒适便利程度极高。

(2)服务水平B:流量较服务水平A有所增加,车流处于稳定流的较好部分。在交通流中,开始易受其他车辆的影响,选择速度的自由度相对来说还不受影响,驾驶自由度比服务水平A稍有下降。由于其他车辆开始对少数驾驶员的驾驶行为产生影响,所提供的舒适和便利程度较服务水平A低一些。

(3)服务水平C:流量大于服务水平B下的流量,车流处在稳定流范围的中间部分,但车辆间的相互影响变大,选择速度受到其他车辆的影响,驾驶时需相当留心其他车辆,舒适和便利程度有明显下降。

(4)服务水平D:流量进一步增大,车流处在稳定交通流的较差部分。速度和驾驶自由度受到严格约束,舒适和便利程度低下。当接近这一服务水平下限时,流量有少量增加就会导致运行出现问题。

(5)服务水平E:车流常处于不稳定流状态,接近或达到最大流量时,如果流量有小的增加,或交通流内部有小的扰动就将产生大的运行问题,甚至发生交通中断。该服务水平下限时的最大流量即为基准通行能力(对基准条件而言)或实际通行能力(对实际道路而言)。

(6)服务水平F:车流处于强制流状态,车辆经常排成队,跟着前面的车辆停停走走,极不稳定。在该服务水平中,流量与速度同时由大变小,直到0为止,而交通密度则随流量的减少而增大。

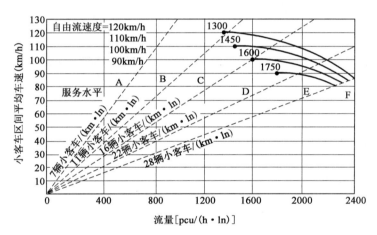

图9-1 基准条件下高速公路速度-流量的关系(HCM)

(三)最大服务交通量

服务交通量是该级服务水平中最大的交通量,故称最大服务交通量(Maximum Service Volume,MSV)。最大服务交通量反映的是在某一特定服务水平下道路所能提供的疏导交通的最大能力。

(四)设计服务水平等级

为保证道路在具备较好的运行质量的同时,又不至于浪费道路设施的资源,通常设计道路时不采用实际通行能力,而采用设计服务水平等级对应的最大服务交通量。我国规定的设计服务水平等级如下:

(1)高速公路、一级公路采用三级服务水平设计。但一级公路用作集散公路时,可采用四级服务水平设计。

(2)二级公路、三级公路均采用四级服务水平设计。

(3)长隧道及特长隧道路段、非机动车及行人密集路段、互通式立体交叉的分合流区段以及交织区段,设计服务水平可降低一级。

第二节　高速公路通行能力

一、高速公路及其组成

高速公路是自成系统的一种公路形式,它一般由高速公路基本路段、交织区和匝道三部分组成,包括匝道-主线连接处及匝道-相连公路连接处。

其中,高速公路基本路段是指不受匝道附近的合流、分流以及交织流影响的高速公路路段部分,其位置如图9-2所示。具体讲,是指驶入匝道-主线连接处上游150m至下游760m以外、驶出匝道-主线连接处上游760m至下游150m以外,以及表示交织区开始的汇合点上游150m至表示交织区终端的分离点下游150m以外的主线路段。

图9-2　高速公路基本路段位置示意图

二、高速公路基本路段通行能力

(一)一条车道的基准通行能力

基准通行能力是指在基准的道路与交通条件下,车辆以连续流形式通过时的通行能力。对于高速公路基本路段,基准条件包括:

(1)车道宽度大于或等于3.75m。

(2)侧向净空大于或等于1.75m。

(3)交通组成全部为小客车。

(4)驾驶员均为熟悉高速公路几何线形,且驾驶技术熟练、遵守交通法规的驾驶员。

高速公路基本路段通行能力分析的基本思路是先从基准条件下通行能力分析开始,再按照实际道路条件、交通条件对基准通行能力进行折减得到实际通行能力。在通行能力的理论分析过程中,通常以时间度量的车头时距$\bar{h}_t$和空间距离度量的车头间距$\bar{h}_s$为基础,推导通行能力的理论分析模型,包括基于车头时距的基准通行能力模型和基于车头间距的基准通行能力模型。

1. 基于车头时距的基准通行能力模型

通过对道路中饱和的连续车流的车头时距进行观测,按照式(9-2)可计算基准通行能力:

$$C = \frac{3600}{\bar{h}_t} \tag{9-2}$$

式中：C——基准通行能力，pcu/(h·ln)；

　　　$\bar{h}_t$——平均最小车头时距，s。

2. 基于车头间距的基准通行能力模型

出于驾驶安全的需要，道路上行驶的车辆间距不能小于一个最小距离。基于此，可得到基于车头间距的基准通行能力：

$$C = \frac{1000v}{\bar{h}_s} \tag{9-3}$$

式中：v——交通流速度，m/s；

　　　$\bar{h}_s$——平均最小车头间距，m。

在不同的假设条件下，研究人员给出了多种计算平均最小车头间距的方法。其中最经典的车头间距模型的基本形式为式(9-4)：

$$h_s = d_1 + d_2 + d_4 + L - d_3 \tag{9-4}$$

式中：d_1——后随车在反应时间内行驶的距离，m；

　　　d_2——后随车在制动期间行驶的距离，m；

　　　d_3——前导车的制动距离，m；

　　　L——前导车的车长，m；

　　　d_4——停车后的安全距离，m。

(1) 等制动距离模型

令反应距离 $d_1 = vt$，前导车与后随车的制动距离和速度都一样，即 $d_2 = d_3$，式(9-3)可以简化为：

$$C = \frac{1000v}{vt + d_4 + L} \tag{9-5}$$

式中：t——平均最短反应时间，s；

　　　v——车辆速度，m/s；

　　　其余符号意义同前。

由于驾驶员的平均最短反应时间通常小于 2s，远小于 v 的系数 1000，所以在有效的速度范围内，C 是关于速度 v 的单调增函数，也就是说通行能力随着速度的增大而不断增大，这与实际道路中的交通流变化规律有出入。

(2) 非等制动距离模型

令前后两车制动距离不等，即 $d_2 \neq d_3 \neq 0$，前车为紧急制动车，$d_3 = \frac{v^2}{254\varphi}$，后车为缓慢制动车，$d_2 = \frac{Kv^2}{254\varphi}$，系数 K 与汽车质量在前后轴上的分配比例有关，通常取 1.6，则式(9-3)可以表示为：

$$C = \frac{1000v}{vT + \frac{(K-1)v^2}{254\varphi} + d_4 + L} \tag{9-6}$$

(二)高速公路基本路段服务水平

目前,高速公路基本路段的服务水平是根据交通密度/车道数[pcu/(km·ln)]来划分的。早期,HCM按照速度的大小来划分服务水平,后来发现在相当大的流量范围内,速度可以保持不变(图9-1),也就是说速度对交通量的变化不敏感。因此,又选择交通密度作为高速公路基本路段通行能力的效率指标。我国根据 V/C 值衡量拥挤程度,将服务水平分成六级。各种设计速度的基本路段在基准条件下各级服务水平的 V/C 及最大服务交通量列于表9-3。

高速公路基本路段服务水平分级　　　表9-3

服务水平等级	V/C 值	设计速度(km/h)		
		120	100	80
		最大服务交通量 [pcu/(h·ln)]	最大服务交通量 [pcu/(h·ln)]	最大服务交通量 [pcu/(h·ln)]
一	$V/C \leq 0.35$	750	730	700
二	$0.35 < V/C \leq 0.55$	1200	1150	1100
三	$0.55 < V/C \leq 0.75$	1650	1600	1500
四	$0.75 < V/C \leq 0.90$	1980	1850	1800
五	$0.90 < V/C \leq 1.00$	2200	2100	2000
六	$V/C > 1.00$	0~2200	0~2100	0~2000

注:V/C 是在基准条件下,最大服务交通量与基准通行能力之比。基准通行能力是五级服务水平条件下对应的最大小时交通量。

(三)分析方法

1. 通行能力和服务水平分析基本公式

高速公路是多车道公路,和其他多车道道路一样,由于两个方向的交通运行互不依赖,且两个方向在其前进方向上的线形(其中主要是纵断线形上)是不同的,因此,两个方向车行道的通行能力和服务水平的分析计算是分别进行的。

进行通行能力分析之前,应先掌握最大服务交通量和设计通行能力的计算公式。

(1)最大服务交通量

$$\text{MSV}_i = C \times \left(\frac{V}{C}\right)_i \tag{9-7}$$

式中:MSV_i——第 i 级服务水平的最大服务交通量,pcu/(h·ln);

C——基准通行能力,即基准条件下一车道所能通行的最大交通量,pcu/(h·ln);对于设计速度为120km/h、100km/h和80km/h的高速公路基本路段,其 C 值分别为2200pcu/(h·ln)、2100pcu/(h·ln)和2000pcu/(h·ln);

$\left(\dfrac{V}{C}\right)_i$——第 i 级服务水平下,最大服务交通量与基准通行能力的比值。

(2)单向车行道的实际通行能力

$$C_p = C \times N \times f_w \times f_{HV} \times f_p \tag{9-8}$$

式中：C_p——单向车行道的实际通行能力，pcu/(h·ln)，即在具体条件下所能通行的最大交通量；

　　N——单向车行道的车道数；

　　f_w——车道宽度和侧向净宽对通行能力的修正系数；

　　f_{HV}——大型车对通行能力的修正系数；

　　f_p——驾驶员条件对通行能力的修正系数；

其余符号意义同式(9-5)。

(3) 单向车行道的设计通行能力

$$C_D = \text{MSV}_i \times N \times f_w \times f_{HV} \times f_p = C \times \left(\frac{V}{C}\right)_i \times N \times f_w \times f_{HV} \times f_p \tag{9-9}$$

式中：C_D——单向车行道设计通行能力，即在具体条件下，采用 i 级服务水平时所能通行的最大交通量，pcu/(h·ln)；

其余符号意义同式(9-8)。

2. 通行能力影响因素及其修正系数

(1) 车道宽度及侧向净宽的修正系数 f_w，见表9-4。

车道宽度和侧向净宽修正系数 f_w　　　　　　　　　　　　　　　表9-4

侧向净宽(m)	车道宽度(m)			
	车行道一边有障碍物		车行道两边有障碍物	
	3.75	3.50	3.75	3.50
	有中央分隔带的四车道公路(每边有双车道)			
≥1.75	1.00	0.97	1.00	0.97
1.60	0.99	0.96	0.99	0.96
1.20	0.99	0.96	0.98	0.95
0.90	0.98	0.95	0.96	0.93
0.60	0.97	0.94	0.94	0.91
0.30	0.93	0.90	0.87	0.85
0	0.90	0.87	0.81	0.79
	有中央分隔带的六或八车道公路(每边有三或四车道)			
≥1.75	1.00	0.96	1.00	0.96
1.60	0.99	0.95	0.99	0.95
1.20	0.99	0.95	0.98	0.94
0.90	0.98	0.94	0.97	0.93
0.60	0.97	0.93	0.96	0.92
0.30	0.95	0.92	0.93	0.89
0	0.94	0.91	0.91	0.87

注：1. 当常见的中央带护栏已为广大驾驶员所熟悉，且基本上不影响车辆行驶时，可不作为障碍物。

　　2. 两边侧向净宽不足且不相等时，取两侧向净宽的平均值。

(2)大型车的修正系数 f_{HV}

$$f_{HV} = \frac{1}{1 + P_{HV}(E_{HV} - 1)} \tag{9-10}$$

式中：P_{HV}——大型车交通量占总交通量的百分比，%；

E_{HV}——大型车换算成小客车的车辆折算系数。E_{HV} 取值见表 9-1 和表 9-5。特定纵坡路段上的 E_{HV} 见表 9-6 和表 9-7。

高速公路、一级公路路段车辆折算系数 E_{HV}　　　　　表 9-5

车型	平原微丘	重丘	山岭	说明
大型车	1.7/2.0	2.5/3.0	3.0	斜杠/前数值适用于高速公路，斜杠/后数值适用于一级公路
小客车	1.0	1.0	1.0	

① 当大型车中总质量/功率为 122kg/kW 左右及以下的车辆较多，并成为影响设计通行能力的主要因素时，在特定的坡度-坡长范围内，上坡段中大型车折算系数 E_{HV} 值见表 9-6。

特定上坡路段（122kg/kW）大型车的车辆折算系数 E_{HV}　　　　　表 9-6

坡度(%)	坡长(m)	四车道高速公路	六或八车道高速公路
2	≥1000	3	3
3	400~1000	3	3
	≥1000	4	4
4	<400	3	3
	400~800	4	4
	≥800	5	4
5	<300	4	4
	300~500	5	5
	500~1000	6	5
	≥1000	7	6
6	<300	5	4
	300~500	6	5
	500~1000	7	6
	≥1000	8	7

② 当大型车中总质量/功率为 177kg/kW 左右及以下的车辆较多，并成为影响设计通行能力的主要因素时，在特定的坡度-坡长范围内，上坡段中大型车折算系数 E_{HV} 值见表 9-7。

特定上坡路段（177kg/kW）大型车的车辆折算系数 E_{HV}　　　　　表 9-7

坡度(%)	坡长(m)	四车道高速公路	六或八车道高速公路
2	400~1200	3	3
	≥1200	4	4
3	400~800	4	4
	800~1200	5	4
	≥1200	6	5

续上表

坡度(%)	坡长(m)	四车道高速公路	六或八车道高速公路
4	<400	3	3
	400~800	5	4
	800~1200	6	5
	1200~1600	7	6
	≥1600	8	7
5	<300	4	4
	300~700	6	6
	700~1200	10	8
	≥1200	12	10
6	<300	5	4
	300~600	8	7
	≥600	16	12

(3) 驾驶员条件的修正系数 f_p

驾驶员条件是指驾驶员的技术熟练程度、遵守交通法规的程度,在高速公路上尤其指驾驶员在所研究的高速公路或其相似的路段上的行驶经验及其健康状况。f_p 通常在 0.90~1.00 内取值。

3. 特定纵坡路段分析方法

所谓特定纵坡路段是指单一的坡度-坡长,或者几个上(或下)坡段组合的等效坡度-坡长值符合表 9-6 或表 9-7 中任何一项坡度-坡长值的路段。由于特定纵坡上坡路段中,大型车的车辆折算系数较大,导致当量交通量增大,使该路段成为基本路段上运行质量较差甚至最差的部分。另外,当特定上坡路段的设计小时交通量超过其同向车行道的设计通行能力时,还需要设置爬坡车道。因此,需要对特定纵坡上坡路段进行特别分析。

除此之外,由于纵坡路段在上坡路段和下坡路段的交通特性存在明显的不同,因此,要对特定纵坡的上坡路段和下坡路段分别进行通行能力和服务水平分析。

(1) 特定纵坡上坡段的 E_{HV} 求解方法

特定纵坡段的坡度-坡长范围,以及相应的上坡段大型车折算系数见表 9-6 和表 9-7。

(2) 特定纵坡下坡段的 E_{HV} 求解方法

① 当大型车中以 122kg/kW 左右及以下车辆占主导地位时,坡度-坡长为(3%,≥1000m)、(4%,≥400m)及坡度大于 4% 的所有下坡路段;以及当大型车中以 177kg/kW 左右及以下车辆占主导地位时,坡度-坡长为(2%,≥1200m)、(3%,400m)、(4%,≥400m)及坡度大于 4% 的所有下坡路段(不论单一坡或组合坡段),E_{HV} 可采用同样坡度-坡长上坡段 E_{HV} 值的一半。

② 当坡度-坡长小于①中所述范围时,E_{HV} 可取平原微丘地形中的 E_{HV} 值,见表 9-5。

4. 高速公路基本路段通行能力分析算例

【例 9-1】 已知一四车道高速公路,设计速度为 100km/h,单向高峰小时交通量 V_p = 1800

pcu/h,大型车占40%,车道宽3.50m,侧向净空1.70m,紧挨行车道两边均有障碍物,处于重丘地形。分析其服务水平,求其达到实际通行能力之前还可增加多少交通量。

解:(1)求服务水平

为求服务水平,应该首先计算 V/C。

因 $\dfrac{V}{C} = \dfrac{V_p}{C_p}$,且已知单向高峰小时交通量 V_p,则应根据其他条件,按照式(9-8)计算实际通行能力 $C_p = C \times N \times f_w \times f_{HV} \times f_p$。

由分析路段为双向四车道高速公路,且设计速度为100km/h,查表9-3得基准通行能力 $C = 2100 \text{pcu}/(h \cdot \ln)$。

由车道宽3.50m,侧向净宽1.70m,紧挨行车道两边均有障碍物,查表9-4得 $f_w = 0.97$。

由大型车占40%,分析路段处于重丘地形,查表9-5得 $E_{HV} = 2.5$,按照式(9-10)可得:

$$f_{HV} = \dfrac{1}{1 + 0.4 \times (2.5 - 1)} = 0.625$$

假设驾驶员技术熟练、遵守交通法规,并且熟悉分析路段,身体健康,取 $f_p = 1.0$。

由此可得:

$$\dfrac{V}{C} = \dfrac{V_p}{C_p} = \dfrac{V_p}{C \times N \times f_w \times f_{HV} \times f_p}$$

$$= \dfrac{1800}{2100 \times 2 \times 0.97 \times 0.625 \times 1.0} = 0.71$$

根据 $V/C = 0.71$,查表9-3,确定该公路属三级服务水平。

(2)求算达到实际通行能力前可增加的交通量

按照式(9-8),实际通行能力为:

$$C_p = C \times N \times f_w \times f_{HV} \times f_p$$
$$= 2100 \times 2 \times 0.97 \times 0.625 \times 1.0$$
$$= 2546(\text{pcu/h})$$

达到实际通行能力前可增加的交通量:

$$\Delta V = 2546 - 1800 = 746(\text{pcu/h})$$

三、高速公路交织区通行能力

(一)概述

1. 交织的定义

两股或多股交通流在没有交通控制设施的情况下,沿相同的大方向在相当长的道路路段中运行,其中相交而过的交通流称为交织。

2. 交织区的分类

交织区分简单交织区和多重交织区两类。

简单交织区由一个独立的汇合点接着一个独立的分离点形成,而多重交织区则由一个汇合点接着两个分离点、或由两个汇合点接着一个分离点形成。在多重交织区通行能力和服务水平分析过程中,通常将多重交织区合理拆分为合流区、分流区和简单交织区来分别进行分析。

3. 交织区长度

交织区长度是交织区的重要几何参数,它决定了驾驶员完成所需要的全部车道变换可利用的时间和空间。交织区长度短,用于执行车道变换行为的空间小,则实现换车道行为车辆的密度和交通流的紊乱程度都会增加。

交织区长度是从汇合三角区上一点,即从车道1右边缘至入口(汇合)车道左边缘的距离为0.6m的那一点,至分离三角区车道1右边缘至出口(分离)车道左边缘的距离为3.7m的那一点的距离。具体的交织区长度如图9-3所示。

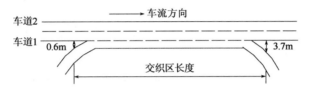

图9-3 交织区长度量测示意图

4. 简单交织区构造形式

由于交织运行中的车道变换对交织区内的交通流状况产生极为不利的影响,因此车道变换是交织区重要的运行特征;而交织过程中,交织车辆变换车道数量的多少又与交织区的几何特征密切相关,而这些几何特征就是交织区的构造形式,它涉及交织区的入口车道、出口车道的数目以及相对位置。

由于我国高速公路的设计标准比较高,所以我国高速公路中几乎不存在交织区,交织区多存在于城市快速路系统。而美国的高速公路由于设计标准与我国不同,且路网密度较高,因此形成多种构造形式的交织区。在 HCM 中,交织区类型由交织车辆在通过交织区所必须进行的最少车道变换数来划分,构造形式分为 A、B、C 型,示意图分别见图9-4～图9-6。

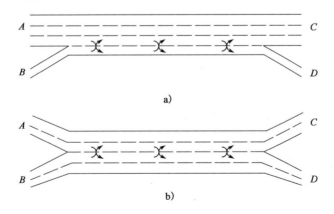

图9-4 A型交织区

注:当两匝道间的辅加车道长度大于610m时,就不作为交织区,而将两匝道作为孤立的分、合流匝道进行处理。

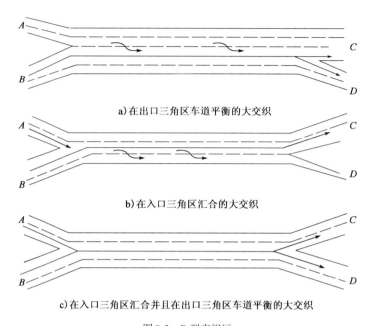

图 9-5 B 型交织区

注：车道平衡是指用于分流的车道数等于到达分流点的车道数加 1。

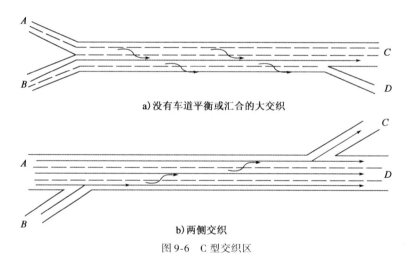

图 9-6 C 型交织区

如图 9-4 所示，构造形式为 A 型的交织区其最大的交通流特征是：每辆交织的车辆至少需要进行 1 次车道变换。

如图 9-5 所示，B 型交织区最大的交通流特征是：交织车流中的一股车流不用变换车道就可以完成交织，另一股车流则需要变换 1 次车道才能完成交织。

如图 9-6 所示，C 型交织区最大的交通流特征是：交织车流中的一股车流不用变换车道就可以完成交织，另一股车流则需要变换 2 次或 2 次以上车道才能完成交织。

5. 交织宽度

交织宽度以交织区的车道数来计量。在交织区中，交织车辆总是希望在能够进行车道变换的车道上运行，而非交织车辆则期望能够远离车道变换的影响，因此，交织车辆与非交织车辆所使用的车道数量和位置对不同形式的交织区有所不同。A、B、C型交织区中,可提供给交织车辆运行的交织宽度如图9-7所示。

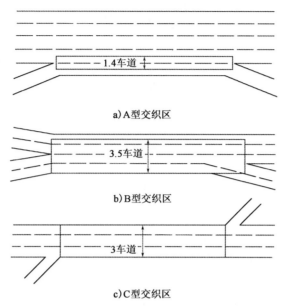

图9-7 各种构造形式的交织宽度示意图

关于交织宽度需要说明的是:

(1)交织宽度不仅与交织运行的车道总数有关,而且还与交织车辆和非交织车辆能够使用这些车道的百分率有关。

(2)A型交织区中交织行为发生在邻接路拱线2车道之中,而这2车道仍然可能保留部分非交织车辆。因此,不论交织区断面包含多少车道,可供交织车辆使用的车道数最多为1.4车道。

(3)由于交织宽度的影响,当A型交织区的长度增加时,交织车速变得很高,交织车辆为了保持这样的车速而需要更多的车道,因此,当交织长度增加时,A型交织区容易发生约束运行;B型和C型与此相反,增加交织区长度对交织车速的影响较A型交织区的影响小(这主要是因为B型和C型交织区中交织车辆和非交织车辆混合行驶),也就不易发生约束运行。

(4)B型交织区对交织车辆使用车道方面没有大的约束。由于交织车辆除了使用"贯行"交织车道及其紧挨的2条车道,还可能部分使用外侧车道,故交织车辆可以使用的车道多至3.5车道。当总交通量中交织交通量的比例较高时,采用形式B能够高效地组织交通。

(5)C型交织区也有一"贯行"的交织车道。由于另一交织流需要变换2条或2条以上车道,使交织车辆无法使用路段外侧的车道,因此交织车辆能使用的车道数不大于3。有一例外就是双侧构造,此型交织区中所有的高速公路车道都是"贯行"车道,可被交织车辆使用。

6. 交织运行状态

交织运行分约束及非约束运行两种状态。在交织区中,交织车辆和非交织车辆通常总是希望能以各自期望的平均行驶速度利用可使用的车道。如果车辆能按照期望的平均速度运行,则该运行状态称为非约束交织运行;如果不能按照期望的平均速度运行,则称为约束交织运行。

7. 影响交织区车辆运行的参数

影响交织区车辆运行的参数见表9-8,其中部分参数的物理意义见图9-8。

影响交织段运行的参数 表9-8

符号	含　义	符号	含　义
L	交织段长度,m	V_w	交织总流率,pcu/h,$V_w = V_{w1} + V_{w2}$
N	交织段内总车道数	V_{nw}	非交织总流率,pcu/h,$V_{nw} = V_{01} + V_{02}$
N_w	当交通流处于非约束状态时,被交织车辆占用的车道数	V_R	流率比(流量比),交织总流率和交织区内总流率的比,$V_R = V_w/V$
N_{wmax}	某构造形式交织区中,交织车辆可以利用的最多车道数	R	交织比,较大的交织流率和交织总流率的比,$R = V_{w1}/V_w$
N_{nw}	非交织车辆占用的车道数	s_w	交织速度,km/h
V	交织区内总流率,pcu/h	s_{nw}	交织区内的非交织速度,km/h
V_{01}	交织区外侧或非交织流中较大的流率,pcu/h	s	交织区内的所有车辆速度,km/h
V_{02}	交织区外侧或非交织流中较小的流率,pcu/h	D	交织区内所有车辆的车流密度,pcu/(km·ln)
V_{w1}	交织流中较大的流率,pcu/h	W_w	计算交织车速的交织强度系数
V_{w2}	交织流中较小的流率,pcu/h	W_{nw}	计算非交织车速的交织强度系数

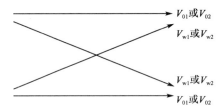

图9-8　影响交织段运行的参数示意图

(二)交织区服务水平

HCM中度量交织区服务水平及划分服务水平等级的关键性参数是交织区的车流密度,其服务水平标准见表9-9。

交织区服务水平标准 表9-9

服务水平	车流密度[pcu/(km·ln)]	
	高速公路交织段	多车道公路和次干道的交织段
A	≤6.0	≤8.0
B	>6.0~12.0	>8.0~15.0
C	>12.0~17.0	>15.0~20.0
D	>17.0~22.0	>20.0~23.0
E	>22.0~27.0	>23.0~25.0
F	>27.0	>25.0

HCM 中交织区服务水平的分析步骤如图 9-9 所示。

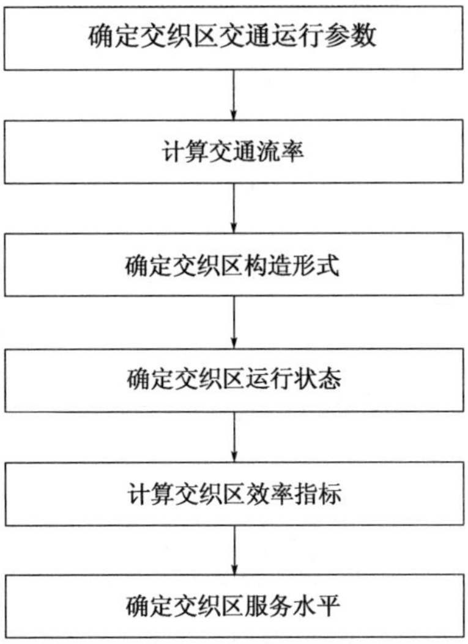

```
确定交织区交通运行参数
        ↓
    计算交通流率
        ↓
   确定交织区构造形式
        ↓
   确定交织区运行状态
        ↓
   计算交织区效率指标
        ↓
   确定交织区服务水平
```

图 9-9 交织区服务水平分析流程图

1. 确定交织区交通运行参数

首先,应确定分析交织区的道路与交通条件。道路条件包括路段长度、车道数、构造形式及坡度条件等。交通条件包括交织流量和非交织流量、交织区上游高速公路基本路段的自由流速度等。

2. 计算交通流率

由于 HCM 中通行能力采用的是高峰 15min 流量折算的流率,因此,在利用其公式计算各特征参数前,应按式(9-11)进行必要的换算。

$$v = \frac{V}{\text{PHF} \times f_{\text{HV}} \times f_{\text{p}}} \tag{9-11}$$

式中:v——高峰小时内 15min 交通量折算的小时流率,pcu/h;

V——小时流量,辆/h;

PHF——15min 高峰小时系数;

f_{HV}——大型车修正系数,根据高速公路基本路段或者多车道公路方法计算;

f_{p}——驾驶员修正系数,根据高速公路基本路段或者多车道公路方法计算。

3. 确定交织区构造形式

由于交织区的形式多种多样,往往在实践过程中很难判断,因此,一般不通过定义来判断,而根据表 9-10,通过每个交织方向所需进行的车道变换次数来确定交织区的构造形式。

交织区构造形式的确定方法 表 9-10

V_{w1} 运动方向所需进行的车道变换次数	V_{w2} 运动方向所需进行的车道变换次数		
	0	1	≥2
0	—	B 型	C 型
1	B 型	A 型	—
≥2	C 型	—	—

注:"—"表示实际中不存在的构造形式,也就是不可行的构造形式。

从表 9-10 中同样可以看出前述的 A、B、C 型交织区在车道变换次数方面所具有的特征：

（1）A 型——为了完成交织，每个交织方向的所有车辆都必须进行一次车道变换。

（2）B 型——一个方向的交织车辆可能不需要变换车道即可完成交织，而另一方向的交织车辆必须变换一次车道才能完成交织。

（3）C 型——一个方向的交织车辆可能不需要变换车道即可完成交织，而交织段内的其他交织车辆至少需变换 2 次车道才能完成交织。

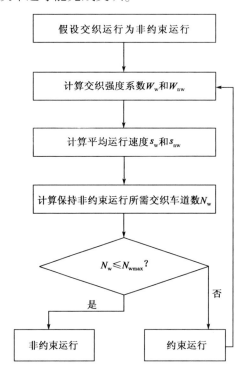

图 9-10　确定交织区运行状态的试算方法流程图

4. 确定交织区运行状态

尽管交织区运行状态是按照交织车辆和非交织车辆能否保持其期望的平均速度来区分，但由于交织速度和非交织速度受到多方面的影响，特别是交织构造形式的影响，所以交织车辆和非交织车辆的平均行驶速度并不是判断交织运行状态的指标。

交织区运行状态一般是通过比较保持非约束运行所需要的交织车道数 N_w 与特定交织构造形式为交织车辆所能提供的最大交织运行车道数 N_{wmax} 来确定。其具体的计算过程采用试算的办法，分析过程如图 9-10 所示。

（1）计算交织强度系数 W_w 和 W_{nw}。

交织强度系数（W_w 与 W_{nw}）是描述交织行为对交织与非交织平均车速影响的指标。该指标用式（9-12）计算：

$$W_i = \frac{a(1+V_R)^b \left(\dfrac{V}{N}\right)^c}{(3.28L)^d} \qquad (9\text{-}12)$$

式中：W_i——交织车流和非交织车流的交织强度系数；

V_R——流量比；

V——交织区内总流率,pcu/h;

N——交织区内总车道数;

L——交织段长度,m;

a、b、c、d——标定的常数,具体取值可参见表 9-11。

计算交织强度系数时的常数 表 9-11

一般形式 $W_i = \dfrac{a(1+V_R)^b \left(\dfrac{V}{N}\right)^c}{(3.28L)^d}$

类型	交织速度 s_w 的常数				非交织速度 s_{nw} 的常数			
	a	b	c	d	a	b	c	d
A 型								
非约束型	0.15	2.2	0.97	0.80	0.0035	4.0	1.3	0.75
约束型	0.35	2.2	0.97	0.80	0.0020	4.0	1.3	0.75
B 型								
非约束型	0.08	2.2	0.70	0.50	0.0020	6.0	1.0	0.50
约束型	0.15	2.2	0.70	0.50	0.0010	6.0	1.0	0.50
C 型								
非约束型	0.08	2.2	0.80	0.60	0.0020	6.0	1.1	0.60
约束型	0.14	2.2	0.80	0.60	0.0010	6.0	1.1	0.60

(2)计算交织车辆运行速度 s_w 和非交织车辆运行速度 s_{nw}。

按照式(9-13)可计算交织速度和非交织速度:

$$s_i = s_{\min} + \frac{s_{\max} - s_{\min}}{1 + W_i} \tag{9-13}$$

式中:s_i——交织车辆和非交织车辆的平均运行速度,km/h;

$s_{\min}$——交织区内可能的最小速度,km/h;

$s_{\max}$——交织区内可能的最大速度,km/h;

其余符号意义同式(9-12)。

在 HCM 中,最小速度 $s_{\min}$ 设置为 24km/h,最大速度 $s_{\max}$ 取交织区上游或下游高速公路基本路段的自由流平均速度加上 8km/h。在自由流速度上加上 8km/h,是希望避免该计算方法在估计较高速度时出现过低的系统误差,以提高计算结果的合理性。由此,交织与非交织速度可表示为式(9-14):

$$s_i = 24 + \frac{s_{FF} - 16}{1 + W_i} \tag{9-14}$$

式中:s_{FF}——交织区上游或下游高速公路基本路段的平均自由流速度,km/h;

其余符号意义同式(9-12)和式(9-13)。

(3)确定运行状态。

比较 N_w 和 $N_{w\max}$ 的大小,可以判断交织区的运行状态。根据表 9-12 提供的计算公式可计算非约束运行所需要的车道数 N_w,当 $N_w \leq N_{w\max}$ 时,交织区运行处于非约束状态;当 $N_w > N_{w\max}$ 时,交织区运行处于约束状态。这里,N_w 是指交织车辆为达到非约束运行状态所必须使用的交织车道数,其值不一定为整数;而 $N_{w\max}$ 是对于特定的交织构造形式,为交织车辆所能提供的最大交织运行车道数,其值也不一定为整数。

约束或非约束型运行状态的确定标准　　　　　　　　　　表 9-12

交织构造形式	非约束运行所需的车道数 N_w	N_{wmax}
A 型	$\dfrac{1.21 N \cdot V_R^{0.571} L^{0.234}}{s_w^{0.438}}$	1.4
B 型	$N\left[0.085 + 0.703 V_R + \dfrac{71.57}{L} - 0.0112(s_{nw} - s_w)\right]$	3.5
C 型	$N\left[0.761 + 0.047 V_R - 0.00036 - 0.0031(s_{nw} - s_w)\right]$	3.0

注：对于双侧交织区，交织车辆可以占用所有车道。

5. 计算交织区效率指标

(1) 计算交织区速度

当得到交织和非交织车流速度，并确定了运行状态后，可按式(9-15)计算交织区内所有车辆的区间平均车速：

$$s = \dfrac{V}{\dfrac{V_w}{s_w} + \dfrac{V_{nw}}{s_{nw}}} \tag{9-15}$$

式中：s——交织区内所有车辆的区间平均车速，km/h；

s_w——交织区内交织车辆的区间平均车速，km/h；

s_{nw}——交织区内非交织车辆的区间平均车速，km/h；

V——交织区内总流率，pcu/h；

V_w——交织区内交织流率，pcu/h；

V_{nw}——交织区内非交织流率，pcu/h。

(2) 计算车流密度

如式(9-16)，可用所有车辆的平均速度计算交织段内所有车辆的车流密度。

$$D = \dfrac{\dfrac{V}{N}}{s} \tag{9-16}$$

式中：D——交织区内所有车辆的平均车流密度，pcu/(km·ln)；

N——交织区内车道数，ln；

其余符号意义同式(9-15)。

6. 确定交织区服务水平

根据计算的车流密度，对照表9-9，确定交织区的服务水平。

(三) 交织区通行能力分析方法

交织区通行能力的影响因素有许多，包括交织区构造形式、车道数、自由流速度、交织段长度及流量比等。HCM 根据影响因素的不同，分别给出了各种典型条件下的交织区基准通行能力值，如表 9-13 所示(表 9-13 只给出了路段设计速度为 120km/h 的部分通行能力值，对于其他设计速度情况，可查阅 HCM)。而对于实际通行能力值，可按照式(9-17)进行计算。

交织区的基准通行能力值(部分)(单位:pcu/h) 表 9-13

流量比 V_R	交织区长度(m)				
	150	300	450	600	750①
三车道交织区					
0.10	6050	6820	7200②	7200②	7200②
0.20	5490	6260	6720	7050	7200
0.30	5040	5780	6240	6570	6830
0.40	4660	5380	5530	5800	6050③
0.45④	4430	5000③	5270③	5550③	5800③
四车道交织区					
0.10	8060	9010	9600②	9600②	9600②
0.20	7320	8340	8960	9400	9600
0.30	6710	7520③	8090③	8510③	8840
0.35⑤	6370	7160③	7700③	8000⑥	8000⑥
五车道交织区					
0.10	10080	11380	12000②	12000②	12000②
0.20⑦	9150	10540③	11270③	11790③	12000③

A 型交织区——设计速度 120km/h

注:①长度超过 750m 的交织区看作分离的合流区和分流区,使用高速公路匝道的分析方法进行计算。
②交织区的通行能力不可能超过高速公路基本路段的通行能力。
③约束运行状态下出现的通行能力。
④在大于 0.45 的流量比条件下,三车道 A 型交织区不能很好运行,此时运行效率可能很低,甚至局部出现排队车辆。
⑤在大于 0.35 的流量比条件下,四车道 A 型交织区不能很好运行,此时运行效率可能很低,甚至局部出现排队车辆。
⑥通行能力受最大允许的交织流率限制:A 型为 2800pcu/h,B 型为 4000pcu/h,C 型为 3500pcu/h。
⑦在大于 0.20 的流量比条件下,五车道 A 型交织段不能很好运行,此时运行效率可能很低,甚至局部出现排队车辆。

$$C_p = C_b \times f_{HV} \times f_p \tag{9-17}$$

式中:C_p——实际通行能力值,pcu/h;
C_b——基准通行能力值,pcu/h;
f_{HV}——大型车修正系数,根据高速公路基本路段或者多车道公路方法计算;
f_p——驾驶员修正系数,根据高速公路基本路段或者多车道公路方法计算。

(四)高速公路交织区通行能力分析算例

【例 9-2】 对某一高速公路上的主要交织区,试进行通行能力分析。已知条件如下:
$A—C$ 流率为 4000pcu/h;
$A—D$ 流率为 300pcu/h;

B—C 流率为 600pcu/h;

B—D 流率为 100pcu/h。高速公路自由流速度为 FFS = 120km/h,交织区长度 $L = 300$m。

解：(1)确定交织区运行参数

由已知条件可知各方向流量、主线自由流速度和交织区速度以及交织区形式,参见图 9-11。

(2)计算交通流率

按照式(9-11)将流量转换为流率,由于已经是流率,故不需转换,所以 $V_{A-C} = 4000$pcu/h, $V_{A-D} = 300$pcu/h, $V_{B-C} = 600$pcu/h, $V_{B-D} = 100$pcu/h。

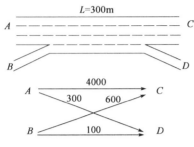

图 9-11 交织段示意图(流率单位:pcu/h)

(3)确定交织区构造形式

A—D 方向需要一次车道变换,B—C 方向需要一次车道变换,根据表 9-10 可确定交织区构造形式为 A 型。

(4)计算交织流量比

$$V_R = \frac{900}{5000} = 0.180$$

(5)确定通行能力

根据表 9-13 和已知条件,利用直线内插法可得通行能力为: $C_b = 8474$pcu/h。

四、高速公路匝道通行能力

(一)概述

1. 高速公路匝道组成部分

高速公路的匝道由三个部分组成:①匝道与高速公路连接处(或称匝道-主线连接处);②匝道车行道;③匝道与相连道路的连接处。

2. 设计要求

对于匝道的设计要求,匝道与主线连接处的设计应使车辆能以高速汇入或分离,并且汇入或分离的交通流对与匝道相连的高速公路中过境交通流的干扰应降至最小。

就匝道本身而言,设计要素包括匝道车道数(通常有单车道或双车道)、匝道长度、设计速度、平、纵线形参数等。匝道与相连道路的连接处应使从主线驶来的车辆能顺利汇入该连接处,此类连接处一般设计成平面交叉。对于匝道与主线连接处的设计,主要强调的是交通安全。只有当匝道的所有部分,即匝道与主线连接处、匝道车行道及匝道与相连道路连接处都设计恰当,都达到所要求的服务水平或设计通行能力后,匝道上的交通运行效率才能得到保证。

由于匝道各组成部分通行能力和服务水平之间存在紧密的联系,因此,对其通行能力和服务水平分析要谨慎处理。

3. 匝道运行特征

在汇入区中,从驶入匝道来的车辆试图在相邻的主线车道上寻找交通流中可利用的空隙,以便汇入。由于绝大部分匝道在主线右边,因此主线上右边第 1 车道(也叫路肩车道)将受到最直接的影响。据最新研究成果,汇入车辆还会影响紧邻路肩车道的左侧车道。具体的驶入匝道在与其公路连接处的影响区见图 9-12。由于汇入的车流对过境车流会造成影响,主线公路中的车辆将在驶入匝道上游位置重新考虑其行进车道,从而使交通量打破原来基本路段中的平衡状态,在主线中重新分布。

在驶出匝道上,需要驶出的车辆首先进入与匝道相邻的车道 1,从过境交通中分离出来,使得其他驾驶员在车行道之间调整交通量的车道分布,其影响范围见图 9-13。在有双车道匝道的地方,车辆分离对主线的影响会进一步扩大。

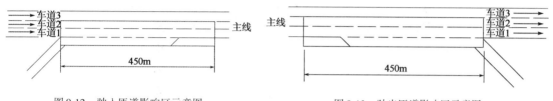

图 9-12 驶入匝道影响区示意图　　　　图 9-13 驶出匝道影响区示意图

4. 匝道运行状态的影响因素

通常,匝道与主线连接处的状态往往决定了整个匝道的运行状态。影响匝道与主线连接处运行特征的主要因素有:

(1) 汇合交通量 V_m:用于驶入匝道,它是相互汇合的车流交通量之和,单位为 pcu/h,参见图 9-14。

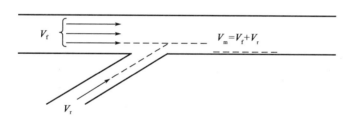

图 9-14　交织区中汇合交通量 V_m 示意图

(2) 分离交通量 V_d:用于驶出匝道,它是即将进行分离的交通流的交通量,单位为 pcu/h,参见图 9-15。

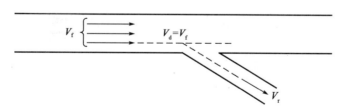

图 9-15　交织区中分离交通量 V_d 示意图

(3) 主线交通量 V_f:用于任何汇合或分离点,它是匝道与主线连接处最大的主线单向交通量,即驶入匝道下游或驶出匝道上游主线单向行车道的交通量,单位为 pcu/h,参见图 9-16。

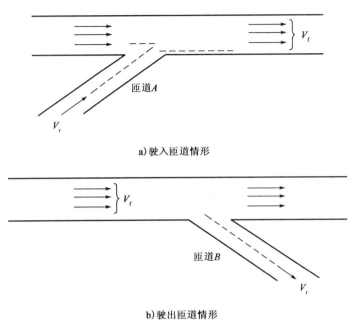

图 9-16 连接处中主线交通量 V_f 示意图

在图 9-16 所示交通量中,匝道影响区的交通量 V_1 又受多个因素的影响,包括匝道交通量 V_r、主线交通量 V_f、与相邻上游和(或)下游匝道的距离 D_u、D_d,加(减)速车道长度 L_a、L_d,匝道的自由流速度 s_R、匝道形式(驶入匝道还是驶出匝道,在连接处的匝道车道数)等。

5. 孤立匝道和非孤立匝道

不论是驶入匝道还是驶出匝道,当与相邻匝道的间隔太小,影响到所研究匝道的交通运行时,该匝道就成为非孤立匝道,其通行能力和服务水平分析应该考虑相邻匝道的影响。而具体的影响间距根据具体的交通量、加速车道长度、匝道的自由流速度等因素而定。

当匝道与相邻匝道的间距足够远,不会对匝道交通产生影响时,此匝道为孤立匝道。孤立匝道的通行能力和服务水平分析是独立进行的。

(二)匝道服务水平及其标准

由于在匝道的三个组成部分中,匝道与主线连接处的服务水平对主线过境交通及总的运行影响最大,因此,匝道服务水平主要取决于驶入或驶出匝道与主线连接处的服务水平,具体标准见表 9-14。

匝道与主线连接处的服务水平标准　　　　　表 9-14

服 务 水 平	密度[pcu/(km·ln)]	服 务 水 平	密度[pcu/(km·ln)]
A	≤6	D	(17,22]
B	(6,12]	E	>22
C	(12,17]	F	需求超过通行能力

在设计过程中,检验点采用的服务水平一般与主线基本路段一样,采用三级服务水平。但在需要采取改善措施而又有困难的不得已情况下,可降低一级采用四级服务水平。

(三)匝道与主线连接处匝道设计通行能力

1. 单车道匝道的设计通行能力

匝道设计速度≤50km/h 时,为 1200pcu/h;

匝道设计速度≥60km/h 时,为 1500pcu/h。

2. 双车道匝道的设计通行能力

只有在驶入或驶出匝道端部的车辆能以两列驶入或驶出主线的情况下,双车道匝道的设计通行能力才可采用单车道匝道设计通行能力的 2 倍。

3. 大型车对匝道通行能力的修正系数 f_{HV}(表9-15)

大型车对匝道通行能力的修正系数 f_{HV} 表 9-15

大型车交通量占总交通量的百分率(%)	10	20	30	40	50	60	70	80
f_{HV}	0.88	0.81	0.77	0.74	0.72	0.71	0.704	0.70

设置双车道匝道的注意事项如下:

(1)当设计交通量要求采用双车道匝道时,就需进行主线与匝道连接处的服务水平的分析。

(2)当单车道匝道的通行能力能够满足交通需求时,具有下列条件之一者,通常也设置双车道匝道:

①匝道长度大于 300m 时,设置双车道匝道以供车辆绕过停驻的车辆或超过慢行车辆。

②需要在匝道上储存车辆,这些车辆是指位于匝道与相连道路连接处的排队车辆。

③匝道位于一陡坡上或其几何线形很差。

第三节 双车道公路路段通行能力

一、双车道公路路段车流运行特性

车辆在双车道公路上行驶,最大的特点在于其超车过程:超车车辆在超车过程中必须占用对向车道,具体过程见图 9-17。因此,双车道公路中任一方向的车辆在行驶过程中,不仅受到同向车辆的制约,还受到反向车流的影响。这也是双车道公路通行能力和服务水平分析采用双向同时分析的原因所在。

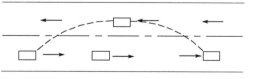

图 9-17 双车道公路中车辆超车过程示意图

二、服务水平

(一)基准条件

同其他交通设施的通行能力分析和服务水平分析类似,双车道公路的分析也是以基准条件的双车道公路特性为基准。根据我国具体的道路、交通条件,双车道公路的基准条件如

表 9-16 和表 9-17 所示。

双车道公路横断面基准条件 表 9-16

二级公路	设计速度	W_B	W_S	W
	80km/h	12.0m	1.5m	9.0m

双车道公路交通和地形基准条件 表 9-17

项目	标准条件	项目	标准条件
会车视距	>250m	交通组成	100%的小客车
地形	平原	方向分布	50/50
横向干扰	很低	平整度	对速度无影响
街道化程度	无	交通秩序与交通管理	好

(二)服务水平等级标准

我国地形条件比较复杂,同样是二级路,由于地形、地物不同而存在较大差异,导致双车道公路存在不同的路面宽度。三种典型路面宽度的双车道公路路段服务水平标准参见表 9-18。

双车道公路路段服务水平标准 表 9-18

服务水平	延误率(%)	基准自由流速度(km/h)									
		80				60				≤40			
		速度(km/h)	V/C			速度(km/h)	V/C			速度(km/h)	V/C		
			禁止超车区(%)				禁止超车区(%)				禁止超车区(%)		
			<30	[30,70)	≥70		<30	[30,70)	≥70		<30	[30,70)	≥70
一	≤35	≥76	0.15	0.13	0.12	≥58	0.15	0.13	0.11		0.14	0.12	0.10
二	(35,50]	[72,76)	0.27	0.24	0.22	[56,58)	0.26	0.22	0.20		0.25	0.19	0.15
三	(50,65]	[67,72)	0.40	0.34	0.31	[54,56)	0.38	0.32	0.28		0.37	0.25	0.20
四	(65,80]	[58,67)	0.64	0.60	0.57	[48,54)	0.58	0.48	0.43		0.54	0.42	0.35
五	(80,90]	[48,58)	1.00	1.00	1.00	[40,48)	1.00	1.00	1.00		1.00	1.00	1.00
六	>90	<48				<40							

注:1. 设计速度为 80km/h、60km/h 和 40km/h 时,路面宽度为 9m 的双车道公路,其基准通行能力分别为 2800pcu/h、2500pcu/h 和 2400pcu/h。
2. V/C 是在基准条件下,最大服务交通量与基准通行能力之比。基准通行能力是五级服务水平条件下对应的最大小时交通量。
3. 延误率为车头时距小于或等于 5s 的车辆数占总交通量的百分比。

三、双车道公路路段通行能力

(一)车行道最大服务交通量

$$\mathrm{MSV}_i = C \times \left(\frac{V}{C}\right)_i \tag{9-18}$$

式中：MSV_i——在基准条件下，第 i 级服务水平的车行道双向最大服务交通量，pcu/h；

C——基准通行能力，基准条件下双车道车的最大交通量，通常 C 取 2500pcu/h；

$\left(\dfrac{V}{C}\right)_i$——第 i 级服务交通量与基准通行能力之比。

(二)车行道的设计通行能力

$$C_\mathrm{D} = \mathrm{MSV}_i \cdot f_\mathrm{s} \cdot f_\mathrm{d} \cdot f_\mathrm{w} \cdot f_\mathrm{HV} \cdot f_\mathrm{L} \tag{9-19}$$

式中：C_D——车行道设计通行能力，是具体的交通和道路等条件下，采用 i 级服务水平时的最大服务交通量，pcu/h；

f_s——设计速度小于 80km/h 时对通行能力的修正系数；

f_d——交通量方向分布对通行能力的修正系数；

f_w——路面宽度及(或)侧向净宽不同于基准条件时对通行能力的修正系数；

f_HV——交通流中有非小客车时，交通组成对通行能力的修正系数；

f_L——横向干扰及交通秩序处于非基准条件时对通行能力的修正系数。

结合式(9-18)，式(9-19)又可以写为：

$$C_\mathrm{D} = C \cdot \left(\dfrac{V}{C}\right)_i \cdot f_\mathrm{s} \cdot f_\mathrm{d} \cdot f_\mathrm{w} \cdot f_\mathrm{HV} \cdot f_\mathrm{L} \tag{9-20}$$

四、通行能力的修正系数

(1)设计速度修正系数 f_s 见表 9-19。

设计速度修正系数 f_s　　表 9-19

设计速度(km/h)	80	70	60	50	40
f_s	1.00	0.98	0.96	0.94	0.92

(2)交通量方向分布修正系数 f_d 见表 9-20。

交通量方向分布修正系数 f_d　　表 9-20

交通量方向分布	50/50	60/40	70/30	80/20	90/10	100/0
f_d	1.00	0.95	0.91	0.85	0.80	0.76

(3)路面宽度及侧向净宽修正系数 f_w 见表 9-21。

双车道公路路面宽度修正系数 f_w　　表 9-21

路面宽度(m)	7	8	9	10	11	12	13	14
f_w	0.6	0.8	1	1.14	1.26	1.36	1.44	1.48

(4)交通组成修正系数 f_HV：

$$f_\mathrm{HV} = \dfrac{1}{1 + \sum P_i(E_i - 1)} \tag{9-21}$$

式中：P_i——车型 i 的交通量占总交通量的百分比，%；

E_i——车型 i 的车辆折算系数。一般公路中车型 E_i 包括小客车、中型车和大型车等，具体的车辆折算系数见表 9-1。

(5)横向干扰修正系数 f_L 见表9-22,而横向干扰的等级划分见表9-23。

横向干扰修正系数 f_L 表9-22

横向干扰	一级	二级	三级	四级	五级
f_L	0.9~1	0.76~0.9	0.5~0.76	0.4~0.5	0.35~0.4

双车道公路横向干扰等级描述 表9-23

横向干扰	等级代码	典型状况描述
轻微	1	道路、交通状况基本符合标准条件
较轻	2	两侧为农田,有少量行人或自行车出行
中等	3	穿过村镇,支路上有车辆进出或路侧停车
严重	4	有大量慢速车或拖拉机混杂行驶
非常严重	5	路侧有摊商、集市,交通管理和交通秩序很差

第四节 城市道路路段通行能力

我国《城市道路工程设计规范》(CJJ 37—2012)根据道路在城市道路网中的地位、交通功能以及对沿线的服务功能等,将其分为四类:快速路、主干路、次干路和支路。对于快速路路段通行能力分析,可以参照高速公路基本路段通行能力分析方法。本节主要针对城市一般道路路段的通行能力进行讨论。

一、一条车道的通行能力

城市道路一条车道的基准通行能力可按式(9-2)或式(9-3)计算。

《城市道路工程设计规范》(CJJ 37—2012)第4.3节,建议的一条车道的通行能力如表9-24所示。

一条车道的通行能力 表9-24

设计速度(km/h)	60	50	40	30	20
基本通行能力(pcu/h)	1800	1700	1650	1600	1400
设计通行能力(pcu/h)	1400	1350	1300	1300	1100

二、路段设计通行能力

(一)通行能力计算式

城市道路某路段的设计通行能力,可根据一条车道的基准通行能力修正得到。对基准通行能力的修正应包括车道数、车道宽度、自行车及交叉口影响四个方面。即:

$$C_D = C \cdot \gamma \cdot \eta \cdot \beta \cdot n' \quad (9\text{-}22)$$

式中:C_D——设计通行能力,pcu/h;

C——基准通行能力,pcu/h;

γ——自行车影响修正系数;

η——车道宽度影响修正系数;
β——交叉口影响修正系数;
n'——车道数影响修正系数。

(二)通行能力影响因素

修正系数 γ、η、n'、β 的计算方法如下。

1. 自行车影响修正系数 γ 的确定

自行车对机动车道机动车的影响,应根据有无分隔带(墩)及自行车道交通负荷的大小不同分三种情况考虑。

(1)机动车道与非机动车道之间有分隔带或隔离墩。

当机动车道与非机动车道之间设有分隔带时,路段上的自行车对机动车几乎没有影响,可不考虑影响,故取 $\gamma=1$。

(2)机动车道与非机动车道之间无分隔带或隔离墩,但自行车道负荷不饱和。

当机动车道与非机动车之间没有设置分隔带时,自行车对机动车有影响。但如果自行车道上的自行车交通量小于自行车道通行能力,此时,自行车基本在非机动车道上行驶,对机动车的影响不大,建议取 $\gamma=0.8$。

(3)机动车道与非机动车道之间无分隔带或隔离墩,且自行车道负荷饱和。

当自行车交通量超过自行车道的通行能力时,自行车将侵占机动车道而影响机动车的正常行驶,使机动车道的车速、通行能力大大降低,其影响系数可根据自行车侵占机动车道的宽度与机动车道单向总宽度的比值确定,影响修正系数为:

$$\gamma = 0.8 \times \frac{\dfrac{Q_{\text{bike}}}{C_{\text{bike}}} + 0.5 - W_2}{W_1} \tag{9-23}$$

式中: Q_{bike}——自行车交通量,辆/h;
C_{bike}——自行车道设计通行能力,辆/h;《城市道路工程设计规范》(CJJ 37—2012)对不同的自行车道,均给出了建议取值;
W_2——单向非机动车道宽度,m;
W_1——单向机动车道宽度,m。

2. 车道宽度影响修正系数 η 的确定

车道宽度对行车速度有很大的影响,在城市一般道路(不包括快速路)设计中,取标准车道宽度为 3.5m,当车道宽度大于该值时,有利于车辆行驶,车速略有提高;当车道宽度小于该值时,车辆行驶的自由度受到影响,车速降低。车道宽度影响修正系数 η(单位为%)可由下式确定:

$$\eta = \begin{cases} 50(W_0 - 1.5) & (W_0 \leq 3.5\text{m}) \\ -54 + \dfrac{188W_0}{3} - \dfrac{16W_0^2}{3} & (W_0 > 3.5\text{m}) \end{cases} \tag{9-24}$$

式中: W_0——一条机动车道的宽度,m。

当行车道宽度为标准宽度 3.5m 时, $\eta=100\%$。车道宽度影响系数与车道宽度之间的对应关系如表 9-25 所示。

车道宽度影响修正系数 η 与车道宽度 W_0 的对应关系 表 9-25

W_0(m)	2.5	3.0	3.5	4.0	4.5	5.0	5.5	6.0
η(%)	50	75	100	111	120	126	129	130

3. 车道数影响修正系数 n' 的确定

车道数影响修正系数 n' 可根据车道利用系数确定。苏联采用的车道利用系数如表 9-26 所示。

苏联采用的车道利用系数 表 9-26

单向车道数	1	2	3	4
利用系数	1.0	1.9	2.9	3.5

我国通常采用的车道利用系数如表 9-27 所示。

我国常用的车道利用系数 表 9-27

车道	第一车道	第二车道	第三车道	第四车道
利用系数	1.00	0.80~0.89	0.65~0.78	0.50~0.65

根据我国采用的车道利用系数,对于通行能力而言,车道数影响修正系数如表 9-28 所示。

车道数影响修正系数 表 9-28

单向车道数	1	2	3	4
n'	1.00	1.80~1.89	2.45~2.67	2.95~3.32
平均值	1.00	1.85	2.56	3.14

根据国内外研究结果,在具体规划时,可采用表 9-29 所示的车道数影响修正系数值,即相当于各车道的利用系数为:1、0.87、0.73、0.60。

车道数影响修正系数采用值 表 9-29

单向车道数	1	2	3	4
n'	1.00	1.87	2.60	3.20

4. 交叉口影响修正系数 β 的确定

交叉口影响修正系数的取值主要取决于交叉口的控制方式及交叉口间距。当交叉口间距较小时,交叉口的停车延误在车辆行驶时间中所占的比例较大,不利于道路空间的利用。交叉口间距增大,有利于充分利用道路空间,提高路段通行能力及路段车速。研究表明,交叉口间距从 200m 增大到 800m 时,其通行能力可提高 80% 左右。路段通行能力与交叉口间距的关系如表 9-30 所示。

路段通行能力与交叉口间距的关系(单位:辆/h) 表 9-30

车道数	间距(m)						
	200	300	400	500	600	700	800
二	1258	1555	1762	1912	2060	2157	2240
三	1780	2208	2505	2720	2930	3060	3180
四	2310	2850	3250	3520	3800	3865	4130

注:路段交叉口为信号控制,周期为 80s。

由表 9-30 可见,路段通行能力的提高值与交叉口间距呈正相关关系。交叉口影响修正系数可用下式计算:

$$\beta = \begin{cases} \beta_0 & (s \leqslant 200\text{m}) \\ \beta_0(0.0013s + 0.73) & (s > 200\text{m}) \end{cases} \quad (9\text{-}25)$$

式中:s——交叉口间距,m;

β_0——交叉口有效通行时间比,视路段起点交叉口的控制方式而定;对于信号交叉口,即为绿信比。

如果由式(9-25)计算的 β 大于 1,则取 $\beta = 1$。

值得注意的是,对城市道路而言,路段通行能力的提高并不意味着路网运行效率的提高。由于城市人口集中,尽管交叉口间距增大提高了路段通行能力,但同时也降低了路网的可达性,并且不能有效地进行交通组织和控制。因此,要提高路网的运行效率,不能单纯采用增大路口间距的办法。

(三)算例

【例 9-3】 某路段单向机动车道宽度为 8m,交叉口间距为 300m,两端交叉口采用信号控制,绿信比为 0.48,机动车道与非机动车道之间设有隔离带。试计算该路段的设计通行能力。

解:(1)根据式(9-22),路段设计通行能力为:

$$C_D = C \cdot \gamma \cdot \eta \cdot \beta \cdot n'$$

(2)一条车道的基准通行能力为:$C = 1800\text{pcu/h}$。

(3)由于机动车道与非机动车道之间有隔离带,根据自行车影响修正系数的确定方法,取自行车影响修正系数 $\gamma = 1.0$。

(4)由于机动车道总宽度为 8m,不足三车道,按双车道计算,每条车道宽 $W_0 = 4\text{m}$,根据式(9-24),车道宽度影响修正系数为:

$$\eta = -54 + \frac{188W_0}{3} - \frac{16W_0^2}{3} = -54 + \frac{188 \times 4}{3} - \frac{16 \times 4^2}{3} = 111.3(\%)$$

或根据车道宽 $W_0 = 4\text{m}$,查表 9-25,同样可得到车道宽度影响修正系数为:$\eta = 111\%$。

(5)由车道数为二,查表 9-29 可知,车道数影响修正系数为:$n' = 1.87$。

(6)由于交叉口间距为 300m,根据式(9-25),交叉口影响修正系数为:

$$\beta = \beta_0(0.0013s + 0.73) = 0.48 \times (0.0013 \times 300 + 0.73) = 0.538$$

(7)该路段的设计通行能力为:

$$C_D = C \cdot \gamma \cdot \eta \cdot \beta \cdot n' = 1800 \times 1.0 \times 111.3\% \times 1.87 \times 0.538 = 2016(\text{pcu/h})$$

第五节 道路平面交叉口通行能力

一、无信号交叉口通行能力

(一)行车规则

不设信号机控制的交叉口通常可分为两大类:一是暂时停车方式,二是环形方式。本节先讨论暂时停车方式的无信号交叉口,再讨论环形交叉口。

暂时停车方式又可分为两向停车方式和全向停车方式。两向停车方式通常用于主要道路与次要道路相交路口,主要道路上的车辆优先通行,通过路口不用停车;次要道路中的车辆必须首先让主要道路上的车辆通行,寻找机会,穿越主要道路上车流的空档,通过路口。全向停车方式用于相交道路具有同等重要程度的情况,相交道路的车辆通过交叉口具有同等的优先权,都必须在交叉口处停车,然后根据交通法规的规定,选择恰当时机通过。

(二)通行能力计算方法

以下主要介绍两向停车方式下,次要道路的通行能力计算方法。

次要道路上能够通过多少车辆,受下列因素影响:主要道路上车流的车头间隔分布、主要道路上车流的流向分布、次要道路上车辆穿越主要道路车流所需时间和次要道路上车辆跟驰的车头时距大小。因此,这种路口的通行能力,等于主要道路上的交通量加上次要道路上车辆穿越空档能通过的车辆数。若主要道路上的车流已经饱和,则次要道路上的车辆一辆也通不过。可见,无信号交叉口的通行能力最大等于主要道路路段的通行能力。事实上,在无信号交叉口,主要道路上的交通量不大,车辆呈随机到达,有一定空档供次要道路的车辆穿越,相交车流能正常运行。如果主要道路的交通量过大,无法保证提供可穿插间隙,则必须加设信号灯,分配行驶时间,否则交叉口的交通将无法正常运行。

假设:主要道路上的车辆优先通过路口;主要道路上的双向车流视为一股车流;交通量不大,车辆之间的间隙分布符合负指数分布;当间隙大于临界间隙 t_0 时,次要道路上的车辆可以穿越主要道路车流。

根据以上假设,可以推算出次要道路上的车辆每小时能穿越主要道路车流的数量为:

$$Q_{次} = \frac{Q_{主} \, e^{-qt_0}}{1 - e^{-qt}} \tag{9-26}$$

式中:$Q_{主}$——主要道路上的交通量,pcu/h;

$Q_{次}$——次要道路可能通过的车辆数,pcu/h;

q——$\frac{Q_{主}}{3600}$,pcu/s;

t_0——临界间隙时间,s,与次要道路的交通管理方式有关。若采用停车标志,t_0 为 6~8s;若采用让路标志,则 t_0 为 5~7s;

t——次要道路上车辆连续穿越主要道路的跟驰车头时距,s,t 为 3~5s。

(三)无信号交叉口通行能力分析算例

【例9-4】 一无信号控制的交叉口,主要道路的双向交通量为1200pcu/h,车辆到达符合泊松分布。次要道路上车辆可穿越的临界车头时距 $t_0 = 6$s。车辆跟驰行驶的车头时距 $t = 3$s。求次要道路上的车辆可穿越主要道路车流的数量。

解:已知主要道路的双向交通量 $Q_{主}$ 为1200pcu/h,车辆到达符合泊松分布,次要道路上车辆可穿越的临界车头时距 $t_0 = 6$s,车辆跟驰行驶的车头时距 $t = 3$s。由式(9-26)可以计算次要道路上可穿越主要道路车流的数量为:

$$Q_{次} = \frac{Q_{主} \mathrm{e}^{-qt_0}}{1-\mathrm{e}^{-qt}} = \frac{1200 \times \mathrm{e}^{-\frac{1200}{3600} \times 6}}{1-\mathrm{e}^{-\frac{1200}{3600} \times 3}} = 257(\mathrm{pcu/h})$$

根据不同的临界车头时距 t_0，以及不同交通管制方式下相应的跟驰车头时距 t，按式(9-26)可以计算得到表9-31 中次要道路的通行能力值。

次要道路通行能力　　　　　　　　　　　　　　　表 9-31

次要道路交通管理方式	车头时距(s)		主要道路双向交通量(pcu/h)				
	t_0	t	800	1000	1200	1400	1600
停车标志	8	5	200	140	100	70	45
	7	5	250	190	140	110	80
	6	5	315	250	200	160	125
让路标志	7	3	350	250	185	135	95
	6	3		335	255	195	150
	5	3		440	360	290	230

注：次要道路通行能力通常小于主要道路交通量的一半。

美国各州道路运输工作者协会认为，在不影响无信号交叉口主要道路车辆通行的情况下，次要道路可通过的交通量不超过表9-32 中的数值。如果超出表中数值，则应该考虑加设信号灯控制装置，改无信号交叉口为信号交叉口。

无信号交叉口的通行能力(单位：pcu/h)　　　　　　表 9-32

主要道路为双车道	主要道路交通量	400	500	600
	次要道路交通量	250	200	100
主要道路为四车道	主要道路交通量	1000	1500	2500
	次要道路交通量	100	50	25

二、环形交叉口的通行能力

环形交叉口是自行调节的交叉口。这种交叉口是在中央设置中心岛，使进入交叉口的所有车辆都沿同一方向绕岛行进。车辆行驶过程一般为合流、交织、分流三个过程，避免了车辆交叉行驶形成冲突。这种交叉口的功能介于平面交叉口和立体交叉口之间，其优点是车辆连续行驶、安全、不需要设置管理设施。车辆在交叉口不必要停车、起动，延误小，节省燃料，减少了对环境的污染。同时，环岛中心的绿化可起到美化城市的作用。缺点是占地大，绕行距离长。机动车交通量较大、非机动车和行人较多及有轨道交通线路时，均不宜采用。

(一)环形交叉口类型

环形交叉口按中心岛直径大小分为以下三类。

1.常规环形交叉口

常规环形交叉口中心岛直径大于 25m，交织段比较长，进口引道不拓宽成喇叭形(图9-18)。我国现有的环形交叉口大都属于此类。

2.小型环形交叉口

小型环形交叉口中心岛直径小于 25m，引道进口加宽，做成喇叭形，便于车辆进入交叉口(图9-19)。

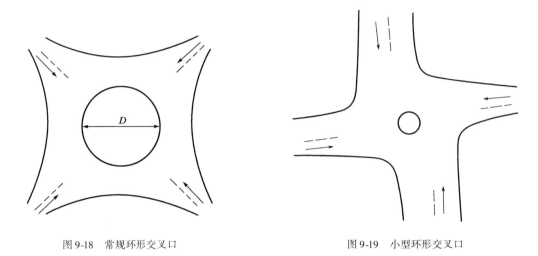

图 9-18　常规环形交叉口　　　　　　图 9-19　小型环形交叉口

3. 微型环形交叉口

微型环形交叉口中心岛直径一般小于4m,中心岛不一定做成圆形,也不一定做成一个,可用白漆画成圆圈(图9-20),实际上这种环形交叉口已经变为渠化交叉口。

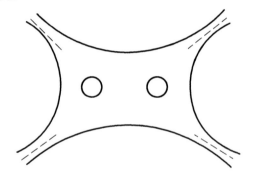

图 9-20　剪刀式微型环形交叉口

(二)常规环形交叉口通行能力

1. 英国环境部计算公式

英国对环形交叉口素有研究。其交通法规规定行驶在环道上的车辆可以优先通行,进入环道的车辆让路给环道上的车辆,等候间隙驶进环道。

英国常规环形交叉口设计通行能力计算图式如图9-21所示,其通行能力按式(9-27)计算。

$$C_{\mathrm{D}} = \frac{160w\left(1 + \dfrac{e}{w}\right)}{1 + \dfrac{w}{l}} \tag{9-27}$$

式中:C_{D}——交织段通行能力,pcu/h,此时重车比例不超过15%,如果重车比例超过15%,应对该式进行修正,该值的85%可作为设计通行能力使用;

　　　l——交织段长度,m;
　　　w——交织段宽度,m;

e——环形交叉口入口平均宽度,m,$e=\frac{1}{2}(e_1+e_2)$;

e_1——入口引道宽度,m;

e_2——环道突出部分的宽度,m。

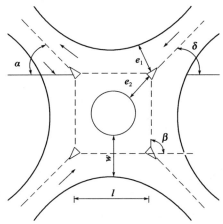

图 9-21 常规环形交叉口设计通行能力计算图式

式(9-27)适用于下列条件:

(1)引道上没有因故暂停的车辆。

(2)环交位于平坦地区,纵坡≤4%。

(3)其他参数范围:$w=6.1\sim18.0\text{m}$;$\frac{e}{w}=0.4\sim1.0$;$\frac{w}{l}=0.12\sim0.4$。

(4)驶入角 α 宜大于30°。

(5)驶出角 δ 应小于60°。

(6)交织段内角 β 不应大于95°。

2.常规环形交叉口通行能力分析算例

【例 9-5】 某环形交叉口环道宽 12m,西北和东南象限中的交织距离长 48m,东北和西南象限中的交织距离长 42m,$e_1=6\text{m}$,$e_2=12\text{m}$,远景年设计交通量见图9-22。求设计通行能力,验算能否满足远景交通需求。

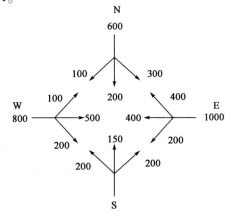

图 9-22 某环形交叉口设计交通量(单位:pcu/h)

解：用式(9-27)分别计算四个象限交织段的设计通行能力。其计算过程见表9-33。由计算结果可知，各象限的设计通行能力均大于相应象限的远景设计交通量，能满足需求。

环形交叉口通行能力计算用表　　　　　　表9-33

象限	l (m)	$\dfrac{w}{l}$	$\dfrac{e}{w}$	$1+\dfrac{e}{w}$	$160w\times(1+\dfrac{e}{w})$	$1+\dfrac{w}{l}$	C_D (pcu/h)	$0.85C_D$ (pcu/h)	远景流量 (pcu/h)
东北	42	0.286	0.75	1.75	3360	1.286	2612	2220	1450
西北	48	0.25	0.75	1.75	3360	1.25	2688	2285	1400
西南	42	0.286	0.75	1.75	3360	1.286	2612	2220	1450
东南	48	0.25	0.75	1.75	3360	1.25	2688	2285	1450

（三）小型环形交叉口通行能力

小型环形交叉口的特点是环道较宽，进出口做成喇叭形，对进入环道的车辆提供较多的车道，中心岛较小，车流运行速度不高。英国运输与道路研究室对这类环岛进行了多次试验，当各进口引道都呈饱和状态时，环形交叉口的通行能力如式(9-28)：

$$C = K(\sum w + \sqrt{A}) \tag{9-28}$$

式中：C——环形交叉口通行能力，pcu/h，该值的80%可作为设计通行能力使用；

$\sum w$——所有引道基本宽度的总和，m，见图9-23；

A——引道拓宽增加的面积，m^2；$A = \sum a$，即图9-23中阴影部分；

K——系数，pcu/(h·m)；三路交叉，$K=70$ pcu/(h·m)；四路交叉，$K=50$ pcu/(h·m)；五路交叉，$K=45$ pcu/(h·m)。

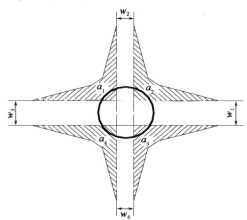

图9-23　小型环形交叉口通行能力计算图

三、信号交叉口通行能力

当进入交叉口的车辆达到一定数量时，穿插通行有困难，需要在交叉口设置信号灯，从时间上将相交车流分开，以维持交通秩序，保证交通安全。

（一）通行能力分析方法

当交叉口的信号灯控制采用如下规则时，采用本小节所述方法计算通行能力：绿灯亮时，允许各流向的车辆驶入交叉口。红灯亮时,只允许右转车辆沿右转专用车道驶入,但不得影响横向道路上直行车辆的正常行驶。黄灯亮时,已越过停车线的车辆继续通过交叉口,没越过停车线的车辆应在停车线后面等候绿灯。

我国使用的停车断面线通行能力计算流程如图 9-24 所示。

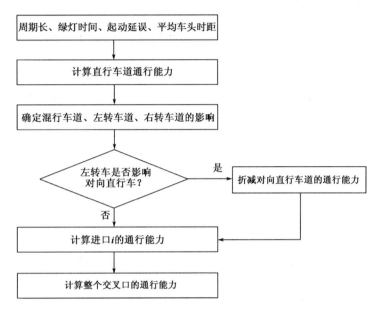

图 9-24 我国通行能力计算流程图

(1) 停车线断面 1 条直行车道的设计通行能力

$$C_\mathrm{T} = \alpha \frac{3600}{T} \left(\frac{t_\mathrm{g} - t_0}{h_\mathrm{t}} + 1 \right) \tag{9-29}$$

式中: T——信号灯周期, s;

t_g——每周期内的绿灯时间, s;

t_0——绿灯亮后,第一辆车起动、通过停车线的时间, s, 平均取 $t_0 = 2.3 \mathrm{s}$;

α——折减系数,主要反映车辆通过路口的不均匀性及非机动车和行人对机动车的干扰。据北京东单等几个交叉口的实测资料,取 $\alpha = 0.9$;

h_t——直行车通过停车线的车头时距, s。

根据观测:小型车组成的车队, $h_\mathrm{t} = 2.5 \mathrm{s}$; 大型车组成的车队, $h_\mathrm{t} = 3.5 \mathrm{s}$; 拖挂车组成的车队, $h_\mathrm{t} = 7.5 \mathrm{s}$。混合车组成的车队, h_t 按表 9-34 确定。拖挂车在当前城市的交通组成中占有相当小的比例,因此为计算方便,将拖挂车划归大型车进行计算。

混合车队平均车头时距(单位:s)　　　　表 9-34

大车:小车	0:10	2:8	3:7	4:6	5:5	6:4	7:3	8:2
实测 h_t	2.0	2.65	2.96	3.12	3.26	(3.30)	3.34	3.42

注:括号内为回归内插值。

(2) 停车线断面混合行驶车道的通行能力

$$C_\mathrm{mix} = C_\mathrm{T} K_\mathrm{L} \tag{9-30}$$

式中：K_L——左转车影响系数，其值与左转车比例 p_L 有关，可从表9-35中查用，或按 $K_L = 1 - 0.5p_L$ 计算。

左转车影响系数 表9-35

左转车比例(%)	5	10	15	20	25	30
K_L	0.975	0.95	0.925	0.90	0.875	0.85

混合行驶车道是指①直行、左转、右转车辆混合行驶；②直行、左转车辆混合行驶。至于直行车与右转车混合行驶，由于此两向车流只在通过停车断面线后进行分流，因此可按一条直行车道计算，而不按混合行车道计算。

（3）左转专用车道的通行能力

在周期长为120s的信号交叉口，当左转车流量小于表9-36中所列 N_{Lmax} 值时，左转车基本上不影响对向直行车道的通行能力。只有当左转车超过 N_{Lmax}（如表9-36中所列大型车为30%时，左转车流量超过120pcu/h）时，多通过一辆左转车，每条对向直行车道就少通过一辆直行车，因此，应考虑增设左转专用车道，而此时对向直行车道的通行能力应该折减，折减值按式(9-31)计算：

$$C_A = N_0(C_L - N_{Lmax}) \tag{9-31}$$

式中：N_0——对向直行车道数；

C_L——每小时左转车辆数，辆/h 或 pcu/h。

不影响直行车通行的左、右转车流量极限值（单位：pcu/h） 表9-36

大车：小车	0:10	2:8	3:7	4:6	5:5	7:3	8:2
N_{Lmax}	142	134	120	114	109	106	104
N_{Rmax}	196	185	165	157	150	146	143

（4）右转专用车道的通行能力

当右行车与直行车使用同一车道时，该车道最多只能通过 N_{Rmax} 辆车，当右转交通量大于 N_{Rmax} 时，则需考虑设右转专用车道。右转专用车道的通行能力可按直行车道计算，只是右转车流的车头时距偏大。

（5）交叉口的通行能力

交叉口的通行能力等于组成交叉口的每条道路进口的通行能力之和。当交叉口某方向有两条以上入口引道，且左转、直行、右转分道行驶，或部分分道行驶时，若已知左、直、右转车的比例，可根据车道组合情况，先计算出直行车的通过量，然后按式(9-32)换算成一个进口的通行能力 C_i。以进口通行能力 C_i 为基础，利用左、右转车比例，计算左转车流量 C_L 和右转车流量 C_R，具体的计算见式(9-33)和式(9-34)。

$$C_i = \frac{\sum C_T}{1 - p_L - p_R} \tag{9-32}$$

$$C_L = C_i \times p_L \tag{9-33}$$

$$C_R = C_i \times p_R \tag{9-34}$$

式中：p_L——左转车比例，%；

p_R——右转车比例，%。

(6)信号交叉口通行能力分析算例

【例9-6】 已知某交叉口设计如图9-25所示。东西干道一个方向有3条干道,南北支路一个方向有一条车道。$T=120s$,$t_g=52s$,$t_0=2.3s$,$\alpha=0.9$。车种比例为大车:小车=2:8,东西方向左转车占该进口交通量的15%,右转车占该进口交通量的10%,南北方向左、右转车占本进口交通量的15%。求交叉口的设计通行能力。

解:(1)东进口通行能力

东进口有三条车道,分别供左转专用、直行、直右混行。首先按照式(9-29)计算一条直行车道的通行能力。

从题目已知条件得知:$\alpha=0.9$,$T=120s$,$t_g=52s$,$t_0=2.3s$;根据大车、小车比例为2:8,查表9-34,得$h_t=2.65s$。由此可得东进口直行车道通行能力为:

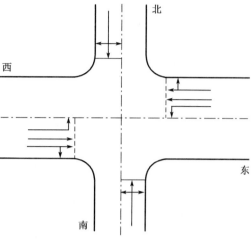

图9-25 交叉口车道使用功能示意图

$$C_T = \alpha \frac{3600}{T}\left(\frac{t_g-t_0}{h_t}+1\right) = 0.9 \times \frac{3600}{120} \times \left(\frac{52-2.3}{2.65}+1\right) = 533(\text{pcu/h})$$

由于直右混行车道相当于直行车道,则:

$$C_{TR} = C_T = 533(\text{pcu/h})$$

按照车流量的方向组成比例,按照式(9-32)可计算东进口的通行能力为:

$$C_E = \frac{C_T + C_{TR}}{1-p_L} = \frac{533+533}{1-0.15} = 1254(\text{pcu/h})$$

按照式(9-33)可计算东进口的左转车通行能力为:

$$C_L = C_E \times p_L = 1254 \times 0.15 = 188(\text{pcu/h})$$

查表9-36,当大型车占20%时,N_{Lmax}为134pcu/h,也就是说只有当左转车流量小于134pcu/h时,左转车的通行才不会影响到对向直行车。而此时,左转车流量$C_L=188$pcu/h,大于不影响直行车通行的左转车极限值$N_{Lmax}=134$pcu/h,故左转车影响对向直行车,按照式(9-31),对向直行车的通行能力应该进行折减,其折减值$C_A=2\times(188-134)=108(\text{pcu/h})$。

(2)东西进口通行能力

西进口与东进口相同,因此,东西向进口通行能力C_{EW}为:

$$C_{EW} = (1254-108) \times 2 = 2292(\text{pcu/h})$$

(3)南北进口通行能力

南北进口只有一条混行车道,由式(9-30)及$K_L=1-0.5p_L$,可得:

$$C_{Smix} = C_T K_L = 533 \times (1-0.5 \times 0.15) = 493(\text{pcu/h})$$

此时,该方向入口的左转车流量为$C_L = C_{Smix} \times p_L = 493 \times 0.15 = 74(\text{pcu/h})$,该值小于影响直行车通行的极限左转车流量134pcu/h(参见表9-36),因此,对向直行车不受左转车的影响,通行能力不需要折减。

而南北方向的流量为:

$$C_{SN} = 493 \times 2 = 986(\text{pcu/h})$$

(4) 交叉口通行能力

交叉口的通行能力为：

$$C_S = \sum_{i=1}^{d} C_i = C_{EW} + C_{SN} = 2292 + 986 = 3278 (\text{pcu/h})$$

(二) 交叉口的服务水平

平面交叉口服务水平与交叉口的交通控制方式，以及车辆通过交叉口所需要时间、延误时间、停车时间、停车次数和频率都有相当大的关系。衡量交叉口服务水平的具体指标与路段不同。因平面交叉口某个进口的通行能力不能作为交叉口的整体通行能力，只能用各进口的交通流状态指标来衡量各入口引道的服务水平。

信号交叉口建议的服务水平分级标准如表9-37所示。

信号交叉口建议的服务水平分级标准　　　　表9-37

指　　标	等　级				
	一	二	三	四	五
交通负荷系数 Z	<0.6	0.6~0.7	0.7~0.8	0.8~0.9	>0.9
效率系数 E^*	>0.8	0.8~0.65	0.65~0.5	0.5~0.35	<0.35
交叉口受阻车辆比例(%)	<10	10~15	15~20	20~30	>30
延误时间 T(s/辆)	<30	30~40	40~50	50~60	>60
排队长度 L(m)	<30	30~60	60~80	80~100	>100

注：*E 是车辆在交叉口处的行车速度与路段上车辆行驶速度的比值，它反映交叉口车辆受阻的情况。

下面介绍几种延误的计算方法。

根据交通流特性和引起延误的原因，车辆在交叉口经历的延误可分为两种：均匀延误和增量延误。均匀延误是假设车辆均匀到达时产生延误；增量延误是由于车辆的随机到达和个别周期暂时性的过饱和引起的。因此，常用的延误公式往往由两项构成：均匀延误 d_1 和增量延误 d_2。考虑到上游信号交叉口对下游交叉口的影响，常用的延误计算公式如下：

$$d = d_1 \cdot \text{PF} + d_2 \tag{9-35}$$

式中：d——平均每辆车经历的延误，s；

d_1——均匀延误，s；

PF——均匀延误修正系数，修正信号相位联动对延误的影响；

d_2——增量延误，假定在分析开始时无初始排队，s。

下面分别对均匀延误 d_1 和增量延误 d_2 进行计算。

(1) 均匀延误 d_1

均匀延误是假定交通流为稳定的，车辆均匀到达且没有初始排队的情况下车辆经历的平均延误。其具体假设如下：

①绿灯相位结束后，排队长度为0。

②所分析的进口断面，车辆平均到达率和通行能力在相应的时段内为常数。

③绿灯时间内，当有排队时，车辆以饱和流率驶出交叉口；车队消散后，车辆以到达率离开交叉口。

④车辆到达不超过信号交叉口的通行能力。

在上述假设的基础上,可以按式(9-36)计算均匀延误:

$$d_1 = \frac{0.5T\left(1 - \frac{t_g}{T}\right)}{1 - \min(1,x) \cdot \frac{t_g}{T}} \tag{9-36}$$

式中:T——信号周期长度,s;

t_g——每周期内的绿灯时间,s;

x——车道组 V/C 或饱和度。

(2)增量延误 d_2

关于增量延误 d_2 的研究较多。下面介绍三种常用的计算公式。

①Akcelik(1988)公式。

$$d_2 = \begin{cases} \dfrac{T'}{4}\left[(x-1) + \sqrt{(x-1)^2 + \dfrac{8k(x-x_0)}{CT}}\right] & (x > x_0) \\ 0 & (x \leqslant x_0) \end{cases} \tag{9-37}$$

式中:T'——分析时间,通常取 0.25h;

x_0——$x_0 = 0.67 + \dfrac{Q_u t_g}{600}$;

Q_u——饱和流率,pcu/h;

C——通行能力,pcu/h;

k——修正系数。

②HCM 计算公式。

$$d_2 = \frac{T'}{4}\left[(x-1) + \sqrt{(x-1)^2 + \frac{4Ix}{CT}}\right] \tag{9-38}$$

式中:I——上游信号交叉口影响修正系数,即车辆到达修正系数;

其余符号意义同式(9-35)和式(9-36)。

③北京工业大学计算公式。

北京工业大学对独立的平面信号交叉口延误问题做了相应的研究。考虑了信号配时、通行能力和车辆到达特性对延误的影响,给出了不同交通状态下的车辆经历的增量延误计算公式。

非饱和状态下,增量延误公式为:

$$d_2 = \begin{cases} \dfrac{1.261 \times (Q_u t_g)^{-0.219} \cdot I \cdot (x - 0.5)}{q(1-x)} & (0.5 < x < 0.95) \\ 0 & (x \leqslant 0.5) \end{cases} \tag{9-39}$$

式中:q——车辆到达率,pcu/s;

其余符号意义同前式。

饱和状态下,增量延误公式为:

$$d_2 = \frac{T'}{4}\left[\left(x - 1 - \frac{2\gamma \cdot I}{CT'}\right) + \sqrt{\left(x - 1 - \frac{2\gamma \cdot I}{CT}\right)^2 + \frac{8\gamma \cdot I(x - x_0)}{CT}}\right] \quad (x > 0.95)$$

$$\tag{9-40}$$

式中：C——通行能力，pcu/s；

　　　γ——$1.439 \times (Q_u t_g)^{-0.208}$；

其余符号意义同前式。

第六节　公共交通通行能力

一、概念

公共交通的通行能力概念与公路通行能力不同，它包括人和车辆两方面的行为。其中，车辆通行能力是指特定时段内公交站点、公交联合站以及公交车道或公交线路所服务的公交车辆（包括公共汽车或轻轨列车）数；而客运能力是指在一定时间内按规定的运行条件，公共交通车辆能运送乘客通过某道路断面的人数。

二、车辆通行能力

对车辆通行能力而言，公交站点、公交联合车站以及公交线路是三个层次的车辆通行能力。公交站点的车辆通行能力是公交车辆通行能力的基本单元，一个公共汽车联合站或列车站的车辆通行能力则受一个站点车辆通行能力的限制，而公交车道或公交线路的车辆通行能力又受沿线关键车站的车辆通行能力的限制。

（一）公交站点的车辆通行能力

对公交站点车辆通行能力影响最大的两个因素是车辆在站点的停留时间和公交车辆行驶道路的绿灯时间与信号周期长度之比（绿信比）。表9-38列出了不同停留时间和绿信比 g 条件下，公交站点的车辆通行能力估计值，其他条件下的通行能力值可以通过内插计算得到。

公交站点车辆通行能力估计值（单位：辆/h）　　　表9-38

停留时间（min）	$g = 0.50$	$g = 1.00$
15	63	100
30	43	63
45	32	46
60	26	36
75	22	30
90	19	25
105	16	22
120	15	20

（二）公交联合车站的车辆通行能力

表9-39列出了路边直线型公共汽车联合车站的车辆通行能力估计值。

路边公共汽车联合站车辆通行能力估计值(单位:辆/h)　　　　表 9-39

停留时间 (min)	g									
	0.5	1.00	0.5	1.00	0.5	1.00	0.5	1.00	0.5	1.00
	路边直线型公交站点数量									
	1		2		3		4		5	
30	43	63	79	117	105	154	113	167	115	170
60	26	36	48	67	64	89	59	96	70	98
90	19	25	35	47	46	62	49	67	50	69
120	15	20	27	36	36	48	39	52	39	53

值得注意的是,当直线型公交联合车站内的站点数量增加 1 倍时,该车站的车辆通行能力通常增加不到 1 倍。而当非直线型公交联合车站内的站点数量增加 2 倍时,通行能力也会增加 2 倍。

(三)公交线路的车辆通行能力

对于公交线路的车辆通行能力,由于其受关键站点通行能力的限制,而站点的通行能力又取决于车辆占用停车站的时间。因此公交线路的通行能力计算公式如下:

$$C_{线} = C_{站} = \frac{3600}{T} \tag{9-41}$$

式中:$C_{线}$——公交线路的通行能力,辆/h;

$C_{站}$——关键停车站点的通行能力,辆/h;

T——1 辆车占用停车站的总时间,s,$T = t_1 + t_2 + t_3 + t_4$。

其中,t_1 是车辆进站停车用的时间,s,用下式计算:

$$t_1 = \sqrt{\frac{2l}{b}} \tag{9-42}$$

式中:l——驶入车站时,车辆之间的最小间隔,m,通常取车辆长度;

b——进站时的制动减速度,m/s²,一般取 $b = 1.5 \text{m/s}^2$。

t_2 是乘客上下车占用时间,s,用下式计算:

$$t_2 = \frac{\Omega k_r t_0}{n_d} \tag{9-43}$$

式中:Ω——公共汽车能承载的乘客数;

k_r——上下车乘客占标准容量的比例,一般 $k_r = 0.25 \sim 0.35$;

t_0——一个乘客上车或下车所用时间,s,一般取 1.5s;

n_d——乘客上下车用的车门数。

t_3 是开门和关门时间,通常取 3s。

t_4 是车辆起动和离开车站的时间,用下式计算:

$$t_4 = \sqrt{\frac{2l}{a}} \tag{9-44}$$

式中：a——离开停车站时的加速度，m/s^2，可取 $a = 1.0 m/s^2$；

l——意义同式(9-42)。

将上述各值代入式(9-41)，简化得到公交线路的车辆通行能力为：

$$C_{线} = \frac{3600}{T} = \frac{3600}{2.57\sqrt{l} + \dfrac{\Omega k_r t_0}{n_d} + 3} \tag{9-45}$$

式中各参数的意义同式(9-41)~式(9-44)。

如果一个乘客进入车厢和由车厢出来用时 $t_0 = 1.5s$，在上下车乘客最多的站，取 $k_r = 0.4$，则公交线路的车辆通行能力 $C_{线}$ 可表示为车厢容量、车辆长度、车门个数的函数，具体表达式如下：

$$C_{线} = \frac{3600}{2.57\sqrt{l} + \dfrac{0.6\Omega}{n_d} + 3} \tag{9-46}$$

式中各参数的意义同式(9-41)~式(9-44)。

由式(9-46)可以计算出不同类型的公交通车辆线路的通行能力。设计通行能力可由式(9-45)或式(9-46)计算得到的数值乘 0.8 确定。

(四)算例

【例 9-7】 一条公交线路，配备 BK661 铰接公共汽车，试计算该线路的设计通行能力。

解：由资料可知，BK 铰接公共汽车的车身长 $l = 17m$，额定容量 $\Omega = 195$ 人/辆，车门数 $n_d = 3$。将这些数据代入式(9-46)，可得：

$$C_{线} = \frac{3600}{2.57\sqrt{l} + \dfrac{0.6\Omega}{n_d} + 3} = \frac{3600}{2.57 \times \sqrt{17} + \dfrac{0.6 \times 195}{3} + 3} = 68(辆/h)$$

所以，设计通行能力为：$68 \times 0.8 = 55$（辆/h）。

三、客运能力

客运能力通常以公交车站、列车站以及公交线路最大载客站点的客运能力来衡量，包括以下地点的客运能力：

(1)公交车站或列车站。

(2)公交线路的最大载客站点。

(3)公交专用车道的最大载客站点。

公交的车辆通行能力与客运能力之间的相互关系如下式所示：

最大载客站点的公交车道客运能力 = 公交车道的车辆通行能力 × 允许载客量 × 高峰小时系数
(9-47)

最大载客站点的公交线路客运能力 = 公交线路的发车频率 × 允许载客量 × 高峰小时系数
(9-48)

最大载客站点的公交车站客运能力 = 公交车站的车辆通行能力 ×

15min 折算的小时载客量 × 高峰小时系数 (9-49)

四、提高公共交通路线通行能力的途径

(1)维持好乘车秩序,缩短乘客上下车时间。

(2)增加车门个数,加大车门宽度,降低车厢底板高度,减少踏步阶数,缩短乘客上下车时间。

(3)改善车辆加速性能,提高驾驶员驾驶熟练程度,缩短车辆进、出站时间。

(4)当一条很长的街道上有几路公共汽车行驶时,在同一站点将几路公共汽车沿行车方向分成几组设站,这样可以提高通行能力。

$$C'_{线} = KC_{线}K_干 \tag{9-50}$$

式中:$C'_{线}$——各线路的总通行能力,辆/h;

$C_{线}$——一条公交线路的通行能力,辆/h;

K——分开布置停车站的系数,$K = 1 \sim 3$;

$K_干$——分开布置后,因相邻的停车站相互干扰的通行能力折减系数:$K=1$ 时,$K_干=1$;$K=2$ 时,$K_干=0.8$;$K=3$ 时,$K_干=0.7$。

【思考题】

1. 什么是道路通行能力?什么是服务水平?二者之间有什么联系?
2. 什么是车辆折算系数?如何使用?
3. 什么是基准通行能力、实际通行能力和设计通行能力?
4. 高速公路的组成部分包括什么?各组成部分通行能力的影响因素有哪些?
5. 高速公路各组成部分的服务水平分级指标是什么?
6. 双车道公路的运行特性是什么?其服务水平的效率指标是什么?
7. 多车道公路基准通行能力的计算公式如何推导?其通行能力的影响因素有哪些?
8. 环形交叉口的类型有哪些?不同类型交叉口适用于什么条件的交通流?
9. 简述我国信号交叉口实际通行能力的计算方法。
10. 信号交叉口的延误由哪几部分组成?分别表示由什么原因导致的延误?
11. 公交车站通行能力的影响因素是什么?公交线路的通行能力受什么因素影响?如何提高通行能力水平?

第十章
交通规划

本章介绍交通规划的概念、内容与方法,介绍国家交通发展战略和规划,引导学生树立可持续发展的价值观和建设和谐城市的理想目标。

第一节 交通规划的内容与程序

交通规划是指在调查分析的基础上,研究未来交通需求、交通方式与土地开发的关系,确定交通系统的建设目标以及为实现该目标应采取的方针政策。

交通规划有很多类型。按规划的性质划分可以分为综合交通规划和专项交通规划;按研究对象的空间范围划分可以分为全国交通规划、区域交通规划、城市交通规划等;按规划目标的时限划分可以分为近期规划(3~5年)、中远期规划(5~20年)和发展战略规划(20年以上)。本节主要介绍城市交通规划。

城市交通规划的工作内容主要有以下几个方面。

(1)规划工作总体设计:包括建立工作机构,明确规划目标,确定规划的指导思想与原则、规划范围、层次和年限、交通小区的划分和规划总体流程。

(2)交通调查与分析:包括对社会经济、土地利用、就业岗位、交通现状、政策、环境等与交通相关的现状进行调研与调查,在定性与定量分析的基础上,对交通发展的现状进行评价,剖析交通发展存在的问题。

(3)交通需求预测:包括出行生成、出行分布、交通方式划分、交通分配等。

(4)交通发展战略研究:包括对综合交通体系发展目标、分区发展目标、交通方式结构的研究,提出交通发展政策和策略。

(5)制定交通系统规划方案:包括制定对外交通系统、城市道路系统、公交系统、停车系统、步行与自行车系统、客运枢纽、货运系统、交通管理与交通信息化等的规划方案。

(6)交通系统规划方案评价与优化调整:包括经济、社会、环境、交通运行效果等方面。

(7)交通系统规划方案的实施安排与保障措施:包括按照规划目标要求和城市财政能力,对交通基础设施建设提出规划期内的安排,并提出规划实施的管理机制、技术经济政策和对策。

交通系统规划的程序如图10-1所示。

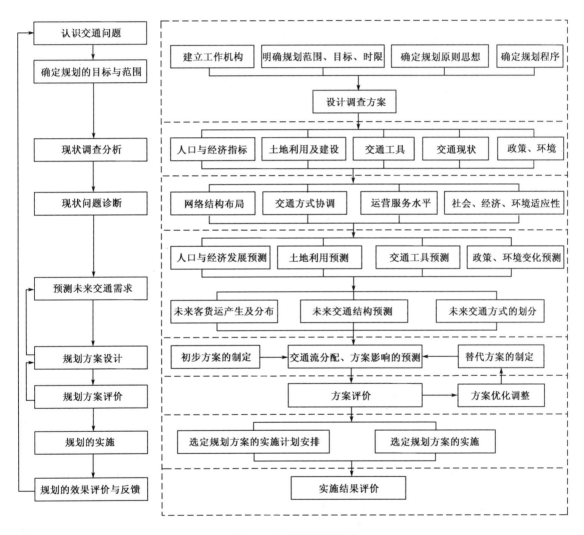

图10-1 交通系统规划程序

值得注意的是,图中表述了两个循环过程。一是"预测→方案设计→评价"的循环过程。它表明交通规划方案的确定是一个反复比选和调整的过程。另一个是"规划效果与问题提出"的循环,表明规划工作应该是一个滚动的过程。由于交通规划中的各种因素不断变化,因此,需要不断修正交通系统的需求预测,并动态优化规划方案,即通常所说的滚动规划。

第二节 交通调查

交通调查是交通规划的前提和基础,主要是为制定交通规划提供全面、系统而又真实可靠的实际参考资料和基础数据。

交通调查的内容应根据规划的对象及目标来确定。对于城市交通规划来说,调查内容可以分为两大部分,一是与交通相关的基础数据调查,包括社会经济及自然条件、土地利用、交通运输系统状况等方面;二是将研究区域划分为交通小区,进行起讫点调查等。

一、交通规划基础数据调查

(一)社会经济及自然条件

(1)社会经济与人口:与交通相关的政策、政治需求、国防需求;国内生产总值和财政收入;居民人均收入;产业结构与产值产量;主要商业流通物资;人口数量、结构及分布等。

(2)自然条件与人文历史:地形、地质、土壤、气候、水文、水文地质以及名胜古迹等。

(二)土地利用

(1)土地使用性质:城市建成区土地使用面积;各类土地,如工业、商业、居住、文教卫生等的面积及在各交通小区中的分布。

(2)就业、就学岗位:各交通小区的就业、就学岗位数。

(3)主要设施:主要公共设施、文化娱乐设施、体育设施的配置和利用。

(4)土地规划:土地的开发政策及规划情况。

(三)交通系统

(1)交通设施情况:道路网规模与等级、交通枢纽位置与规模、停车场数量与分布、公交场站数量与规模、各类交通工具拥有量等。

(2)交通系统运营状况:交通管理、交通法规、客货运输量、运营状况、公共交通运量与分布、交通流基本参数(交通量、车速及其分布)、交通延误等。

二、起讫点调查

起讫点调查,又称 OD 调查,OD 取自英文单词 Origin 和 Destination 的第一个字母。OD 调查是交通规划研究的基础调查,在交通规划中占有极为重要的地位。这一调查可以研究交通的产生与分布,揭示交通需求与土地利用、经济活动的规律。

我国于 20 世纪 70 年代末开始实施 OD 调查。1978 年上海组织了机动车 OD 调查,1981 年天津组织了居民出行调查和货物流动调查。目前,在城市规划工作中,OD 调查是主要交通调查项目。

(一)基本概念

出行:人、车、货从出发地到目的地移动的全过程,分别称为个人出行、车辆出行和货物出行。在城市交通系统中,出行的外延是很广泛的,交通元每一次在户外的移动都可以看作是出行。此外,为了更加明确,不同规模的城市在定义出行时,往往对空间移动距离或出行时耗作进一步明确的规定。

起点:一次出行的出发地点。

讫点:一次出行的目的地点。

出行端点:起点、讫点的总称。每一次出行有且只有两个端点,出行端点的总数为出行次数的两倍。

境内出行:起讫点都在调查区范围之内的出行。

过境出行:起讫点都在调查区范围之外的出行。

区内出行:起讫点都在同一交通小区内的出行。

区间出行:起讫点分别位于不同交通小区内的出行。

小区形心:交通小区内出行的代表点,认为小区内所有出行从该点发生(或吸引),不一定是该小区的几何中心。

OD 表:一种表示各交通小区间出行量的表格。

期望线:又称愿望线,是连接各交通小区形心的直线,因其反映人们期望的最短路线而得名,与实际的出行路线无关,其宽度反映出行量大小,如图 10-2 所示。

调查区境界线:包围全部调查区域的一条假想线,有时还分设内线和外线,内线常为城市商业中心区的包围线,如图 10-3 所示。

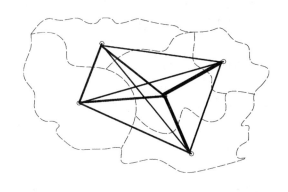

图 10-2 期望线

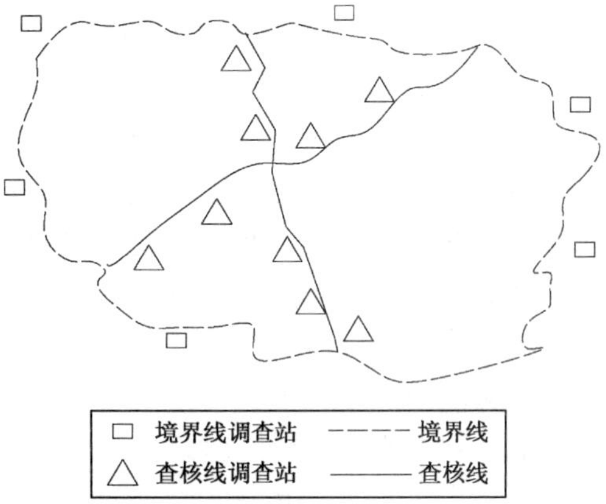

图 10-3 外围境界线和分隔查核线

□ 境界线调查站 ----- 境界线
△ 查核线调查站 ——— 查核线

分隔查核线:为校核 OD 调查成果精度而在调查区内部按天然或人工障碍设定的调查线,可设一条或多条,它(们)将调查区划分成几个部分,用以实测穿越该线的各道路断面上的交通量,如图 10-3 所示。

(二)交通小区划分

在进行交通规划时,需要定义出行起讫点的空间位置,但是实际工作中,无法对每一出行的起点和讫点都进行分析。因此,在进行交通规划时需要按一定的区域划分来分析交通量特性,即以交通小区为基本单位来讨论交通产生、吸引以及小区间的交通流。

交通小区的划分主要遵循如下原则:

(1)同质性——分区内土地使用、经济、社会等特性尽量一致。

(2)尽量以铁路、河川等天然屏障作为分区界线。

(3)尽量不打破行政区的划分,以便能利用行政区土地、人口等的统计资料。

(4)考虑路网的构成,区内质心可取为路网中的节点。

(5)分区数量适当,分区中人口以10000~20000人为宜;靠市中心的分区面积小些,靠市郊的面积大些。

(三)OD调查的目的和分类

1. OD调查的目的

OD调查的目的是获得道路网上交通流的构成、流量、流向、车辆起讫点、货物类型等数据,进而预测远景年的交通量,为方案设计等规划工作提供基础数据。

2. OD调查的分类

(1)个人出行OD调查

个人出行包括城市居民和流动人口的出行,居民出行OD调查的内容包括居民的职业、年龄、性别、收入等基础情况,以及各次出行的起讫点、时间、距离、出行目的、所采用的交通工具等出行情况。

流动人口的组成十分复杂,调查难度较大。对不同类别的流动人口应采取相应的调查方法。对常住、暂住流动人口,一般可采用与居民出行OD调查类似的旅馆访问等方法;对当日进出城的流动人口,则可采用在城市的出入口,如车站、码头等直接询问的方法。

(2)车辆OD调查

机动车辆包括货车与客车。机动车出行调查的对象包括所有牌照车辆和调查日进入调查区域的外地车辆。摩托车、出租车和公共汽车应包含在客车调查范畴。由于管理集中,可以通过公安交通管理或公路管理部门对车辆进行大样本或全样调查。

车辆出行OD调查的内容包括车型、出行目的、起讫点、平均吨(座)位、实载率、出发和到达时间等。

(3)货流OD调查

货流OD调查一般分两部分:一部分是调查货物种类、运入量、运出量、运输方式等;另一部分是调查货物流通集散点、运输设施(岸线、码头、泊位、铁路专用线、货运汽车等)、停车场地、仓储情况等。

(四)OD调查的常用方法

OD调查的方法很多,主要的方法可以归纳如下。从国内一些城市的做法中可以看到,家访调查法和发(收)表调查法可分别推荐用于居民出行OD调查和货流OD调查。

1. 家访调查

家访调查可用于居民出行调查。家访调查是对居住在调查区内的住户进行抽样家访。由调查员当面了解该户全体成员全天的出行情况,调查项目见表10-1。

城市居民一日出行调查表　　　　　　　　　　　　　表10-1

家庭特征(仅限户主填写)
家庭地址(　　区　　办事处　　居委会)　　　　　小区地址编码 □□□
家庭人口　　　　　　人　　　　　　家庭月均收入　　　　　　元/月
家庭交通工具拥有情况:自行车　　　辆　　电动自行车　　　辆　　摩托车　　　辆
小汽车　　　辆　　其他　　　辆
个人特征(家庭中满6岁的所有成员均需填写)
性别(在相应的项上画"√"):1.男　　2.女　　年龄　　　岁
职业(在相应的项上画"√"):01.公务员　　02.专业技术人员　　03.职员　　04.商业服务人员
05.企事业负责人　06.大专院校学生　07.个体经营者　08.中小学生
09.家务劳动者　　10.自由职业者　　11.农民　　　　12.其他

用地性质编码		出行目的	出行方式	填 表 说 明
01.居住(住宅) 02.工业(工厂) 03.宾馆、旅馆 04.商业、餐饮业 05.集贸市场 06.金融保险 07.行政办公 08.科研、大专院校 09.中小学校 10.文化娱乐体育	11.医疗卫生 12.仓库货场 13.建筑工地 14.市政 15.汽车站 16.火车站 17.港口 18.飞机场 19.其他	1.上班 2.上学 3.公务 4.回家 5.购物 6.文化娱乐 7.探亲访友 8.其他	1.步行 2.自行车 3.公交车 4.出租车 5.单位大客车 6.单位小汽车 7.电动自行车 8.摩托车 9.其他	1.一次出行定义:步行时间5min或自行车出行距离500m以上或使用其他出行方式(如出租车等)的交通活动,如:从家到工厂上班称为一次出行,目的是上班;从工厂下班回家称为第二次出行,目的是回家。 2.家庭中每人填写一张(包括暂住人口),6岁以下儿童免填。暂住人口指居住1个月以上的非本市居民。 3.参照用地性质、出行目的、出行方式、地址编号填写相应编码。 4.请您用铅笔填写,核实后由调查员用钢笔正式填写

出行次序	出发地址编号	出发地用地性质编码	出发时间(24h制)	出行目的	出行方式	到达地址编号	到达地用地性质编码	到达时间(24小时制)
1			时　分					时　分
2			时　分					时　分
3			时　分					时　分
4			时　分					时　分
5			时　分					时　分
6			时　分					时　分
7			时　分					时　分
8			时　分					时　分

2.发(收)表调查

发(收)表调查是将调查表发给单位、停车场的机动车驾驶员或利用收费站发放、回收调查表格,由调查对象逐项填写并返回,可用于机动车或货流调查。

3. 路边询问调查

路边询问调查是在主要道路或城市出入口设置调查站,使车辆停下,询问该车的起讫点及其他出行资料。工作中应注意交通安全,避免交通堵塞,因此一般需要交警的协调。对象通常限于货车与出租汽车。

4. 车辆牌照调查

车辆牌照调查是由各调查站分时段记下通过观测点的全部车辆牌照数字,然后汇总各个调查站的记录进行核对。第一次记到牌照的地点是该车辆的起点,最后一次记到牌照的地点便是该车辆的讫点。在交通十分繁忙以至无法使车辆停下的路段,以及小范围的车流 OD 调查,均可使用此方法。

5. 运输集散点调查

运输集散点调查是在一天 24h 或高峰小时期间,对各集散点所有上、下公共汽车、火车、飞机、公路客运班线、轮船的乘客发放要求收回的调查卡片。此种调查得到的资料用于公路规划、公共交通规划以及停车场设计。

6. 公交线路乘客调查

公交线路乘客调查是在公交车辆上将调查表发给每个乘客。服务有保证的车辆,能当场填写、收回。否则要求寄回,此种调查限于了解某一公交线路乘客的出行特征,主要用于改善线路和调度运行车辆。

7. 境界线出入调查

境界线出入调查是在调查区域的境界线上设调查站,对所有穿越该线的车辆进行调查,以统计全部交通量。在干线上则做抽样的路边询问调查。此方法可作为家访调查的补充。小城市的 OD 调查常采用此方法。

8. 雇员询问调查

这是一种对特殊交通生成点的专门调查。调查表分发给就业中心(一个企业或者商务办公大楼)的全部雇员,要求当天填好交回。要把分发给每个公司的表格总数和每个公司的雇员数都记录下来,以便能对每个公司的出行数据加以扩展。当涉及雇员的人数不多时,此方法最为有效。

(五)OD 调查的步骤与实施

1. 建立机构

鉴于 OD 调查涉及很多方面,调查工作量巨大。因此需要建立一个专门机构统一负责,从调查方案的设计、调查人员培训、组织实施以及数据录入处理等方面进行协调。

如北京市 2014 年 9—12 月进行的第五次居民出行调查,覆盖北京市全域,共获取约 4 万份出行信息,500 多个宾馆的流动人口出行信息,482 个道路路段,以及城六区 46 万名中小学生的出行信息等交通调查数据。如此大规模的调查工作若没有强有力的组织协调很难取得令人满意的成果。

2. 准备资料

(1)收集客货流的基本情况,包括居民点的分布、土地利用现状、车站、仓库、码头、停车场位置、工业组成与分类、产品销售额等。

（2）设计、印刷调查表格并确定合理的调查时间。表格设计既要简明扼要，使调查者容易填写或回答，又要结构合理，便于后续的统计分析。

3. 划分交通小区

按照交通小区划分的原则，合理划分交通小区。

4. 定抽样率

根据交通调查项目的不同以及拟获取的调查信息内容和精度要求，可以采用全样调查、抽样调查、典型调查等方式。在按一定比例抽样调查时，其抽样率的确定方法一般可采用如下方法。

第一种方法是按数理统计的理论与方法计算样本量。即利用试调查或其他研究已经拥有的OD调查资料，考虑调查对象的母体数量，通过分析抽样的误差确定抽样率的大小。按下式计算：

$$\gamma = \frac{\lambda^2 \sigma^2}{\Delta^2 N + \lambda^2 \sigma^2} \tag{10-1}$$

式中：γ——抽样率；

λ——标准正态分布下一定置信度对应的双侧分位数；

σ^2——母体的方差，当样本数足够时，可用样本的方差代替；

Δ——控制误差指标的容许绝对误差；

N——母体容量。

第二种方法可参照2010年住房和城乡建设部颁布的《城市综合交通体系规划编制导则》中的相关要求。

即：个人OD出行调查，一般情况下，100万人口以上城市的最小抽样率不低于1%，50万~100万人口城市不低于2%，20万~50万人口城市不低于3%，20万人口以下城市不低于5%。补充调查的抽样率应满足修正交通模型的精度要求。暂住人口与流动人口的抽样率可根据交通出行特征确定。

抽样方法包括简单随机抽样、分层抽样、等距抽样、整群抽样等。在进行OD抽样调查时，采用何种抽样方法应视调查的对象及调查的具体条件，利用各种方法的特点而定。

5. 人员培训

调查结果的质量很大程度上取决于调查人员。尤其是在面访中，调查人员的责任心和技巧将直接影响调查的成败。因此，从人员挑选开始，就要严格要求。一般需要调查人员具有高度的责任感，具备一定的文化程度，身体健康，对调查区域较为熟悉。培训中要讲明调查的目的、要求与内容，要模拟实地调查时可能出现的各种情况。

6. 制订调查的实施计划

7. 典型试验

在全面铺开调查工作之前，先做小范围的典型试验，从而发现一些问题，取得经验教训，进而完善计划和做法，确保达到预期成果。

8. 实地调查

实地调查中必须严格把关,及时抽查贯穿实地调查的全过程。

(六) OD 调查结果的整理与修正

1. OD 调查资料的整理

通常对 OD 调查的数据进行计算机录入,并按一定的规则进行归类和重组,对调查表的有效性进行处理,对于存在漏项或不合理项的调查表,可以根据统计分析需要和目的来对该表其他数据酌情取舍,以忠实于原始调查的初衷。

2. OD 调查资料的修正

根据调查范围内调查对象的样本总体和实际调查的样本数确定样本扩大系数。对抽样调查,最常用的是单系数扩大法,对于大规模调查,一般采用分区确定样本扩大系数的方式以提高结果的精度。

(七) OD 调查的精度检验

一般有以下几种方法:

1. 分隔查核线检验

将查核线的出行量与 OD 调查处理结果进行比较,一般相对误差在 5% 以内符合要求;误差在 5%~15%,可进行必要调整;如果误差大于 15%,则应返工调查。

2. 区域境界线检验

调查区域境界线检验与分隔查核线检验的原理一样,是将 OD 分布量(车辆的内→外、外→内和外→外出行)与境界线调查站的实际统计量进行比较。

3. 交通集散中心检验

在调查区域内,拟定交通枢纽、公共活动集散中心作为校核点,将起讫点调查获得的交通量按抽样率换算后与该点上实际观测的交通量相比,作为控制市内 OD 调查精度的重要依据。

(八) OD 调查结果的统计分析

OD 调查结果的统计分析大致可以分为四方面的内容:出行基本特征分析、出行时间分布分析、出行空间分布特征分析以及道路网流量特征分析。

在进行这四类分析时,可以结合交通量的影响因素进行分析,如出行距离、出行时段(高峰、平峰)、出行方式、年龄、性别等。根据调查资料,可以整理出各种不同因素与 OD 量两两相关的分布曲线。图 10-4 是《2021 北京市交通发展年度报告》中的调查结果。2020 年,北京中心城区工作日出行总量为 3619 万人次(含步行),同比下降 8.5%,其中,以自行车为代表的个体化出行比例有所提高,而公共汽(电)车、轨道等公共交通出行量占比显著下降。

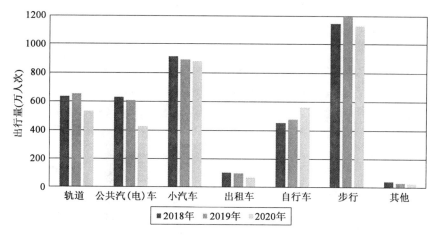

图 10-4 2018—2020 年北京市中心城区工作日不同交通方式出行量变化

第三节 交通需求分析及发展预测

一、概述

交通需求分析及发展预测的目的就是要确定未来特征年的主要出行方式(步行、小客车、公交车、货车、自行车等)在道路网络上的分布,以便制定与社会经济发展、环境相适应的交通规划方案。

在交通规划中一般用"四阶段法"预测交通需求,包括交通发生与吸引预测、出行分布预测、出行方式划分预测及交通分配预测,即推算到远景年各区域的出行次数、各区域相互间的交换出行量、各区域间的交通将采取的交通方式结构以及分配到各条道路上的远景年交通量。

四阶段模型是将每个人的交通活动按交通小区进行统计、分析,从而得到以交通小区为分析单位的预测结果,它是一种集计模型(Aggregate Model)。与此不同,研究人员还提出了非集计模型(Disaggregate Model),它是以实际交通活动的个人为单位,对调查得到的数据不按交通小区统计等处理而直接用于模型建立。

图 10-5 以城市居民出行需求为例,简单说明了四阶段预测方法的步骤。

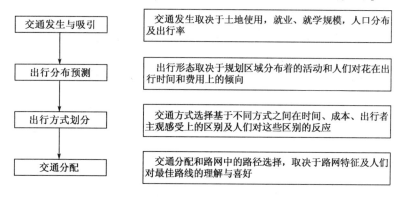

图 10-5 城市居民出行需求的四阶段预测

本节将针对城市客运交通分析及发展预测对四阶段法进行详细阐述,在最后对城市货运交通需求发展预测进行简单介绍。

二、交通的发生与吸引

居民出行生成预测分居民出行发生预测和居民出行吸引预测两部分。其目的是通过建立小区居民出行发生量和吸引量与小区土地利用、社会经济特征等变量之间的定量关系,推算规划年各交通小区的居民出行发生量、吸引量。

(一)发生与吸引量的影响因素

1. 城市规模和布局

城市规模和布局指标主要有城市各类用地大小、分布及使用情况等。主要根据地方政府进行的总体规划而确定。城市规模和布局对整个城市客运交通的发生、吸引、分布有着重大的影响。

2. 城市人口

人口数是城市社会经济预测中最基础的指标,它能直接反映土地的开发强度和利用强度。人口数量多少是影响交通出行数量的基本因素。城市人口中包括城市居民人口和流动人口。

3. 就业岗位数与商业开发

企业、机关、商业中心是重要的交通吸引源,吸引人们去工作或购物。同时也是发生源,人们完成工作或购物后回家。这些设施提供了工作、公务、购物、娱乐等居民日常活动的场所,所以对交通需求预测的分析举足轻重。

4. 在校学生数与就学规模

学生上学、回家等出行是城市交通出行的重要组成部分。

5. 车辆拥有量

不同种类车辆的拥有量水平是由社会经济水平和交通政策综合作用而决定的,它对交通结构的预测具有重要意义。

6. 其他

如国民经济的发展速度、城市居民的收入及消费水平等,都是在进行社会经济发展预测时需了解分析的因素。

(二)交通的发生与吸引预测方法

交通小区的发生与吸引交通量预测方法一般可以分为三类:增长率法、原单位法和回归分析法。

1. 增长率法

增长率法就是把现状已有的交通小区的发生、吸引量 T_i 乘上增长率 F_i,得到各小区未来年的发生、吸引交通量 T_i',可表示如下:

$$T'_i = F_i \cdot T_i \tag{10-2}$$

这种方法的关键是如何确定增长率 F_i。一般的分析认为各交通小区的交通量增长率等于各交通小区与交通需求相关指标的增长率。例如，假设交通发生增长率 F_i 与人口增长率 r_i 和人均车辆拥有率 v_i 具有如下关系：

$$F_i = r_i \cdot v_i \tag{10-3}$$

增长率法简洁方便，但是对增长率的确定过于粗略，一般情况下精度较低。该法在规划中经常用于处理原单位法和回归分析法无法预测的一些区域。

2. 原单位法

原单位法是以单位交通源产生的平均出行量作为原单位，将原单位与交通源总数相乘而得到整个研究地区的总生成交通量。

经常使用的原单位有以下几种：居住人口每人平均发生的交通量、就业人口每人平均发生的交通量、不同类型的家庭每户平均发生的交通量、不同用途的土地面积单位面积平均发生的交通量等。

表10-2为德国莱比锡个人出行目的分布表(2016年)，在预测掌握未来不同类型的人口数量基础上，利用原单位法就可以按不同出行目的对未来交通出行量进行预测。

德国莱比锡2016年个人出行目的分布表[单位:次/(人·d)]　　表10-2

出行目的	上班	上学	公务	购物	娱乐	回家	其他	合计
出行次数	0.67	0.38	0.07	0.24	0.09	1.24	0.05	2.74

原单位的现值是从OD调查结果中分析得到的，而原单位在预测时间时的取值一般采用以下三种方法得到：

①直接使用现状调查中得到的原单位数据；
②利用现状原单位乘增长率得到未来原单位；
③函数法。

在上述三种方法中，函数法是最常用的方法。函数法考虑了与原单位产生强度相关因素的影响。函数的影响因素可能包括年龄、性别、居住性质、收入水平等。

在国外的一些交通规划研究中，按家庭规模、每户的汽车拥有量、家庭收入水平三个因素将家庭分类，调查各类家庭的出行率。在假设各类型的家庭出行率在预测的未来时刻也保持不变的前提下，对人口(家庭)发展进行预测，从而得到预测的交通量。

表10-3是澳大利亚某城市的不同家庭类别的出行产生率。

不同家庭类别的出行产生率(单位:人次/d)　　表10-3

小汽车拥有数	低收入		中等收入		高收入	
	1~3人	≥4人	1~3人	≥4人	1~3人	≥4人
0	3.4	4.9	3.7	5.0	3.8	5.1
1	5.2	6.9	7.3	8.3	8.0	10.2
≥2	5.8	7.2	8.1	11.8	10.0	12.9

【例 10-1】 已知:低收入、无小汽车、每户 3 人的有 100 户;低收入、无小汽车、每户 4 人的有 200 户;中等收入、有一辆小汽车、每户 4 人的有 300 户;高收入、有 2 辆小汽车、每户 5 人的有 50 户。求该区的总出行产生量。

解:计算该区的出行产生量为:
$$100 \times 3.4 + 200 \times 4.9 + 300 \times 8.3 + 50 \times 12.9 = 4455(人次/d)$$

3. 回归分析法

回归分析法是交通发生、吸引预测中较常用的方法。它是在分析小区发生、吸引量与其影响因素如小区人口、就业岗位数等指标的相关关系的基础上,得出回归预测模型。

在研究中最常用的是多元线性回归模型,有时也采用指数函数、对数函数及幂函数等函数形式进行回归分析。多元线性回归模型如下:

$$T_i = a_0 + \sum_k a_k x_{ik} \tag{10-4}$$

式中:T_i——第 i 种类型的发生(或吸引)交通量;

a_0——回归系数常数项;

a_k——第 k 种影响因素的回归系数;

x_{ik}——第 i 种类型的第 k 种影响因素。

回归分析模型的系数可以采用最小二乘求解,具体方法请参见相关数学教材。

例如上海市城市规划设计研究院根据货流 OD 调查,建立了下列货车流的出行产生模型。

市内商业中心或仓库、内港混杂区:

$$T_1 = 2150 - 3.22x_{11} + 46.31x_{12} + 8.84x_{13} \tag{10-5}$$

市内住宅区:

$$T_2 = 257 + 0.85x_{21} + 46.18x_{22} + 5.81x_{23} \tag{10-6}$$

式中:T_1、T_2——出发与到达的车次总数,辆/d;

x_{11}、x_{21}——建筑面积,hm^2;

x_{12}、x_{22}——职工数,千人;

x_{13}、x_{23}——人口数,千人。

运用这种方法需满足下述假定:自变量是相互之间独立的连续型变量,呈正态分布,且自变量与因变量是线性关系。

需要注意的是,由于交通预测是一项实践性很强的工作,不是单纯的数学分析,因此,求解出来的模型需要进行物理意义的分析。合理选择变量,对变量的系数尤其是符号进行分析,直至得到合理的解释,才能认为模型能够正确描述变量之间的相互关系,而不能仅凭相关性分析来确定模型。

三、出行分布预测

出行分布预测是将各交通小区规划年的出行发生量和吸引量转化成为各小区之间的出行交换量的过程,即要得出由出行生成模型所预测的各出行端交通量与区间出行交换量的关系。

(一)OD 表

OD 表是记录交通分布的情况的表格,它是一个二维的矩阵。OD 表是交通分布模型研究的基本对象。交通小区数为 n 的 OD 表如表 10-4 所示。

OD 表

表 10-4

O	D						总计
	1	2	⋯	j	⋯	n	
1	t_{11}	t_{12}	⋯	t_{1j}	⋯	t_{1n}	$G_1 = \sum_{j=1}^{n} t_{1j}$
2	t_{21}	t_{22}	⋯	t_{2j}	⋯	t_{2n}	$G_2 = \sum_{j=1}^{n} t_{2j}$
⋮	⋯	⋯	⋯	⋯	⋯	⋯	⋯
i	t_{i1}	t_{i2}	⋯	t_{ij}	⋯	t_{in}	$G_i = \sum_{j=1}^{n} t_{ij}$
⋮	⋯	⋯	⋯	⋯	⋯	⋯	⋯
n	t_{n1}	t_{n2}	⋯	t_{nj}	⋯	t_{nn}	$G_n = \sum_{j=1}^{n} t_{nj}$
总计	$A_1 = \sum_{i=1}^{n} t_{i1}$	$A_2 = \sum_{i=1}^{n} t_{i2}$	⋯	$A_j = \sum_{i=1}^{n} t_{ij}$	⋯	$A_n = \sum_{i=1}^{n} t_{in}$	$T = \sum_{i=1}^{n}\sum_{j=1}^{n} t_{ij} = \sum_{i=1}^{n} G_i = \sum_{j=1}^{n} A_j$

注:t_{ij} 为以交通小区 i 为起点,交通小区 j 为终点的交通量;G_i 为交通小区 i 的发生交通量;A_j 为交通小区 j 的吸引交通量;T 为研究区域某种(或几种)交通方式的交通总量。

对于现状的交通分布,对 OD 调查的结果进行处理就可以得到各小区之间的交通量大小和流向。而对于未来各年的交通分布情况,则需要采用交通分布模型进行预测。

可以看出,OD 表不仅反映了各小区间交通量的大小,而且还包含了该交通量的流向。表中对角线上的元素 t_{ii} 是交通小区的内部出行交通量。

通常情况下,交通量的统计是以日为单位进行的。有时为了研究交通拥堵的对策,也采用高峰小时的 OD 矩阵进行研究。

(二)出行分布预测方法

出行分布预测方法大体上分为三类:增长率法、重力模型法和概率模型法。下面主要介绍增长率法和重力模型法。

1. 增长率法

增长率法利用现状 OD 表,考虑各小区发生量、吸引量的增长率来直接推算未来的 OD 表。

增长率法主要有平均增长率法、Detroit 法、Fratar 法三种。应用最广泛的是 Fratar 法。增长率法的原理可以表示为:

$$现状分布 \times 增长系数 = 未来分布$$

三种方法的不同之处在于如何确定增长系数。它们的计算过程可以概述如下:

假设交通小区 i 与交通小区 j 之间现状交通量为 $t_{ij}^{(0)}$，i 小区现状的产生交通量为 $G_i^{(0)}$，未来的产生交通量为 G_i，j 小区现状的吸引交通量为 $A_j^{(0)}$，未来的吸引交通量为 A_j。

(1) 用下式计算未来交通量的第一次近似值：

$$t_{ij}^{(1)} = t_{ij} f \tag{10-7}$$

式中：f——增长系数函数，不同的方法具有不同取值。

(2) 得到第一次预测各小区的发生交通量和吸引交通量：

$$G_i^{(1)} = \sum_j t_{ij}^{(1)}, A_j^{(1)} = \sum_i t_{ij}^{(1)} \tag{10-8}$$

(3) 考察调整系数 α 与 β 是否收敛到 1 左右，例如在 $[0.97, 1.03]$ 区间。

$$\alpha^{(1)} = \frac{G_i^{(1)}}{G_i^{(0)}}, \beta^{(1)} = \frac{A_j^{(1)}}{A_j^{(0)}} \tag{10-9}$$

(4) 如果 α 与 β 都收敛到 1 左右，则停止计算，相应的 $t_{ij}^{(k)}$ 即为所求的分布；否则，利用 $G_i^{(k)}$、$A_j^{(k)}$ 代替式 (10-7) 中增长系数函数 f 中的 $G_i^{(0)}$ 和 $A_j^{(0)}$ 进行迭代计算。

平均增长率法、Detroit 法、Fratar 法对于增长系数函数的定义如下：

(1) 平均增长率法：

$$f = \frac{1}{2} \left(\frac{G_i}{G_i^{(0)}} + \frac{A_j}{A_j^{(0)}} \right) \tag{10-10}$$

即增长率是发生量与吸引量增长率的平均值。

(2) Detroit 法：

$$f = \frac{G_i}{G_i^{(0)}} \frac{\dfrac{A_j}{A_j^{(0)}}}{\dfrac{\sum_j A_j}{\sum_j A_j^{(0)}}} \tag{10-11}$$

该方法认为 i、j 小区间分布交通量 t_{ij} 的增长系数与小区 i 的出行发生量和小区 j 的出行吸引量增长系数成正比，与出行发生量的增长系数成反比。

(3) Fratar 法：

$$f = \frac{1}{2} \frac{G_i}{G_i^{(0)}} \frac{A_j}{A_j^{(0)}} (L_i + L_j) \tag{10-12}$$

式中：L——小区位置系数，分别按起点和讫点计算如下：

$$L_i = \frac{G_i^{(0)}}{\sum_j \left(t_{ij}^{(0)} \dfrac{A_j}{A_j^{(0)}} \right)}, L_j = \frac{A_j^{(0)}}{\sum_i \left(t_{ij}^{(0)} \dfrac{G_i}{G_i^{(0)}} \right)} \tag{10-13}$$

该方法认为 i、j 小区间的分布交通量 t_{ij} 不仅与小区 i 的出行发生增长系数和小区 j 的出行吸引增长系数有关，而且还与整个调查区内其他地区的增长系数有关。

增长率法的优点是易于理解，运算简便。它需要事先给定现状年的 OD 矩阵。但是该法是基于两点基本假设：①在预测年以内城市交通运输系统没有明显的变化；②区间的出行与路网的改变相对独立。因此,无法考虑未来交通对土地利用的影响,应用范围一般限于区域增长较为均匀的城市,或趋于平衡发展阶段的大城市中心区。因为 Fratar 法收敛速度快,所以现在运用最为广泛。

2. 重力模型法

重力模型法借鉴了牛顿万有引力定律来描述城市居民的出行行为,它考虑了两小区之间的吸引强度和吸引阻抗因素。它的基本假设为:小区 i 到小区 j 的出行分布量与小区 i 的出行发生量、小区 j 的出行吸引量成正比,与小区 i 和小区 j 之间的出行距离(或广义的出行费用)成反比。

重力模型具有多种形式,常用的重力模型有无约束重力模型、行程时间模型、美国联邦公路局模型,以及双约束重力模型等几种。下面简要介绍前三种。

(1)无约束重力模型

无约束重力模型的形式如下:

$$t_{ij} = k \frac{G_i^\alpha A_j^\beta}{R_{ij}^\gamma} \tag{10-14}$$

式中:G_i——交通小区 i 的发生交通量;
  A_j——交通小区 j 的吸引交通量;
  R_{ij}——i 小区与 j 小区之间的距离或广义的出行费用。

式中的 α、β、γ 和 k 是模型的参数,在已知现状的交通分布(或部分交通分布)的情况下,可以用最小二乘法进行估计。对式(10-14)两边取对数,得到:

$$\log t_{ij} = \log k + \alpha \log G_i + \beta \log A_j - \gamma \log R_{ij} \tag{10-15}$$

上式是一个线性函数,可以采用多元线性回归分析对各参数进行标定。根据经验,系数 α、β 的取值一般在 0.5~1.0。

R_{ij}^γ 是 i 小区与 j 小区之间的广义出行费用,也叫分布阻抗,而 γ 是分布阻抗系数。一般情况下,广义出行费用考虑的因素包括:两小区之间的行程时间、两小区之间的距离、两小区之间出行时所需的费用,包括票价、收费道路的通行费、燃料费用等。通常的处理方法是找出三者之间的转换关系,折算为统一经济单位进行计算。

假设计算得到的系数在未来年保持不变,在给定发生交通量、吸引交通量以及小区间的广义出行费用时,可以通过重力模型求解该地域任何预测时间的 OD 分布交通量。但是,无约束重力模型本身不满足约束条件 $\sum_{j=1}^{n} t_{ij} = G_i$ 和 $\sum_{i=1}^{n} t_{ij} = A_j$,需要利用增长率法进行迭代运算使得 t_{ij} 能够满足约束条件。

(2)行程时间模型

行程时间模型又叫沃里斯模型,它是由沃里斯(Voorhees)提出的修正重力模型。该模型如下:

$$t_{ij} = G_i \frac{A_j f(R_{ij})}{\sum_{j=1}^{n} A_j f(R_{ij})} \tag{10-16}$$

式中:$f(R_{ij})$——分布阻抗函数;
  其余符号意义同式(10-14)。

分布阻抗函数有 $f(R_{ij}) = R_{ij}^{-\gamma}$，$f(R_{ij}) = \exp(-bR_{ij})$，$f(R_{ij}) = a \cdot \exp(-bR_{ij}) \cdot R_{ij}^{-\gamma}$ 三种形式，最为常用的是 $f(R_{ij}) = R_{ij}^{-\gamma}$。$\gamma$ 作为待定参数，一般根据现状 OD 调查资料，用试算法确定。

行程时间模型能满足 $\sum_{j=1}^{n} t_{ij} = G_i$，但没有满足 $\sum_{i=1}^{n} t_{ij} = A_j$，它还需要根据吸引交通量进行迭代计算，对结果进行修正。

(3) 美国联邦公路局模型

美国联邦公路局模型（BPR）的形式为：

$$t_{ij} = G_i \frac{A_j f(R_{ij}) K_{ij}}{\sum_{j=1}^{n} A_j f(R_{ij}) K_{ij}} \tag{10-17}$$

式中：K_{ij}——调整系数；

其余符号意义同式（10-14）。

美国联邦公路局模型在行程时间模型的基础上引入了调整系数 K_{ij}，用于描述 i、j 小区间的交通联系状况，又称地域间的结合度。其确定方法是：先令 $K_{ij} = 1$，此时式（10-17）与式（10-16）等同，根据已有的 OD 资料，用试算法确定 γ，并计算 t_{ij}。通过比较计算得到的 t_{ij} 与调查得到的 t_{ij} 确定 K_{ij}。因此，美国联邦公路局模型能较好保证现状分布后得到的 t_{ij} 与调查得到的 t_{ij} 相一致。

与行程时间模型一样，美国联邦公路局模型能满足 $\sum_{j=1}^{n} t_{ij} = G_i$，但没有满足 $\sum_{i=1}^{n} t_{ij} = A_j$，需要根据吸引交通量进行迭代计算，对结果进行修正。

此外，还有双约束的重力模型，它能满足 $\sum_{j=1}^{n} t_{ij} = G_i$ 和 $\sum_{i=1}^{n} t_{ij} = A_j$，但模型较为复杂，可参考交通规划专业书籍。

重力模型，特别是后两种重力模型是目前交通规划中广泛采用的模型。它的主要优点是考虑的因素比增长率法更加全面，能较好地描述交通阻抗参数的变化，即使没有完整的现状 OD 表也能进行推算预测。

其缺点是对短距离出行的分布预测值会偏大。从公式中可以看出，当交通阻抗趋近于 0 时，交通分布量会趋于无穷大。在运用时应注意这点。

(4) 出行分布预测算例

【例 10-2】 试用平均增长率法求未来年的交通分布，已知条件如表 10-5 所示。

各小区的现状分布和未来产生吸引量　　　　　　　　　　　　　　　　表 10-5

起点	讫点				未来产生
	1	2	3	总计	
1	4	2	2	8	16
2	2	8	4	14	28
3	2	4	4	10	40
总计	8	14	10	32	
未来吸引	16	28	40		84

解：根据式（10-7）和式（10-10），计算第一次分布的矩阵 $t_{ij} = \frac{1}{2} \cdot t_{ij} \cdot \left(\frac{G_i}{G_i^{(0)}} + \frac{A_j}{A_j^{(0)}} \right)$。

例如 $t_{13}=0.5\times2\times\left(\dfrac{16}{8}+\dfrac{40}{10}\right)=6$。计算结果如表 10-6 所示。

平均增长率法第一次迭代结果　　　　　　　　　　　　　　表 10-6

起点	讫点			总计	α
	1	2	3		
1	8	4	6	18	0.89
2	4	16	12	32	0.88
3	6	12	16	34	1.18
总计	18	32	34	84	
β	0.89	0.88	1.18		

在此基础上，计算 α 与 β，计算结果见表 10-6。从表中可以看出，α 与 β 没有满足在[0.97，1.03]区间，因此需要进一步迭代。将表 10-6 的结果进行迭代计算，直到第 3 次才得到满足条件的 OD 表，最终结果如表 10-7 所示。

平均增长率法最终结果　　　　　　　　　　　　　　　　表 10-7

起点	讫点			总计	α
	1	2	3		
1	6.76	3.33	6.27	16.36	0.98
2	3.33	13.09	12.36	28.78	0.97
3	6.27	12.36	20.20	38.83	1.03
总计	16.36	28.78	38.83	83.97	
β	0.98	0.97	1.03		

本题如果采用 Fratar 法，第一次迭代就可以得到符合要求的结果。

四、出行方式划分

在预测出各交通小区之间的出行分布后，还必须进行出行方式划分，才能换算成交通小区之间的不同出行方式的交通量，从而进一步在道路网上进行分配。

（一）基本概念

城市出行方式一般分为步行、非机动车(自行车和电动自行车)、公交、出租车、摩托车、私人小客车等几种方式。

出行方式划分预测即指在进行了出行分布预测得到 OD 矩阵之后，确定不同出行方式在小区间 OD 量中所承担的比例。

出行方式划分在交通需求预测中所处的阶段有四种情况，如果以 G、D、MS 和 A 分别表示出行生成、出行分布、出行方式划分和交通分配，则四种组合可用图 10-6 表示。

图 10-6a)意味着一开始就按不同的出行方式统计各自的出行产生量。图 10-6b)把出行方式划分作为出行分布程序的一部分，即两者同时进行，这种程序可以从出行分布的结果中对比不同出行方式的效果。图 10-6c)则表明出行方式划分在计算出行分布之前完成。图 10-6d)

是国外采用最多的方式,因为它可以把行程费用、服务水平等作为出行方式划分的评价指标。本节介绍这种组合方式下的出行方式选择模型。

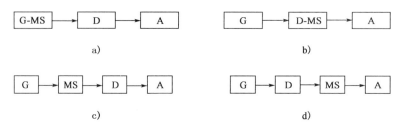

图 10-6 出行方式划分的位置

(二)影响出行方式选择的因素

影响居民出行方式选择的因素很多,社会、经济、政策、城市布局、交通基础设施水平、地理环境及居民出行行为心理、生活水平等均从不同侧面影响居民出行方式结构。直接的影响因素可以分为以下几类:

1. 出行者特征

出行者特征如个人是否拥有小汽车或其他机动交通工具、是否有驾驶执照及其职业、性别、年龄、收入、支出、家庭人员数、住房形式和居住条件等。

2. 出行特征

出行特征包括出行目的、出行时段、出行距离等。不同的目的导致不同的选择。如上下班强调快速,休闲活动则期望舒适。短途出行多采用步行、非机动车,长距离出行就以乘坐公交或自驾小汽车居多。此外,城市规模对出行方式也有着重要的影响。

3. 出行方式服务水平

这类指标主要是指时间、费用和其他感受类指标。时间包括行程时间、车内时间、步行时间、候车时间等;费用包括票价、燃油费、停车费用、过路费等;其他感受类指标包括拥挤度、准时度、舒适度、安全度等。

(三)出行方式划分预测方法

1. 转移曲线

这是一种较为简单直观的交通方式划分预测方法。转移曲线是根据大量的调查统计资料绘制的各种交通方式的分担率与其影响因素之间的关系曲线,一般采用诺模图表示。我国和美国、英国、加拿大都有成套的公共交通与个体交通的转移曲线,根据未来的影响因素,可以直接查出各种交通方式的分担率。

2. 函数模型法

(1)线性模型

线性模型是最为简单的模型,它将出行方式分担率与影响因素之间的相互关系采用线性函数的形式表达,通过对相关因素的预测得到未来的出行方式分担率。

$$P_i = a_0 + \sum_k a_k x_{ik} \qquad (10\text{-}18)$$

式中：P_i——第 i 种出行方式的分担率；

x_{ik}——第 i 种出行方式的第 k 个影响因素；

a_0、a_k——模型待定参数。

用这种方法求出的分担率无法保证 $0 \leq P_i \leq 1$ 这一基本条件。鉴于此，开发了 Logit 模型。

（2）Logit 模型

$$P_i = \frac{\exp(U_i)}{\sum_{j=1}^{n} \exp(U_j)}, U_i = \sum_k a_k x_{ik} \qquad (10\text{-}19)$$

式中：U_i——第 i 种出行方式的效用函数；

j——出行方式的种类数；

其余符号意义同式(10-18)。

从模型的结构可以看出，$0 \leq P_i \leq 1$，$\sum_i P_i = 1$。

效用函数影响因素的选择、模型参数的标定，应该根据实际调查的结果综合分析确定。

以上介绍的两种出行方式预测方法着眼于相对微观的影响因素进行分析建模，而对于宏观影响因素，如未来国家经济政策、交通政策等方面影响因素考虑较少。因此，在预测未来的出行方式划分时，需要研究城市现状居民出行方式结构及形成原因，对城市未来布局、规模变化趋势、交通系统建设发展趋势、居民出行方式选择决策趋势进行分析，并与具有可比性的有关城市进行对比分析，初步估计规划年城市交通结构可能的取值，以此来指导微观预测。

五、交通分配

（一）基本概念

交通分配是将已经预测出的 OD 交通量按照一定的规则分配到道路网的各条道路上，并预测各条道路的交通量。OD 交通量是两点之间的交通量，即从出发地到目的地的交通量。一般来说，两点之间有很多条路径，将 OD 交通量正确合理地分配到各条路径上是交通分配模型要解决的问题。

交通分配方法一般可以分为平衡与非平衡分配两大类，并采用沃德罗普(Wardrop)提出的第一、第二原理作为划分依据。沃德罗普(Wardrop)第一原理认为当网络上的每组 OD 的各条被利用的路径具有相等而且最小的费用时，网络达到平衡，此时所有使用者都不可能通过改变路径来减少费用。沃德罗普(Wardrop)第二原理认为达到平衡状态时，在网络上所有车辆的总出行时间最短。此时，道路使用者不能调整路径来降低系统总出行时间。

如果交通分配模型满足沃德罗普(Wardrop)第一或第二原理，则该模型为平衡模型，否则为非平衡模型。满足第一原理的称为用户优化水平模型，满足第二原理的称为系统最优模型。

平衡分配模型由于引入了许多理想化假设，并且模型结构复杂、约束条件较多，因而在实际中运用较少。相比之下，非平衡分配模型具有结构简单、概念明确、计算简便等优点，因而得到广泛运用。根据驾驶员对路径选择的不同，非平衡分配模型可分为单路径模型和多路径模型。单路径模型假设所有驾驶员对路径的选择都是相同的，而多路径模型则考虑了驾驶员路径选择的差异。下面就非平衡模型进行介绍。

(二)非平衡模型

1. 全有全无分配法

全有全无分配法是最简单、最为基本的路径选择和分配方法之一,它假设每一 OD 对的 OD 量被全部分配在连接该 OD 对的最短路径上,其他路径上则分配不到交通量。

它的计算步骤可以归纳如下:

(1)计算每一个 OD 对之间的最短路径。

(2)把各 OD 对的交通量全部分配到相应的最短路径。

最短路径的求法是全有全无分配算法的核心,同时也是其他分配方法中必不可少的部分。最短路径的算法有很多,最为常见的方法是迪杰斯特拉算法(Dijkstra 算法),也称为标号法。此外还有贝尔曼-福特-穆尔(Bellman-Ford-Moore)算法、弗洛伊德(Floyd)算法、A * 算法等。具体的计算方法可以参考运筹学教材。

全有全无分配法的优点是计算相当简便,只需一次分配。其不足之处在于没有考虑路径的阻抗随着交通量的增加而增加,没有考虑路径的通行能力能否满足分配的交通量,显然这与实际情况是不相符的。

2. 容量限制-增量加载分配法

容量限制-增量加载分配法是一种迭代的交通分配方法,它考虑了行程时间与交通负荷之间的关系,对交叉口、路段通行能力的限制进行了一定的考虑,比较符合实际情况。

容量限制-增量加载分配法是在最短路径分配法基础上发展起来的。它将 OD 表分解为 m 个分表依次分配。例如考虑将一个 $n \times n$ 的总矩阵分解为 5 个分矩阵,分矩阵中各元素值 $\sum_m p_m = 1$,分别为总 OD 矩阵的 30%、25%、20%、15% 和 10%。首先,按最短路径分配 30% 的 OD 矩阵,根据分配的交通量对路网的阻抗进行重新修正;然后,求出在现状交通负荷下的各 OD 对之间的最短路径,再把 25% 的 OD 矩阵分配到最短路径上;然后,按此方法进行下一个 OD 矩阵分配,直到把全部 OD 矩阵都分配到路网上。

交通分配中某条路径的时间阻抗由路段的行驶时间和交叉口的延误两部分构成。对于路段行驶时间的修正,可以根据行驶时间和路段交通量之间的关系,即路阻函数确定。而交叉口的延误与交通量之间的关系也可以通过相应的延误模型确定。这里重点讨论一下路阻函数。

最为常见的路阻函数是美国联邦公路局函数,它的形式如下:

$$t = t_0 + \left[1 + \alpha \left(\frac{q}{C} \right)^\beta \right] \tag{10-20}$$

式中:t——交通量为 q 时两交叉口之间的路段行驶时间,s;

t_0——两交叉口之间的路段自由行驶时间,s;

q——路段上的交通量,pcu/h;

C——路段的实际通行能力,pcu/h;

α、β——模型待定参数,建议取值 $\alpha = 0.15$,$\beta = 4$。

该函数考虑了机动车流量对行程时间的影响,使用方便,在国外广泛运用。对于我国的交通流现状,需要进一步结合横向干扰、分隔形式、车道宽度等影响因素加以讨论。

3. 多路径概率分配法

多路径概率分配法能够模拟不同出行者选择自己估计阻抗最小的路径的行为。根据出行者对可选路径的行程时间、距离等影响因素反应的程度,确定其选用某条路线的概率,将各交通分区间的出行量按比例分配至多条可行路径上,改善了相同OD选择单一路径的缺点。

出行者对路径选择的不同主要与下列各种因素或现象有关:

(1)出行者对于路网的信息难以完全了解,因此对于"最短路"的选择,并不能真正代表实际的最少的行程时间或费用。

(2)出行者因目的、喜好、收入及习惯的不同,使各条道路都有被选择的机会。

(3)交通小区内的产生与吸引,实际上有多个核心,并非只有一个质心,因此按照单一质心所选的最短路未必是最恰当的。

各条出行路线被选用的概率可以采用 Logit 模型进行计算:

$$P_k(r,a,b) = \frac{\exp\left[\dfrac{-\theta \cdot t(k)}{\bar{t}}\right]}{\sum\limits_{i=1}^{m}\exp\left[\dfrac{-\theta \cdot t(i)}{\bar{t}}\right]} \times 100 \quad (10\text{-}21)$$

式中:$P_k(r,a,b)$——OD 量 $T(a,b)$ 在第 k 条出行路线上的分配率,%;

$t(k)$——第 k 条出行路线的广义交通阻抗;

$\bar{t}$——各条路线的平均交通阻抗;

θ——分配参数,它是度量出行者总体对路网熟悉程度的指标,一般取 3.00 ~ 3.50;

m——有效出行路线的条数。

在一个较大网络中,每一 OD 对之间都可能有很多出行路线。因此,在分配前必须先确定每一 OD 对之间的有效路段和有效路径。有效路段的终点比起点更靠近出行的终点,即沿该路段前进能比当前位置更加接近出行的目的地。有效路径则是由有效路段构成的连接起讫点的路线。在多路径分配过程中,只有有效路段才会被分配交通量。

4. 容量限制-多路径概率分配法

与容量限制-增量加载分配法类似,容量限制-多路径概率分配法也是通过迭代算法来进行分配。它将 OD 矩阵表分解为 k 个分矩阵表,然后分 k 次用静态的多路径概率分配法进行分配,每分配一个 OD 分表,就将路网阻抗修正一次,直到把 k 个分表全部分配到路网上。它的路网阻抗修正方法与容量限制-增量加载分配法相同,所不同的是,容量限制-增量加载分配法每次采用最短路径分配模型,而它采用多路径分配模型。

容量限制-多路径概率分配法的流程图见图 10-7。

六、城市货运交通需求发展预测

城市货运交通与城市客运交通共同构成城市交通运输系统。城市货运交通需求预测包括城市货物出行总量预测、交通小区货运发生、吸引量预测,以及货运分布预测等。从预测的角度来看,客流预测的交通组成复杂,而货流预测的规律性更难掌握。特别是网络商业活动所带来的城市物流需求增大对于城市道路交通系统的影响越来越显著,城市货运需求的预测工作也日趋重要。

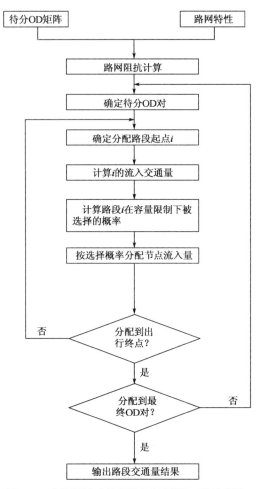

图 10-7 容量限制-多路径概率分配算法工作流程图

（一）城市货物出行总量预测

一个城市的道路货物出行总量与该城市的地区生产总值、商品零售额、土地使用、产业结构等因素有着密切的关系。通常城市道路货物出行总量通过与该城市地区生产总值、商品零售额的历史资料建立回归模型进行预测，并根据产业结构、工业区分布、物流园区分布等进行修正。

（二）交通小区货运发生、吸引量预测

各交通小区的货运发生、吸引量预测是以城市道路货运总量为基础，根据各交通小区的土地利用性质（各类用地面积及货运生成密度）进行分担。对大型企业货运总量预测的目的是对城市的货运总体需求及其发展趋势进行把握。分析货运发生、吸引量要作专门预测，最后进行货运总量的平衡。

（三）城市货运分布预测

与城市客运分布预测一样，各交通小区的货运发生、吸引量需通过分布预测转换成货运未来年份的OD矩阵,并根据货车的运输效率转换成货车OD矩阵。

用于城市货运分布预测的方法与客运一致,货运分布预测中最常用的模型为双约束重力模型。客、货运分布预测的模型参数因差异较大,需分别进行标定。

(四)城市货运的交通量分配

对预测得到的货运车辆OD,运用交通分配模型进行分配,用以研究货运出行的特性,分析路网的适应性、货运场站布局的合理性,为路网改造及相关货运设施建设、政策及管理方案的制定提供依据。OD分配的方法与前面所述的方法基本一致。

第四节 道路系统规划

一、概述

道路交通规划基本上是随着城市的产生就开始了。《周礼·考工记》中记载有我国古代的道路规划情况,"匠人营国,方九里,旁三门,国中九经九纬,经涂九轨……"现在,我国的许多城市中还可以看到这种规划模式留下的痕迹。

道路交通系统规划是在综合交通系统分析的基础上进行的。即通过分析各种交通方式的竞争条件和交通需求,确定道路交通在综合交通系统中所占的地位和发挥的作用,在此基础上进行道路系统的规划。

二、城市道路系统规划的基本要求

城市道路网是城市社会经济活动的纽带,也是城市的骨架,在很大程度上左右着城市的发展方向。同时,城市电力、通信、燃气、给排水等基础设施和地铁、轻轨等设施,都要紧密结合城市道路网的规划布局。因此,道路系统规划对城市具有重要的意义。

在规划设计过程中,应考虑与国土规划、产业布局、区域发展规划、经济发展规划、环境等各方面的协调。同时,还需要考虑政治、经济、历史、人文景观等因素的影响。城市道路系统规划主要应该满足以下要求:

(1)城市道路系统规划必须以城市总体规划为基础,发挥城市道路交通对土地开发强度的促进和制约作用,并与城市的规模、性质相适应。

(2)城市道路系统规划应保证客、货车流和人流的安全与畅通。

(3)应与城市的历史风貌、自然环境和城市景观相协调。

(4)应为布设地上地下工程管线和其他市政公用设施提供空间。

(5)应满足城市救灾避难和日照通风的要求。

(6)应为社会各阶层提供可达性与机动性。

三、城市道路系统规划的基本方法

对于新建城市,主要根据规划的人口、就业、土地利用布局等方面因素,综合考虑后安排道路网络。

对于已有建成区的城市道路网规划,一般可以按如下方法进行:

(1)根据对现状交通评价的结果,对拥挤路段和路口提出相应的改善方案,参考城市总体规划及分区规划中的道路网络方案,提出一个初始方案。

(2)在预测未来年的交通需求基础上,将各种方式出行的 OD 矩阵分配到规划路网上,根据分配结果得到路段和交叉口的交通量和整个路网的运行情况。

(3)对每一个路段、路口以及整个路网的交通负荷、服务水平等运行指标进行分析,同时对路网的结构、布局等总体指标进行分析,在此基础上结合交通发展政策,从对不同交通参与者的影响等方面进行方案的评价。

(4)根据运行分析的结果,对规划方案进行调整,提出改善的方案,修改交通预测与分配方案,直到规划方案可行、合理。

此外,有时根据考虑的重点不同,需要提出多套方案进行比选,以供决策。

四、城市道路系统规划的基本内容

城市道路系统规划应包括城市道路系统发展战略规划和城市道路系统近、中、远期规划。

城市道路系统规划应包括下列内容:

(1)优化配置城市干路网结构,规划城市干路网布局方案,提出支路网规划控制密度和建设标准。

(2)提出城市各级道路红线宽度指标和典型道路断面形式。

(3)确定主要交叉口、广场的用地控制要求。

(4)确定城市防灾减灾、应急救援、大型装备运输的道路网络方案。

(5)提出分期建设与建设项目排序的建议。

第五节 交通规划评价

一、概述

交通规划评价是在交通需求预测的基础上,论述规划方案达到规划目标的可能性,并通过对规划方案产生的影响进行多角度的分析,全面了解规划方案产生的各种效益,为进行科学决策提供依据。

由于交通系统对社会经济存在多方面的影响,人们不仅仅关注交通建设项目的实施方案与居住地、工作区域、商业和服务业之间的空间布局协调关系,而且关心交通项目实施对项目影响区域的土地利用模式、城市交通系统、自然资源的利用、环境及居民生活水平的影响等各个方面。正因为这样,对交通规划方案进行系统科学的分析评价是保证决策正确的重要步骤。

二、评价原则和依据

(一)评价原则

城市交通规划评价指标体系建立的原则如下。

1. 完备性原则

城市交通规划评价指标体系应全面、客观、综合反映城市交通规划方案的性能和效果。完备性原则要求评价指标所反映的交通运行状况具有全面性。评价指标体系中各个评价指标所评价的内容应尽可能地涵盖交通系统运行的各种属性，如方便、快捷、经济、安全、环保、对居民的影响等。

2. 可比性原则

评价必须在平等的、可比的价值体系下才能进行，否则就无法判断不同城市交通系统的相对优劣。同时，可比性原则对评价指标的敏感性与可测性提出了要求。所选用的评价指标应具有较高的敏感性，能客观地反映不同方案所取得的效果差异；对于所选取的评价指标，必须能够通过某些直接或是间接的方法得到定量的值。所以在选择指标时，对于那些不可测的指标，应该予以摒弃。

3. 实用性原则

进行评价的目的是为改善城市交通提供决策支持。因此，无论是按照什么方法或是依据什么原理，都必须具备实用性。在评价的过程中，应力求做到思路清晰，指标明确，方法恰当可行，结论易于理解和决策。

4. 独立性原则

各评价指标之间应尽可能独立，相关程度尽可能地小。

（二）评价依据

对于交通规划方案评价，至少需要针对以下几个方面进行分析。

1. 适应性

需评价规划项目是否能适应社会经济发展的需求，提供充足的交通容量；规划项目是否能为客货运输提供较高的效率，是否能适应现代化生产、生活的快节奏，以及出行者在安全性、舒适性等方面的要求。

2. 可行性

需明确规划项目实施过程中所需要的资金、技术、土地、人力、设备及时间等资源，对备选方案的可行性进行分析。

3. 协调性

需评价规划项目是否与城市的土地利用规划和未来的城市发展需求相协调；规划项目是否考虑了各种交通方式之间的协调发展；规划项目是否能协调交通、环境与社会服务方面的需求；规划项目是否考虑了对不同主体造成的影响。

需要说明的是，不同的主体对交通项目关注的重点有所不同。对于建设项目的经营者来说，关心的是规划项目的投入与效益；对于交通项目的使用者来说，主要关心项目带来的便利性、经济性、安全性、舒适性；对于项目附近的居民，他们关心项目产生的交通环境影响以及对景观和地价的影响；对于项目建设相关行业，则关心由此产生的市场和消费；从政府角度来看，关心项目是否有利于达成规划的产业布局和土地利用目标，是否有助于促进社会经济的进步等。进行交通规划评价时，需要从不同主体的角度对规划方案进行评价，使得规划方案能够尽量兼顾各方面的利益。

此外,在进行具体的城市交通规划评价时,还要依据城市交通系统规划建设的有关法律、规范、标准等的要求,进行分析评价。

三、经济效益评价

对于交通建设项目的经济效益评价,通常采用国民经济评价方法。对于收费项目的建设,还需进行财务评价。经济评价是通过比较各方案的全部预计成本(费用)和全部预期效益来考虑方案的经济合理性及优劣。目前国内外普遍采用的经济评价指标有四个:净现值(NPV)、效益费用比(BCR)、内部收益率(IRR)、投资回收期(N)。在评价时需考虑资金的时间价值,在效益、费用折现的基础上计算经济评价指标。

对交通规划方案的经济效益评价要通过成本和效益两方面的核算完成,而成本和效益都有直接和间接之分。从成本(或投资费用)来看,直接费用包括初次投资费用,以及有关的交通设施、交通服务的运营和维修费用等;间接费用则包括其他政府机构所需的经费开支,大气和噪声污染治理的费用,能源、轮胎消耗费用等。从效益来看,直接经济效益如节省出行时间、降低运输成本、减少交通事故等;间接效益如改善投资环境、生活质量,增加地区旅游吸引力等。

四、技术性能评价

路网的技术性能评价,是从路网的技术性能方面分析其内部结构和功能,揭示路网的使用质量,为验证规划方案的合理性和决策提供技术依据。技术评价不仅直接反映了道路和交通状况,而且间接反映了路网对社会经济发展的适应性。从整体而言,路网的社会环境效益和经济效益、各种直接和间接效益,主要取决于路网规划方案的技术性能,因此技术评价是必不可少的重要内容。

技术性能评价包括路网结构性能评价和交通质量评价两方面内容。

(一)路网结构性能评价指标

路网结构性能评价是技术性能评价的一个重要方面,主要考察路网布局、连通状况、均衡状况、技术等级水平等满足社会经济发展和交通运输需求的程度,可以采用路网密度、级配结构、可达性等指标对路网结构特性进行评价。它一般是从城市总体规划、城市交通远景战略规划的角度对路网的总体建设水平、路网布局质量、路网总体容量等方面进行分析评价。

(二)交通质量评价指标

交通质量评价考察路网所能提供的交通服务水平对交通需求的适应程度。它是从单条线路或单个交叉口出发,分析交通线路(道路、地铁、公交线路等)或交叉口的容量、服务水平、延误、事故等指标,然后汇总分析规划方案的效率和适应性。一般适用于中长期综合交通规划和近期治理规划。

五、社会环境影响评价

社会环境影响评价(Social Environment Leaven Appraise, SELA)是对规划项目社会环境可能受到影响的内容、方式、过程、趋势等进行系统模拟、预测和评估,并据此提出评估意见及预防、补偿和改进措施,从而为科学管理、决策提供切实依据的一套理论、方法、手段的总称。对规划项目进行社会环境影响评价,对于实现社会效益、经济效益和环境效益的协调统一,促使社会持续、稳定、协调发展,具有重要意义。通常可以分为社会影响分析和环境影响分析。

(一)社会影响分析

主要有以下几方面的内容:
(1)对社区发展的影响:包括社区概况、人口结构、经济发展、路线两侧交通的阻隔等内容。
(2)对居民生活质量和房屋拆迁的影响:包括居民生活收入、公共卫生、文化设施、房屋拆迁等内容。
(3)对基础设施的影响:包括交通设施、通信设施、水利排灌设施及电力设施等内容。
(4)对资源利用的影响:包括土地资源、矿产资源、旅游资源和文物古迹等内容。
(5)对景观环境的影响:包括对自然景观和人文景观的影响,对可供人游览、观赏、休息和进行科学文化活动的区域或路段的影响。
(6)对提高国家战略战备能力的影响。

(二)环境影响分析

主要有以下几方面的内容:
(1)环境空气影响与评价。
(2)交通环境噪声及施工作业噪声影响与评价。
(3)生态环境影响与评价。

【思考题】

1. 为什么说交通规划是解决城市交通拥堵的手段之一?它是如何发挥作用的?
2. OD 调查的目的是什么?主要包括哪些内容?
3. 预测交通需求的四阶段法包括哪些步骤?各步骤的主要工作内容是什么?
4. 交通分配的方法主要有哪些?分别说明各方法的主要思想。
5. 请用 Fratar 法预测【例 10-2】的未来年交通分布。
6. 【例 10-2】中的三个小区间的出行费用如表 10-8 所示。请用无约束重力模型预测未来年交通分布(假设 α、β 为 1)。

各小区之间的出行费用　　　　表 10-8

起点	讫点		
	1	2	3
1	14	32	40

续上表

起 点	讫 点		
	1	2	3
2	32	16	22
3	40	22	12

7. 两小区间的出行量为2500辆/h，已知有四条道路连接这两个小区，它们的行驶时间分别为5min、12min、6min、9min，试采用多路径概率分配模型确定各条道路上的交通量（假设 $\theta=3$）。

8. 交通规划评价的内容主要包括哪些方面？

第十一章
交通管理与控制

本章介绍交通管理与控制的相关理论、方法与技术，培养学生的法治意识、人文情怀和工匠精神。

第一节 交通管理的目的和内容

从道路交通行为的角度看，交通参与者的社会性使得交通行为变得十分复杂，出行者的个体需求与交通整体需求存在着很大差异和矛盾。从资源与需求的角度看，道路交通也面临十分突出的矛盾：一方面，交通占用资源、消耗能源为社会活动带来巨大的便利，现代社会离不开交通；另一方面，分配给交通系统的资源是有限的，并且要求在这有限资源条件下，实现更为快捷高效的交通。交通管理的目的就是调节交通需求，规范交通行为，充分利用交通资源，调度指挥路面交通，实现道路交通安全、有序和畅通的过程。

交通管理的内容主要体现在交通系统管理、交通需求管理和智能交通管理三个方面。

(1) 交通系统管理是针对道路交通系统、交通参与者的综合管理。首先，道路交通系统是城市的一个有机部分，只有与整个城市的功能协调起来，才能更好地服务于社会生活。另一方面，道路交通系统由道路、车辆、出行者(驾驶员、行人)等子系统组成，每个子系统由不同的要素构成。道路交通正是由这些数量众多、差异很大的要素组成的。交通系统管理使用法治、行政和技术手段，最大限度地利用现有交通时空资源，实现道路交通安全、有序和高效。

(2) 交通需求管理是对道路交通需求的源头管理。道路交通的需求和道路资源存在着时间上和空间上的不平衡。在许多城市,机动车猛增、道路拥堵、事故增加,特别是交通高峰时期,常出现车辆行驶缓慢、交通混乱等。同时,城市土地资源有限,道路建设不能以交通高峰时的需求扩建道路,这样做只能导致城市土地资源的浪费。交通需求管理通过经济、行政等手段,尽可能地在空间、时间和出行方式上调节、减少交通需求。

(3)智能交通管理是借助先进的技术、装置对路面交通进行实时的调节、调度和控制。现代控制理论与技术为路面交通管理与控制提供了基础。实时自动的交通信号灯控制、交通诱导、交通信息发布保障了交通的安全、有序和高效。智能交通管理的基础是道路交通控制。

第二节 交通法规

交通规则就是由有关部门根据道路交通的具体情况,为搞好交通秩序、保障交通安全畅通,经调查研究、反复讨论而制定的有关道路交通系统中人、车、路及自然环境管理方面的规定、条例和制度,并通过审查批准,用法律文件或布告的形式确定下来的条文。通过宣传教育等手段要求交通参与者必须切实遵守,违反交通规则造成重大事故者要依法给予处分。

交通法规是搞好交通秩序、保障交通畅通、保障交通安全和进行交通管理的法律基础,也是搞好交通宣传、安全教育的依据。交通法规必须建立在科学的基础上,比如一项交通规章的制定往往要经过长期的研究、试验与实践才能普遍实行。

一般交通法规应包括下列内容:

(1)交通法规制定的原则和依据。
(2)交通标志、信号及路面标线。
(3)车辆的牌照、灯光、音响、载质量、载客。
(4)驾驶员的条件、培训、审核。
(5)车辆装载(货物、乘客)的规定。
(6)各种车辆运行、停放的规定。
(7)行人和乘客必须遵守的规定。
(8)道路使用与管理的规定。
(9)交通违章和事故处理的规定。

1955年,国家颁布了《城市交通规则》。1972年,公安部和交通部颁布了《城市和公路交通管理规则》。1988年,国务院颁布了《中华人民共和国道路交通管理条例》。2003年,第十届全国人大常委会通过了《中华人民共和国道路交通安全法》,之后,于2007年、2011年、2021年先后进行了三次修订。北京、天津、上海等城市也由行政和立法机关研究、拟定、批准了适用于本地区的道路交通管理规则。北京市目前施行的部分交通法规见表11-1。

北京市道路交通法规　　　　表11-1

法 规 标 题	施 行 时 间
报废机动车回收管理办法实施细则	2020年9月1日
北京市机动车停车管理办法	2014年1月1日

续上表

法 规 标 题	施 行 时 间
北京市实施《中华人民共和国道路交通安全法》办法(2018 修正)	2005 年 1 月 1 日
北京市城市道路管理办法	2005 年 8 月 1 日
北京市道路交通安全防范责任制管理办法	2006 年 1 月 1 日
道路交通事故处理程序规定(修订版)	2018 年 5 月 1 日
中华人民共和国道路交通安全法(2021 年修订)	2004 年 5 月 1 日
机动车登记规定	2022 年 5 月 1 日
机动车驾驶证申领和使用规定	2022 年 4 月 1 日
道路交通安全违法行为记分管理办法	2022 年 4 月 1 日

第三节　交通标志与标线

道路交通标志以颜色、形状、字符、图形等向道路使用者传递交通控制、引导信息。道路交通标线是由施划或安装于道路上的各种线条、箭头、文字、图案及立面标记、实体标记、突起路标和轮廓标等所构成的交通设施,它的作用是向道路使用者传递有关道路交通的规则、警告、指引等信息,可以与标志配合使用,也可以单独使用。标志和标线配合使用时,应含义一致、互为补充,不应产生歧义,并与其他设施相协调,不应与信号灯矛盾。

交通标志和标线配合建议具体如下:

(1)原则上同时设置交通标志和标线。

(2)路面未铺装,则仅设置标志;道路空间受限无法设标志及基础,则仅设置标线。

(3)可以只设标线的情况,要考虑积雪等的影响确定是否设标志。

(4)交通标志和标线配合设置的建议具体可参见《道路交通标志和标线　第 2 部分:道路交通标志》(GB 5768.2—2022)附录 D 的规定。

交通标志和标线的设置是交通管理的重要内容,是技术层面上的交通管理方案。

一、道路交通标志

(一)我国道路交通标志的发展情况

我国在道路上使用标志的历史要追溯到新中国成立前的 1934 年,当时规定了三类 21 种标志。新中国成立后,1950 年,政务院第一次颁布了道路标志。1953 年,政务院又批准修正了公路标志,共计 47 种。1955 年,经国务院批准,公安部颁布了《城市交通规则》,其中有标志 28 种。1960 年经国务院批准,交通部颁布了《公路交通规则》。1972 年公安部和交通部联合颁布了《城市和公路交通管理规则》(简称旧标志),规定了 34 种图符(图案和符号),其中指示标志 9 种、警告标志 7 种、禁令标志 18 种。现行道路交通标志和标线的国家标准从 2009 年起开始陆续发布和实施,《道路交通标志和标线　第 2 部分:道路交通标志》(GB 5768.2—2022)于 2022 年 10 月 1 日起正式实施。

(二)道路交通标志的种类

《道路交通标志和标线 第2部分:道路交通标志》(GB 5768.2—2022)规定,道路交通标志按作用分类,分为主标志和辅助标志两大类,主标志又分为以下六类:

(1)禁令标志:禁止或限制道路使用者交通行为的标志。禁令标志表示禁止、限制及相应解除的含义,道路使用者应严格遵守。有时段、车种等特殊规定时,应用辅助标志说明。除特别说明外,禁令标志上不应附加图形、文字。附加图形时,原禁令标志的图形位置不变。标志内容尽量采用图形方式,并用辅助标志以文字说明;采用文字方式的禁令标志为白底、红圈、黑文字,形状为圆形或矩形。图11-1为禁令标志示例。

a)禁止机动车驶入　　b)禁止非机动车进入　　c)禁止向左转弯　　d)减速让行

图11-1　禁令标志示例

(2)指示标志:指示道路使用者应遵循的标志。指示标志表示指示车辆、行人行进的含义,道路使用者应遵守。有时段、车种等特殊规定时,应用辅助标志说明。除特别说明外,指示标志上不应附加图形、文字。附加图形、文字时,原指示标志的图形位置不变。标志内容尽量采用图形方式,并用辅助标志以文字说明。图11-2为指示标志示例。

a)向右转弯　　b)环岛行驶　　c)鸣喇叭　　d)单行路(直行)

图11-2　指示标志示例

(3)警告标志:禁止或限制道路使用者交通行为的标志。警告标志警告车辆驾驶人应注意前方有难以发现的情况、需减速慢行或采取其他安全行动的情况。标志内容尽量采用图形方式,并用辅助标志以文字说明;采用文字方式的警告标志为黄底、黑边、黑文字,形状为三角形或矩形。图11-3为警告标志示例。

a)交叉路口　　b)向左急变路　　c)连续弯路　　d)注意非机动车

图11-3　警告标志示例

(4)指路标志:传递道路方向、地点、距离信息的标志。指路标志表示道路信息的指引,为驾驶人提供去往目的地所经过的道路、沿途相关城镇、重要公共设施、服务设施、地点、距离和行车方向等信息。指路标志不应指引私人专属或商用目的地信息。指路标志又分为一般道路指路标志和高速公路、城市快速路指路标志。图11-4 为指路标志示例。

a)交叉路口图形式

b)环岛图形式

c)地点距离标志

d)分岔处地点、方向标志

图11-4 指路标志示例

(5)旅游区标志:提供旅游景点方向、距离的标志。旅游区标志用以指引人们前往邻近的旅游区,识别通往旅游区的方向和距离,了解旅游项目的类别。旅游区标志分为旅游指引标志和旅游符号标志两类。旅游指引标志应提供旅游区的名称、前往旅游区的方向或距离等信息,可提供体现旅游区特点的代表性图形。图11-5 为旅游区标志示例。

a)旅游区距离指引

b)旅游区方向指引

c)旅游符号标志与旅游区名称组合

图11-5 旅游区标志示例

(6)告示标志:告知路外设施、安全行驶信息以及其他信息的标志。告示标志用以解释道路设施、指引路外设施或告示有关道路交通安全法规及交通管理安全行车的提醒等内容。告示标志的设置有助于道路设施、路外设施的使用和指引以及安全行车。图11-6 为告示标志示例。

a)交通监控设备信息

b)行车安全提醒(驾驶时禁用手持电话)

图11-6 告示标志示例

辅助标志设在主标志下方,是对主标志进行辅助说明的标志,具体设置规定如下:
(1)表示时间时,根据需要对某些标志规定时间范围,应采用24小时制。
(2)表示车辆种类、属性时,根据需要对某些标志规定车辆的种类、属性。
(3)表示方向时,根据需要对禁令标志或指示标志规定方向路段。
(4)表示区域或距离时,根据需要对禁令标志或指示标志规定区域的范围;根据需要对警告标志、指路标志和旅游区标志表示到达所指示地点的距离;根据需要对警告标志和指路标志表示所指示设施或路段的长度。
(5)表示设置禁令、指示、警告标志的理由。
(6)如果在主标志下需要安装2块以上辅助标志,可采用组合形式,但组合的信息不宜多于3种。

(三)道路交通标志的尺寸

道路交通标志的尺寸和视认距离标志牌的大小尺寸,应能保证驾驶员在一定视距内能方便、清晰地识别标志上的图案、符号与文字,故符号、文字的大小必须满足认视距离的要求。认读一般有五个阶段,即:
(1)发现,在视野内觉察有交通标志,但看不清楚标志的形状。
(2)识别,只能认识标志外形轮廓,看不清牌上的内容。
(3)认读,除看清标志外形,还能看清牌上的内容。
(4)理解,在认读的基础上,理解标志含义并做出判断。
(5)行动,根据判断采取行动,如加速、减速、转弯或停车等。
在此五个阶段的全过程中,汽车行驶的距离称为视认距离或视距。

视认距离同行车速度与标志大小有关,根据实际试验,车速越高则视认距离越长,不同行车速度或不同等级的道路所要求的视认距离不同。为了能在较远的距离视认清标志的内容,就必须相应地加大标志尺寸。同时,字体的不同、笔画的多少或粗细也会影响视认的距离。

关于标志尺寸的具体规定,详见《道路交通标志和标线 第2部分:道路交通标志》(GB 5768.2—2022)。

二、道路交通标线

道路交通标线由不同颜色、线条、符号、箭头、文字、立面标记、突起路标和路边轮廓标线等组成,常敷设或漆画于路面及构造物上。作为一种交通管理设施,起引导交通与保障交通安全的作用,可同标志配合使用,亦可单独使用,是道路交通法规的组成部分之一,具有强制性、服务性和诱导性。在道路交通管理中占有重要地位,对高速、快速、城市干道及一、二级公路,均须按国家规定设置交通标线。

(一)道路交通标线的分类

《道路交通标志和标线 第3部分:道路交通标线》(GB 5768.3—2009)规定道路交通标线按其功能分为三类:
(1)指示标线:指示车行道、行车方向、路面边缘、人行道等设施的标线。
(2)禁止标线:告示道路交通的遵行、禁止、限制等特殊规定的标线。

(3) 警告标线:促使道路使用者了解道路上的特殊情况,提高警觉准备应变防范措施的标线。

道路交通标线按其形态又可分为四类:线条、字符、突起路标、轮廓标。

(二) 道路交通标线的标划

道路交通标线的标划区分如下。

(1) 白色虚线:划于路段中时,用以分隔同向行驶的交通流;划于路口时,用作引导车辆行进。

(2) 白色实线:划于路段中时,用以分隔同向行驶的机动车和非机动车,或指示车行道的边缘;划于路口时,可用作导向车道线或停止线。

(3) 黄色虚线:划于路段中时,用以分隔对向行驶的交通流;划于路侧或缘石上时,表示禁止路边长时间停放车辆。

(4) 黄色实线:划于路段中时,用以分隔对向行驶的交通流;划于路侧或缘石上时,表示禁止路边停放车辆。

(5) 双白虚线:划于路口,作为减速让行线。

(6) 双黄实线:划于路段时,用以分隔对向行驶的交通流。

更多含义可查阅《道路交通标志和标线 第3部分:道路交通标线》(GB 5768.3—2009)。

第四节 交通系统管理

交通系统管理(Transportation System Management, TSM)把交通作为社会生活的一个有机部分来管理交通系统,从交通系统的角度研究管理方案,评估方案实施的效果,提高整个交通系统在社会生活中的整体效用。规划、协调、平衡、组织是TSM常用手段。

一个城市的规划建设离不开规划和建设道路交通系统,交通系统的规模、结构和功能也必须服务于城市生活对交通的需要。规划和建设与需求协调的道路交通系统是交通管理的重要基础。交通系统管理旨在发现并解决与城市机能不协调的交通所产生的问题,并在结构、机能和接口等方面给出解决方案。

另一方面,在城市中,随着道路网初具规模,基本满足了可达性和流动性的需求,但在面积比较大、人口比较多的城市地区,交通拥堵产生了各种问题,人们逐渐意识到交通系统的扩大并不是解决整个国家或大城市交通问题的唯一途径。

交通系统管理是一个规划、运行城市交通系统的过程,其目的之一是减少财政支出、节约能源、保护环境、提高生活质量。交通系统管理将私人汽车、公共交通、出租车、行人和自行车均视为交通系统中的组成元素,通过操作、控制和服务等,把上述独立的交通元素有机整合,期望达到总体上的系统效率最大,从而适应人类社会生活。

交通系统管理通过对现存的道路交通系统机能的改善达到管理的目的:

(1) 通过现场调查、检测数据分析发现道路资源的利用水平,研究提高道路资源利用率的方案并付诸实施。

(2) 通过标志、标线,用单行、禁行(禁止转弯)等方法,调整道路使用结构,调配(调度、组织)车辆行驶,缓解路段拥挤。

(3) 在发挥道路资源的基础上,提高服务水平。

(4)协调配置管理设施,提高交通管理本身的效率。

以下列出了交通系统管理的基本方法:

(1)交通组织:城市规划委员会与政府部门、交通运营部门负有相同的责任;所有相关机构均应加入和参与(即规划机构、高速公路发展机构、交通管理机构和市政与交通工程机构,以及这些机构的技术咨询委员会的参与)。

(2)制定交通系统发展战略,统筹短期目标和长期目标,并使交通发展战略成为城市发展战略的一部分。在制定交通发展策略时应综合考虑:现有设施的有效利用;城市人口流动的增加;社会、经济、环境、能源消耗;老年人和残疾人的灵活性和可达性;空气质量的改善;土地使用;可达性;费用;安全性等。

(3)交通系统管理的基础是对交通的数据的分析。道路交通数据的采集和积累、预测分析等十分关键。道路交通数据的采集管理和应用是交通系统管理的重要部分。

(4)综合分析并标定城市内低效率交通的问题和出现的位置和时间段。

(5)对出现的每个问题研究并提出可能的解决方案,问题的解决方案应考虑:确保现有道路空间的有效利用;减少拥挤区域的车辆;改善出行服务;提高运输管理效率。

(6)对每个可能的解决方案评价其与短期目标的一致性程度:事故与安全;运行时间;服务水平(道路通行能力、运行速度、密度)等。

(7)选择解决方案,效果评价。

(8)实施方案并分析方案的实施效果。

第五节 交通需求管理

在城市中,交通的需求与城市生活相关,存在着时间与空间上的不均匀。交通需求管理是在认真分析交通需求产生的原因、位置、时间等因素的基础上,设计管理方案,均衡交通需求,减少交通压力,提高交通系统的效率。

1975年6月2日,新加坡规定在市中心区4.8km^{2}的范围内,实行进入许可制。星期天、节假日除外,星期一至星期六的上午7:30—9:30,单程小汽车、乘4人以下的出租车不准进入。这种特许规定,随着实际运营效果进行修改。1975年9月17日,美国提出交通系统管理措施,在其管理目标中规定了在交通拥堵地区控制车辆发展,削减交通量。

伦敦从2003年2月17日开始,对星期一至星期五7:00—18:30进入市中心区21km^{2}内的车辆,收取8英镑的"进城费"。到2007年3月,收费区域已经扩大一倍,范围延伸到伦敦西部。

为改善城市空气质量,控制交通拥堵,在2007年4月22日"地球日",纽约市规定,早上6:00至下午6:00,将向从北入口通过曼哈顿住宅区86号街道南端的车辆收取8美元的交通堵塞费。桥路和隧道通道也都在收费范围以内。自2011年起,北京、上海、天津等城市陆续开始采取机动车尾号限行等措施,降低核心区交通压力。

一、交通需求管理的必要性

交通需求管理是交通可持续发展所必需的,是保证城市正常运行、解决交通需求与供给矛盾的有效方法。

1. 城市交通设施的容量有限

城市道路(包括停车场)面积占城市用地的比率称为城市道路面积率。通常用该项指标来度量城市交通空间的大小。道路用地只是城市占地面积的一部分,经验而论,城市道路面积率以 20%~25% 为宜。城市交通空间确定后,城市所能容纳的交通量也就随之确定了。当交通量等于或大于容量时,就产生交通拥堵。采用交通需求管理措施,可保证在各个时间段内交通量小于交通容量,可有效维持交通通畅。

2. 交通需求持续增加

国民经济高速增长和人民生活水平的持续提高,对交通产生了更大的需求。北京市的汽车拥有量 1986 年为 47 万辆,1997 年 7 月为 100 万辆,2003 年 8 月为 200 万辆,2009 年 12 月为 400 万辆,2012 年 2 月为 500 万辆,到 2020 年已超过 600 万辆。随着居民收入的增加,居民生活丰富多彩,出行方式改变,日出行次数显著增加。目前我国城市化水平还不高,每年都有农村的剩余劳动力转移到城市,流动人口的日出行次数是城市居民日出行次数的 3 倍左右。

3. 交通需求在时间和空间上不均匀

城市道路中,每天 24h 的交通量极不均匀。交通需求很大的早晚高峰和深夜的交通状况差别很大,即使在交通高峰时期,有些区域与其他区域的交通需求相比相差也很大。交通需求管理不是简单对需求的抑制,而是调整和疏导出行方式的组织和安排。

4. 保护环境的要求

汽车排放的废气、卷扬的粉尘和振动、噪声,是城市重要的污染源。汽车废气中含有 CO、NO_x、HC 等多种对人身体有害的物质。从保护环境的角度来说,应管理汽车交通的需求量。

大型、特大型城市空气污染严重,空气质量差,居民深受其害,产生了不良影响。为提高市民的健康水平,总体上减少汽车的使用量无疑是交通需求管理的重要内容。

二、交通需求管理的措施

(一)抑制、限制措施

1. 经济措施

汽车拥有税调节:在购买汽车时需增交汽车拥有税,并且在车辆使用过程中每年缴纳。该税与汽车使用频繁程度无关。

汽车牌照税调节:为达到控制汽车拥有量的目的,增加首次登记牌照的税额。

年检费调节:每年年检对车辆性能提出严格要求,达标者,缴纳相当额度的年检费;不达标者,修理后再检。

登记车辆者必须有停车位的证明,否则不准予登记购买。

定额供应:严格定额供应可有效地控制机动车的拥有量。根据道路现有容量、新建道路增长速度、汽车报废情况,规定每年发放购车证的数量。

控制车辆拥有量的各种措施应谨慎实施,否则也会产生某些漏洞。如在车辆拥有水平低的郊区购车,到市中心区使用。中国的香港、新加坡的新加坡市采用的控制车辆拥有量的措施已收到成效,达到了缓解城市交通拥挤的目的。

2. 出行限制

单双号行驶:单数日允许单数牌号车辆通行;双数日允许双数牌号车辆通行。这种方法在雅典、墨西哥城、首尔、北京等地使用过。

区域准入:在某段时间内,禁止某种车辆进入市中心区。如意大利的米兰,在上午7:30到下午4:30禁止私人小汽车经过市中心;中国香港在早、晚高峰时段,禁止任何型号货车经过主要居住区。

停车控制:城市中心区交通拥堵,可采用控制停车需求的方法减少中心区交通量。如定额供给停车位数量,提高停车收费。但这种措施对过境交通不起作用,还会导致其为寻找停车位而增加绕行。

车辆分时段限行:限制某类型车辆在某时段驶入某一路段或进入某一地区。其中,货车行驶时间需认真安排。

调节道路使用空间:变双向行驶的道路为单向通行;将机动车道改为步行道,禁止机动车通行;开辟公共汽车专用道;开辟自行车专用道;划出高载客率车道。

(二)引导需求措施

(1)错峰上班、上学和举办大型活动。

某城市的交通高峰时间是一定的,为削减高峰时间的交通量,可实行错时上下班,或采用弹性工作时间,错开工作出行的高峰时段。

(2)鼓励合乘。

号召、组织、鼓励去同一方向上班的人员合乘一辆车,合乘人可轮流提供车辆。这样,若四人合乘,则变四辆车出行为一辆车出行。既减少了路上交通量,又减少了对环境的污染。

(3)增加公交吸引力。

(4)鼓励短程非机动车。

(5)规范并鼓励网约车。

(6)货运配送优化调度。

(7)鼓励共享汽(电)车与共享单车发展。经过论证,可将货运交通合理安排在夜间。车站、码头、仓库提供上门接送货服务,避免各用户单独送取货物产生无效交通。

(三)城市规划措施

在城市客运交通中,工作出行是最应该认真解决的问题,因面广、量大、集中,在规定的很短时间内,必须将劳动者准时送到各自的工作岗位。如果在城市规划时,能注意到就近上班问题,就会减少住西城、到东城上班,家在南城、工作单位在北城的现象。同时,劳动者减轻了出行疲劳程度,有利于身心健康,有利于提高工效。在城市里,居民都实现就近上班是有难度的,但在有条件的前提下,安排一些人就近上班是可能的。这样,对交通大为有利。

第六节　交通智能管理

一、交通智能管理概念

交通智能管理(Transportation Intelligent Management,TIM)是开动脑筋、运用智慧、按规律管理交通;是尽可能采用高新技术管理交通。

按规律管理交通是科学管理交通的体现。按规律管理交通,首先要摸清交通规律,根据交通流量、流向的特征和当地条件,采取对策。不要为追赶某一种"风"而做什么,多点理性,少点盲目。在实际工作中,曾见过生搬硬套的现象。乙城交管人员见甲城的路口上,安装了多相位信号灯,于是在自己所在城市的路口上,也安上多相位信号灯,效果不好。有人见到某城市实行单向交通,于是不管路网密度、道路间距等条件,也实行单向交通,当然也不能收到预期效果。

在交通管理中,尽可能采用新技术是交通智能管理的关键。世界各大城市,大多面临汽车保有量增加,交通拥堵的困扰。在城市规模、城市交通基础设施定型的情况下,不可能单靠增建交通基础设施解决交通拥堵,也不可能用多修路来适应交通需求的增长,应当向管理要效益,向应用高新科技要效益。在此背景下,交通智能管理应运而生。例如,收费亭收过路费,以每辆车耗时 15s 计,则每个收费亭每小时可通过 240 辆车。若改为不停车收费,视车速不同,可提高通行能力好几倍。非现场执法,可节省警力。可变信息标志,能疏解堵点。

二、交通智能管理策略

20 世纪 70 年代,为治理交通拥堵,欧洲就制订实施了 PROMETHEUS 计划和 DRIVE 计划,用信息、通信技术改进汽车,用计算机控制技术控制道路交通。日本研究开发了车载动态路线指引和道路通信系统(VICS)。

1991 年,美国国会通过《地面交通效率法案》,明确研究智能车路系统(IVHS)。随之,我国也投入这方面的研究。

1994 年,在巴黎召开第一届世界智能交通(ITS)大会,意在统一认识,明确任务。然而,时至今日,大家对智能交通的看法仍不一致。

交通智能管理目标明确,内容具体。根据各自的交通特点、技术条件,为维护交通秩序、疏导交通,提高交通资源的利用效率,尽量应用高新科技。如不停车收费系统、交通信息系统、车载动态导航系统、车辆控制系统、交通控制系统、交通事件自动侦测系统、停车诱导系统、交通监测系统等。交通智能管理着眼于系统集成,注重实际应用。

交通系统管理、交通需求管理、交通智能管理,是交通管理的三大措施。

第七节　道路交通信号控制

道路交通控制是对路面交通的实时管理,通常借助自动化控制设备实现,如交通信号灯。交通信号灯是指用于指示车辆行人通行或停止的专用指示灯具,安置在道路交叉路口等车辆行人通行冲突的场合。信号灯在信号灯控制机的控制下,可以独立运行,也可以通过通信设备连接起来,在计算机的控制下协调运行,实现对区域交通的控制。信号灯的控制权力由相关法律赋予,用相关技术标准来规范。

一、概述

1. 交叉口及道路设置交通信号控制系统的目的

(1)分配交叉路口通行权。在时间上隔离不同方向相互冲突的车流、人流,使车流、人流顺序通过,保障通行安全。

(2)充分利用交叉路口道路资源,提高路口效率,使得路口通行能力最大、车辆延误最小、停车次数最少。

(3)通过多路口协调控制,充分利用道路网资源,平衡道路交通流量,缓解局部道路及路口的交通拥堵,提高整个道路网的运行效率。

(4)保障道路交叉路口的行人、非机动车的安全通行。

2. 道路交通信号控制的类型

根据信号灯控制的范围,信号控制可分以下三种类型:单点交叉口交通信号控制、干道交通信号协调控制和区域交通信号系统控制。现代信号灯控制采用电子计算机系统自动控制。

3. 道路交通信号控制的设置要求

并不是所有交叉路口都必须安装信号灯控制设备,只有当交通量较大,车辆产生较多的冲突时,才需要安装信号灯控制系统。我国道路交通信号灯设计标准《道路交通信号灯设置与安装规范》(GB 14886—2016)给定了路口设置信号灯的交通流量条件,如表11-2 和表11-3 所示。

路口机动车高峰小时流量　　　　　表 11-2

主要道路 单向车道数(条)	次要道路 单向车道数(条)	主要道路双向 高峰小时流量(pcu/h)	流量较大次要道路单向 高峰小时流量(pcu/h)
1	1	750	300
		900	230
		1200	140
1	≥2	750	400
		900	340
		1200	220
≥2	1	900	340
		1050	280
		1400	160
≥2	≥2	900	420
		1050	350
		1400	200

路口任意连续 8h 机动车小时流量　　　　　　　　　表 11-3

主要道路 单向车道数(条)	次要道路 单向车道数(条)	主要道路双向任意连续 8h 平均小时流量(pcu/h)	流量较大次要道路单向任意 连续 8h 平均小时流量(pcu/h)
1	1	750	75
		500	150
1	≥2	750	100
		500	200
≥2	1	900	75
		600	150
≥2	≥2	900	100
		600	200

此外,信号灯的设置应与路口几何线形、标志、标线等相协调。

二、单点交叉口交通信号控制

单点交叉口独立运行交通信号控制简称"点控制",它以单个交叉口为控制对象,是交通信号灯控制的最基本形式。点控制又可分为两类:固定周期信号控制及感应式信号控制。

图 11-7 将交叉路简化成东西南北四个入口,并以 f 表示各入口路段的交通量,M 表示入口处的最大通行能力,l 表示每个信号灯周期的损失时间。

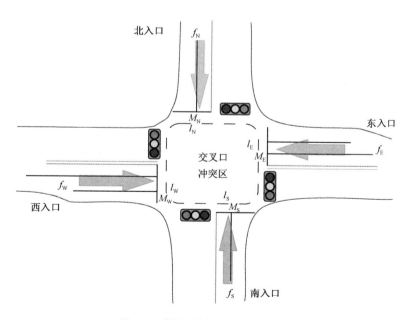

图 11-7　信号灯控制交叉路口示意图

(一)固定周期信号控制

固定周期信号控制是最基本的交叉口信号控制方式,这种控制方式设备简单、投资最省、维护方便。同时,这种信号控制还可以升级,与邻近信号灯联机后可上升为干线控制或区域控制。

1. 控制原理

按事先设计好的控制程序,在每个方向上通过红、绿、黄色灯循环显示,指挥交通流,在时间上实施隔离。交通规则规定:红灯——停止通行;绿灯——放行;黄灯——清尾,即允许已过停车线的车辆继续通行,通过交叉口。

2. 信号相位方案与相位数

信号相位方案即信号灯轮流给特定方向的车辆或行人分配通行权的一种顺序安排。把每一种控制(即对各进口道不同方向所显示的不同色灯的组合)称为一个信号相位。

一般情况下,信号控制灯多采用两个相位,即二相制,如东西向放行,显绿灯,而南北向禁行,显红灯,这为第一相。第二相时,南北向放行,显绿灯,东西向禁行,显红灯。信号配时方案一般用信号配时图表示,如图11-8所示。当左转交通量比较大时,可设置左转专用相位,此时,信号控制灯采用三相制,如图11-9所示。

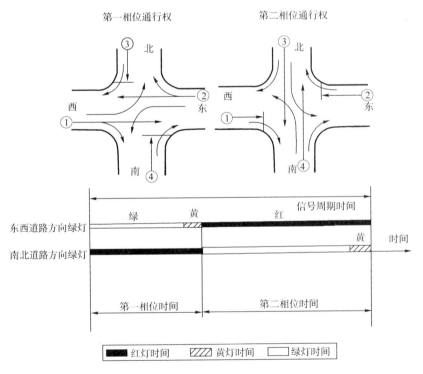

图11-8　两相位信号及配时图

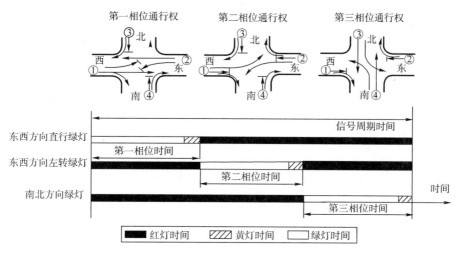

图 11-9 具有左转专用相位的三相位方案

3. 信号周期与最佳信号灯周期

为简化起见,研究两相位信号灯控制路口。观察交叉路口时可以发现,当信号灯周期较长时,绿灯、红灯时间也相应较长。在较长的绿灯时间的后期,车流较小,红灯方向车辆等待过长,导致了路口冲突区域使用效率较低,造成了路口通行能力降低。另一方面,当信号灯周期较短时,红、绿灯反复切换导致损失时间增加,车辆多次起动、停车,路口通行能力也不高。图 11-10 显示了路口某一道路入口处绿灯启亮后的交通量变化情况。

图中,M 是交叉路口道路入口饱和交通量,G 是绿灯时间,f 是道路交通量,t_1 是绿灯启亮时的损失时间,t_2 是绿灯熄灭及黄灯、全红灯的损失时间,t_p 是以饱和交通量放行车辆持续的时间。

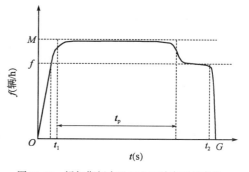

图 11-10 绿灯期间交叉口入口处交通量变化

为了提高路口通行能力,做出如下假定:

(1)当交叉路口的一条道路使用路口冲突区时,应按最大通行能力使用,当不能以最大通行能力使用时,应切换给另一个方向车辆使用道路。

(2)对于一个交叉口的最繁忙的一个入口,假设一个信号灯周期(T)内到达的车辆,均能在该周期内的绿灯时间内以最大通行能力放行。

(3)当一条道路得到通行权时,两个方向车辆相对行驶,同时使用交叉路口冲突区,因此只要满足其中交通量较大入口的放行需求,对向交通量较小的自然满足。

根据假设(3),东西方向放行时,东入口较为繁忙,交通量为 f_E,损失时间为 l_E;南北方向放行时,北入口较为繁忙,交通量为 f_N,损失时间为 l_N。只要满足这两个较高的放行要求即可。根据假设(1)、(2),可以列出下式:

$$\begin{cases} Tf_E = (G_{EW} - l_E)M_E \\ Tf_N = (G_{NS} - l_N)M_N \end{cases} \quad (11\text{-}1)$$

式中：T——周期长度，对于两相位信号灯 $T = G_{EW} + G_{NS}$；

f_E, f_N——东西方向和南北方向入口中较大的车流量；

M_E, M_N——东入口最大通行能力、北入口最大通行能力；

l_E, l_N——东入口的绿灯时间损失、北入口的绿灯时间损失。

将 f 和 M 之比用繁忙度 $\rho_E = \dfrac{f_E}{M_E}$ 表示。$\rho = \rho_E + \rho_N$，表示路口冲突区的繁忙度。两式相加，则可导出：

$$T = \frac{l_E + l_N}{1-(\rho_E+\rho_N)} = \frac{l}{1-\rho} \tag{11-2}$$

在不同的交通量条件下，对周期长度与路口在一个周期内车辆总等待时间的关系进行统计分析发现，周期偏短将导致总等待时间的急剧增加。根据韦伯斯特-柯布理论，将式(11-2)写为：

$$T = \frac{1.5l + 5}{1-\rho} \tag{11-3}$$

即得到路口信号控制最佳周期。对于最佳周期：

(1) 当 ρ 接近于1时，表明交叉路口十分繁忙（接近饱和），式(11-3)计算出来的信号灯最佳周期 T 可能很大，而采用很长的信号灯周期不具备操作性。

(2) 当 ρ 大于1时，表明路口交通量大于路口通行能力（过饱和），式(11-3)计算的周期为负值，表明信号灯控制没有最佳信号灯周期。显而易见，当路口交通量大于路口通行能力时，单点信号灯控制的功能就只是路权分配了。

通常信号灯周期不能过长，过长的信号灯周期将导致驾驶员产生心理压力和对控制设备的怀疑。通常情况下，最长信号灯周期取120s。

4. 绿信比

绿信比是指一个信号灯周期分配给某个道路方向的绿灯时间的比例，如东西方向绿信比为：$g_{EW} = \dfrac{G_{EW}}{T}$（$G_{EW}$ 是东西方向的绿灯时间）。绿信比实际上就是路权分配的比例，是表示一个信号灯周期内，某方向车辆获得的通行时间多少。绿信比可根据路口繁忙度计算：

$$g_{EW} = \frac{\rho_{EW}}{\rho_{EW} + \rho_{SN}} \tag{11-4}$$

(二) 感应式信号控制

1. 控制原理

感应式信号控制没有固定的周期长度，它依据埋设在路口道路上的检测器感应实际通行需求分配路权，工作原理是：在感应式信号控制的进口，均设有车辆到达检测器，一相位起始绿灯，感应信号控制器内设有一个"初始绿灯时间"，到初始绿灯时间结束时，如果在一个预先设置的时间间隔内没有后续车辆到达，则变换相位；如果有车辆到达，则绿灯延长一个预设的"单位绿灯延长时间"，只要不断有车到达，绿灯时间就可继续延长，直到达到预设的"最长绿灯时间"时变换相位。

2. 感应式信号灯的基本控制参数

图11-11给出了感应式信号灯的控制绿灯时间。

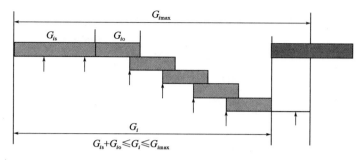

图 11-11　感应式信号灯控制绿灯时间确定

初始绿灯时间 $G_{is}(s)$：初始绿灯时间即给每个相位初期预先设置的一段最短绿灯时间。在这段时间，必须保证积存在检测器和停车线之间的车辆驶入交叉口，所以这段时间的长短取决于检测器的埋设位置。

最小绿灯时间 $G_{imin}(s)$：最小绿灯时间是每一个信号相位必须保证的绿灯时间，不管本相位或其他相位是否有车，本相位都必须放完这段绿灯时间。

单位绿灯延长时间 $G_{io}(s)$：单位绿灯延长时间是保证一辆车从检测器处能驶入交叉口的时间，即初始绿灯时间结束后，在一定的时间间隔内，测得有后续车辆到达时所延长的时间。如果在这段时间内没有测得来车，则可判定交通中断，并可结束绿灯转换到另一相位。因此，单位绿灯延长时间也是判断车流是否中断的一个参数。

最大绿灯时间 $G_{imax}(s)$：最大绿灯时间，即为了保持最佳绿信比（绿灯时间）分配而确定的时间。它是相位绿灯时间的延长极限。当相位绿灯时间达到最大绿灯时间时，强制结束当前相位绿灯并转换相位。

3. 感应式信号灯的控制逻辑

图 11-12～图 11-14 分别给出了次干道感应控制、主干道感应控制和全感应控制的控制逻辑示意图。

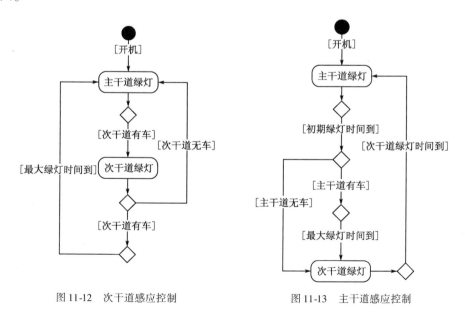

图 11-12　次干道感应控制　　　　图 11-13　主干道感应控制

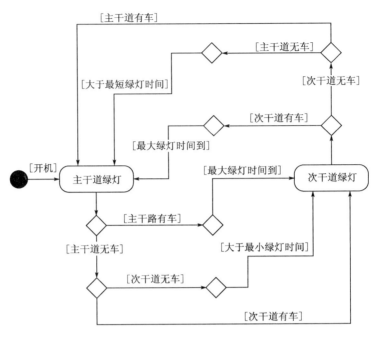

图 11-14 全感应控制

三、干线交通信号协调控制

干线交通信号协调控制系统也称"线控制""绿波控制",就是把一条主要干线上一批相邻的交通信号灯协调控制,以便提高整个干线的通行能力。线控制往往是面控制系统的一种简化形式,控制参数基本相似。根据道路交叉口所采用信号灯控制方式的不同,线控制也分为干线交通信号定时式协调控制及干线交通信号感应式协调控制两种。其中,以定时式协调控制较为普遍,以下仅介绍此类系统。

(一)干线信号控制系统的基本参数

1. 公用周期长度(T_c)

单个交叉口的信号周期长度是根据交叉口的交通量确定的,由于控制系统中有多个交叉口,为了达到系统协调,各交叉口必须采用相同的周期长度,即公用周期长度。为此,必须先按单个交叉口的信号配时方法,确定每个交叉口的周期长度,然后取最长的作为本系统的公共周期长度。

2. 绿信比(g)

在干线控制系统中,各交叉口的绿信比可根据交叉口的各方向交通量来确定。各路口绿灯时间是根据公用信号灯周期与各路口的绿信比求得的。

3. 相位差(τ)

相位差是指两个相同周期变化事物相同参照点之间的时间差。信号灯相位差是指两个关联路口绿灯启亮时刻的时间差。不同的(或不是整数倍数)周期之间不存在相位差。相位差

是干线交通信号控制的关键参数。因参照点不同,相位差分为两种:

(1)绝对相位差:指各个交叉口信号的绿灯起点相对于控制系统中参照交叉口的绿灯或红灯起点的时间差。

(2)相对相位差:指相邻两交叉口信号的绿灯起点的时间差。

(二)干线信号协调控制

所谓干线信号协调控制,就是指车流在沿某条道路行进的过程中,连续得到一个接一个的绿灯信号,畅通无阻地通过沿途所有交叉口。这种连续绿灯信号"波"是经过沿线各交叉口信号配时的精心协调来实现的,可称为"绿波交通"。通常在单向交通干线上实现效果较好,实现"绿波交通"的关键是精确设计相邻交叉口之间的信号灯相位差。干线信号协调控制说明如下(图11-15):

(1)车辆在 A 路口遇红灯等待,自然形成"车队"。
(2)绿灯亮时,"车队"离开 A 路口以平均车速行驶。
(3)行驶到 B 路口用时 t。
(4)B 路口信号灯经过协调,绿灯启亮比 A 路口晚 t(即相位差)。
(5)"车队"到达 B 路口绿灯启亮,"车队"不停车通过。
(6)如此,经过 C、D、E 等路口。

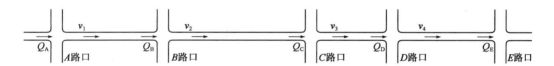

图 11-15　道路干线示意图

由此看出,干线信号协调控制设计涉及每个路口的信号灯配时设计、信号灯公用周期、路口之间路段平均车速和相位差。

如图 11-16 所示的干线交通控制系统中,第 i 个信号灯相位差 τ_i 可以通过路段长度 D_i 与平均车速 v_i 之比求得,即:$\tau_i = \dfrac{D_i}{v_i}$。

(三)干线双向信号协调控制

交通干线双向的交通情况远比单向复杂,一般较难得到双向都理想的"绿波带",在各交叉口间距相等时,比较容易实现"绿波",且当交叉口间车辆行驶时间正好等于周期长度的倍数时,可获得理想的"绿波带",各交叉口间距不等时,就较难实现"绿波"。

尽管双向交通干线较难实现"绿波",但线控制仍能大大提高干线的通行能力。双向交通干线定时式信号控制系统一般有三种协调方式:

(1)同步式协调控制。
(2)交互式协调控制。
(3)连续通告式协调控制。

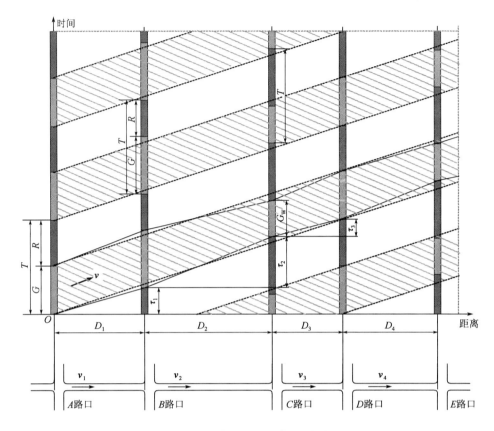

图 11-16 单向干线协调信号灯控制

四、区域交通信号控制系统

区域交通信号控制系统也称"面控制"。它把整个区域中所有信号交叉口作为协调控制的对象。控制区内各受控交通信号都受中心控制室的集中控制。对范围较小的区域,可以整区集中控制;范围较大的区域,可以分区分级控制。分区的结果往往形成由几条线控制组成的分级集中控制系统,这时,可以认为各线控制是面控制中的一个单元;有时分区会形成一个点、线、面控制的综合性分级控制系统。

区域交通信号控制系统按控制策略可分为定时脱机式控制系统及联机感应式控制系统两种。

(一)定时脱机式控制系统

定时脱机式控制系统,利用交通流历史及现状统计数据,进行脱机优化处理,得出多时段的最优信号配时方案,存入控制器或控制计算机内,对整区交通实施多时段定时控制。

定时控制简单、可靠、费用效率比较高,但不能适应交通流的随机变化,特别是当交通流量数据过时后,控制效果明显下降,重新制定优化配时方案将消耗大量的人力做交通调查。

TRANSYT(Traffic Network Study Tool)"交通网络研究工具"是定时脱机式区域控制系统的代表,是英国道路与交通研究所(TRRL)于 1976 年提出的脱机优化网络信号配时的一套程序。TRANSYT 问世以来,随着交通工程的实践,不断被改进完善,并在其他国家得到发展。美国将英国 TRANSYT-7 改进为 TRANSYT-7F 型。法国也将英国 TRANSYT 改进为 THESEE 型及 THEBES 型。目前,TRANSYT-16 已投入使用。

TRANSYT 是一种脱机操作的定时控制系统,系统主要由两部分组成。

1. 仿真模型

建立交通仿真模型,其目的是用数学方法模拟车流在交通网上的运行状况,研究交通网配时参数的改变对车流运行的影响,以便客观地评价任意一组配时方案的优劣。为此,交通仿真模型应当能够对不同配时方案控制下的车流运行参数——延误时间、停车率、燃油消耗量等做出可靠的估算。

2. 优化程序

将仿真所得的性能指标送入优化程序部分,作为优化的目标函数。TRANSYT 以网络内的总行车油耗或总延误时间及停车次数的加权之和作为性能指标;用"爬山法"优化,产生较初始配时更为优越的新的信号配时;把新信号配时再送入仿真部分,反复迭代,最后取得性能指标达到最佳的系统最佳配时。TRANSYT 优化过程的主要环节包括:绿时差的优选、绿灯时间的优选、控制子区的划分及信号周期时间的选择四部分。

(二)联机感应式控制系统

由于定时脱机式控制系统具有不能适应交通流随机变化的不足,人们进一步研究了能随交通流变化自动优选配时方案的控制系统——联机感应式控制系统。随着计算机自动控制技术的发展,交通信号网络的自适应控制系统应运而生。英国、美国、澳大利亚、日本等国家做了大量的研究和实践,用不同方式各自建立了各有特色的自适应控制系统。归纳起来有方案选择式与方案形成式两类。方案选择式以 SCATS 为代表,方案形成式以 SCOOT 为代表。

1. SCATS

SCATS(Sydney Co-ordinated Adaptive Traffic System)控制系统是一种实时自适应控制系统,自 20 世纪 70 年代开始研究,80 年代初投入使用。

SCATS 的控制结构是分层式三级控制结构,即分成:中央监控中心→地区控制中心→信号控制机。在地区控制中心对信号控制机实行控制时,通常将每 1~10 个信号控制机组合为一个"子系统",若干子系统组合为一个相对独立的系统。系统之间基本独立,而系统内部各子系统之间存在一定的协调关系。随交通状况的实时变化,子系统既可以合并,也可以重新分开。三项基本配时参数的选择,都以子系统为核算单位。

中央监控中心除了对整个控制系统运行状况及各项设备工作状态作集中监视以外,还有专门用作系统数据管理库的计算机,对各地区控制中心的各项数据及每台信号控制机的运行参数进行动态储存(形成不断更新的动态数据库)。

SCATS 在对若干子系统的整体协调控制的同时,也允许每个交叉口"各自为政"地实行车辆感应控制,前者称为"战略控制",后者称为"战术控制"。战略控制与战术控制的有机结合,大大提高了系统本身的控制效率。SCATS 利用了设置在停车线附近的车辆检验装置,具备灵活性。因此,SCATS 实际上是一种感应控制对配时方案作局部调整的方案选择系统。

SCATS 优选配时方案的主要环节包括:子系统的划分与合并、配时参数优选、信号周期长度选择、绿信比方案选择、绿时差方案选择五部分。

2. SCOOT

SCOOT(Split Cycle Offset Optimization Technique),即"绿信比-信号周期-绿时差优化技

术",是一种对交通信号网实行实时协调控制的自适应控制系统。由英国 TRRL 研制开发,1979 年正式投入应用。

SCOOT 是在 TRANSYT 的基础上发展起来的,其模型及优化原理均与 TRANSY 相仿。不同的是,SCOOT 通过采集车辆到达信息,联机处理,形成控制方案,连续实时地调整绿信化、周期长度及绿时差三参数,使之同变化的交通流相适应。

SCOOT 优选配时方案的主要环节包括:

(1) 交通检测。含交通量、车辆占用时间、道路占用率和拥挤程度等参数的检测。

(2) 小区划分。SCOOT 中的小区划分应事先判定,系统运行以小区为依据,运行中小区不能合并、拆分。

(3) 模型预测。包括车队预测、排队预测、拥挤预测和效能预测等。

(4) 系统优化。包括控制策略优化、绿时差优选和周期长度优选等。

第八节 交通行为控制

交通行为控制离不开像交通信号灯这样的控制装置,但也不是仅仅依赖信号灯就能实现交通行为控制。交通行为控制是一个系统工程,因而交通行为控制首先要从系统方法入手,即对系统的有效干预使得行为可以控制。交通行为控制是在交通控制系统这个特定的系统中,针对人这个特定生物系统进行的交通行为控制,因此实现对交通行为控制就需要在两个层次进行干预:干预道路交通系统,使之成为道路交通控制系统;干预人这个生物系统,使之成为交通控制系统中的一个品质优良的有机要素和行为可控的"交通人"。

一、交通指令信息干预交通行为

车辆行驶过程中,由不良违章行为探测装置对驾驶员所处的道路环境及驾驶员自身行为信息进行实时探测,并转化为信息,传递给控制中心。控制中心根据道路交通状况产生交通控制策略,即指令信息,指明驾驶员应如何进行安全驾驶行为。

指令信息由控制系统给出,它指明了驾驶员的运动状态和方式应当进行怎样的改变。控制中心会针对不同的不良违章驾驶行为信息做出控制策略,并将控制信息传递给执行单元(例如车载导航装置及汽车多媒体系统),控制单元调度多种媒体形式信息,为驾驶员建构不同的交通语境,实现驾驶行为与多形态交通信息的实时交互,从而控制驾驶员,使其改变不良违章驾驶行为,促使驾驶员安全行驶。

交通控制指令信息是控制系统或装置发布的具有严格法律法规约束而必须强制执行的信息。这些信息具有约束驾驶员驾驶行为的强制作用,驾驶员必须严格遵守,当有违反控制信息规定的行为发生时,驾驶员将受到法规的惩罚。例如,车载导航装置提醒的限速信息、驾驶员疲劳时发布的警告声音信息、其他法律法规规定的强制条例等信息就属于交通控制指令信息。

控制系统或装置发布指令信息后,驾驶员以其感知器官本能地获取指令信息,对于指令信息的接收是综合应用感知器官的过程。一般来说,驾驶员通过视觉、听觉、嗅觉、触觉等方式获取指令信息,这些信息以语言、图像、视频等不同的形式干预驾驶员的行为。表 11-4 为驾驶行为的干预方法。

驾驶行为的干预方法 表 11-4

感 觉		信息作用形式	信息调度参数	干 预 设 备	涉及信息技术
视觉		屏幕图案、图形	色彩、构成、闪烁……	图像生成系统、信息显示屏	物联网技术、无线传输技术、行为探测技术等
		可见光	色彩、变亮、变暗、闪烁……		
听觉		音乐声响	悠扬、恐怖、高频、低频……	计算机控制的声音合成器、耳机或喇叭	
		人物话语	说话者、语气、语调、语速、说话时机……		
嗅觉		气味	薄荷气味……	气味传递装置	
触觉	触觉	皮肤感知的触摸、温度、压力等	舒适、凉爽……	触觉传感器	
	力觉	抖动、颠簸、失衡、力反馈	轻微、强烈……		

指令信息要想实现对驾驶行为的控制,就必须构建不同的控制语境。语境即语言环境,交通控制装置向驾驶员发布指令信息时,总是以接收到的驾驶员不良违章驾驶行为信息为依据,运用各种手段和方法,期望达到预期的目的——消除不良违章驾驶行为,其中语境起着相当重要的作用。控制装置利用指令信息的语气语调、色彩反差、亮暗闪烁、清香、焦煳等信息,构造不同的语境,驾驶员在接收到这些指令信息时,需要去理解指令信息的含义,从而改变自身的驾驶行为。在这个过程中,指令信息构建的语境是不断运动着的、可变的,是一个动态生成的过程。图 11-17 为语境调度过程示意图。

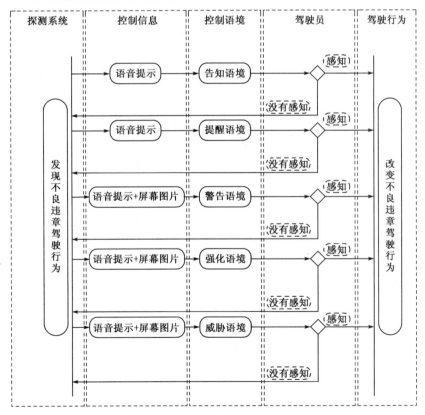

图 11-17 语境调度过程示意图

下面通过一个具体的例子来体现通过导航装置提供的信息建构交通行为控制语境。控制装置运用定位系统进行测速,与道路限速对比,如若判定驾驶员超速行驶,就会用语音来提示驾驶员"您正在超速行驶,请减速慢行",此时,就是通过语音提示为驾驶员构造出一个"告知语境"。对控制装置而言,驾驶员通过对这句告知语音的具体内容和语境的判断,准确理解听到提示的含义,获得自己"正在超速行驶"的提示信息,从而采取一定的措施来降低车速,保证行车安全。当车辆继续以超过道路限速的速度行驶时,控制装置通过语音提示驾驶员"超速可能引发交通事故",为驾驶员构造"提醒语境"。如果驾驶员在此语境中,理解了这条语境的语义信息并采取减速措施,则此时导航装置就对超速驾驶行为起到了控制作用。如果驾驶员不听从语音提示,继续超速行驶,交通监控将会对超速车辆进行违章记录,同时车辆导航会将该车辆以前接收的或者可能接收的超速罚单以图片的形式显示在车辆导航装置中,从而为驾驶员构造"警告语境",以此控制驾驶员的超速行为,希望驾驶员能够降低行驶速度。再进一步,导航装置会构造"强化语境",通过一张以往超速导致的交通事故现场图片来强化降低车速的重要性。如果该驾驶员仍然不接收之前的"告知语境""提醒语境""警告语境""强化语境"提供的指令信息,导航就要对该驾驶员构造"威胁语境",从而来控制驾驶员的超速行为。这就是导航装置控制技术实施的一个例子。

二、交通控制信息和指导信息对交通行为的作用

根据信息对行为控制的效用,交通信息可分为三类:交通行为教育信息、交通行为控制信息和交通行为指导信息。

(1)交通行为教育信息指那些用于丰富人的交通知识、交通常识而通过教育、宣传传播的信息。

(2)交通行为控制信息是指具有严格法律法规约束、必须强制执行的控制指令信息。这些信息具有约束出行者交通行为的强制作用,出行者必须严格遵守,当有违反控制信息规定的行为发生时,驾驶员将受到法规的惩罚。交通红色信号灯禁止通行信息、交通标志中的禁令交通标志表达的信息、其他法律法规规定的强制条例等信息就属于交通行为控制信息。

(3)交通行为指导信息主要是为交通出行提供服务、引导交通行为的各种信息。这类信息没有强制性,只是为出行行为、通行行为(出行前和出行中)提供决策所需的指导、指示、引导、建议和道路环境等信息。这些信息满足了出行者的信息需求,起到了指导交通行为高效进行的作用,引导出行者对自己的交通行为进行控制。交通指路标志信息、可变标志信息、正常情况下的广播信息等都属于交通行为指导信息这一类。

以上三类交通信息都对交通行为控制起到不可缺少的作用。交通控制信息和交通指导信息对具体交通行为起到事实上的控制作用:交通控制信息具有强制性行为控制效用,而交通指导信息引导出行者自己控制交通行为,降低了交通行为随意性和不确定性。

(一)交通控制信息对交通人的行为控制

交通控制信息实现对交通人的交通行为控制是一个由信息原意设计到受控行为评价的完整的过程。图11-18给出了这个过程的模型,模型给出了控制信息对交通人及其交通行为的作用过程。

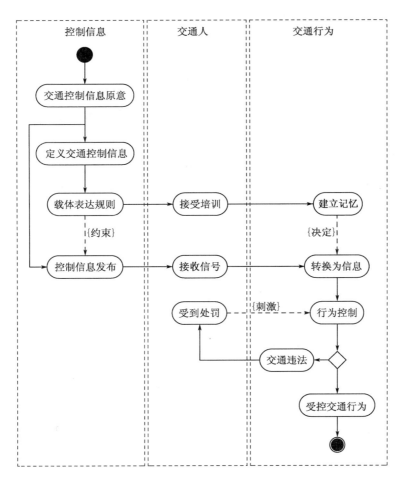

图 11-18 交通控制信息的行为控制作用模型

控制信息是在交通控制系统中,为达到系统的控制目标,由控制器发出的指令信息。控制信息是根据道路系统的各种参数计算出来的,是服务于系统目标的,但控制信息是对人下达的,是交通系统中对每个人交通行为的控制信息。因此,考虑到人的行为特点,交通控制信息的表达应使用简单、明确的表达方式。

交通人是交通控制信息作用的对象,是一个数量庞大、内在因素差异很大的个体集合。人是交通的主体,既是交通行为主体,也是交通行为控制的执行器。

交通行为是人(出行者)在接收信息后一系列心理过程最终服务于交通出行的肢体活动,是控制信息作用的最终体现。个体出行者的行为构成了整个交通系统的行为。一个出行者的一个违反控制信息原意的行为,会严重影响交通系统的整体行为,降低整个系统的效率。

(1)交通控制信息原意:是交通控制系统对被控制对象原始、明确的控制要求,是未经信息编码、传送等过程的控制器(或者指挥者)指令的意图或意志。交通控制信息原意受到信息表达、传送以及被控制对象可执行程度的制约,往往不能完全对外发送。

(2)定义交通控制信息:受到交通控制对象(人)因素的限制,交通控制信息应以尽量简单的形式和变化状态表达,并形成严谨的定义,要求控制器和被控制对象共同遵守。例如,通行、停止、禁止等控制信息对于人来说是最为简单、明确、通用的指令,而减速、快步通行、安全时通行等则不能被明确定义,不能成为控制信息。

(3)载体表达规则:是通过对信息载体形式、形态和状态及其变化表达的信息进行约定,实现交通信息在物与人之间的传送。载体表达规则通过相关技术标准或规范来定义。例如,表达停止通行控制信息,要明确以交通警察手势和交通信号灯作为载体,并定义使用什么样的手势、点亮什么颜色的信号灯等,这些都由载体表达规则约定。

(4)接受培训并建立记忆:是对交通人进行的培训,使得控制器给出的控制信号能够转换成为控制交通行为的控制信息。这是针对人的训练的过程,需通过足够的培训形成记忆,甚至建立起交通信号与交通行为之间的条件反射。

(5)控制信息发布:是交通控制设备根据系统控制要求实时给出控制信息的环节。这一环节是以人的感官为对象的刺激环节。人的感官是综合的、循序渐进和层次分明的,控制信息发布要适合人的特点,信号明确、逻辑完整,而且表达信息要符合一致性、互验性、充分必要性的基本要求。

(6)接收信号,转换为信息:是人的感官反应和主观意识反应的过程。足够的训练和应用,使得信息转换非常流畅。

(7)行为控制:是人的综合心理过程作用于行为的体现。

(8)交通违法行为受到处罚:违法处罚是交通行为控制的基本原则之一。处罚是一种信息刺激,刺激和强化了人的交通行为意识,使之能控制自己的行为。

(9)受控交通行为:出行者与控制信息原意一致的交通行为。

交通控制信息都是为了对人的交通行为进行控制而设立并发布,在信息发布上多采用简单、明确、易于掌握的方式。法律赋予行为控制的强制性,对违反信息的行为予以惩罚。接收交通控制信息,控制自己的交通行为,对个人来讲,利好回报是隐性的,不像处罚那样来得直接、明确。

(二)交通指导信息对交通人的行为控制

交通指导信息具有客观上的行为控制作用,体现在:

(1)交通人控制自己的交通行为需要信息。交通行为以出行需求为导向,满足需求导向的交通信息,可使交通人自觉控制交通行为。信息导致了事实上的交通行为控制。

(2)交通信息与出行者的信息需求不相关,信息被忽略;信息和出行者的相关经验相悖,信息失去作用;交通信息不完备,不能完全满足出行者需求时,可能导致行为控制。

(3)信息价值越大,信息对交通行为的控制效用越大。因此,一条信息的信息量(对于交通行为可称之为"价值")取决于信息源系统的不确定背景,以及出行者的知识背景。

交通指导信息以语法信息和语义信息表达,其作用模型如图11-19所示。

该模型与交通控制信息作用不同的环节主要有:

(1)交通语义信息的信号刺激。道路交通系统中出现的语义信息通常以简单象形符号配以颜色表达警示、提示等内容,它不像行为控制符号那样具有强制性,但对交通行为安全具有重要作用。因此,需要加强语义信息对于交通行为的控制指导作用,使出行者能够看到、读懂信号,并转换成为信息,进而影响控制其交通行为。

(2)交通语法信息的读取。语法信息判读基于文字、数字、文化、地理等知识。交通语法信息突出了服务功能,能满足出行者对出行信息的客观需要,故而容易被接受。满足需求的交通信息指导出行者决策交通行为,实现交通目的。

（3）交通行为回报。实现出行目的是交通行为主观上需要的回报,可能不是客观上的全部回报。忽略或获取错误的交通信息,将导致与信息相悖的交通行为,产生负回报,而这显然不是出行者需要的。负回报包括客观上的代价或心理上的不快乐感受等。

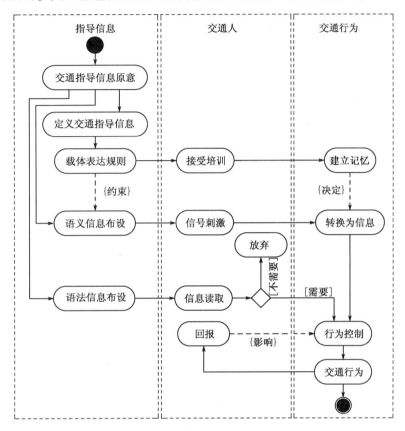

图 11-19　交通指导信息的行为控制作用模型

对于交通指导信息导致的交通行为调整或控制,可以从出行者个体的出行效率和心理感受方面进行评价,也可以从道路交通系统安全、畅通等方面进行评价。

【思考题】

1. 交通标志的种类及其主要功能是什么？
2. 如何确定交通标志的尺寸？
3. 交通标线的主要形式有哪些？其含义是什么？
4. 为什么要实施交通需求管理？需求管理的措施有哪些？对城市发展有什么作用？
5. 交通系统管理与一般的交通控制和交通管理有何关系？

第十二章 停车场

本章介绍停车场的规划与建设,探讨解决停车难的措施,培养学生的社会责任感和统筹规划能力。

第一节 城市停车问题概述

城市停车问题是城市化进程和机动化过程中出现的问题。从总体上看,城市停车问题是停车需求与停车设施供给的矛盾和停车空间扩展与城市停车用地安排不足的矛盾。具体表现为停车设施缺乏、车辆占道停放现象普遍、对道路通行影响严重。上述现象不仅影响道路功能的正常发挥、严重阻碍了行人非机动车的通行、妨碍市容美观,而且也成为道路交通事故的一大诱因,给居民的生活和出行带来不利影响。

考察城市停车问题时,需要有三个基本认知:第一是车辆的停放时间一般比行驶时间长得多,也就是说,城市中的车辆大部分处于停放状态;第二是车辆停放需要占用一定的空间,这包括停车车位和进出车位所需的行车通道的空间,该空间的面积通常为车辆本身的水平投影面积的 2~3 倍;第三是每一辆车需要的停放空间不止一处,因为车辆在其出行端点均需要停车空间。以上三种停车问题的基本特征,容易造成城市停车设施容量的增长滞后于车辆保有量的增长,致使城市停车问题日趋严重,尤其是在机动化早期。

长期以来,人们对停车问题缺乏系统的分析研究,导致出现了停车场规划布局不尽合理、建设速度相对迟缓、政策措施应对相对滞后、管理经营存在困难等问题。

要解决城市的停车问题,必须提高对停车场作用及停车相关规律的认识,加强停车场规划的科学性,确保停车设施用地,通过各种手段积极推动停车场建设,并且借助交通需求管理以及停车场管理等手段来解决停车供需的矛盾。此外,还需要重视停车场的交通组织设计,减小车辆进出停车场时对道路上交通的影响。

第二节　停车场分类

不同类型的停车场,其停放车辆类型、服务对象、场地位置、土地使用和管理方式也不同。一般可以从以下方面对停车场进行分类。

(1)按停放车辆类型划分:机动车停车场、非机动车停车场。

(2)按服务对象分:专用停车场和公共停车场。

专用停车场是指只供特定对象(本单位车辆或私人车辆)停放的停车设施。公共停车场是指为非特定人群提供停车服务的停车设施,大多设置在城市商业区、城市中心、分区中心、交通枢纽点,以及城市出入口干道过境车辆停车需求集中的地段。

(3)按土地使用分:永久停车场(或称固定停车场)和临时停车场。

永久停车场是根据固定需要而固定设置的停车场地,场地的使用性质一般不易发生变化。临时停车场是根据临时需要,临时划定的停车场地,场地的使用性质随时可能发生变化。

(4)按场地位置分:道路停车和路外停车。

道路停车是指车辆的停放地点为道路结构的一部分(例如路肩、非机动车道等)。而路外停车是指车辆停放在道路结构以外的停车场。尽管路外停车也包括了路外的非停车场等地点,但通常如果没有特殊声明,它主要指路外停车场。

(5)按停车设施结构分:露天停车场和位于建筑物内的停车场,通常后者有停车楼和地下停车库之分。

露天停车场具有布局灵活、不拘形式、泊车方便、管理简单、成本低廉等优点,适用于城市各个地方,是最为常见的一类停车场,但其占城市用地较大。

停车楼的形式有坡道式(图12-1)和机械式(图12-2)两类。坡道式停车楼是驾驶员驾驶车

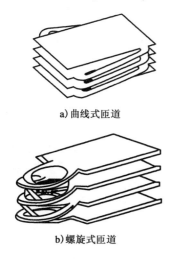

图 12-1　坡道式停车楼示意图

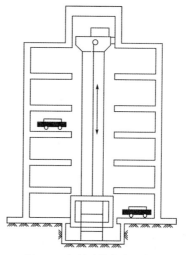

图 12-2　机械式停车楼示意图

辆由坡道进出停车楼,自行驶入停车位。该类停车场具有车辆出入便利且迅捷,建筑费用与维修费用较少的特点。机械式停车楼是利用升降设备和传送带等机械运送车辆到停放位置,这类停车场具有土地利用率较高,使用快捷方便等特点。

地下停车库是将停车场建在地下,这种方式是节省建设用地的有效措施。地下停车库结合城市规划和既有工程建设,如建在公园、绿地、道路、广场及建筑物下面等。建设和维护地下停车库的费用较高,但其容量也大,改善停车状况的效果也很显著。

第三节 停 车 调 查

一、停车的有关术语

(1)停车供给:指给定区域内按规范提供的车位数。

(2)停车需求:指给定区域内特定时段内产生的车辆停放量。一般有全日停车需求量、高峰期间停车需求量和特定时间段内停车需求量等表达方式。

(3)停车目的:指车主在出行中停放车辆后的活动目的。例如上班、上学、购物、业务、娱乐及回家等。

(4)停车设施容量:指停车区域或停车场有效面积上可用于停放车辆的最大泊位数。

(5)实际停车数:指在一定时间(时段)实际停放的车辆数量。

(6)累计停车数:指一定时间段内,调查点或区域内累计停放的车次数(辆次)。

(7)停车时间:指车辆在停车位上的实际停放时间。平均停车时间($\bar{t}$)是指在某一停车设施上,全部实际停放车辆的停放时间的平均值,它是衡量停车场(点)处的交通负荷与周转效率的基本指标之一。平均停车时间的计算公式如下:

$$\bar{t} = \frac{\sum_{i=1}^{N} t_i}{N} \tag{12-1}$$

式中:t_i——第 i 辆车的停车时间,min;

N——停车数。

(8)停车密度:停车密度是停车负荷的基本度量单位,分为停车时间密度和停车空间密度。停车时间密度是指某一停车场(点)或某一区域内所有停车场(点)的停车吸引量随时间变化的程度,它可以用停车吸引量时间分布柱状图来表示;停车空间密度是指在同一时间段内,不同停车场(点)的停车吸引量的变化情况,它反映了不同停车场在某一时间段内对停车吸引的强弱程度,可以用停车吸引量的空间分布柱状图来表示。

(9)停车指数(饱和度、占有率):指某一时刻(时段)累计停车数与停车设施容量之比,它反映停车场的拥挤程度。高峰停车指数(W_n)是指某一停车设施在高峰时段内累计停车数与停车设施容量(即停车场的车位数)之比,它反映了高峰时间停车场的拥挤程度。

$$W_n = \frac{n'}{c} \tag{12-2}$$

式中:W_n——高峰停放指数;

n'——高峰时段内累计停车数;

c——停车场的车位数。

(10)停车周转率f_n:表示一定时间段内(一日或几个小时等)停车场停放车辆次数。即累计停车数与停车设施容量的比值。

$$f_n = \frac{N}{c} \tag{12-3}$$

式中符号意义同前。

(11)利用率g_n:可以从时间和空间的利用两个方面衡量。从时间利用的角度来说,它反映了单位停车泊位在一定时间段内的使用效率。

$$g_n = \frac{\sum_{i=1}^{N} t_i}{c \times T} \times 100 \tag{12-4}$$

式中:g_n——停车场(点)利用率,%;

T——时间段的时长,min;

t_i、N、c意义同前。

(12)步行距离L_n:指停车场至出行目的地的实际步行距离。步行距离可反映停车设施布局的合理程度。对于泊车者来说,能承受的步行距离有一定的范围。

二、停车调查与分析

(一)停车调查分析的目的

停车场调查旨在查明城市停车场的规模、形式、分布、营运状况、停车规律、停车水平及城市停车存在问题,为预测停车需求、合理确定停车场规模、优化停车场的选址、拟定停车场建设与管理对策提供可靠的科学依据。

(二)停车调查的内容

1. 停车设施调查

停车设施调查内容包括:现有停车场的规模(泊位数、占地面积)和位置、停车状况及存在问题、停车场的形式及构成、停车场的收费、停车场统计资料(建设规模、投资及效益)、配建停车场指标及使用情况、停车场建设方式及管理体制、停车场附近的交通状况、停车场附近的环境条件等。

2. 停车特征调查

停车特征调查主要掌握城市停车规律,为停车需求预测及规划做准备。主要调查内容包括:停车场泊位利用状态、停车场服务对象及范围、停车需求的分布、停放周转率、停车目的、停放方式、停车地点到目的地步行距离等。

3. 相关资料调查

相关资料调查是指收集与停车场规划相关的资料,主要包括:城市社会经济发展规划、城市总体规划、分区规划、城市交通规划、现状和规划用地规模及分布、现状和规划城市道路统计资料及城市车辆统计资料等。

(三)停车调查的方法

1. 自动数据采集

目前,随着停车管理设施的建设,停车信息自动采集功能日益完备。利用这些设备的信息采集功能,可以获得大量的停车行为的相关信息。这种信息采集手段正越来越多地被利用,已成为停车调查的主要手段。主要有视频采集、牌照识别、磁卡记录和射频识别系统等。

2. 询问调查

询问调查是由调查员根据调查内容向驾驶员直接询问,然后将信息填写在调查表内。此种方法简单、明了,调查精度较高,而且前期准备工作量小,但调查工作量大,需要调查人员多。该方法适用于调查规模小、时间短、停车少的地方,如路边停车。要求调查内容尽量简单,表格一般包括:车辆类型、出发地、出行目的、到达时间、离开时间、停车收费等。

3. 发放表格调查

车辆到达停车调查范围内时,由调查员将调查表发给驾驶员,由驾驶员根据表中要求内容和注意事项填写,车辆离开时调查员将填好的调查表收回。此种方法简单,需要调查人员少,适用于调查规模大、车辆多、较集中的停车设施,如大型停车场。但其填表误差率及表格回收率容易受驾驶员理解差异的影响。

4. 直接观测记录调查

直接观测记录调查法主要适用于重要停车吸引源处,如火车站、码头、大型商业设施等。这些地方停车吸引量大,车辆停放时间短,周转率高,采用询问、发表方式均会造成交通拥堵。该类方法又可分为连续式调查和间歇式调查两种。

连续式调查是指从存车开始到存车结束连续记录停车情况。为了了解最多存放车辆数、车辆停放时长分布等情况,可用此方法。

间歇式调查是指每隔一定的时间间隔(5min、10min、15min 等)记录调查范围内的停车情况,重点是了解停车场一天中停放需求(吸引)量随时段的变化。根据调查时的记录内容,可分为记车号与不记车号两种。

具体选择调查方法时,应综合考虑以下因素。

(1)调查目标要求:目标单一的可以选择相对简单的方法;调查要求多、内容广时,方法就要复杂些,宜采用多种方法的组合。

(2)调查范围:确定为一条路、一个集散中心或是一个区域。

(3)调查时间:应包含车辆停放高峰时段在内 8h 以上,或是由于调查目的不同仅调查高峰时段停车情况。

(4)调查过程:应考虑人力、物力及设备条件,以符合完成调查的时间要求。

(5)调查对象:确定为机动车、非机动车还是两者兼有。

(6)调查要求的精度。

(四)停车调查统计分析

停车调查统计包括停车设施总量统计和车辆停放特征统计。

1. 停车设施总量统计

停车设施总量统计主要统计停车场规模、面积、形式、构成与分布,一般用表、图表示,可分地区、分性质、分方式统计。

2. 车辆停放特征统计

车辆停放特征主要包括周转率、利用率、车辆停放时间、停车目的、停放地点到目的地步行距离等方面内容。

第四节 停车需求预测与停车场规划

一、停车需求分析与预测

(一)停车需求分析考虑的因素

需求分析的关键在于正确估计在实际交通运行中能够影响交通出行和停放特征的因素对停车需求的影响。主要从四个方面考虑,即停车政策、停车特征、城市特性、停车者特征。

停车政策方面主要包括:城市交通发展模式的引导政策、城市交通需求管理政策、交通设施使用政策、停车场收费政策。

停车特征方面主要包括:停车场容量、停车服务半径、停车需求的时空分布、停车方式、停车场利用率。

城市特性方面主要包括:城市规模和性质、城市布局结构(不仅包括土地使用功能布局,还包括人口分布、就业水平等)、城市车辆发展水平、城市交通结构。

停车者特征方面主要包括:停车者年龄和性别、停车者的收入水平和职业、停车者车辆使用偏好。

在分析停车需求时,不仅要考虑以上因素的现状水平,同时还应考虑未来的发展趋势。

(二)停车需求分析与停车规划阶段划分

停车需求分析方法根据各种规划目标的要求,在对不同规划阶段数据输入进行综合分析的基础上确定。停车需求分析模型建立主要受需求分析的目标和数据资料的限制,有多种模型形式。对于停车分析目标,停车供应和政策规划的要求是停车需求分析的根本出发点。按照停车规划的不同要求,不同停车规划阶段停车需求分析的内容也不同。

1. 总体规划阶段

首先,制定城市停车发展战略和发展目标;其次,确定区域差别化的停车供给策略和停车分区划分原则;最后,提出差别化的停车分区规划指引。

2. 控制性详细规划阶段

首先,应核算各地块内建筑物配建停车位规模;其次,确定城市公共停车场用地布局控制指标和建筑设计原则。

3. 修建性详细规划阶段

首先，确定停车场平面布局和停车位规模；其次，提出交通组织及出入口设置方案；然后，估算工程量、拆迁量和总造价；最后，分析建设条件，开展综合技术经济论证。

(三) 停车需求预测模型

根据停车需求预测的出发点以及所需求的基本数据不同，停车需求预测模型主要有以下三大类。

1. 基于土地利用与停车设施供需之间关系的模型

假设停车供需与土地利用之间存在某种关系、城市土地利用和车辆保有量变化不大、停车和交通出行管理的政策基本一致。当出行资料不完全，难以利用出行的需求进行停车需求分析时，可以采用这一类简化的方法进行停车需求分析。这类方法应用简便，但此类方法无法预知出行的情况，只能用于交通需求变化不大的短时期的停车需求分析，难以应用于交通政策的评价和长期分析。

采用本方法不但要进行停车调查，还要进行土地利用的调查。用地调查应根据建立回归模型的目的和数据要求设计调查方案，调查用地类型的划分应与可能获得的用地资料一致，确保数据处理和建立模型的精度；由于建模的样本要求足够多，所以用地调查的数据量较大，相应的数据处理工作量也较大，成功地处理调查数据是直接影响本方法计算精度的最重要的环节。

根据分析原理以及考虑的土地利用因素的不同，目前该类模型又分为以下三类。

(1) 停车产生率模型

数学表达式如下：

$$P_{di} = \sum_{j=1}^{n}(R_{dij} \times L_{dij}) \quad (j=1,2,\cdots,n) \tag{12-5}$$

式中：P_{di}——第 d 年 i 区高峰时间停车需求量，辆；

R_{dij}——第 d 年 i 区 j 类性质用地单位停车需求数量，辆/m²，即停车生成率；

L_{dij}——第 d 年 i 区 j 类性质用地的数量，m²，可以分为土地面积、建筑面积等；

n——用地性质总数。

由于该模型需要确定 R_{dij}，必须依靠广泛的调查资料才能够确定。同时，该模型将各地块看作简单的单一用地性质，并将总停车需求看作各地块停车需求的简单相加，不考虑各区域之间的影响，这些基本假设会与实际的土地利用情况有所不同。因此，尽管它的计算相对简单，但在应用上存在一定的局限性。

(2) 用地与交通影响分析模型

该模型根据现有机动车保有量和现行交通政策下所产生的停车需求与不同性质的建筑面积之间的关系、未来的用地发展规模，确定土地利用影响函数所产生的停车需求；同时，考虑未来城市机动车保有水平和道路交通量的增长情况，确定高峰停车需求的交通影响函数；综合土地利用影响函数和交通影响函数，推算机动车高峰停车需求量。其基本的预测过程如图12-3所示。

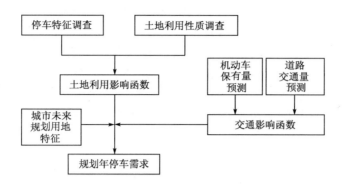

图 12-3 用地与交通影响分析模型的预测过程

模型可用下式表示：

$$P_i = f(x_i)f(\gamma_q) \tag{12-6}$$

式中：P_i——规划 i 小区全日的停车需求，辆；

$f(x_i)$——停车需求的土地利用影响函数；

x_i——第 i 种类型土地利用的规模，可用相应类型用地的建筑面积来表示，m^2；

$f(\gamma_q)$——停车需求的交通影响函数；

γ_q——区域内交通量的增长率，%。

该模型是停车产生率模型的扩展，虽然较好地兼顾了停车与土地利用、交通发展之间的关系，在分析与预测的结果上要比停车产生率模型更为合理，但是具有与停车产生率模型类似的一些缺陷，因此在使用上也存在一定的局限性。

(3) 土地利用模型

该模型主要是基于停车需求与用地特性、雇员数量之间的关系来进行未来规划年的停车需求预测。其最基本假设是：一个以商业为主的地区的长时间停车需求是由雇员上班出行引起的，而短时间停车需求是由在该地区进行的商业活动引起的。该模型是 1984 年由美国的 H. S. Levinson 提出并在 New Haven 城区的综合交通规划研究中应用于停车需求预测的。其数学表达式如下：

$$d_i = A_L \left(\frac{e_i}{\sum_i e_i} \right) + A_S \left(\frac{F_i}{\sum_i F_i} \right) \tag{12-7}$$

式中：d_i——第 i 区的停车需求，辆；

A_L——规划区域内长时间停车的停车总数，辆；

A_S——规划区域内短时间停车的停车总数，辆；

e_i——第 i 区的雇员数，人；

F_i——第 i 区零售与服务业的建筑面积，m^2。

该模型对数据的要求简单，预测的成本较低，但模型所需的建筑面积和雇员数的准确性对模型的精度影响较大。通过模型的假设以及模型的公式可以看出，该模型比较适用于用地比较单一、以商业服务为主的城区。对用地十分复杂的大城区的停车需求分析，精度比较差。

2. 基于停车需求与机动车出行关系的出行吸引模型

该类模型认为，停车需求的生成与地区的经济活动强度有关，而经济活动的强度又可用该地区吸引的机动车出行量的多少来代表。其预测的基本原理是确定停车需求泊位数与区域机动车出行吸引量之间的关系。由于该类模型以机动车的出行作为停车生成的基础，考虑了停车是源于交通出行的基本特性，因此在预测理论上比较合理，可用于近期和远期的停车需求分析预测。同时，正是由于这一特点而决定了利用该类模型时必须拥有较为完全的 OD 资料。对于已有城市交通规划或其他专项交通研究并且有较完整的 OD 资料的城市，使用该类方法计算较为方便，而且所预测的结果精度相对来说比较高。其总体的预测技术框图如图 12-4 所示。

图 12-4 交通出行 OD 法预测停车需求技术框图

3. 基于相关分析法的多元回归分析预测模型

该类模型主要认为，停车需求与城市经济活动、土地利用等许多因素之间存在某种关系，如下式所示：

$$P_{di} = K_0 + K_1(\text{EP}_{di}) + K_2(\text{PO}_{di}) + K_3(\text{FA}_{di}) + K_4(\text{DU}_{di}) + K_5(\text{RS}_{di}) + K_6(\text{AO}_{di}) + \cdots$$
(12-8)

式中：P_{di}——第 d 年 i 区的高峰时间停车需求，辆；

EP_{di}——第 d 年 i 区的就业岗位数，个；

PO_{di}——第 d 年 i 区的人口数，人；

FA_{di}——第 d 年 i 区的建筑面积，m^2；

DU_{di}——第 d 年 i 区的单位（企业）数，个；

RS_{di}——第 d 年 i 区的零售服务业数，个；

AO_{di}——第 d 年 i 区的小汽车保有量，辆；

K_j——回归系数，$j = 0, 1, 2, 3, \cdots$。

上述模型中各回归系数的值需用回归分析法计算，并需要经过统计检验。值得注意的是，在对未来停车需求进行预测时，须对模型中的参数 K 做适当的修正，才能符合未来情况的变化。

此外，如果分析过程中缺乏停车调查等资料，可以采用类比分析法，通过参照同类地区或城市的停车调查参数或者停车分析结论来分析预测所在地区或城市的停车需求。该分析方法简单，但仅能求得需求总量，而且准确率较低。

二、停车场规划

（一）城市总体规划的停车场规划

停车场规划是城市规划的组成部分之一，在城市总体规划过程中，停车场规划的范围主要是公交公司、运输公司、出租汽车公司等运输部门的专用停车场以及城市出入口、外围道路、市中心区、商业区、体育场（馆）、机场、车站、码头等处的公共停车场，这些停车场的规模一般都较大，总体规划就是对这些停车场的定点位置、容量、占地面积等进行论证、合理布设，以便城市规划管理部门对这些停车场的规划用地进行控制。

1. 规划停车场总面积

一个城市所需的公共停车场总停车面积可通过该城市拥有的人口数量或机动车保有量进行估算,并参考城市社会经济发展水平等因素进行修正。

(1) 按城市人口数量估算

$$F = P \cdot b \qquad (12\text{-}9)$$

式中:F——规划期末城市所需的公共停车场总停车面积,m^2;

P——规划期末城市的人口数量,人;

b——每个城市人均所需的公共停车场停车面积,m^2/人。

《城市综合交通体系规划标准》(GB/T 51328—2018)规定,机动车公共停车场规划用地总规模宜按人均 0.5~1m^2 计算,规划人口规模 100 万及以上的城市宜取低值。

(2) 按城市机动车保有量估算

$$F = m \cdot n \cdot a \qquad (12\text{-}10)$$

式中:F——规划期末城市所需的公共停车场总停车面积,m^2;

m——规划期末城市的机动车保有量,辆,估算时可以参照表 12-1 中的车辆折算系数将所有机动车折算成当量车型(小型汽车);

n——使用停车场的车辆数占总数 m 的百分比,%,一般取 $n = 5\% \sim 15\%$;

a——小型汽车的单位停车面积,m^2/辆,估算时可以根据停车方式从表 12-2 中选取。

车 辆 折 算 关 系　　　　　　　　表 12-1

车辆类型		各类车辆外廓尺寸(m)			折算系数	
		总长	总宽	总高	按小型汽车	按自行车
机动车	微型车	3.8	1.6	1.8	0.7	
	小型车	4.8	1.8	2.0	1.0	
	轻型车	7.0	2.25	2.75	1.5	
	中型客车	9.0	2.5	3.2	2.0	
	中型货车	9.0	2.5	4.0	2.0	
	大型客车	12.0	2.5	3.5	2.5	
	大型货车	11.5	2.5	4.0	2.5	
非机动车	自行车	1.9	0.6	1.2	0.075	1.0
	人力三轮车	2.5	1.2	1.2	0.2	3.0

资料来源:根据《车库建筑设计规范》(JGJ 100—2015)整理。

注:1. 折算系数是按各车型的停车车位面积确定的。
　　2. 外廓尺寸可区别车型,以选择折算系数。
　　3. 三轮摩托车可按微型车尺寸计算。
　　4. 二轮摩托车可按自行车尺寸计算。

小型车的单位停车面积(单位:m^2)　　　　　　表 12-2

停车方式	平行式	斜 列 式				垂 直 式	
		30°	45°	60°	60°		
	前进停车	前进停车	前进停车	前进停车	后退停车	前进停车	后退停车
单位停车面积	25.8	26.4	21.4	20.3	19.9	23.5	19.3

注:此面积只包括停车和紧邻车位的通车道的面积,不是每停车位的建筑面积。

2. 停车场用地布局原则

城市总体规划阶段的停车场规划布局,直接影响到车流的控制和客流的调整,关系到城市道路系统的全局以及整个城市的未来发展,影响较大。在考虑停车场用地布局时应考虑如下原则:

(1)停车场的设置应符合城市总体规划的用地布置、规划期的停车数和道路交通组织的要求,做到大中小型停车场结构合理、布局相互匹配,路外停车场(地面停车场、停车楼、地下停车库)和路边停车场相结合,形成一个合理的停车场系统。

(2)对外交通服务的停车场,应设置在城市的外环路和城市出入口道路附近,并考虑到换乘交通的方便性。

(3)市内公共停车场应靠近主要服务对象,其场址选择应满足不破坏城市环境和车辆出入不妨碍道路畅通的要求。城市中心区的公共停车场应尽量均衡分布,其服务半径(100~300m)应能覆盖大部分地区。

(4)市内机动车公共停车场车位数的分布:在市中心和分区中心地区,应为全部停车位数的50%~70%;在城市对外道路的出入口地区,应为全部停车位数的5%~10%;在城市其他地区,应为全部停车位数的25%~40%。此外,路内停车位在总停车位中的比例应不大于20%。

(5)各个停车场的规划规模,应根据城市的总停车需求量,并考虑各个停车场的服务对象、性质和用地条件等因素合理确定。

(二)城市详细规划阶段的停车场规划

城市详细规划(包括控制性详细规划和修建性详细规划)过程中,停车场规划的任务是:提出更具体的布置要求和技术经济指标,确定用地的控制性指标,为工程设计提供依据;对上一层次不能做出规划而按有关要求需要设置的、规模较小的停车场进行具体规划。

1. 停车场规划容量

停车场的容量与其服务对象、性质、车辆到达和离去特征、高峰日吸引车次总量、停车位周转次数、平均停放时间、停车不均衡系数、城市性质、规模、公共建筑布局以及周围停车场的情况等因素有关。

《城市停车规划规范》(GB/T 51149—2016)对停车配建做出了要求。建筑物配建停车位指标的制定应结合城市特点开展专题研究,并定期评估建筑物配建停车位指标的执行效果。指标值的制定应体现停车位总量控制和区域差别化原则,统筹不同类别建筑物之间的差异性,并应考虑停车位的共享和高效利用。机场、港口、公交枢纽、体育设施等大型公共建筑物配建停车场规模的确定可开展专项研究。

综合考虑我国北京、上海、香港、天津、重庆、深圳、广州、南京、杭州、昆明、长沙、济南、合肥、哈尔滨、长春、宁波等城市,伦敦、纽约、新加坡等国际城市的建筑物配建停车位相关标准,提出建筑物分类和配建停车位指标参考值,见表12-3。

建筑物配建停车位指标参考值　　　　　表12-3

建筑物大类	建筑物子类	机动车停车位指标下限值	非机动车停车位指标下限值	单位
居住	别墅	1.2	2.0	车位/户
	普通商品房	1.0	2.0	车位/户
	限价商品房	1.0	2.0	车位/户

续上表

建筑物大类	建筑物子类	机动车停车位指标下限值	非机动车停车位指标下限值	单位
居住	经济适用房	0.8	2.0	车位/户
	公共租赁住房	0.6	2.0	车位/户
	廉租住房	0.3	2.0	车位/户
医院	综合医院	1.2	2.5	车位/100m² 建筑面积
	其他医院(包括独立门诊、专科医院等)	1.5	3.0	车位/100m² 建筑面积
学校	幼儿园	1.0	10.0	车位/100 师生
	小学	1.5	20.0	车位/100 师生
	中学	1.5	70.0	车位/100 师生
	中等专业学校	2.0	70.0	车位/100 师生
	高等院校	3.0	70.0	车位/100 师生
办公	行政办公	0.65	2.0	车位/100m² 建筑面积
	商务办公	0.65	2.0	车位/100m² 建筑面积
	其他办公	0.5	2.0	车位/100m² 建筑面积
商业	宾馆、旅馆	0.3	1.0	车位/客房
	餐饮	1.0	4.0	车位/100m² 建筑面积
	娱乐	1.0	4.0	车位/100m² 建筑面积
	商场	0.6	5.0	车位/100m² 建筑面积
	配套商业	0.6	6.0	车位/100m² 建筑面积
	大型超市、仓储式超市	0.7	6.0	车位/100m² 建筑面积
	批发市场、综合市场、农贸市场	0.7	5.0	车位/100m² 建筑面积
文化体育设施	体育场馆	3.0	15.0	车位/100 座位
	展览馆	0.7	1.0	车位/100m² 建筑面积
	图书馆、博物馆、科技馆	0.6	5.0	车位/100m² 建筑面积
	会议中心	7.0	10.0	车位/100 座位
	剧院、音乐厅、电影院	7.0	10.0	车位/100 座位
工业和物流仓储	厂房	0.2	2.0	车位/100m² 建筑面积
	仓库	0.2	2.0	车位/100m² 建筑面积
交通枢纽	火车站	1.5	—	车位/100 高峰乘客
	港口	3.0	—	车位/100 高峰乘客
	机场	3.0	—	车位/100 高峰乘客
	长途客车站	1.0	—	车位/100 高峰乘客
	公交枢纽	0.5	3.0	车位/100 高峰乘客
游览场所	风景公园	2.0	5.0	车位/公顷占地面积
	主题公园	3.5	6.0	车位/公顷占地面积
	其他游览场所	2.0	5.0	车位/公顷占地面积

2.停车场用地布局原则

城市详细规划阶段的停车场用地布局除应遵守城市总体规划阶段停车场用地布局规划的原则外,还应做到:

(1)停车场应设在需要停车最多的地方,中型以上停车场应邻近城市道路。

(2)从方便停车场使用者的角度出发,专用和公共建筑配建的停车场原则上应在主体建筑用地范围之内。如不能满足,必须紧靠使用单位布置并与使用单位在道路的同一侧,步行距离应控制在300m以内,最远不得超过500m。

(3)地下停车场宜结合城市人防工程设施选择,设置在城市公共用地下方,并与城市地下空间开发相结合。

(4)应结合城市公共交通场站规划,布设不同交通方式之间的换乘停车场,以方便乘客换乘,形成合理的交通结构。

(5)风景区的停车场应布设在主要入口附近,与旅游道路在同一侧,距入口应大于50m,小于300m。

第五节 停车场设计

停车场的设计主要是针对路外停车场。停车坪是停车场的主要组成部分,停车坪是由停车带和通道组成的,因此,对路外停车场的设计就可以归结为主要设计停车带、通道的尺寸。此外,还应特别重视周围道路的疏解能力和进出通道、上下通道、安全紧急通道及驾驶员通道,以及通风、照明、机械设备、防灾及管理设施等问题。

一、设计车型

不同类型、不同品牌的车辆其外形尺寸也不一样。不同性质的停车场停放不同类型的车辆,这就决定了需要相应的停车带通道宽度。

设计停车场时,选哪种车型为设计车型应通过调查分析确定,城市(特别是大中城市)中的停车场,一般可选用小型汽车作为设计车型。对于为公路服务的停车场,因路上主要是大、中型车辆,故可选用重型汽车作为设计车型。特别需要说明的是,《车库建筑设计规范》(JGJ 100—2015)中还规定了机动车库的设计车型外廓尺寸,如表12-4所示。

机动车库设计车型外廓尺寸(单位:m)　　　　表12-4

车　型		外　廓　尺　寸		
		总长	总宽	总高
微型车		3.80	1.60	1.80
小型车		4.80	1.80	2.00
轻型车		7.00	2.25	2.75
中型车	客车	9.00	2.50	3.20
	货车	9.00	2.50	4.00

续上表

车　　型		外廓尺寸		
		总长	总宽	总高
大型车	客车	12.00	2.50	3.50
	货车	11.50	2.50	4.00

二、车辆进出车位方式和停放方式

(一)车辆进出车位方式

由于车辆进出车位的方式不同,其所需回转面积和通道的宽度也不相同。通常车辆进出车位有下列三种方式:

前进式进车位,后退式离车位,如图12-5a)所示;
后退式进车位,前进式离车位,如图12-5b)所示;
前进式进车位,前进式离车位,如图12-5c)、d)所示。

后退式进车位,前进式离车位的方式,发车迅速方便,占地不多,多被采用。图12-5c)中所示的前进式进车位,前进式离车位方式,虽更方便,但因占地大,仅在有条件时采用。

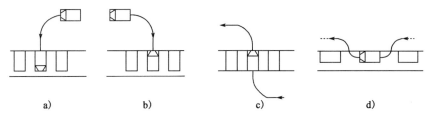

图12-5　车辆进出车位方式

(二)车辆停放方式

车辆停放方式相对于行车通道来说有下列三种方式:平行式、垂直式和斜列式。

(1)平行式:车辆沿行车通道两侧平行式停放,其相对于行车通道的角度为0°,如图12-6a)所示。该方式的特点是占用的停车带较窄,车辆进出方便、迅速,但单位长度内停放的车辆最少,车辆入库难度较大,容易发生剐蹭事故,停车过程油耗和废气排放都较多。在停车种类很多,未以标准车位设计或沿周边布置停车时,可采用这种方式。

(2)垂直式:车辆垂直于行车通道方向停放,其相对停车通道方向的角度为90°,如图12-6b)所示。该方式的特点是车辆进出比较便利,且用地紧凑,单位长度内停放的车辆数最多,但所需停车带最宽。

(3)斜列式:车辆与通道的行车方向成一定角度α,如图12-6c)所示。倾斜角度α一般有30°、45°、60°三种。该方式的特点是车辆进出最为便捷,但车辆进出车位时,驾驶员视野受到的妨碍较大,较平行式停车更具有危险性。停车带宽度随车身长度和停放角度而异,但单位停车面积界于垂直式和平行式之间,用地不太经济。该方式适用于停车场的某些方向存在限制的情况。

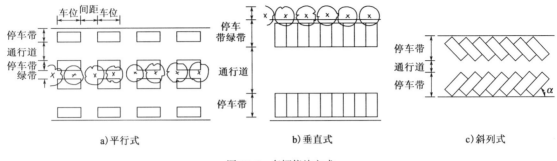

图 12-6 车辆停放方式

在选取具体的车位排列形式时,应在保证车位排列紧凑、通道短捷、出入迅速、安全的前提下,结合停车场实际情况,包括停车场内部柱网的安排情况、停车场提供的服务对象的出行目的、停车场的停车带和通道的安排情况、停车的特性,并根据各种车位排列形式的优缺点来选取。

对路外停车场宜采用垂直式和斜列式停车位的排列形式。

三、停车带和通道宽度及单车停车面积

停车带和通道的宽度是停车场设计的主要内容。它与车辆尺寸、停放方式、驾驶员的技术水平有关系。

(一)停车带宽度

停车带宽度分为垂直通道方向的停车带宽度 W_e 和平行通道方向的停车带宽 L_t,除应能保证后面车辆安全出入停车位置外,还应保证车门能够安全开启。表 12-5 列出了机动车之间以及机动车与墙、柱、护栏之间的最小净距。表 12-6 列出了《车库建筑设计规范》(JGJ 100—2015)中规定的最小停车带宽 W_e 和 L_t。

机动车之间及机动车与墙、柱、护栏之间最小净距(单位:m) 表 12-5

项 目		机动车类型		
		微型车、小型车	轻型车	大型车、中型车
平行式停车时机动车间纵向净距		1.20	1.20	2.40
垂直式、斜列式停车时机动车间纵向净距		0.50	0.70	0.80
机动车间横向净距		0.60	0.80	1.00
机动车与柱间净距		0.30	0.30	0.40
机动车与墙、护栏及其他构筑物间净距	纵向	0.50	0.50	0.50
	横向	0.60	0.80	1.00

注:纵向是指机动车长度方向、横向指机动车宽度方向;净距是指最近距离,当墙、柱外有突出物时,应从其凸出部分外缘算起。

小型车的最小停车位、通(停)车道宽度(单位:m)　　　　　表 12-6

停车方式		垂直通道方向的最小停车位宽度 W_e		平行通道方向的最小停车位宽度 L_t	通(停)车道最小宽度 W_d
		W_{e1}	W_{e2}		
平行式	后退停车	2.4	2.1	6.0	3.8
斜列式	30° 前进(后退)停车	4.8	3.6	4.8	3.8
	45° 前进(后退)停车	5.5	4.6	3.4	3.8
	60° 前进停车	5.8	5.0	2.8	4.5
	60° 后退停车	5.8	5.0	2.8	4.2
垂直式	前进停车	5.3	5.1	2.4	9.0
	后退停车	5.3	5.1	2.4	5.5

注:W_{e1} 为停车位毗邻墙体或连续分隔物时,垂直于通(停)车道的停车位尺寸;W_{e2} 为停车位毗邻时,垂直于通(停)车道的停车位尺寸。

(二)通道宽度

通道是停车场平面设计的重要内容,其形式和有关参数(宽度、最长纵坡、最小转弯半径等)宜结合实际情况正确选用。下文主要介绍通道宽度的计算。

由于不同的进出车位方式车辆的行驶轨迹不同,因而通道宽度的计算分为两种情况:

1. 前进停车、后退开出停车方式(图 12-7)

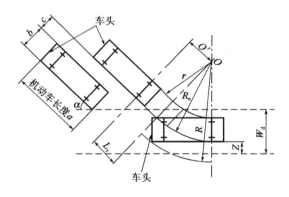

图 12-7　前进停车平面

$$\begin{cases} W_d = R_e + Z - \sin\alpha[(r+b)\cot\alpha + e - L_r] \\ L_r = e + \sqrt{(R+S)^2 - (r+b+c)^2} - (c+b)\cot\alpha \\ R_e = \sqrt{(r+b)^2 + e^2} \end{cases} \quad (12\text{-}11)$$

式中:W_d——通道宽度,mm;

　　S——进出口处与邻车的安全距离,mm,可取 300mm;

　　Z——行驶车与车或墙的安全距离,mm,可取 500~1000mm;

　　L_r——机动车回转入位后轮回转中心的偏移距离,mm;

　　R_e——机动车回转中心至机动车后外角的水平距离,mm;

　　c——车与车的间距,mm;

r——机动车环行内半径,mm;
b——机动车宽度,mm;
e——机动车后悬尺寸,mm;
R——机动车环行外半径,mm;
α——机动车停车角度,(°)。

注:本公式适用于停车倾角60°~90°的情况,45°及45°以下可用其他方法(如作图法)。

2. 后退停车、前进开出停车方式(图12-8)

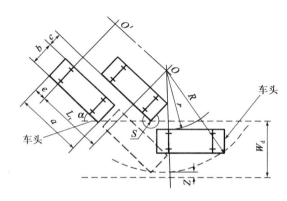

图12-8 后退停车平面

$$\begin{cases} W_d = R + Z - \sin\alpha[(r+b)\cot\alpha + (a-e) - L_r] \\ L_r = (a-e) - \sqrt{(r-S)^2 - (r-c)^2} + (c+b)\cot\alpha \end{cases} \quad (12\text{-}12)$$

式中:a——机动车长度;
其余符号意义同式(12-12)。

《车库建筑设计规范》(JGJ 100—2015)中规定,通车道宽度可以按照上面公式进行计算,但应等于或大于3.0m。通道的最小宽度见表12-6中的W_d。

停车场内坡道可采用直线形、曲线形。可以采用单车道或双车道,其最小净宽应符合表12-7中的规定。严禁将宽的单车道兼作双车道。

坡道最小宽度(单位:m) 表12-7

坡道形式	计算宽度	最小宽度	
		微型车、小型车	轻型车、中型车、大型车
直线单行	单车宽+0.8	3.0	3.5
直线双行	双车宽+2.0	5.5	7.0
曲线单行	单车宽+1.0	3.8	5.0
曲线双行	双车宽+2.2	7.0	10.0

注:此宽度不包括道牙及其他分隔带宽度。

行车通道设计的其他要求可以参照《车库建筑设计规范》(JGJ 100—2015)。

(三)单车停车面积

停放一辆汽车所需的用地面积大小与车型(车辆尺寸)、停放方式、通道条数等有关。设计停车场时,应按使用和管理要求,预估停车数量、车型、停放方式,确定停车面积。

单车停放面积包括停车车位面积,应均摊的通道面积、绿化面积、辅助设施面积。停车车位面积可以根据车型大小以及安全间距等来计算。表12-8列出了最小单位停车位面积。

最小单位停车位面积[摘编自《车库建筑设计规范》(JGJ 100—2015)] 表12-8

停车方式		最小单位停车位面积(m^2/辆)					
		微型车	小型车	轻型车	中型车	大货车	大客车
平行式	前进停车	17.4	25.8	41.6	65.6	74.4	86.4
斜列式	30° 前进(后退)停车	19.8	26.4	41.6	59.2	64.4	71.4
	45° 前进(后退)停车	16.4	21.4	40.9	53.0	59.0	69.5
	60° 前进停车	16.4	20.3	34.3	53.4	59.6	72.0
	60° 后退停车	15.9	19.9	40.3	49.0	54.2	64.4
垂直式	前进停车	16.5	23.5	33.5	59.2	59.2	76.7
	后退停车	13.8	19.3	41.9	48.7	53.9	62.7

四、停车场出入口

《城市道路工程设计规范(2016年版)》(CJJ 37—2012)对机动车停车场出入口的规定如下:

(1)机动车停车场的出入口不宜设在主干路上,可设在次干路或支路上,并应远离交叉口;不得设在人行横道、公共交通停靠站及桥隧引道处。出入口的缘石转弯曲线切点距铁路道口的最外侧钢轨外缘不应小于30m。距人行天桥和人行地道的梯道口不应小于50m。

(2)停车场出入口位置及数量应根据停车容量及交通组织确定,且不应少于2个,其净距宜大于30m;条件困难或停车容量小于50辆时,可设一个出入口,但其进出口应满足双向行驶的要求。

(3)停车场进出口净宽,单向通行的不应小于5m,双向通行的不应小于7m。

(4)停车场出入口应有良好的通视条件,视距三角形范围内的障碍物应清除。

(5)机动车停车场出入口及停车场内应设置指明通道和停车位的交通标志、标线。

对于非机动车停车场的出入口,《城市道路工程设计规范(2016年版)》(CJJ 37—2012)规定:非机动车停车场出入口不宜少于2个。出入口宽度宜为2.5~3.5m。场内停车区应分组安排,每组场地长度宜为15~20m。

五、停车场内的交通组织

停车场是车流和人流混杂的场所,停车场的设置对附近道路交通又有直接影响,因此,必须对停车场的交通组织进行详尽的设计。具体设计时应在遵循以下原则的同时,充分考虑停车场的规模、车流量、人流量、用地条件、地形等。

(1)停车场内应充分考虑人流和车辆的需求,尽量实行人、车分流,确保行人步行空间的连续性。

（2）必须按不同的车型分别设置停车区，至少应将微型和小型汽车与其他车型分开，以利于场地的充分使用和出入方便，也利于交通组织和管理。

（3）停车场内交通路线宜实行单向交通，车辆右转驶入并右转驶出，避免或尽量减少车辆的交叉冲突。

（4）停车场出入口的进出车方向，应与所在道路的交通管理体制相协调。应禁止车辆左转弯后跨越右侧行车线进出地下停车场。为使停车场出入口有良好的视野，地下停车场出入口应退后城市道路规划红线（一般为人行道边缘）不小于7.5m，并保持120°的视角。

（5）为了便于组织车辆右行，应在停车场周边开辟辅路，由停车场出来的车，通过辅路，绕到交叉口，减少交叉，便于管理。旅馆的停车库（场）的出入口，最好布置在次干道上，避免车辆直接驶入城市干道或快速道路。

（6）入口处以及停车场内应设置明显的行驶方向标志和停车位置指示牌。

（7）进出停车场的最高行驶车速不得超过15km/h，匝道上的最高行驶车速不得超过10km/h，视线限制较大时，最高行驶车速不得超过5km/h。

六、路内停车规划

由于道路的正常功能是为车辆出行行驶提供服务，而路内停车是占用道路资源的一种行为，其设置对道路的通行能力有很大的影响。据国外的统计资料，1km路段上沿路边停放3辆车，在路段上平均车速为24km/h时，路段通行能力的损失为200辆/h；当道路两边停放车辆达310辆，亦即1km路段两边几乎都停满时，路段通行能力的损失约为800辆/h。如车辆沿道路零散停车，则路段通行能力的损失率比沿道路整齐停放还大。此外，车辆在道路上乱停乱放，不仅严重影响居民的出行，而且容易造成交通事故，同时也容易影响城市市容。

因此，为了有效地对路内停车进行管理，有必要对路内停车做出科学、合理的规划。在规划时，一般应考虑以下因素：道路条件以及道路交通状况；路外停车设施的状况；路外、路内停车特征；道路交通管理政策与管理水平等。一般应遵循以下原则：

（1）路内停车规划必须符合城市交通发展战略、城市交通规划及停车管理政策的要求，路边停车规划应与城市风貌、历史、文化传统相适宜。

（2）路内停车位施划应符合道路交通管理相关法律法规和管理规范。

（3）应根据城市路网状况、交通状况、路外停车规划及路外停车设施建设状况，按路内停车的功能确定路边停车泊位的控制总量。

（4）路边停车位设置应满足交通管理要求，确保行人、非机动车通行的安全与畅通。

（5）路内停车应与路外停车相协调，随着路外停车设施的建设与完善，路内停车应作相应的调整，路内停车规划年限以3年为宜。

（6）对居民生活影响较大的道路上不宜设置路内停车位。对社会开放的大型路外停车场服务半径范围内，一般不能设置允许长时间停车的路内停车位。

(7)当道路车行道宽度小于表12-9中禁止停放的最小宽度时,不得在路内设置停车位。

设置路内停车场与道路宽度关系　　　　表12-9

道路类别		道路宽度 $B(m)$	停车状况
街道	双向道路	$B \geqslant 12$	允许双侧停车
		$8 \leqslant B < 12$	允许单侧停车
		$B < 8$	禁止停车
	单行道路	$B \geqslant 9$	允许双侧停车
		$6 \leqslant B < 9$	允许单侧停车
		$B < 6$	禁止停车
巷弄		$B \geqslant 9$	允许双侧停车
		$6 \leqslant B < 9$	允许单侧停车
		$B < 6$	禁止停车

(8)路内停车位主要设置在支路、交通负荷较小的次干道以及有隔离带的非机动车道上。

(9)路内停车位与交叉口的距离以不妨碍行车视距为设置原则,建议与相交的城市主、次干道缘石延长线的距离不小于20m,与相交的支路缘石延长线的距离不小于10m;单向交通出口方向,可根据具体情况适当缩短与交叉口的距离。

(10)路内停车位与有行车需求的巷弄出口之间,应留有不小于2m的安全距离。

(11)路内停车位的设置不得侵占消防通道,消火栓前后4m内不得设置停车泊位。

(12)路内停车位的设置应给重要建筑物、停车库等的出入口留出足够的空间;人行横道、停车标志、让路标志、公交车站、信号灯等前后一定距离内不应设置路内停车位。

第六节　非机动车停车场设计

非机动车具有体积小、机动灵活、使用方便和节能环保等特点,因此被广泛用作短途交通工具。在强调城市可持续发展的形势下,应为非机动车的发展和使用提供条件。然而,目前我国的部分城市中非常缺乏非机动车停车场地,造成非机动车乱停乱放、侵占人行道、挤占车行道的现象十分严重,既妨碍交通、威胁行人安全,又影响市容。因此,在进行城市交通规划时,在设计公共建筑、公共活动场所等时,应同时对非机动车停车场进行合理设计。

一、非机动车停车场的种类

(一)固定的停车场

该类非机动车停车场,盖有车棚、设有车架、派有专人管理。工厂、机关、学校、医院、住宅、车站、码头等处修建的非机动车停车场一般都属于该类。在公园、体育场馆、影剧院、商业场所等附近设立的非机动车停车场,虽然露天、无设施,但经常停放非机动车,故也应归入这一类。

(二)临时性停车场

根据集会活动的临时需要,用绳子等圈划场地供停车使用,即形成临时停车场。该类停车场内无设施。

(三)支路旁停车场

利用人行道或隔离带较宽路段,或人车流较少的小路停放非机动车,这类停车场可随时变更地点,其场地大小视具体情况而定,数量最多,分散布置在城市各个角落,是目前解决城市非机动车停车场缺乏的主要方式。

(四)驻停换乘(Park and Ride,简称P&R)的停车场

居民远距离出行时,先骑非机动车至地铁车站或其他公交车站,然后将非机动车停放在车站附近,然后换乘公交车辆或地铁,即形成驻停换乘停车场。

二、非机动车停放方式及停车场主要设计指标

(一)停放方式

最常见的停放方式是双轮着地,车辆与通道垂直或斜列平行停放成一排或两排,如图12-9所示。在停车场地较宽时,一般采用垂直停放;当停车宽度不足时,可采用斜列停放(可采用3种角度:30°、45°、60°)。

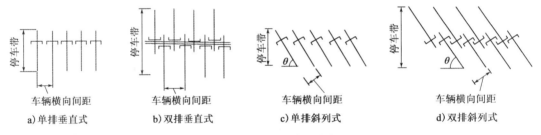

图12-9 非机动车停放方式

(二)主要设计指标

非机动车停车场的主要设计指标可以参照公安部、建设部1988年颁布的《停车场规划设计规则(试行)》中规定。非机动车停车场的主要设计指标如表12-10所示。

非机动车停车场主要设计指标　　表12-10

停车方式		停车带宽(m)		车辆横向间距(m)	通道宽度(m)		单位停车面积(m²)			
		单排	双排		单排	双排	单排一侧停车	单排两侧停车	双排一侧停车	双排两侧停车
斜列式	30°	1.0	1.60	0.5	1.2	2.0	2.20	2.00	2.00	1.8
	45°	1.4	2.26	0.5	1.2	2.0	1.84	1.70	1.65	1.51
	60°	1.7	2.77	0.5	1.5	2.6	1.85	1.73	1.67	1.55
垂直式		2.0	3.20	0.6	1.5	2.6	2.10	1.98	1.86	1.74

三、非机动车停车场的规划设计要求和交通组织

(1) 非机动车停车场在城市中应尽可能分散多处布置,以方便停放。一般应充分利用车流、人流稀少的支路、街巷或空闲地面,尽量不占、少占人行道。

(2) 公共建筑配建的非机动车停车场应根据服务对象性质及用地条件,采用适当分散与集中相结合的原则进行布设,一般宜布设在建筑物的出入口两侧或前后左右的场地内。

(3) 停车场应在公共建筑附近就近布置。大型集会场所的停车场应在其四周设置,使各方向的来车均能就近停放,避免穿越干道,也不影响集会场所的出入口,与人流不发生干扰,集中疏散的自行车流不得任意左转、切断干道上的车流。

(4) 有周期性表演活动的公共建筑(如影剧院等)的非机动车停车场,宜分成两个场地,设置两套出入口,轮流交替使用。

(5) 沿道路红线外侧拓宽 2~6m 或沿人车流较少的街巷设置的长条形停车场,应分成 15~20m 一段,利用人行道出入,并不得干扰正常交通。

(6) 在独立场地上设置的非机动车停车场,应分行分段,使短时间内集中存车或取车的人流和车流能顺利出入。停车位大于 500 辆非机动车时,其出入口不得少于 2 个,停车位超过 15000 辆时,应分成 1000~1500 辆一组,每组有一对出入口。

(7) 非机动车停车场的出入口宽度,一般应不小于 2.5~3.5m,以保证满足一对相向车辆同时推行进出的需要。出入口和通道的纵坡应保证非机动车推行上下的安全,一般应小于 10%。非机动车停车场的停车坪坡度,考虑到排水和自行车不滑倒的要求,一般在 0.2%~3%。

(8) 固定停车场应尽可能设置车棚(防雨、防晒),内设车架,以便于存放和管理。

(9) 场内交通线路应明确,尽量单向行驶,使线路不发生交叉冲突,根据用地形状来设计交通线路,近似长方形的用地可布置成主线通道式(图 12-10),近似正方形的用地可布置成主、支线通道式(图 12-11)。

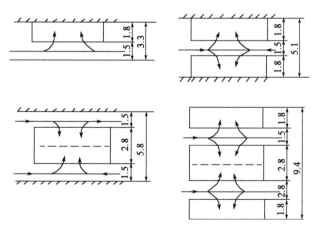

图 12-10 停车场布置形式图(用地近似长方形)(尺寸单位:m)

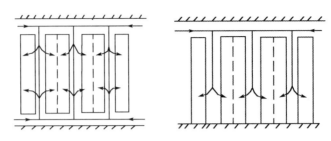

图 12-11 停车场布置形式图(用地近似正方形)

(10) 为方便车辆存取和出入,非机动车停车场的停车带和通道应有显著的标志(如用油漆或用混凝土色块画线并设编号牌等);车辆宜分区停放,每区停放的车辆数一般控制在 40～50 辆。

【思考题】

1. 解决我国城市停车问题的主要途径包括哪些?
2. 停车场的形式主要有哪些?各自有什么特点?
3. 什么是停车周转率?什么是停车饱和度(停车指数)?
4. 停车调查包括哪些内容?停车调查数据的应用包括什么?
5. 停车需求量与哪些因素有关?如何预测这些因素与停车需求量的关系?
6. 停车总量的影响因素有哪些?
7. 机动车停车方式有哪些?各自有什么特点?

第十三章 交通安全

本章介绍交通事故的产生原因、变化规律及安全保障措施,培养学生履职尽责、敬业担当和生命至上的精神。

第一节　道路交通事故

一、概述

交通安全一般理解为在交通过程中不发生交通事故。不发生事故的概率大,交通安全度大;反之,交通安全度小。

造成交通事故的原因是多方面的,主要与交通参与者、车辆机械性能、道路交通环境有关。美国的事故统计指出,约有90%的责任归于驾驶员。国内外数据显示,约90%的道路交通事故是由机动车驾驶员的错误行为所致。为了防止交通事故,从理论上来说要使道路满足车辆行驶的要求;避免车与车、车与人、车与物体碰撞;减少发生碰撞时的能量;确保车辆技术性能可靠;驾驶员的工作状态保持良好。为此,应严格执行法规并加强驾驶员培训,采取适当的工程措施。

世界卫生组织2018年《全球道路安全现状报告》显示,全世界每年约有130万人的生命因道路交通事故而终止。还有2000万~5000万人受到非致命伤害,其中许多人因道路交通事故致残。道路交通伤害是5~29岁人群的"主要杀手"。

自1981年以来,我国在机动车保有量、机动车驾驶员快速增长的情况下,全国发生的道路事故起数、死亡人数逐年上涨,在 2002 年达到了最高峰,自 2003 年之后呈现下降的趋势,而万车死亡率则是逐年递减:1981—2002 年,交通事故起数以年均 9% 的速度上升,由 1981 年的 11 万人上升至 2002 年的 77 万人,交通事故死亡人数以年均 10% 的速度上升;而 2003—2020 年,交通事故起数以年均 5% 的速度下降,由 2003 年的 66 万起下降至 2016 年的 24 万起,交通事故死亡人数以年均 4% 的速度下降;而万车死亡率则是由 1981 年的 95.8 下降至 2020 年的 1.7。

在 2000—2004 年这 5 年里,我国因道路交通事故造成死亡人数最多,约 50 多万人死亡,约 260 万人受伤,因交通事故造成的损失为国内生产总值的 1%~3%,损失金额逾 125 亿美元,高于公众卫生服务和农村义务教育的国家财政预算(亚洲开发银行,2005 年)。

而在 2004—2016 年,因道路交通事故死亡的人数约 130 万人,情况有所减缓。2016—2020 年,万车死亡人数逐年减少。

二、交通事故的定义

我国 2021 年 4 月 29 日修订后颁布实施的《中华人民共和国道路交通安全法》中对交通事故的定义为:车辆在道路上因过错或者意外造成的人身伤亡或者财产损失的事件。

我国交通事故中发生的伤是指医生证明需要休息 1 天以上者,或有骨折,或有皮肉裂伤需要缝合者,或脑震荡者;亡是指主要因交通事故而造成的在事故后 7 天内死亡者;物损是指直接经济损失 20 元以上者(在城市)或 50 元以上者(在公路上)。

各国在交通事故的具体定义中,对死亡的时间界定各有差别,如表 13-1 所示。

各国对交通事故中死亡的时间界定(单位:d)　　　　　　　　表 13-1

国　　家	各国对交通事故中死亡的时间界定
日本、印度尼西亚、菲律宾、泰国、土耳其	1
波兰	2
法国	6
中国、意大利、孟加拉国	7
新西兰	28
美国、英国、加拿大、澳大利亚、俄罗斯联邦、捷克、匈牙利、罗马尼亚、印度、马来西亚、新加坡、巴基斯坦、韩国、埃及、尼日利亚、墨西哥、巴西	30

三、我国交通事故的分类

我国将交通事故分为死亡、重伤、轻伤及财物损失四类。

进一步按死伤人数的多少、经济损失的大小等造成的后果的严重程度不同,将事故分为四类。具体标准如下:

轻微事故,是指一次造成轻伤 1~2 人,或者财产损失机动车事故不足 1000 元,非机动车事故不足 200 元的事故。

一般事故,是指一次造成重伤 1~2 人,或者轻伤 1~2 人,或者财产损失不足 3 万元的事故。

重大事故,是指一次造成死亡 1~2 人,或者重伤 3 人以上 10 人以下,或者财产损失 3 万元以上不足 6 万元的事故。

特大事故,是指一次造成死亡 3 人以上,或者重伤 11 人以上,或者死亡 1 人,同时重伤 8 人以上,或者死亡 2 人,同时重伤 5 人以上,或者财产损失 6 万元以上的事故。

我国对下列事故列入道路交通事故统计范围：
（1）轻微事故。
（2）厂矿、油田、农场、林场自建的不通行社会车辆的专用道路，用于田间耕作农机具行走的机耕道，机关、学校、单位大院内、火车站、汽车总站、机场、港口、货场内道路上发生的事故。
（3）参加军事演习、体育竞赛、断路施工的车辆自身发生的事故。
（4）在铁路道口和渡口发生的事故。
（5）蓄意驾车行凶杀人、自杀，精神病患者、醉酒者自己碰撞车辆发生的事故。
（6）车辆尚未开动发生的人员挤摔伤亡事故。
（7）由于地震、台风、山洪、雷击等不可抗拒的自然灾害造成的事故。
北京工业大学在进行道路交通事故经济损失的研究中，认为可将重伤再细化。如：

第二节　交通事故调查

交通事故调查是指发生事故后，由公安交通警察及时赶到肇事现场，进行必要的量测、拍照、填写调查表格、分析原因、明确责任。

2004 年 5 月 1 日国务院发布实施、2017 年 10 月 7 日修订的《中华人民共和国道路交通安全法实施条例》，以及各地根据当地情况制定的交通条件、细则、补充规定等，都是判明事故责任的依据。

一、交通事故调查内容

交通事故的调查内容要求能客观地记载所有有关的情况，最好能从事故调查成果探讨减少交通事故的途径，而且应便于调查人员填写。道路交通事故调查登记表一套见表 13-2～表 13-4。

道路交通事故信息采集项目表（一）——快报信息（基本信息）　　　表 13-2

快报信息（基本信息）						
1.事故时间	□□□□年 □□月 □□日 □□时 □□分					
2.事故地点	路号	□□□□		路名/地点		
	公里数（路段/路口）	□□□□ 米数 □□□		3.人员死伤情况	当场死亡人数 □□	抢救无效死亡人数 □□
					受伤人数 □□	下落不明人数 □□
	在道路横断面位置	1-机动车道　2-非机动车道 3-非机混合道 4-人行道 5-人行横道　6-紧急停车带 9-其他	□	5.现场形态	1-原始 2-变动 3-驾车逃逸 4-弃车逃逸 5-无现场 6-二次现场	□
4.事故形态	11-正面相撞 12-侧面相撞 13-尾随相撞 21-对向刮擦 22-刮撞行人 30-碾压 40-翻车 50-坠车 60-失火 70-撞固定物 80-撞静止车辆 90-撞动物 99-撞其他		□□	6.是否装载危险品	1-是　2-否	□
				7.危险品事故后果	1-爆炸　2-气体泄漏　3-液体泄漏 4-辐射泄漏　5-燃烧　6-无后果　9-其他	□
8.事故初查原因	违法	违法行为代码（参见违法行为代码表） 5981-未设置道路安全设施 5982-安全设施损坏、灭失 5983-道路缺陷 5989-其他道路原因				□□□□
	非违法过错	9001-制动不当　9002-转向不当　9003-油门控制不当　9009-其他操作不当				
	意外	9101-自然灾害　9102-机件故障　9103-爆胎　9109-其他意外				
	其他	9901-其他				

道路交通事故信息采集项目表(二)——快报信息(基本信息)　　　表 13-3

快报信息(基本信息)						
1.事故时间	□□□□年 □□月 □□日 □□时 □□分					
2.事故地点	路号	□□□□		路名/地点		
	公里数(路段/路口)	□□□□ 米数 □□		3.人员死伤情况	当场死亡人数 □□	抢救无效死亡人数 □□
	在道路横断面位置	1-机动车道　2-非机动车道 3-非机混合道　4-人行道 5-人行横道　6-紧急停车带　9-其他	□		受伤人数 □□	下落不明人数 □□
				5.现场形态	1-原始 2-变动 3-驾车逃逸 4-弃车逃逸 5-无现场 6-二次现场	□
4.事故形态	11-正面相撞 12-侧面相撞 13-尾随相撞 21-对向刮擦 22-刮撞行人 30-碾压 40-翻车 50-坠车 60-失火 70-撞固定物 80-撞静止车辆 90-撞动物 99-撞其他		□□	6.是否装载危险品	1-是 2-否	□
				7.危险品事故后果	1-爆炸 2-气体泄漏 3-液体泄漏 4-辐射泄漏 5-燃烧 6-无后果 9-其他	□
8.事故初查原因	违法	违法行为代码(参见违法行为代码表) 5981-未设置道路安全设施 5982-安全设施损坏、灭失 5983-道路缺陷 5989-其他道路原因				□□□□
	非违法过错	9001-制动不当 9002-转向不当 9003-油门控制不当 9009-其他操作不当				
	意外	9101-自然灾害 9102-机件故障 9103-爆胎 9109-其他意外				
	其他	9901-其他				

其他基本信息			
9.直接财产损失	_____元	10.天气 1-晴 2-阴 3-雨 4-雪 5-雾 6-大风 7-沙尘 8-冰雹 9-其他	□
11.能见度	1-50m以内 2-50~100m 3-100~200m 4-400m以上 □	12.天气事故是否侦破 1-是 2-否	□
		14.路表情况 1-干燥 2-潮湿 3-积水 4-漫水 5-冰雪 6-泥泞 9-其他	□
13.路面状况	1-路面完好 2-施工 3-凹凸 4-塌陷 5-路障 9-其他 □	15.交通信号方式 1-无信号 2-民警指挥 3-信号灯 4-标志 5-标线 6-其他安全设施	□□□□
16.照明条件	1-白天 2-夜间有路灯照明 3-夜间无路灯照明 □		
17.事故认定原因	违法	违法行为代码(参见违法行为代码表) 5981-未设置道路安全设施 5982-安全设施损坏、灭失 5983-道路缺陷 5989-其他道路原因	□□□□
	非违法过错	9001-制动不当 9002-转向不当 9003-油门控制不当 9009-其他操作不当	
	意外	9101-自然灾害 9102-机件故障 9103-爆胎 9109-其他意外	
	其他	9901-其他	

当事人信息					
18.身份证明号码/驾驶证号		甲　　　　　　乙　　　　　　丙			
19.户籍所在地行政区划代码		甲□□□□□ 乙□□□□□ 丙□□□□□			
			甲▼	乙▼	丙▼
20.当事人属性	1-个人 2-单位		□	□	□
21.户口性质	1-非农业户口 2-农业户口		□	□	□
22.人员类型	11-公务员 12-公安民警 13-职员 14-工人 15-农民 16-自主经营者 21-军人 22-武警 31-教师 32-大(专)学生 33-中(专)学生 34-小学生 35-学前儿童 41-港澳台同胞 42-华侨 43-外国人 51-外来务工者 52-不在业人员 99-其他		□□	□□	□□
23.交通方式	驾驶机动车	K1-驾驶客车 H1-驾驶货车 G1-驾驶汽车列车 N1-驾驶三轮汽车 N2-驾驶低速货车 Q1-驾驶其他汽车 M1-驾驶摩托车 T1-驾驶拖拉机 J1-驾驶其他机动车	□□	□□	□□
	驾驶非机动车	F1-自行车 F2-三轮车 F3-手推车 F4-残疾人专用车 F5-畜力车 F6-助力自行车 F7-电动自行车 F9-其他非机动车			
	步行	A1-步行			
	乘车	C1-乘汽车 C2-乘摩托车 C3-乘其他机动车 C4-乘非机动车			
	其他	X9-其他			
24.驾驶证种类	1-机动车 2-拖拉机 3-军队 4-武警 5-无驾驶证		□	□	□
25.违法行为	违法代码(参见违法行为代码表)		1□□□□ 2□□□□ 3□□□□	1□□□□ 2□□□□ 3□□□□	1□□□□ 2□□□□ 3□□□□
26.事故责任	1-全部 2-主要 3-同等 4-次要 5-无责 6-无法认定		□	□	□
27.伤害程度	1-死亡 2-重伤 3-轻伤 4-不明 5-无伤害		□	□	□
28.受伤部位	1-头部 2-颈部 3-上肢 4-下肢 5-胸、背部 6-腹、腰部 7-多部位 9-其他		□	□	□
29.致死原因	1-颅脑损伤 2-胸腹损伤 3-创伤失血性休克 4-窒息 5-直接烧死 9-其他		□	□	□
			甲▲	乙▲	丙▲

道路交通事故信息采集项目表(三)　　　　　表13-4

车辆信息			甲▼	乙▼	丙▼
30.号牌种类	01-大型汽车号牌 02-小型汽车号牌 03-使馆汽车号牌 04-领馆汽车号牌 05-境外汽车号牌 06-外籍汽车号牌 07-两、三轮摩托车号牌 08-轻便摩托车号牌 09-使馆摩托车号牌 10-领馆摩托车号牌 11-境外摩托车号牌 12-外籍摩托车号牌 13-农用运输车号牌 14-拖拉机号牌 15-挂车号牌 16-教练汽车号牌 17-教练摩托车号牌 18-试验汽车号牌 19-试验摩托车号牌 20-临时途径汽车号牌 21-临时入境摩托车号牌 22-临时行驶车号牌 23-公安警车号牌 31-武警号牌 32-军队号牌 41-无号牌 42-假号牌 43-挪用号牌 99-其他号牌		□□	□□	□□
31.机动车号牌号码					
32.实载数(kg/人)			□□□□	□□□□	□□□□
33.车辆合法状况	1-正常 2-未按期检验 3-非法拼装 4-非法生产 5-报废		□	□	□
34.车辆安全状况	1-正常 2-制动失效 3-制动不良 4-转向失效 5-照明与信号装置失效 6-爆胎 7-其他机械故障		□	□	□
35.车辆行驶状态	01-直行 02-倒车 03-掉头 04-起步 05-停车 06-左转弯 07-右转弯 08-变更车道 09-躲避障碍 10-静止 11-超车 99-其他		□□	□□	□□
36.车辆使用性质	营运	11-公路客运 12-公交客运 13-出租客运 14-旅客客运 15-一般货运 16-危险品货运 17-租赁 19-其他营运	□□	□□	□□
	非营运	20-警用 22-消防 22-救护 23-工程救险车 24-党政机关用车 25-企事业单位用车 26-施工作业车 27-校车 28-私用 29-其他营运	□□	□□	□□
37.公路客运区间里程数	1-100km以下 2-100~200km 3-200~300km 4-300~500km 5-500~800km 6-800km以上		□	□	□
38.公路客运经营方式	1-自主经营 2-承包 3-挂靠		□	□	□
39.运载危险物品种类	1-易燃易爆 2-剧毒化学品 9-其他危险物品		□	□	□
			甲▲	乙▲	丙▲

补 充 信 息						
道路关联信息						
40.道路类型	公路	10-高速 11-一级 12-二级 13-三级 14-四级 19-等外		41.公路行政等级	1-国道 2-省道 3-县道 4-乡道 9-其他	□
	城市道路	21-城市快速路 22-一般城市道路 25-单位小区自建路 26-公共停车场 12-公共广场 29-其他路	□	43.道路线形	01-平直 02-一般弯 03-一般坡 04-急弯 05-陡坡 06-连续下坡 07-一般弯坡 08-急弯陡坡 09-一般坡急弯 10-一般弯坡	□□
42.地形	1-平原 2-丘陵 3-山区		□			
44.路口/路段类型	路口	11-三枝分叉口 12-四枝分叉口 13-多枝分叉口 14-环形交叉口 15-匝道口				□□
	路段	21-普通路段 22-高架路段 23-变窄路段 24-窄路 25-桥梁 26-隧道 27-路段进出处 28-路侧险要路段 29-其他特殊路段				□□
45.道路物理隔离	1-无隔离 2-中心隔离 3-机非隔离 4-中心隔离加机非隔离		□	46.路面结构	1-沥青 2-水泥 3-沙石 4-土路 9-其他	□
47.路侧防护设施类型	1-波形防撞护栏 2-防撞墙 3-防护墩 4-其他防护设施 5-无防护					□

当事人关联信息		甲▼	乙▼	丙▼
48.姓名/单位名称	当事人无身份证无法关联时,直接录入姓名或单位名称			
49.性别	1-男 2-女	□	□	□
50.年龄				
51.驾驶证档案编号				
52.驾龄				

机动车关联信息				
53.车辆类型	(参考车辆类型代码表)	□□□	□□□	□□□
54.核载数(kg或人)				
55.第三者责任强制保险	1-是 2-否	□	□	□
56.有无危险物品运输许可证	1-有 2-无	□	□	□
		甲▲	乙▲	丙▲

二、现场勘查测绘工作

现场勘查测绘工作必须对以下各点做明确勘查、测绘与现场拍照、录像。

（1）车与车（或人、物）开始接触的接触点、接触痕迹的部位高低、长宽、深浅，是摩擦还是撞击，并注意在接触部位上是否有血迹、头发、布丝等物证。

（2）车辆停放的位置、方向、人体躺卧的位置、形状、车与人之间的距离、车与人离道路两侧的距离。

（3）车与车（或人、物）从开始接触到停车总的距离，测量该距离应从开始接触到停车后的车前部最突出部位计算。

（4）测量汽车的制动痕迹时，应区别其重制动和轻制动印，并注意每只轮胎的制动痕迹是否相同。

（5）测量车辆的高度、长度、宽度以及轴距和前后轮距等。测量轮距和轴距前应先把汽车的前轮调正，测量轮距应以轮胎面之中心线为基准，若后轮是双轮，应测量其外侧轮胎中心线。

（6）与现场有关的道路、交通设施以及影响视线的障碍物等。

（7）其他与当时情况有关的天气、地物地形等。现场草图绘成后，肇事人或其单位负责人应在图上签字。

第三节　道路交通事故原因分析

道路交通事故原因分析的目的在于找出与驾驶员、车辆和道路有关的可能引起事故的原因，以便拟订防治措施，降低事故的频率和严重程度。

道路交通事故的影响因素体系包含了四个子系统，第一为用路者因素，第二为道路因素，第三为交通流与车辆因素，第四为环境因素。具体的体系结构如图13-1所示。

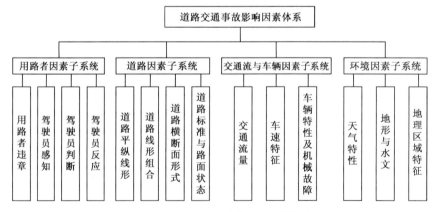

图13-1　道路交通事故影响因素体系

一、用路者因素

驾驶员、骑乘者和行人都是用路者,绝大多数交通事故都与用路者有关,且主要为驾驶员驾驶过程中的不当行为所致,引起交通事故的原因具体如下。

驾驶员是引起道路交通事故的主要因素,根据引起事故的原因不同可以分为直接因素和间接因素。直接因素包括:感知不准、反应不当、判断失误;间接因素包括:生理、心理状况异常和驾驶经验不足等。

感知不准:驾驶员置身于交通环境中,面对的交通条件极为复杂,且时刻都在变化,驾驶员需要及时收集各种交通信息,并随时做出反应。现代汽车行驶速度快,驾驶员对交通信息进行感知时,有可能是因十分之一秒的误差,便酿成车损人亡的事故。

反应不当:驾驶员在行车过程中,不仅要及时地感知交通条件的变化,而且需要对交通信息做出及时、准确的反应。因大意或注意力不集中等造成的反应迟缓容易酿成交通事故。

判断失误:驾驶员正确感知交通信息,并且及时做出反应,但如果判断不当也会造成交通事故。根据统计,由于驾驶员判断错误引起的交通事故,约占交通事故总数的35%。因判断失误造成的事故主要是驾驶员对过街行人,如对儿童或老人行动的方向速度判断失误,或是看错了前方的道路线形,或是错误判断对方车速以及与对方车辆的距离,或凭自己的想象判断对方的行动引起的。

生理、心理状况异常:指驾驶员带病服药后驾驶;或是疲劳驾驶,酒后驾驶,或情绪急剧波动时处于非正常驾驶状态从而导致交通事故。

驾驶经验不足:指驾驶员技术生疏,经验不足,对车辆道路情况不熟悉,遇到突发情况时惊慌失措,发生操作错误从而造成交通事故。

二、道路因素

道路上交通事故的发生,其表象与直接的诱因多为驾驶员的违章或过失,而潜在与间接的因素涉及道路的线形设计。

图 13-2 为北方平原地带某高速公路的多年事故统计分析,从图中可以看出,事故在道路的某些地段呈现出明显的集中分布,如果事故与道路要素无关,这种集中性是不可能存在的。

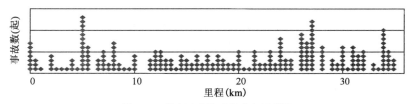

图 13-2 某高速公路事故分布示意图

以下分别从道路的类型、平面线形、纵断面线形、横断面、交叉口五个方面进行分析。

(一)道路类型

道路类型不同,其上的交通事故率也不相同,如表 13-5 所示。

英国各种类型道路上受伤事故率 [单位:起/(万辆·km)]　　表13-5

道路类型	事故率	道路类型	事故率
商业中心道路	5.0~8.1	两块板式道路(乡村)	1.0
居住区道路	2.5~4.4	两块板式道路(城市)	3.0
乡区道路	0.9~1.6	高速公路	0.4
三车道道路	1.3		

(二)道路平面线形

1. 直线

(1) 长直线

直线是平面线形设计最常采用的一种线形。直线长度的选择及设置影响交通安全。汽车沿长直线行驶,如果道路环境缺乏变化,驾驶行为单一,持续时间过长,将使驾车者兴奋度降低,造成精神的抑制,其至达到半睡眠状态,反应时间延长。

长直线造成驾车者的趋驶心理,即趋向于尽快通过该区段,从而易引发超速行驶。

在夜间,长直线区段易造成车辆之间的相互灯光干扰。

苏联资料表明:在干线公路上,因驾驶员睡着而引起的道路交通事故占总数的1.7%~2.4%。我国道路交通事故统计数据显示,在平直路段上发生的事故占事故总数的78.88%,因疲劳驾驶发生的事故占事故总数的21%。因此,限制直线长度和合理设置安全设施是非常重要的。

通过对统计资料的分析,将1km以上直线区段交通事故数与其直线长度相关联,呈现的散点规律如图13-3所示。

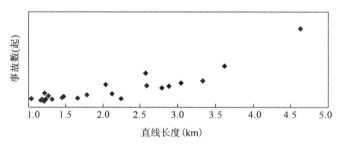

图13-3　事故数与直线长度的相关散点图

为了提高直线段的安全性,有些国家通过制定标准来限制长直线的长度。德国的道路技术标准规定,直线段长度不宜超过车辆以设计车速行驶70s的距离。当路线不可避免地采用长直线时,必须进行路旁装饰性绿化,或采用人工构造物,或沿线设置交通安全设施,消除长直线的单调性,避免驾驶疲劳。

(2) 短直线

平曲线间以直线过渡,当直线过短时,发生交通事故的潜在危险也将增加。其中又具体划分为反向曲线间的直线段与同向曲线间的直线段。

反向曲线间的直线段过短,不能提供足够的时间使驾车者调整转向盘,使驾车者在进入下一个反向曲线时不能及时把握车辆方向,反应不及时,车辆轨迹突变,危及车辆安全。

同向曲线间连以短直线,形成了俗称的"断背曲线",用路者在行经这种线形时,视觉上往往将直线段看成是向两端曲线相反方向弯曲,线形不连续。同向曲线间直线的最小长度不应小于设计车速(以 km/h)计的 6 倍(长度以 m 计)。

2. 平曲线

(1) 平曲线半径

半径适度的平曲线利于交通安全。半径过小的平曲线对交通安全产生负面影响。

在高速公路上,车辆速度较快,半径过小的曲线,使得车辆在转弯时的横向系数过高,车辆发生侧向滑移或翻覆的倾向性增大。

同时,从驾车者与道路的互动影响分析,车辆在弯道上的安全行驶速度小于直线,驾车者应根据弯道的半径降低车辆速度,而速度降低的幅度并不一定能够正确地把握,尤其当半径过小时,易引发车速相对于地点特征过快的现象。因而,一部分的超速交通事故,也与弯道半径有着潜在的关联。

将样本道路各曲线段上的事故数与曲线半径值进行相关分析,研究两者的相关关系,其散点图如图 13-4 所示。

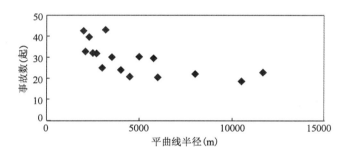

图 13-4 事故数与平曲线半径的相关散点图

从散点图可以观察到,小半径曲线段的事故倾向性较大,且随着半径的减小,事故数将增大。而在半径适当的区间内,事故不因半径的增加而有明显的改变。

(2) 平曲线转角

研究证明,当转角过小时,如果设置常规半径的平曲线,用路者会产生错觉,认为平曲线比实际值小,对道路产生急转弯的错觉,从而使得驾驶员产生过度的减速与转弯行为,危及行车安全。关于产生错觉的转角值,世界上各国的研究成果各不相同,美国为 5°,德国为 6°20″,日本为 7°,苏联为 10°。

平曲线转角越大,行车就越困难,在平曲线路段上,在许多情况下,转角对事故数据的影响,要比平曲线半径的影响大,如表 13-6 所示。

事故数与平曲线转角的关系　　　　表 13-6

转角(°)	8	8~20	20~30	>30
事故数(起)	1.44	1.56	1.64	2.00

(3) 平曲线曲率

曲率越大,事故率越高,尤其是曲率大于 10°时,事故率急剧增加,表 13-7 为英国的调查结果。

事故率与曲率的关系　　　　　　　　　　　表13-7

曲率(°)	0～1.9	2～3.9	4～5.9	6～9.9	10～14.9	>15
事故率[起/(百万辆·km)]	1.62	1.86	2.17	2.36	8.45	9.26

(4)平曲线频率

平曲线设置频率对交通事故的影响,只在半径小于600m时,才显示出来。当平曲线半径小于600m时,1km长度内的曲线数量对交通事故的影响见表13-8。

事故率与曲线半径、1km道路长度内曲线数量的关系　　　　　　表13-8

曲线半径(m)	>580			290～580			<175		
1km内的曲线数量	0.3	0.6～1	2.5～3	0.3	0.6～1	2.5～3	0.3	0.6～1	2.5～3
事故率[起/(百万辆·km)]	1.60	1.87	1.50	3.06	2.62	1.60	8.20	3.70	2.20

(三)道路纵断面线形

1. 纵坡坡度

苏联的调查资料显示,平原区事故率为7%左右、丘陵区为18%左右、重丘区为25%左右。主要事故原因是下坡时汽车驶出路基,或者与上坡超车的车辆迎面相撞,此类事故占较大纵坡路段事故数的24%;行车过快,制动不及时或失灵,占40%;绕过路边停车或超越车速较低车辆与对面来车相撞,占18%。

大纵坡路段道路交通事故特征点分布如图13-5所示。事故特征点主要分布在上坡道路的上面部分与过了坡顶后紧接着的路段上及纵断面的下凹部分。

下坡比上坡交通事故数量多一半以上,主要是下坡行驶时间长,制动器发生故障所致。由这一原因引起的事故占故障引起总事故的40%以上。

2. 纵向视距

英国的统计资料表明,竖曲线的视距越短,交通事故越多,见表13-9。

事故率与竖曲线视距的关系　　　　　　　　　表13-9

视距(m)	事故率[起/(百万辆·km)]	
	凸形竖曲线	凹形竖曲线
<240	2.4	1.5
240～450	1.9	1.2
450～750	1.5	0.8
>750	1.1	0.7

3. 道路线形组合

道路交通安全不仅与道路的平面线形、纵断面线形有关,而且与线形组合有密切的关系,即使线形设计符合规范,组合不当仍然会导致交通事故。表13-10为弯坡组合产生的交通事故率。

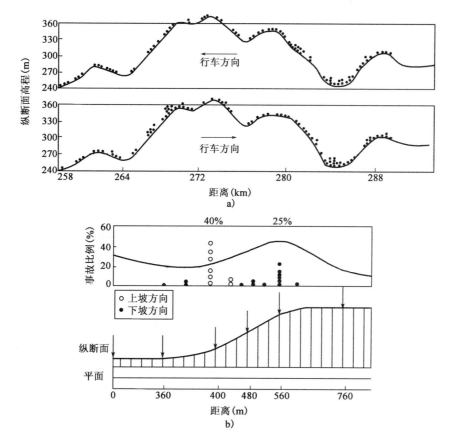

图 13-5 大纵坡路段道路交通事故特征点分布

弯坡组合产生的交通事故率[单位:起/(亿辆·km)] 表 13-10

曲线半径 (m)	坡度(%)			
	0~1.99	2~3.99	4~5.99	6~8
>4000	28	20	105	132
3001~4000	42	25	130	155
2001~3000	40	20	150	170
1001~2000	50	70	185	200
400~1000	73	100	192	233

(四)道路横断面

1. 中央分隔带

中央分隔带的宽度影响交通事故数量,随着分隔带宽度的增加,行车相撞事故的数量显著减少,当分隔带宽度达到15m时,基本上不存在行车相撞事故,见图13-6。

美国新泽西州26号路有4个车道,在长17.02km路线上修建了13.7m的中央分隔带。对该路段的调查表明,在修建中央分隔带前后两年间,虽然全州交通事故增加了6.7%,但这一路段却减少了40.4%。

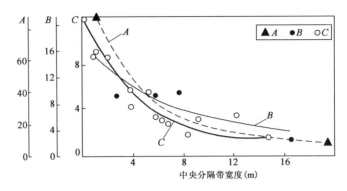

图 13-6　道路交通事故数与中央分隔带宽度的关系(根据美国加利福尼亚州公路委员会的资料)

A-误驶到中央分隔带上去并发生事故的汽车数量；B-100 万辆驶过的汽车由于横穿中央分隔带而发生的事故数；C-误驶到中央分隔带上引起的事故数占道路交通总事故数的百分比

2. 侧向净空

路旁的树木或建筑物限制了道路两旁的视距,减小了侧向净空,而且会增加驾驶员的神经紧张性,特别是公路路线与次干道、支路相交时,因树木或建筑物造成视距不足的现象,极易引发交通事故。因此,要求树木离行车道边缘的距离应不小于 5m。美国学者建议,对较小的树木应不小于 6m,对于较粗的树木应不小于 9m。事故严重性与树木直径有关,树木直径越大,相应事故的死亡、重伤人数比例增多。德国限制中央分隔带上不允许有直径大于 10cm 的树木。

百万辆公里道路交通事故数与树木至行车道边缘距离的关系如图 13-7 所示。

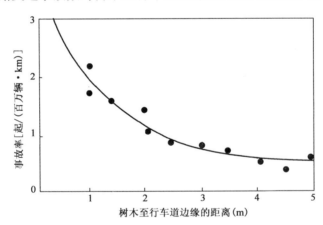

图 13-7　百万辆公里道路交通事故数与树木至行车道边缘距离的关系

3. 路面

道路路面与行车安全的相关性是以路面和车轮之间的附着系数来表现的。附着系数与道路路面材料、路面表面的粗糙程度、干湿程度以及路面的完好程度相关。附着系数越大,交通事故的发生率越低,如表 13-11 所示。

事故率系数与附着系数的关系　　　　　　　　　表 13-11

附着系数	0.3	0.4	0.5	0.6	0.7	0.8
事故率系数	8.0	3.0	2.0	1.5	1.0	0.5

因路面光滑发生事故有两种情况：一种是发生在紧急制动前，路面光滑使驾驶员控制不了车；另一种是发生在制动后，在预定的距离内不能减速或停车。美国宾夕法尼亚州调查了路面状况和事故率的关系，其结果表明，如果路面干燥时发生事故的危险比率为1的话，那么路面潮湿、降雪、结冰时，危险比率大致相应为2、5、8。

英国格拉斯哥市对路面粗糙化处理前后的事故率进行了观察统计，结果如表13-12所示。

事故率与路面状况的事故率（单位：起/年） 表13-12

粗糙化处理前后	路面干燥	路面滑溜	路面不湿而滑溜	路面积雪结冰	合计
粗糙化处理前	21	44	15	2	82
粗糙化处理后	18	5	4	0	27

4. 桥梁宽度

如果上承式桥的车行道宽度不足，设置在邻近车行道两边的栏杆与人行道就会引起驾驶员害怕触及障碍物的心理，从而迫使车辆靠近路中心行驶，在绝大多数情况下，车速会显著降低，有时会导致汽车相互碰撞。桥栏杆是容易发生事故的地方，有人行道的长桥比没人行道的长桥事故少。

(五)交叉口

1. 平面交叉口

据统计，各国在平面交叉口处发生的交通事故占总事故数的10%～40%。在我国，约有30%的事故发生在平面交叉口。

对交叉口发生事故影响较大的因素有五个：交通量、有无信号灯控制、冲突点数、交叉口长度、车行道宽度。

麦克唐纳(McDonald)和韦布(Webb)调查了加利福尼亚的150个有分隔带道路的交叉口的事故情况，对不设信号灯的交叉口，提出如下计算事故的公式。

对市区，车速接近40km/h 的情况：

$$W = 0.030 X^{0.55} Y^{0.55}$$

对郊区，车速为40～72km/h 的情况：

$$W = 0.17 X^{0.45} Y^{0.38}$$

对乡村，车速接近72km/h 的情况：

$$W = 0.28 X^{0.5} Y^{0.29}$$

式中：W——1年内的交通事故起数；

X、Y——以辆/d 计的两条相交道路的年平均日交通量。

相交道路的数量越多，冲突点越大，发生事故的可能性越大。从下式可以看出，冲突点个数 C 与相交道路条数 n 的4次方成正比。

$$C = \frac{n^2(n-1)(n-2)}{6}$$

从实际调查来看，三路相交比四路相交事故率小，安全性大。

次要道路车辆驶入主要道路的视距保证程度，对于不设信号控制的平面交叉口的行车安全有较大影响。

交通流交角对不设信号控制的交叉口的行车安全亦有很大影响。交通流交角取决交叉口的形式即交叉口交角大小。英国运输与道路研究实验室的研究人员以及 E. M. 洛巴诺夫(苏联)的研究结果表明:从行车安全的角度出发,交角为 50°~70°的平交路口安全性最佳,钝角交叉路口行车危险性最大,垂直相交的交叉口危险性较小。百万辆公里事故数与平面交叉口道路交角的关系如图 13-8 所示。

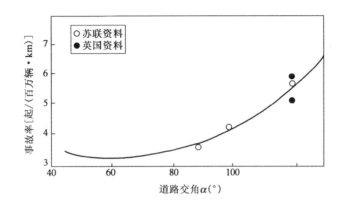

图 13-8　百万辆公里上的道路交通事故数与平面交叉口道路交角的关系

总之,几何设计与事故率有一定关系,路线标准高、设备齐全,事故率低;反之事故率高。事故率从低到高的次序是:①直线平坦路段;②直线上坡路段;③直线下坡路段;④曲线平坦路段;⑤曲线上坡路段;⑥曲线下坡路段。

2. 立体交叉

立体交叉的事故数,占高速路上总事故数的 11%~46%。立体交叉范围内的平曲线或竖曲线处都容易发生交通事故。

(1)匝道位置

根据史密斯(Smith)的调查结果,匝道设在主线上坡的中途或顶点,或设在辅助车道上,事故率就低;设在主线下坡的中途或凹部,就会表现出较高的事故率。

(2)匝道连接方式

原则上匝道应和最外侧的车道相连接,城市高速路不断发展,与高速路相连接的立体交叉上,有时匝道与内侧车道相连接。

美国加州公路局对 40 个分别设在车道外侧或内侧的匝道,按驶入与驶出区分进行了事故调查。结果表明:通常匝道设在最外侧车道,如设在内侧,事故率就增加约 4 倍;此外,驶出匝道发生的事故是驶入匝道的 2~3 倍(表 13-13)。

事故率与匝道连接方式的关系　　表 13-13

匝道连接方式		事故率[起/(百万辆·km)]
连接外侧车道	驶入	0.07
	驶出	0.17
连接内侧车道	驶入	0.37
	驶出	0.62

综上所述,下坡入口匝道和上坡出口匝道是最好形式。当匝道与内侧车道相连接时,为减少交通事故,应设置明显的匝道标志,较长的加、减速车道,较宽的路肩或分隔带。

(3)立体交叉形式

根据英国、美国学者的调查,菱形立体交叉比其他形式好,不单纯因为工程费用省,而且事故率也低。特别是在载重汽车混合率高的情况下,更应推荐菱形立体交叉(表13-14)。

事故数与立体交叉形式　　　　　　　　　表13-14

立体交叉形式	事故数(起)	立体交叉个数	每一立体交叉一年事故数(起)
环形汽车站	55	5	110
部分苜蓿叶形与喇叭形	29	3	9.7
环形	16	5	3.2
菱形	4	2	2.0
高速道路间连接	6	2	3.0

三、交通流与车辆因素

1. 交通量

在道路因素和交通管制条件基本相同时,交通事故数量取决于交通量大小。当交通量较小时,交通事故率(每百万辆公里)较小,随着交通量的增加,交通事故率逐渐增大,当交通量接近道路通行能力时,事故率反而下降,在受约束(不稳定)行车状态下对应较小车头时距时,事故数达到最高峰值。苏联研究人员在这方面做了大量调查,得出了交通量对交通事故的影响系数 K_{aB}(K_{aB} 是某一交通量下交通事故率与标准条件下交通量为 5000 辆/d 的交通事故率之比),见表13-15。

交通量影响系数与交通量的关系　　　　　　　　　表13-15

交通量(千辆/d)	0.5	1	3	5	6	7	9	11	15	20
交通量影响系数	0.4	0.5	0.75	1.0	1.15	1.4	1.7	1.8	1.0	0.6

图13-9为上海市郊区某平原区三级公路上交通事故率与日平均交通量的关系。

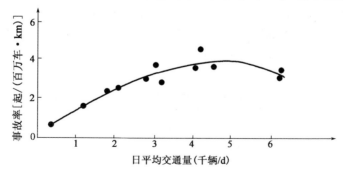

图13-9　交通事故率与日平均交通量的关系

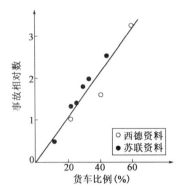

图 13-10 当货车在交通流组成中比例增加时,道路交通事故相对数量的增长

2. 交通量组成

道路交通事故不仅与交通量有关,而且还受交通流中交通组成的影响。交通流中,车辆类型多,速度差别大,导致交通流紊乱,增加了超车要求。交通事故率随交通混合率增大而增加。交通事故相对数与货车比例的关系如图 13-10 所示。

3. 车辆特性及机械故障

根据《中华人民共和国道路交通事故统计年报(2004年度)》,由于汽车机械故障所致交通事故占所有事故的 2.41%。这类事故的起因通常是制动失效;机件故障;车辆装载超高、超宽、超重,车辆机件因疲劳而损坏。表 13-16 为 2004 年我国交通事故中机械故障引发的事故统计。

汽车的新旧、性能优劣、维修的好坏都会影响事故的多少。车辆种类的多样化,使行驶在路上的车辆尺寸不一、载重相差悬殊,性能差别很大,而驾驶员并不完全熟悉各种车辆的性能与特点,这些都给交通安全造成隐患。因此,对车辆应定期检验,悉心保养。

2004 年我国交通事故中机械故障引发的事故统计 表 13-16

故 障 种 类	事故数(起)	比例(%)
制动失效	703	19.20
制动不良	1836	50.15
转向失效	160	4.37
灯火失效	400	10.93
其他	562	15.35
合计	3661	100.00

四、环境因素

交通事故的分析研究表明,天气条件对路面产生影响,可以改变路面的状态,破坏轮胎与路面的正常接触状态,因而诱发事故。

雨天行车,路面摩擦系数不到干燥路面的一半,车轮易打滑。另外,在干燥路面上,车辆加速,附着系数几乎没有变化,而在潮湿路面上,摩擦系数随速度增加而急剧减小,高速行驶时,因轮胎与路面间的积水不能排除,会使轮胎上浮,严重时将产生"水漂"现象。

雨天潮湿路面的反射作用,致使驾驶员难以看清路面上的车道线,整体视野降低。在高速行驶中,前车或超车车辆溅起的水花,经常会弄脏风窗玻璃,两眼能看清的范围仅为雨刮器滑动范围,视野变窄,后视镜上的薄雾严重影响后视效果。

驾驶员在强风的雨天或暴雨天出车,会本能地提高警惕、控制车速,并紧张地握住转向盘,但在普通雨天,容易放松警惕,也是造成雨天事故多的原因之一。

雾天行车,视线严重受限,由于雾使光线漫射,并能吸收光线,使视物的明度下降,雾天行车易引发恶性追尾。防止雾天发生事故,最重要的是向驾驶员传递有关雾天驾驶的注意事项:

减低车速、开亮防雾灯或近光灯。

在我国北方,一旦进入冬季,遇到大雪纷飞,路面状况恶化,可能导致车祸连发。这主要是因为大雪天的路面比晴天的路面甚至雨天的路面更滑,一些对雪天行车经验不足的驾驶员由于对这种天气条件下的路滑程度估计不足而发生交通事故。雪天交通安全的有效保护措施是及时清除积雪、融雪或使用轮胎防滑链和限制车辆行驶速度。

第四节　道路交通安全评价

一、道路交通事故评价指标

交通事故的严重程度,多以死亡人数这一指标来衡量。同是死亡一人,由于各国社会制度、经济条件的差异,计算得出的经济损失不同,甚至相差悬殊,不具有可比性。通常下列指标可用于评价交通事故严重程度。

(1)死亡绝对数字:如 2021 年全国交通事故死亡人数为 61703 人,受伤人数约为 25 万人。

(2)按人口计算的死亡率:在某地区,交通事故对人民生命造成的危害,可用每 10 万人口的交通死亡事故数来表示:

$$R = \frac{B \times 100000}{P}$$

式中:R——每 10 万人口的交通死亡率;
　　B——一年内交通事故死亡总人数,人;
　　P——该地区的人口,人。

(3)按车辆登记数计算死亡比率:该指标与按人口计算相似,能反映某地区交通事故的真实情况,用下式计算:

$$R = \frac{B \times 10000}{M}$$

式中:R——万辆车的死亡率,人/万辆;
　　B——一年内交通事故死亡总人数,人;
　　M——在该地区内登记的车辆总数,辆。

在实践中,常用该项指标计算交叉口的事故率,这时 M 为一年内进入交叉口的车辆数量,等于 24h 进入交叉口的车辆数乘全年天数。

(4)按辆公里计算的事故比率:以每 1 亿辆公里行程的事故率来表示。用这一指标比用人口或用车辆计算更接近真实情况。

$$R = \frac{B \times 10^8}{V}$$

式中:R——亿辆公里的死亡率,人/(辆·亿 km);
　　B——一年内交通事故死亡总人数,人;

V——一年内行驶的辆公里,km。

辆公里数可以通过一年内消耗的燃料总数乘以每升燃料的平均行驶公里数求得。或对于公路可以这样计算:24h 内在本区间行驶的机动车辆的平均交通量乘以本区间公路长度,再乘以 365 天。考虑到交通量具有季节性变化,应取比较切合实际的平均值。

二、交通事故预测

交通事故预测是根据某一地区或路线的人、车、路、环境等条件和过去若干年的交通事故情况等因素,采用科学的方法,预计或推测今后若干年事故的发展趋向、水平和程度。

交通事故属于随机事件,无法于交通肇事前确切预知何时、何地会发生哪种性质的事故。尽管影响交通事故的因素众多,事故的发生具有不确定性,但通过对各种形式的交通事故的大量调查研究,发现交通事故与主要因素间仍呈现一定的统计规律性。这就使我们有可能对事故做出预测,从而及早采取措施加以防治。不过,由于引起事故的因果关系较复杂,所以难以用确定的函数关系来表达。

事故预测模型的建立过程一般为:通过理论分析建立基础数学模型形式,再通过统计分析,以实际数据标定模型参数。

(一)事故相关性因素分析

英国伦敦大学斯密德教授 1949 年曾根据 1938 年欧洲 20 个国家的交通事故调查数据,用回归分析,得出下列事故死亡人数非线性回归模型:

$$D = 0.0003(VP^2)^{\frac{1}{3}}$$

式中:D——当年交通事故死亡人数,人;

V——当年汽车保有量,辆;

P——当年人口数,人。

斯密德又根据 1960—1969 年 68 个欧、美、亚、非国家的数据检验了上述关系,发现这一模型的预测值与实测值大致相符。

斯密德的回归模型仅仅考虑人口与汽车的因素,计算简便,曾被广泛应用。20 世纪 80 年代以来,一些发达国家机动化水平逐步增长,而十万人口事故率却呈现不断下降的趋势,故该模型不再适用于发达国家的情况。

我国有人用万车死亡率与机动车保有量、人口检验该式,结果是偏差较大。

(二)事故原因分析模型

微观分析通过统计分析或理论分析与交通事故有关的人、车、路、交通环境四个主要因素,确定某条路线或地点发生事故的主要原因,并建立起交通事故与上述各要素之间的相关关系,可以计算预期的路段交通事故数,便于采取对策。

1. 交通量模式

英国学者通过调查公路的交通事故,曾发表下列非线性回归模型:

$$Y = \alpha X^\beta$$

式中:Y——公路每公里一年间事故起数;

X——公路某一路段平均日交通量或辆公里数;

α、β——参数。

2. 道路设计要素模式

该模式以道路设计要素(平面设计、纵断面设计、横断面设计及中央隔离、路侧设计等)为自变量,建立微观的数学模型,计算出一个"潜在的"道路事故数。

目前,国内外在微观交通安全研究中,已取得了许多针对主要道路设计要素的事故预测模型,这些模型一般都是经验公式。以下选取典型的成果对事故预测模型加以描述。

(1) Zeeger 模型:

$$A = [(1.552)(L)(V) + (0.014)(D)(V) - (0.012)(S)(V)](0.978)^W - 30$$

模型中 A 为预测事故数;L 为曲线长度;V 为交通量;D 为平曲线的曲率;S 表述曲线上是否有缓和曲线,无缓和曲线时 S 为 0,有缓和曲线时 S 为 1;W 为车行道宽度(包括路肩宽度在内)。

从模型中可以得出,平曲线路段的预测事故数的基本规律是随着曲线长度、曲率的增加增大,随着缓和曲线的设置,以及车行道宽度的增加而减少。

(2)美国联邦公路局开发的双车道公路交互式公路安全设计模型——IHSDM 模型(Interactive Highway Safety Design Model,2006 版)。IHSDM 模型将双车道公路分为基本路段和平交路口两种情况,分别相应地建立了基于道路线形条件的事故预测模型。

IHSDM 模型中,双车道公路基本路段的交通事故预测回归模型的标准形式为:

$$N_{rs} = N_{br}C_r(\text{AMF}_{1r}\text{AMF}_{2r}\cdots\text{AMF}_{nr})$$

式中: N_{br}——预测的标准路段年均交通事故数,起,$N_{br} = \text{EXPO}\exp(0.6409 + 0.1388\text{STATE} - 0.0846\text{LW} - 0.0591\text{SW} + 0.0668\text{RHR} + 0.0084\text{DD})[\text{WH}_i\exp(0.0450\text{DEG}_i)]$
$[\text{WV}_j\exp(0.4652V_j)][\text{WG}_k\exp(0.1048\text{GR}_k)]$;

$\text{AMF}_{1r}\cdots\text{AMF}_{nr}$——事故调整因子;

EXPO——百万辆公里数,$\text{EXPO} = \text{ADT}\times 365\times L\times 10^{-6}$;

ADT——标准路段的日均交通量,辆/d;

L——路段的长度,英里,1 英里 = 1.61km;

STATE——路段所在地点(明尼苏达州 STATE = 0,华盛顿州 STATE = 1);

LW——车道宽度,英尺,1 英尺 = 0.3048m;如果上下行车道宽度不同,取上下行车道宽度的平均值;

SW——路肩宽度,英尺,1 英尺 = 0.3048m;如果上下行路肩宽度不同,取上下行路肩宽度的平均值;

RHR——路侧危险等级;用整数 1~7 表示标准路段路侧环境的平均危险程度,路侧危险等级评价说明见表 13-18;

DD——在标准路段范围内的进出口密度,进出口个数/英里;

WH_i——路段内第 i 个平曲线的权重,也就是落在路段内平曲线 i 的长度占路段长度的比例(路段内所有权重 WH_i 的和为 1);

DEG_i——路段内第 i 个平曲线的曲线度数,(°),(表示为每 100 英尺曲线的度数);

WV_j——路段内第 j 个竖曲线的权重,也就是落在路段内竖曲线 i 的长度占路段长度的比例(路段内所有权重 WV_j 的和为 1);

V_j——路段内竖曲线坡度的变化,每百英尺竖曲线坡度的变化率 $= |g_{j_1} - g_{j_2}|/l_j$;

g_{j_1}、g_{j_2}——分别表示第 j 个竖曲线起点和终点的坡度值,%;

l_j——表示第 j 个竖曲线的长度,百英尺;

WG_k——路段内第 k 个直坡路段的权重,也就是路段内第 k 个直坡路段的长度占整个路段长度的比例(路段内所有权重 WG_k 的和为 1);

GR_k——第 k 个直坡路段的坡度值,%。

四枝信号交叉口的交通事故预测回归模型的标准形式为:

$$N_{\text{int}} = N_{bi}(\text{AMF}_{1i}\text{AMF}_{2i}\cdots\text{AMF}_{ni})$$

式中:N_{bi}——$N_{bi} = \exp(-5.46 + 0.60\ln\text{ADT}_1 + 0.20\ln\text{ADT}_2 - 0.40\text{PROTLT} - 0.018\text{PCTLEFT}_2 + 0.11\text{VEICOM} + 0.026\text{PTRUCK} + 0.041\text{ND}_1)$;

N_{int}——预测的四枝信号交叉口的交通事故数,起;

PROTLT——交叉口一个或多个主干道进口车道是否有保护性左转相位,1 代表有,0 代表没有;

PCTLEFT_2——从早上到晚上期间,由次干道左转进入信号交叉口的车辆比例;

VEICOM——交叉口 76m 范围内所有竖曲线(凹凸竖曲线)的坡度值,%;

PTRUCK——在早高峰和晚高峰时段,由主、次干道进入信号交叉口的货车(4 轮以上的车辆)比例;

ND_1——交叉口沿主干道 76m 范围内的进出口个数。

平交口交通事故预测模型里引入了由 Zegeer 提出的路侧危险等级变量,用在双车道公路上表征路侧设计对交通事故的影响。路侧危险等级从 1~7,其中 1 表示路侧环境最好,也就是路侧对于发生交通事故最不危险,7 表示路侧环境最差,即路侧对于发生交通事故最危险。这 7 个等级的评价标准如表 13-17 所示。

路侧危险等级的评价标准 表 13-17

路侧危险等级	评价标准
1	1. 从路面边缘算起,路侧净空区大于或等于 9m; 2. 边坡坡度小于 1:4; 3. 车辆驶入边坡后仍可安全返回行车道上
2	1. 从路面边缘算起,路侧净空区为 6~7.5m; 2. 边坡坡度为 1:4; 3. 车辆驶入边坡后仍可安全返回行车道上
3	1. 从路面边缘算起,路侧净空区大约 3m; 2. 边坡坡度大约 1:3 或 1:4; 3. 路侧表面粗糙; 4. 车辆驶入边坡后仍可安全返回行车道上
4	1. 从路面边缘算起,路侧净空区为 1.5~3m; 2. 边坡坡度大约 1:3 或 1:4; 3. 可能设置有路侧护栏,距离路面边缘 1.5~2m; 4. 路侧可能有暴露的树木、杆或其他物体; 5. 车辆驶入边坡后可能能够返回到行车道上,但增加了路侧事故的概率

续上表

路侧危险等级	评价标准
5	1. 从路面边缘算起,路侧净空区为1.5~3m; 2. 边坡坡度大约1:3; 3. 设置有路侧护栏,距离路面边缘0~1.5m; 4. 路侧可能有坚硬的障碍物或筑堤,距离路面边缘2~3m; 5. 车辆驶出路外后不可返回到行车道上
6	1. 路侧净空区小于或等于1.5m; 2. 边坡坡度大约1:2; 3. 路侧没有设置路侧护栏; 4. 路侧有裸露在外的坚硬障碍物,距离路面边缘0~2m; 5. 车辆驶出路外后不可返回到行车道上
7	1. 路侧净空区小于或等于1.5m; 2. 边坡坡度1:2或更陡; 3. 路侧为悬崖或者直立的岩石; 4. 没有设置路侧护栏; 5. 车辆驶出路外后不可返回到行车道上,路侧事故导致严重受伤的概率较大

第五节 提高道路交通安全的对策

交通事故是一种偶然事件,似乎是不可避免的,然而一切事故有其产生原因,如在不设置信号灯的交叉口易发生冲撞事故,在交会点上易发生侧面擦撞事故,若驾驶员不注意,必然会产生与之对应的某种类型的交通事故,因此偶然性中存在必然性及规律性。

为了减少事故出现起数,减轻事故的后果,提高交通安全,应改善道路质量,改进车辆设计,严格驾驶员筛选,加强法治、教育、管理。

一、健全交通法治

交通法规是依法治理交通,保证交通安全,正确处理交通参与者之间关系的重要依据。1988年3月9日,国务院颁发了《中华人民共和国道路交通管理条例》;1991年9月22日,颁布了《道路交通事故处理办法》。2003年10月28日,全国人大常委会通过了《中华人民共和国道路交通安全法》。2011年4月22日,第十一届全国人民代表大会常务委员会第二十次会议通过了《关于修改〈中华人民共和国道路安全法〉的决定》,该决定自2011年5月1日起施行。2021年,全国人大常委会对该法进行了第三次修正。在国际上,交通法规包括:以交通安全系统为主的交通安全法;以道路管理为主的道路法;以停车场管理为主的停车法;以车辆检验与管理为主的车辆轮胎法;以交通运输为主的道路运输法等。交通法规是交通参与者的行动指南,它体现了国家和地区的交通政策,应根据需要及时完善交通法规。

二、加强交通安全教育

交通安全教育主要包括学校教育与社会教育两种。

1920—1925年,美国在中小学试行了交通安全教育。1936年起,美国就将其作为高中的一门必修课,内容包括驾驶模拟器训练、实地驾驶和课堂教学。课堂教学中不仅传授有关交通信号、交通标志和交通法规的知识,而且还讲授交通和运输的一般常识,以及汽车维修保养等。

另一个特别的教学内容是防卫性驾驶方法。其根据是,道路使用者必须预测潜在危险,特别是由其他道路使用者的活动而产生的潜在危险。同时,对驾驶员和成年人进行交通安全教育。

日本自1961年开始,开展全国性交通安全活动,每年春秋两季各举行一次。

我国常采用交通安全宣传、交通安全月、举行驾驶员学习班、交通民警到学校讲课等方式进行交通安全教育。采取多种形式宣传交通法规,加强对交通参与者的安全训练,特别是对驾驶员险情处理的训练,以提高社会安全防范能力。交通安全教育要从儿童抓起,寻求把交通安全常识列入学校正规教学内容的方法途径。下面主要论述对驾驶员和对骑车人的教育。

1. 对驾驶员的教育

对驾驶员的教育,主要是职业道德教育和安全教育。

职业道德教育主要是不断提高驾驶员对安全行车的认识,提高交通道德水平,强化礼貌行车、保护交通弱者的意识,树立安全质量第一的思想,增强遵章守法、安全行车的自觉性。

安全教育主要是学习交通规则对保证交通安全、畅通的意义和作用,包括:学习安全行车常识,交流安全行车经验,分析事故的原因和隐患,逐步掌握安全行车规律,取得安全行车的主动权,熟悉车辆构造性能,练习维修保养,学会排除故障,确保驾驶操作准确、熟练,提高对复杂交通情况的应变能力(判断正确、措施得当)等。

2. 对骑车人的教育

据统计,骑车人因交通事故死亡的人数,占总死亡人数的13%左右,他们虽然是交通弱者,但是在实际交通中常有横冲直撞现象,所以对骑车人的安全教育是很重要的一方面。

骑车人的违章行驶通常表现为走机动车道、与机动车抢道、截头猛拐和违章驮物等。

三、加强道路交通安全设施建设与管理

1. 加强道路交通安全设施建设

一方面是提高道路技术标准和路面质量,重点加快干线公路的改造;在大城市要因地制宜,完善机非分流系统,增加交通安全设施。在有条件的地区,通过标志、标线与信号管制等配套设施实行人车的时间和空间分离,并且为事故多发地点增设安全设施,如防撞消能桶、防眩设施、提醒驾驶员注意的警告标志等,为驾驶员提供实时交通运行状态、道路状况、临时交通管制等交通信息,给交通参与者营造安全、通畅、舒适的交通环境。

2. 加强道路交通安全管理

(1) 加强道路交通管理法治建设

首先是加强立法,完善交通管理法规,2021年修正的《中华人民共和国道路交通安全法》是交通管理的大法;要重视对地方立法的指导和研究,收集执法过程中出现的问题,适时做出法律解释和修改;同时要建立健全交通管理行政监督制度。

(2) 严格实施交通法规

建立一套比较严格的措施和手段来保证交通法规的实际效力,加强路面巡逻,交通警察要严格执法,违章必究,当罚则罚,提高执法水平。严格执行驾驶员行车违章记分制度。注意在执法过程中,不断采用先进科研成果。

根据英国学者的研究成果,如果车辆的平均车速能够降低3km/h,欧洲每年将可以避免5000~6000人的死亡,并可以避免120000~140000起道路交通事故的发生,将节省200亿欧

元的经济损失。

四、增进车辆主动安全

汽车产业正在开展一场主动安全和事故防御相关的变革,这场变革的成功将会产生巨大效益。正在发展的先进电子系统平台,可以实现汽车的安全控制功能,将改善驾驶员在驱车行进过程中的状况,当发生交通事件时,安全系统能为驾驶员提供智能保护。

针对货车和小客车之间发生碰撞的情形,欧洲联盟执行委员会已经立法,要求重型货车安装车前、侧面和车后方的防护装置,防止小客车驶入货车下部。同时,还提交了一项立法建议,旨在消除新车的后视野盲点。

五、增进路侧交通安全

据统计,在我国的道路交通事故中,发生在普通干线公路上的约45%、高速公路上的约30%是驶出路外的交通事故,驶出路外的特、重大恶性交通事故占该类事故总数的比例达62%以上。我国每年有30%的死亡事故是车辆与障碍物发生碰撞的单车事故,且呈逐年上升趋势。要重视路侧安全研究,安装路侧安全护栏。

20世纪70年代,美国道路工作者提出了"宽恕"设计理念:对道路使用者而言,在行车过程中发生驾驶过错不可避免,然而,发生的驾驶过错不应以其生命作为代价,应为驾驶员的行车过错提供宽容的空间与措施,最终实现拯救用路者生命或减轻受伤程度的目标。该理念经过道路工作者50余年的研究与实践,形成了《路侧安全设计指南》。该指南的主要指导原则是:当用路者出现驶离行车道的过错时,借助路侧安全措施的设计来减轻交通事故的严重性与用路者的受伤程度。

提高路侧安全性的原则如下。

(1)力求实现路侧无障碍物的设计,其目的是减轻路侧障碍物对车辆与人员构成的威胁。

(2)尽可能减轻路侧范围内的障碍物对用路者造成的伤害:一种方法是将障碍物设计成为车辆可穿越的形式;另一种方法是将障碍物置于被撞可能性最小的地方。

(3)应用路侧安全设施减轻过失车辆与路侧障碍物发生撞击的可能性与伤害严重程度。

第六节 道路交通事故的经济损失

一、交通事故损失的研究方法

20世纪30年代,欧美就开始研究道路交通事故的人员与物质损失的问题。20世纪50—60年代,在对以往的概念和做法质疑和修改的基础上,一些较有影响的方法开始自成体系。这些方法的本质区别就在于对生命价值的不同评价。由于交通事故经济损失研究有一定复杂性,计量经济损失的目的也不同,目前国外至少有6种(Hills,1983)确定事故损失或估计预防事故费用的方法。根据数据条件及目标选择的不同,每种方法都可能是"最优的",以死亡一人为例,这6种评价方法如下。

(1)总产量法(或人力资本法):其定义的事故损失费用为实际资源损失与人力资本的损失之和,这里的人力资本是用国民生产量或国民收入来衡量的。死亡一人的交通事故损失是实际资源损失(如车辆、财务的损毁、医疗费用、社会的公共支出费用等)再加上死亡者从事故日期到期望寿命的产量的现值之和。

人力资本法适用于生产能力低、对社会价值小的死亡者。人力资本法没有考虑事故后的生活质量问题,也没有考虑事故后的伤残恢复和余生所经历的痛苦、遭遇等问题。

(2)净产量法:此法与总产量法的不同之处在于死亡者从事故日期到期望寿命期间的消费(现值)要从总产量中减去。

(3)人身保险法:事故的损失费用定义为实际的资源损失与"特定"个人对生命(或四肢)的投保之和。

(4)法院裁决法:法院裁决付给死亡人员的赡养费的数额,代表了与死亡有关的社会损失,实际资源加上此数,就是事故的损失费用。

(5)公共部门的不明确估算法:此法用于确定公共部门在事故预防方面不明确的事故费用和价值,决定、支持或反对影响安全的投资计划。例如,如果政府机构否决了一项耗用100万元预防20人死亡的安全方案,那么,不明确的事故预防费用肯定小于5万元/人。

(6)愿付费用法:事故损失的费用定义为实际的资源费用加上人们为降低事故的数量或严重程度而愿意支付的费用(包括金钱、时间、自由及其他)。愿付费用法确定的事故损失也包括车辆、物损、医疗费用及社会公共支出的费用等实际资源损失,还包括生活的价值,这种生活的价值反映了人们为降低事故的数量或严重性,确保健康和安全而愿意支付时间及金钱等的意愿。这种方法优于总产量法的地方是考虑到了人的心理、精神的损失和生命安全的价值。减少死亡危险后的个人价值就是个人为这种危险的转变而乐意付出的费用。由这种边际价值可能推出生命的价值,或更严格意义上的拯救生命的价值。

这些方法中,与国内生产总值目标直接相关的是总产量法,与社会福利最大化目标直接相关的是愿付费用法。事故损失评价方法具有可选择性的最大优点在于,数据的限制通常将支配我们选择更简单与更直观的方法。

二、道路交通事故损失(费用)的构成

大多数专家认为事故费用包含直接费用和间接费用,但对它们(特别是间接费用)的构成持有分歧。

1. 事故直接费用

事故直接费用指事故所引起的物损和服务的消耗。主要包括:

(1)财产损失。

(2)医疗和交通紧急服务费用。

(3)医疗费用——急救室、住院、诊治、护理、家居调整等。

(4)法律、法庭费用。

2. 事故间接费用

事故间接费用包含一切变化以及事故所涉及的人和社会所体验到的不可弥补的损失。这些变化包括生活中的不可见部分,如痛苦和忍受;可见部分,如服务机构所完成的行政工作,或

者由于事故,个人现有不能生产产品或提供服务的损失。

美国联邦公路局提出间接费用的四个部分如下:

(1)社会机构费用

社会机构费用源于汽车交通事故中死、伤一人所带来的大量工作和文书工作。当考虑所有事故时,警察、消防、保险、福利、公共支援机构、交通部门、验尸房等,这些人员完成的事故后一系列事务的费用难以确定。美国联邦公路局认为估算费用的社会机构应含警察、消防、验尸(送检)、保险、福利和公共支援机构。然而,国家机动车管理局和国家及当地交通部门的费用并不能通过已知的数据进行满意的估算。

(2)人力资本费用

人力资本费用反映伤亡者所不能或者短期不能完成的工作的多少。这些工作包括对雇主、对家庭或对社会的工作。工作场所以外的责任,如家务或志愿活动也可能受影响。人力资本费用也包括工作能力的降低,如外科医生在事故后还是医生,但可能不能再做外科医生的工作,其收入将降低。

(3)社会精神损失

社会精神损失评价人力资本费用所忽视的生活质量的改变。不可见部分包括精神痛苦或长期痛苦;家庭或婚姻的危害;滥用毒品(酒精);少年犯罪;错过(延误)教育等。失去与朋友、家庭、社会的交往所造成的损失更难以用金钱来衡量。

(4)生活和安全价值

人们的生活和安全价值反映为他们愿意支付金钱、时间、自由等以降低事故的数量或严重性,保障健康和安全状况。若事故费用建立于愿意支付的概念之上,计划和方案的选择将更能代表公众意愿。

三、我国交通事故损失的组成

在我国的事故经济损失赔偿体系中,事故损失包括物质损失和人员伤亡损失两类,物质损失又分为直接损失和间接损失,具体如下。

1. 物质损失

(1)直接损失:包括车辆的损毁、道路设施的破坏、载运物资的损坏、牲畜的伤亡等直接损失。事故直接损失就是指事故现场造成的上述车辆、物资损坏的折款。

(2)间接损失:因事故引起的交通拥堵中时间及燃料的浪费。这种损失不列在损失赔偿范围中,但这部分损失有时比全部的直接损失还大。

2. 人员伤亡损失

从损失的赔偿项目来看,赔偿的直接损失包括医疗费用、误工费用、住院伙食补助费用、护理费用、残疾用具费用、丧葬费用、交通费用、住宿费用等;间接损失包括死亡补偿费、被抚养人生活费、残疾者生活补助费等。

上述分类简便,但存在缺项。

四、事故综合经济损失计量模型简介

北京工业大学于1996年提出了道路交通事故综合经济损失计量模型,该模型已经在新疆、河北、河南等地的相关研究中获得实际应用。北京工业大学将道路交通事故的综合经济损失分为如下五项内容,见图 13-11。

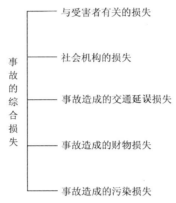

图 13-11 道路交通事故综合损失构成图

在进行道路交通事故经济损失计量时,主要的计量内容与方法如下。

1. 受害者的收入损失

交通事故造成的收入损失反映了伤亡者不能完成工作所造成的收入损失,也包括工作能力降低所造成的收入损失。

死亡人员的收入损失即为从事故致死的时间到通常的期望寿命之间的社会未来期望收入值的现值之和。

受伤人员的收入损失包括两部分,第一部分是因事故受伤完全不能工作的时间内的收入损失;第二部分是伤后可工作时间内因工作能力降低而造成的收入损失。

对于重伤和轻伤人员均存在第一部分收入损失,但只限于劳动人口才有。

第二部分收入损失为受害者因事故使工作能力降低而损失的收入的现值之和。将重伤分成终生致残性重伤、暂时致残性重伤和非致残性重伤,则轻伤和非致残性重伤者没有这部分损失。

表 13-18 为不同伤亡情况的收入损失计量。

不同伤亡情况的收入损失计量　　　　表 13-18

伤亡种类		收入损失计量方法
死亡		$K_i = Y \cdot \dfrac{1}{q-g} \cdot \left(1 - \dfrac{g^n}{q^n}\right)$,其中 $Y = \dfrac{G}{N'} \cdot \dfrac{N}{M}$
重伤	终生致残性重伤、致残性重伤、非致残性重伤	$K_i = Y \cdot \dfrac{1}{q-g} \cdot \left(1 - \dfrac{g^n}{q^n}\right) + Y \cdot \dfrac{1}{q-g} \cdot \left(1 - \dfrac{g^n}{q^n}\right) \cdot \alpha$
	暂时性致残性重伤	$K_i = Y \cdot \dfrac{1}{q-g} \cdot \left(1 - \dfrac{g^n}{q^n}\right)$
轻伤		$K_i = Y \cdot \dfrac{1}{q-g} \cdot \left(1 - \dfrac{g^n}{q^n}\right)$

注:K_i 为第 i 年龄组内死亡人员因事故而损失的将来收入现值之和;Y 为该年度每个死亡人员平均的国民收入;G 为当年人均国内生产总值;q 为折现系数(=折现率+1);g 为国民收入增长系数(=增长率+1);n 为第 i 年龄组平均的年龄损失数;N' 为全社会总劳动人口数;N 为事故受害者样本中总劳动人口数;M 为事故受害者样本总人数;α 为修正系数。

2. 事故伤亡者的医疗费用

事故伤亡者的医疗费用是实际伤亡人员医疗费用的统计结果。

3. 受害者生活质量的损失

生活质量损失表现在以下两个方面：其一，是由于恢复时期经历的疼痛，暂时失去生产、生活能力导致的生活质量的暂时损失；其二，是由于受伤所致的长期疼痛及残废使其生产和生活能力下降而造成的生活质量长久的下降。有多项指标衡量生活质量的损失。

4. 受害者的教育投入损失

从一个人的成长过程来看，人的教育分为两个方面，一方面是社会知识，另一方面是书本知识。社会知识主要来源于社会经验，有赖于年龄及社会经历而增加；而书本知识则来源于国家在教育方面的投资，且教育程度越高，社会付出的教育投入也越大。因此，在计量交通事故受害者教育投入损失时，应包括这两个方面的教育投入。教育方面的投资主要由教育成本和学生在校期间放弃的收入这两部分组成的。

5. 受害者及亲友遭受的精神损失及受害者丧葬费用

由于道路交通事故的突发性和其后果的严重性，不仅给当事人造成生理和心理上的巨大损害，同时也给当事者家属及亲友带来不可弥合的心理创伤。

道路交通事故造成的精神损失分为两个部分：一部分是指受害者及亲友遭受的精神痛苦，是无法用物质尺度进行衡量的损失；另一部分为受害者及亲友遭受精神伤害后所伴生的物质损失，是有形的损失，已计入相应的收益损失之中。

我国设立了"死亡补偿费"，以对死亡者家属进行精神补偿。此"死亡补偿费"按照交通事故发生地的平均生活费计算，补偿10年。

我国交通事故处理法规规定：丧葬费是指料理交通事故死亡者丧葬事宜所需的费用。一般包括整容、存尸、运尸、火化、骨灰盒、死者的服装、死者亲友前来吊唁的交通、食宿费用等必需的费用。各城市地区的情况各有不同。

6. 受害者给家庭、单位造成的损失

当一名职工遭受到交通事故时，还会影响到其工作单位的经济效益。按照我国交通事故处理法规规定：职工因交通事故死亡或者残疾丧失劳动能力的，按照规定处理后，职工所在单位还应当按有关部门的规定给予抚恤、劳动保险待遇。同时，伤亡事故还会导致受伤者的单位损失生产量，这个损失费用包括：雇佣和培训替换人员而对生产造成的干扰。

受害者因事故残废、死亡，也会给家庭造成巨大损失。

7. 救援设施损耗

当道路交通事故发生后，交通、医疗、消防部门必须立即解决其所引起的一系列的后果。不仅需要出动交通警察、救护人员和消防人员，同时也使因事故而并不畅通的道路上增加警车、救护车、消防车以及清障车。因此，交通事故同样会给这些部门带来一定的物质消耗。

（1）医疗部门的损耗。

由以下三个部分组成：

①医护人员的出诊费用。

②急救车辆的直接损耗和车辆的折旧费用。

③医疗器械、急救药品的损耗(已计入医疗费用之中,不再计算)。

(2) 交通管理部门的损耗。

①交通事故处理、管理人员的服务。

②交通事故管理部门运输车辆的损耗。

(3) 消防部门的损耗。

①消防人员的服务。

②消防材料的消耗。

(4) 保险部门的损失。

对于参加保险的车辆与事故受害者,保险部门还需提供意外损失的赔偿费用,而对于社会整体而言,这是保险部门保险费用的支出,若不发生事故,这笔开支可以用于国家其他方面的经济建设。所以从社会的角度来看,交通事故也引起一定的经济损失。

(5) 交通管理、医疗、消防、法院、保险等部门的行政费用。

8. 事故造成的财物损失

交通事故造成的财物直接损失通常表现为车辆、货物、设施等的损坏。这里所指的设施主要是:道路、道路安全设施以及在道路上及其附近的其他设施,如房屋、电力、水利设施、树木花卉等。

交通事故造成的财物损失分为直接损失与间接损失。交通事故给当事双方造成的车辆、财物、运载物资、牲畜的伤害等为直接财物损失。道路交通事故给当事双方外的第三方带来的财物损失,如发生事故时,汽车撞坏了输电线,使得附近工厂停产,或中断了附近农田的灌溉等,这种损失定义为交通事故造成的间接财物损失。

在交通事故造成的直接损失中,有关车辆损失的费用包括:修理费用、代替车使用费用、停车补偿费用、买车费用等。

9. 交通延误的损失

根据美国联邦公路局估算,因事故导致的延误时间占整个交通延误时间的60%。因为一旦道路发生交通事故,道路上还要增加警车、清障车、急救车及消防车等,这些都会进一步导致公路上的车流速度下降,从而使延误时间延长。根据国外事故统计的结果,特大事故占事故总数的5%,重大事故占事故总数的25%,一般事故占事故总数的70%。特大事故造成的延误一般持续 10~11h。不同种类的事故造成的交通延误时间是不同的。

交通事故延误的经济损失与交通延误的时间和单位时间的国内生产总值相关。

10. 交通污染的损失

车辆废气排放量与车流量、车型、燃料、运行状态、道路条件及地理气象等有着密切的关系。由交通事故引起的阻塞造成车辆行驶速度降低,行驶时间延长,耗油量增加,致使 CO、HC 等污染物排放量成倍增加。

【思考题】

1. 什么是交通事故?我国的交通事故分为哪些种类?

2. 交通事故的调查内容有哪些？有什么作用？
3. 从人、车、路、环境方面简述造成交通事故的原因，特别是道路条件对交通事故的影响。
4. 道路交通安全的评价指标有哪些？这些指标分别衡量了交通安全的哪些方面？
5. 如何提高交通安全水平？
6. 道路交通事故的损失包括哪些？如何进行计量？

第十四章
城市公共交通

本章介绍城市公共交通的发展历程和现状,探讨如何提高公共交通的服务质量和效率,培养学生的公共服务意识和社会责任感。

公共交通是一种为居民的日常学习、工作和生活提供服务的交通方式。公共交通体系包括固定路线的常规公共汽车、快速公交系统(Bus Rapid Transit,BRT)、无轨电车、有轨电车、地铁、轻轨交通、市郊铁路、在非固定路线上随上随下的小公共汽车及出租汽车等;有水域交通的城市,旅客轮渡与城市短程客航也属于城市公共交通范畴。

城市公共交通是大城市客运交通系统的主体,沟通社会生产的各个环节,维系着千家万户的日常生活。各种公共交通方式之间相互配合、有效整合,可以为乘客提供安全可靠、经济适用、便捷高效的交通服务,有力支撑城市经济社会发展。

城市公共交通较其他交通方式具有集约高效、节能环保等优点,优先发展公共交通是缓解交通拥堵、转变城市交通发展方式的必然要求,是构建资源节约型、环境友好型社会的战略选择。

第一节 常规公共汽车交通系统

一、常规公共汽车交通系统的组成

常规公共汽车交通(简称常规公交)系统包括公共汽车、公交线路和线网、公交车站和场站设施以及运营管理系统。

1. 公共汽车

公共汽车机动灵活、适应性强、载运量大,成为目前世界各国使用最广泛的公共交通工具之一。按照车长 L 分类,我国的公共汽车车辆可分为 4 类。小型:$4.5m < L \leq 6m$;中型:$6m < L \leq 9m$;大型:$9m < L \leq 12m$;特大型单层公共汽车(含铰接车)$12m < L \leq 18m$,特大型双层公共汽车 $12m \leq L \leq 13.7m$。近年来,为适应不同乘客不同层次的需求以及实际运营中的灵活性和经济性,有的国家还出现了微型公共汽车。

考虑到环境容量和能源、资源的制约,一些有条件的城市开始使用天然气代替柴油作为公共汽车的动力燃料。另外,电动公共汽车和以氢燃料作为动力的公共汽车也在持续的研发和试运营中。

2. 公交线路和线网

公共汽车交通线路的设置应尽可能为人们提供方便的出行条件,尽量提高市民乘坐公交出行的比例。因此,在居住区、商业区、办公区、工业区、火车站、机场、码头以及其他客流集散场所等处,都需设置公共交通线路。公共汽车交通线路的走向应符合客流的方向,使车辆沿途载客均匀,上、下车乘客接近平衡,避免过分迁就少量客流。

在一些工、商业区比较集中的城市布设线路,要尽量使乘客减少换乘,方便乘客。在大的客流集散点或沿线主要交叉路口,可增设公交线路,尽量使线路四通八达。城市公共汽车交通线网是城市综合交通网络的一部分,当城市中有多种公共交通方式时,公共汽车线网须与轨道交通系统和 BRT 交通系统等其他公交线网一起进行综合规划,共同担负城市公共客运交通的责任。规划公共汽车线网时,市区线路、郊区线路和对外交通线路应紧密衔接,并协调各类线路的集疏能力。

3. 公交车站和场站设施

公共汽车交通车站分为首末站、枢纽站和中途停靠站,各站点的功能和用地要求不同。首末站是安排乘客候车、车辆回转和短时停放、调度以及乘务人员休息的地方,至少有一端要满足车辆停驻要求。夜间的大量停车,原则上应使用专用的停车场。枢纽站是与其他公交线路或者交通方式换乘的地点,线路占地要协调考虑,方便线路的进出。中途停靠站要根据主线交通量和线路条数,考虑是否设置港湾停靠、纵向拉开或者横向拉开。公交车站的站距受交叉口间距和沿线客流集散点分布的影响,在整条线路上是不均匀的。市中心区客流密集、乘客乘距短,上下车频繁,站距宜小;城市边缘区,站距可大些;郊区线,站距可更大。

参考《城市综合交通体系规划标准》(GB/T 51328—2018)中对公共交通服务的规定,集约型公共交通站点 500m 服务半径覆盖的常住人口和就业岗位,在规划人口规模 100 万以上的城市不应低于 90%。采用集约型公共交通方式的通勤出行,单程出行时间应根据规划人口规模设定最高限制。

公交车辆停车场、保养场、加油(气)站、调度中心等场站设施是城市公共交通系统的重要组成部分,要与城市公交发展规模相匹配,保障用地需求。公交场站布局可根据公交车辆种类、车辆数、服务范围和所在区域用地条件设置。车辆保养场应高级保养集中、低级保养分散,并与公共交通停车场相结合。

4. 运营管理系统

公交系统的运营调度管理包括两方面内容:一是运营调度计划的制订,二是运营调度计划的执行和监控。手工作业工作量大,信息沟通困难,易造成线路运行秩序的混乱,影响公共交通的服务质量。

城市公共交通车辆自动监控系统(Automatic Vehicle Monitoring System for Urban Public Transport),国际上统称为 AVM 系统,是对公共交通车辆的运营状况进行自动监测和实时处理的调度系统,由自动监测设备、通信设备和计算机组成。其功能主要包括:根据车辆运营数据和运行计划,辅助选择最佳调度方案;调度室向运营车辆下达调度指令;监测车辆的动态位置和载客量、运行时刻及偏离量;编制并显示各线路运营图像、运营报表和统计曲线;建立历史数据库;与道路车流、车速等城市道路交通控制系统信息实现交换,为公共交通车辆优先通行创造条件。

二、公共汽车交通的特性

1. 适应性强

从公共交通设线的适宜断面客流量来看,其适应性很强。在轨道交通发达的地区,公共交通可为轨道交通客流起集散作用。在人口密度较低的大城市边缘地区或旧城区的支路上,或大、中型城市的新建居住区或小城市的客流主要方向,都可以优先考虑设置公共汽车线路。

2. 线路设置灵活

在公共交通运行空间所需条件方面,公共汽车、无轨电车和常规有轨电车这三种公共客运方式,虽然都属于街道内公共客运系统的范畴,而且它们设线的适宜断面客流量和设站条件也基本上相同或相似,但设置公共汽车线路时,不存在架设动力线和铺设轨道的问题,也不存在由此带来的线路固定化所出现的种种矛盾,如不能超车行驶、对路口信号灯配时和街道景观产生影响等,车辆运行灵活自由,设线的适用范围最大,可包括狭窄街道所覆盖的旧城街区。

3. 车站设置灵活

在线路走向和设站要求确定之后,不同公共交通方式在设站所需空间、工程设施、乘客进出站时的空间联系以及为乘客服务的设施等方面存在所需条件不一、资金投入量不同的情况。其中,公共汽车和无轨电车车站的设置要求较低,可灵活设置。

4. 行车组织灵活

从运营组织上来看,公共汽车交通可以根据客流的变化和具体的运营条件及其他条件,安排不同车型的车辆和行车的组织方案,如在高峰小时客流集中的干线上使用大容量的车辆组织大站距快车或区间车,在街道狭窄、转弯半径小而客流量又较大的旧城区使用短车身双层公共汽车等。定线和不定线行驶、招手上车和就近下车的小型公共汽车,既可以对常规的公共电汽车的乘客进行部分分流,为这部分乘客提供便捷、舒适的出行条件,又可以填补常规公共电汽车线网难以覆盖的"空白区"。

总之,公共汽车所具有的适应性强、灵活性大的交通特性,是其他公共客运方式,特别是轨道交通所不及的。

三、公共交通规划

1. 城市公共交通规划的概念和目标

城市公共交通规划是指根据城市发展规模、用地布局和道路网规划,在客流预测的基础上,确定公共汽车车辆数、线路网络、换乘枢纽和场站设施用地等,使公共汽车客运能力满足客流高峰的需求。

城市公共交通规划是城市交通规划的部分内容,也可单独做规划。根据实际要求确定规划的目标与规划期限。城市公共交通规划可以分为:战略规划、远期规划和近期规划。不同的规划年限要求有不同的研究范围、规划内容和规划方法。

规划考虑的期限越长,研究涉及的范围越广,相应采用的模型和得到的结果也更为宏观,因而有所谓"近期宜细,远期可粗"的规划原则。

2. 城市公共交通规划的框架

完整的城市公共交通规划包括从规划目标分析、规划内容设计、规划检验到规划实施的全过程。其中规划内容设计又包括交通调查、综合分析、方案设计和方案评价四个步骤,如图14-1所示。

(1) 规划目标分析

该阶段主要包括规划的项目背景、依据,以及规划的宗旨、原则和策略。

(2) 规划内容设计

规划内容设计一般包括交通调查、综合分析、方案设计和方案评价四个步骤。不同规划期限有不同的侧重点。对于战略规划,主要进行重点调查,考虑外部平衡,选择交通结构。对于远期规划,要对土地利用和交通系统进行全面调查,现状与预测分析相结合,兼顾系统内、外部平衡,选择交通结构。方案设计,主要设计公交线路、线路连接及公交场站。方案评价,要进行系统评价和社会经济评价。对于近期规划,要对公共交通系统内部进行细致调查,分析内部平衡,调整方案与实施计划,做相应评价。

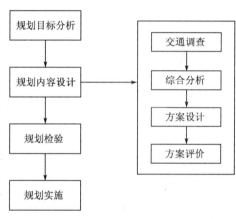

图14-1 城市公共交通规划框架

(3) 规划检验

公共交通规划中很多数据来源于城市总体规划和社会经济发展预测,而预测往往带有局限性,这导致公共交通发展并不能与规划完全一致。因此,有必要对规划过程进行检验。规划检验分为事前检验和事后检验,前者常采用循环规划策略、滚动规划策略和逆向检验策略,后者是一种相对简单而有效的规划检验方法。

(4) 规划实施

远期规划实施设计较粗略,近期方案实施在说明和计划的内容上要有具体要求,以便于尽快付诸实施。实施方案设计主要包括:实施内容(线路和场站建设、设备购置、技术经济政策、技术革新与培训等);实施的政策保障情况;实施时间计划表。

3. 常用规划参数

(1) 公共交通线网密度

公共交通线网密度指每平方公里城市用地上有公共交通线路经过的道路中心线长度,单位为 km/km², 可按下式计算:

$$\delta = \frac{L}{F}$$

式中：L——公共交通线网线路总长度，km；

F——城市面积，km^2。在计算 F 值时，城市用地内的大块水面及一些特殊用途的用地不计入。

通常，城市公共交通线路的规划密度，在市中心区一般应达到 $3 \sim 4 km/km^2$，城市边缘地区一般应达到 $2 \sim 2.5 km/km^2$。相应地，乘客到车站的步行时间不超过 $4 \sim 6 min$，干线之间的距离为 $600 \sim 1000 m$。一般在市区客流密集地区，应多设重复线路，线网密度宜大。在城市边缘地区或小城市，线网密度宜小。

(2) 线路长度

在确定线路长度时，一般要考虑乘客要求、运营组织和企业成本及城市大小和乘客平均乘距等因素。

长距离出行的乘客，要求线路长、站距大、一次到达；短距离的乘客，要求站距小，可随时上下车、换车。线路长可以提高乘客的直达率，但会造成车辆到站准点率下降，均匀性不好，乘客候车时间增加等问题。线路过短会造成直达率过低，增加乘客的换乘次数。因此，公共交通线路长度也不宜低于 20min 运营时间。设置线路要照顾绝大部分乘客，根据调查的具体资料确定线路长度。如果实际运行车辆载运的乘客数量大，交替程度高，通过路口多，难以准点，运营组织困难，线路可适当短些，反之可长些。

布设线路长度还应考虑投资运营的情况，如线路过短，运营组织简化了，但车辆的利用效率低、运营车速低、停车用地相对增加，造成企业成本增加。线路过长，准点率低，也会造成组织运营困难而减少客运周转量，浪费运输能力，增加企业成本。

线路长度也可根据城市大小和乘客平均乘距等因素确定。在特大城市，线路长度可以按城市的半径确定；在大中城市，以城市的直径长度确定，随着城市用地面积的扩大，还应根据客流相应调整线路长度。从客流方面考虑，线路长度可确定为乘客平均乘距的 $2 \sim 3$ 倍。

(3) 站距

站距过短，乘车方便，步行时间短，但车辆停站过多，车速减慢，而延长了乘行时间，对公共交通企业来讲，会因车辆周转慢而浪费部分运能。站距过长，部分乘客因车速提高而满意，但另一部分乘客步行到站、换乘、下车到目的地的时间增加。因此，确定站距应考虑使居民出行费时最少，求出最佳站距。

站距大小还受道路系统、交叉口间距、公安交通管理部门的规定等条件的制约。因此，在一条线路上，站距也不相等。在市中心区，乘客上下车频繁，站距宜小；城市边缘区，站距可大；郊区可更大。一般情况下，市区线站距可设为 $500 \sim 800 m$，郊区线站距可设为 $800 \sim 1000 m$。对于大城市和特大城市，居民流动范围大，出行距离长，平均乘距长，站距应当增大。

(4) 站位

停靠站可设在两个交叉口之间，也可设在交叉口附近。这两种设站方式对线路两侧居民使用公共交通来说差别不大，但后者便于乘客换乘横向的车辆。在路段上设站时，上、下行对称的站点，在纵向应沿车辆前进方向迎面错开 $20 \sim 30 m$，以免使车行道宽度缩小过多，形成瓶颈，影响车辆畅行。在交叉口附近设站时，要方便乘车、换车，不阻挡交叉口视距三角形内的视线，不影响停车线前车辆的停驻候驶。因此，要距离停车线有一段距离。例如北京市的站点，一般距离路口为 $50 m$。至于在交叉口之前设站，还是过交叉口之后设站，各有所长，宜根据道路条件、交通管理等具体情况而定。不同线路的停靠站的换乘距离应尽量短，同向换乘时最多不超过 $50 m$，异向换乘时最多不超过 $100 m$。穿越平面或立体交叉口的公共交通线路车站的设置需利于乘客换乘,换乘距离不宜大于 150m。凡换乘量大的公共交通站点和轮渡口,在其 50m 范围内应设公共交通车站。

(5)线路的非直线性系数

公交线路实际长度与空间直线长度之比,称为线路的非直线性系数,其值以小为佳。

城市公共交通线路非直线性系数不应大于 1.4。乘客平均换乘系数,大城市不应超过 1.5,中、小城市不应超过 1.3。线路的非直线性系数与线路网的图形有很大关系,如将方格网式图形改变为放射-环式图形,可使运输工作量减少 18%。

应当注意到,非直线性系数小,本身还不能充分说明城市平面的运输质量高。当城市为长条形时,非直线性系数小,但运输工作量大,因为平均行驶距离长。因此,只有在城市平面紧凑的条件下,非直线性系数小,才能保证整个线路系统运输质量高。

(6)居民出行时间

居民乘车出行的时间包括步行时间(由出发地点到公交车站和由车站到目的地的步行时间)、候车时间、乘行时间、换车时间。随着城市的发展,用地规模在不断扩大。因此,公交线网的合理与否,对居民出行时间的影响很大。从上述分析可知,乘客出行消耗时间与线网密度、停车站间距离、线路行车时间、街道交通条件(体现在运送速度中)以及换车距离等因素有密切关系。

四、道路交通条件对公共汽车交通运行的影响

由于大城市人口众多,当经济发展到一定的规模、在交通量与日俱增的情况下,由交通密度不断增加而导致的道路拥挤和阻塞,将对地面常规的公共汽车交通的正常运行产生不利影响。

影响地面公共汽车交通正常运行的因素,除了雨、雪天气等自然条件之外,还包括以下几点:

(1)在未设公共交通专用车道的道路上,公共汽车的运行效率在很大程度上取决于其他机动车的数量、运行速度和自行车、过街行人的干扰程度,在交通密集的商业区更为明显。

(2)在路口不实行公共汽车优先通过的情况下,公共汽车常常被抢先通过路口的自行车和加速性能好的小汽车所阻挡,而不能及时地通过路口。

(3)在没有公共汽车专用车道又无港湾式停靠站的情况下,公共汽车进入和驶出停靠站时,一方面受到行驶中的其他机动车和自行车的干扰,同时在停靠、起动时也影响其他车辆。

这些影响公共汽车正常和有效运行的因素共同作用的结果集中表现为输送乘客的效率和正点率的降低。如北京、天津、广州三市在 20 世纪 80 年代末期的公共交通车辆的运行速度分别为 16.5km/h、14.4km/h、13.3km/h,全日行车正点率分别为 76%、83.9%、77.8%,比 20 世纪 70 年代中期的运行速度和正点率分别降低 30% 和 15%~20%;到了 21 世纪头十年,一些大城市在高峰时间公共汽车的速度仅有 10km/h 左右,远远低于设计速度。2010 年之后,在公交优先政策的推动下,公共汽车在高峰期间的运行速度有所提升,北京、天津、广州均达到了 18km/h 左右。

五、改善公共汽车交通服务的措施和政策

为了发挥公共汽车高度机动灵活的优势,克服或者减小道路交通环境对其正常运行的不利影响,减小对环境的影响,需要采取政策的、规划的、工程技术和管理的综合对策。

1. 车辆技术的改进措施

在车辆底盘技术上,德国较早开发出低底板城市公共汽车。由于长期以来城市公共汽车

都是在货运汽车底盘的基础上进行装配的,没有自己的专用底盘,大部分城市公共交通车辆(包括城市公共汽车、城市无轨电车、小公共汽车、双层公共汽车等)的底板离地面距离比较高,通常底板高度为700~900mm,乘客感到上、下车很不方便(一级踏步离地高度在380mm左右),尤其是老年人、儿童、孕妇和残疾人。这严重地制约了城市公共交通客运的发展,难以满足乘客对城市公共汽车乘坐舒适性和方便性的要求,同时,延长了乘客上下车的时间,降低了运行效率。低底板城市公共汽车采用独立悬架式专用公共汽车底盘,使得城市公共汽车底板离地高度大大降低,保持在320~350mm,极大地方便了乘客的上、下车及乘坐舒适的要求,提高了公共交通的通行能力。

2. 公交优先管理技术

我国公交出行的分担率普遍较低,大中城市仅有20%左右,以北京市为例,2007年公交出行比例不足30%。随着政府对公交出行的重视,公交出行比例有所提升,到2021年底,北京市公交出行比例已超过50%(含轨道交通),为全国最高。但是出行难、行路难、交通时间成本不断增加等问题依然突出,有些路段公交车甚至比自行车还慢。这不仅给人民群众的出行带来诸多不便,也拖了城市经济发展的"后腿"。经过多年的探索,优先发展公共交通已成为人们的共识。

在交通管理上,在道路条件允许、断面客流量较大的线路,应尽量修建港湾式公共汽车停靠站;在过街人流量大的商业街、路口和公共交通枢纽站等地,应修建行人过街桥或地道;在重要路段或交叉口,应实行公交优先通行。

城市道路网络由路段和交叉口组成,是公交车辆运行的载体。公交优先通行系统设计就是要在公交车经过的道路网上采取相应的措施,使公交车运行时少受干扰、优先通行。其基本出发点是将公共汽车与其他交通方式在时间或空间上相分隔。公交优先通行的设计方式有以下两类:

(1)路段优先

根据实际情况设置公共汽车专用车道或公交专用道路等。北京长安街最早实施了公交专用车道,产生了良好的社会效益。全国大城市中,普遍设置了不同层次的公交优先车道。

(2)交叉口优先

交叉口的公交优先措施主要有设置专门的公交相位、设置专门的公交车入口车道以及其他一些特殊的公交车优先排队与通行措施等。

3. 公交优先政策

城市公共交通是与人民群众生产生活息息相关的重要基础设施,是关系国计民生的社会公益事业,有限的道路资源决定了发展公共交通的必要性。优先发展公共交通涉及城市经济社会的方方面面,公共交通建设与城市建设是不可分割的一个整体,在推动公共交通发展的进程中,必须坚持政府为主导的公共交通发展方向,政府要制定相应的公交优先政策。一是政府要结合城市的总体发展战略研究制定公共交通发展战略和规划。二是政府要在公共交通行业市场化进程中加强监管和宏观调控,避免造成企业间恶性竞争、市场秩序混乱和公众利益受损。三是政府要把优先发展公共交通纳入公共财政体系,建立合理的公共财政补贴机制。四是政府要通过法规保证优先发展城市公共交通政策的落实。

优先发展城市公共交通采取的经济政策主要包括:

(1)加大城市公共交通的投入,坚持以政府投入为主,将城市公交发展纳入公共财政体系。例如城市公用事业附加费、基础设施配套费等政府性基金要向城市公交倾斜。

（2）按照市政公用事业改革的总体要求，鼓励社会资本参与城市公交的投资、建设和经营，通过实施特许经营制度，逐步形成国有主导、多方参与、规模经营、有序竞争的格局。

（3）建立低票价的补贴机制，实行城市公共交通低票价政策，按照《中华人民共和国价格法》等有关法律、法规的规定，建立健全城市公共交通票价管理机制。对于实行低票价以及月票，老年人、残疾人、伤残军人等减票免票政策形成的城市公交政策性亏损，城市政府应予以补贴。

（4）认真落实燃油补助及其他各项补贴，成品油价格调整影响城市公交增加的支出，由中央财政予以补贴。

（5）由于政府指令性任务所增加的支出，经城市政府主管部门审定核实后定期进行专项经济补偿。

（6）加强领导，落实责任，确保行业稳定，对侵犯职工权益的城市公共交通企业，地方各级人民政府和有关部门要依法处理，严肃追究城市公共交通企业负责人的责任。

我国已经确立了优先发展城市公共交通的政策。2012年12月29日，国务院印发《关于城市优先发展公共交通的指导意见》，指出要突出城市公共交通的公益属性，将公共交通发展放在城市交通发展的首要位置，明确了强化规划调控、加快基础设施建设、加强公共交通用地综合开发、加大政府投入、拓宽投资渠道、保障公共交通路权优先、鼓励智能交通发展7条发展政策，确定了完善价格补贴机制、健全技术标准体系、推行交通综合管理、健全安全管理制度、规范重大决策程序、建立绩效评价制度6方面持续发展机制。

六、智能交通技术（ITS）的应用

ITS技术可以用来监控公交车辆的运营，提供路口优先通行权，反馈乘客信息等。ITS技术主要包括车辆定位技术、站台信息显示系统、车内信息显示系统、手机公交信息服务系统以及智能化收费系统等。

地理信息系统（Geographic Information System，GIS）和北斗等卫星定位系统或者无线射频识别技术（Radio Frequency Identification，RFID），可以实现公交车辆的定位。公交运营调度中心可根据车辆的位置和车速，对驾驶员发出指令，调整行车计划。同时，可将信息发到站台信息显示板上，显示车辆预期到达时间。有的城市开发了基于通用分组无线服务（General Packet Radio Service，GPRS）的公交信息服务系统，通过手机即可查询公交车辆的到达信息。智能化收费系统，实现了多种交通方式的"一卡通"，不但降低了工作人员的工作强度，而且对公交基础数据的收集起到了不可替代的重要作用。总之，现代技术在公交系统的应用，极大方便了乘客和员工，有效地提高了效率。

第二节 轨道交通系统

一、概述

自从1863年伦敦修建第一条地铁以来，世界上许多大城市纷纷建立了快速轨道交通系统（比如巴黎在1900年、柏林在1902年、纽约在1904年、东京在1927年相继开通了第一条地铁

线),地铁系统在公共交通中发挥着主力军的作用。截至2020年,全球已有77个国家和地区的538座城市建成并运营地铁系统,并且它们的小汽车拥有率长期高于目前我国大城市的水平。伦敦总长400km的地铁每天平均运量达300多万人次。巴黎地区有1000km的轨道交通系统,其中市郊铁路每天客运量在100万人次以上。日本东京城市圈约有快速轨道交通线2000km,仅东京市内35km长的环线高架铁路——山手线,每天客运量就高达300万~400万人次。此外,首尔、新加坡市、我国的台北和香港等城市都建有比较完善的快速轨道交通系统。经济转轨国家的大城市华沙、布达佩斯等也是如此。快速轨道交通对于减轻大城市空气污染、缓解交通拥挤、提高通勤速度,都起到了很好的作用。

城市交通是保持城市活力最主要的基础设施,是城市生活的动脉,制约着城市经济的发展。发展多层次、立体化、智能化交通体系,将是城市建设发展中普遍追求的目标。而发展大、中、低客运量相互匹配的多种形式相结合的客运交通工具,是实现上述远景目标的一项重大技术决策,因此,要在具备条件的城市中,积极稳妥、有计划地进行城市轨道交通建设。

我国的地铁始建于1965年。截至2020年12月,我国已建成城市轨道交通运营里程7715.3km(不含港、澳、台统计数据)。其中,地铁6434.5km,占83.4%。北京1号线地铁是我国第一条地下铁道,1969年10月,北京地铁第一期工程投入试运营,至2035年,北京市规划轨道交通总里程预计将超过2600km。

上海磁悬浮示范运营线,是世界上第一条投入商业化运营的磁悬浮示范线,西起上海地铁2号线龙阳路站,东到上海浦东国际机场,主要解决连接浦东机场和市区的大运量高速交通需求。线路全长约30km,双线上下折返运行,设计最高运行速度为430km/h,单线运行时间约8min。截至目前,上海投入运营的轨道交通总里程达到831km。

香港地铁开通于1979年,是我国第三个拥有地铁的城市。香港的地铁MTR是香港的通勤铁路线(捷运),由香港铁路有限公司(MTR Corporation Limited)运营。自1979年开通以来,香港地铁已经发展成有10条路线,全长245.3km的轨道系统网络,近年来,每年盈利都在20亿美元以上。

《2020中国人口普查分县资料》显示,我国人口在100万以上的城市已有105个。这些城市存在不同程度的交通紧张问题,轨道交通应该成为大城市公共客运的骨干交通设施。

二、轨道交通系统的类型及特点

目前正在研究发展中的城市轨道交通类型主要有地铁、轻轨和市郊铁路。

轨道交通与常规地面公共交通系统相比,具有运量大、速度快、单位耗能低、运营费用低、耐久性好等优势,实践证明建设轨道交通是世界大城市解决交通问题的有效方式。但是,轨道交通的缺点也很明显,即初期建设投资大、工期长、灵活性差,一旦建成,改造困难,成本昂贵。

表14-1对地铁、市域快轨和轻轨这三种轨道交通系统的运输能力、设计最高速度、路权形式等指标进行了简单的比较,作为轨道交通系统的选择参考。

按系统制式划分的城市轨道交通分类及技术特征 表 14-1

分类	运输能力（人次/h）	设计最高速度（km/h）	路权形式	敷设形式	车辆类型	列车最大长度（m）
地铁系统	≥30000	80~120	全封闭	地下或地上	A、As、B、Lb 型车	185
市域快轨系统	≥10000	120~200	全封闭	地上为主	市域 A、市域 As、市域 B、市域 D 型车	185
轻轨系统	15000~30000	80~120	全封闭	地上为主	B、C、Lc 型车	100
	10000~15000	70	部分封闭	地上为主	C、Lc 型车	75

三、轨道交通系统的技术经济优势

(1) 节约时间:轨道交通是一种快速、准时的交通系统,很少发生交通拥堵,因而乘坐轨道交通系统可以节约乘车时间,提高效率。

(2) 速度快,运能大:地铁运营速度为 25~60km/h,运能 4 万~6 万人次/h;轻轨运营速度为 20~40km/h,运能 0.8 万~2.4 万人次/h。所以轨道交通是解决大运量旅客运送的最好办法。

(3) 减少交通事故:轨道交通系统大多采用沿线封闭,系统本身的安全性高,从而大大减少了交通事故。

(4) 占地少:轨道交通系统的线路有些设在地下或高架,不利用地面,因此占地少。

(5) 节省能源:轨道交通完全是电力牵引,能节约大量的燃油消耗,缓解能源紧张状况,计算人公里能源消耗,以地铁为 100%,轻轨为 96%,而橡胶轮胎的公共汽车为 300%。

(6) 减少环境污染:轨道交通建有隔离墙,噪声低,地面上的线路工程不会对附近居民产生很大骚扰。轨道交通排放的废气少,对空气污染很少。

第三节　快速公交系统(BRT)

一、BRT 的概念与定位

快速公交系统简称 BRT,其利用改型的公交车辆,在公交专用道路空间上运营,是一种保持轨道交通特性又具备常规公交灵活性的便利、快速的公交方式。发展快速公交系统是提高交通运输效率、解决交通拥堵、减少交通污染、减少建设投资、缩短建设周期的有效途径。

BRT 系统于 20 世纪 70 年代起源于巴西东南部城市库里蒂巴,它是一种介于轨道交通与常规公交之间的新型公交客运形式,既有轨道交通固有的快速、大容量的特点,又保持了传统公共汽车便利性和经济性的特点。BRT 的特殊作用主要体现在其填补了轨道交通和常规公交之间的服务薄弱范围,如图 14-2 所示。

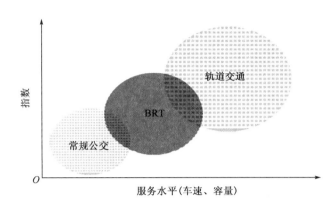

图 14-2　BRT 与轨道交通、常规公交服务水平比较

从 BRT 与地铁和轻轨的比较看，BRT 接近于轨道交通的服务水平，运送能力大于常规公交，因此在轨道交通尚未形成网络、常规公交又不能完全满足居民出行需求的情况下，BRT 是一种良好的交通方式。即使在轨道交通形成网络之后，BRT 也能成为一种填补轨道交通和常规公交服务空白的交通工具，或者作为轨道线路的延伸。在我国这样的城市快速发展的发展中国家，BRT 具有良好的发展前景。

根据城市形态、交通需求、城市规划和城市的发展阶段，BRT 可定位如下。

(1) BRT 作为城市公共交通走廊的主体

在城市主要客运走廊上建设一条或者多条 BRT 通道，承担大部分的客运量。

(2) BRT 作为地铁或者轻轨的延伸

轨道线路延伸至城市边缘，近期客流对轨道交通通行能力来讲是不经济的。可以考虑在城市边缘或者新开发区建设 BRT，而且新区的道路条件比较成熟，在这些区域建设 BRT 作为轨道交通的延伸，可以降低建设成本和公交运营成本。例如美国迈阿密的第一条 BRT 走廊采用的就是这一模式。在国内，许多规划也可以将 BRT 作为地铁延伸来考虑。

(3) BRT 成为轨道交通建成前的过渡

建设轨道交通需要很高的成本，对于一些欠发达城市，可以考虑保留轨道交通建设用地，先建设 BRT 系统，可以一定程度上满足交通需求，降低项目建设初期投资和运营费用。巴西的库里蒂巴最初计划建立一套轻轨系统，但成本太高，于是为轻轨预留的空间被用来建设公交专用路。国内很多城市应借鉴这一经验，采用地面 BRT 系统作为轨道交通的过渡，可以降低建设的初期投资和运营成本，分散轨道交通建设高潮给政府带来的沉重负担。

(4) BRT 与轨道交通系统融为一体

BRT 与轨道交通共同组成城市公共交通骨干交通网络，已被不少城市采用。这样既可以发挥轨道交通优势，又可以发挥 BRT 地面优势，两者紧密结合，可大大降低整个交通系统的建设成本。我国香港和台北是采用这种形式的典型代表城市。

二、BRT 的组成

BRT 系统包括专用车道、专用车辆、专用车站和信息管理系统四部分，这些元素构成了能够使乘客出行方便和提高系统性能的整体快速交通系统。

1. 专用车道

BRT 是一种具有独立物理设施、运行时间和信号控制的交通方式。从使用范围、BRT 车道专用程度和服务的角度划分，BRT 在道路上的运行模式可以分为三个层次：公交专用路、公交专用道、公交车与合乘车共用车道。

公交专用路是指在特定城市道路上，公交车享有全部的、排他性的绝对使用权。设置形式包括全封闭高架专用道、全封闭地面公交专用道和半封闭专用道。

公交专用道是指在特定的路段上，通过标志、标线等画出一条或几条车道给公交车辆专用；同时，公交车享有在其他车道行驶的权利。设置形式有中央公交专用道、单侧双向公交专用道、边侧公交专用道和高架路下的公交专用道等。北京市南中轴路的 BRT 采用的就是中央专用道的形式。

公交车与合乘车共用车道是指在特定道路上画出公交车与合乘车共同使用的道路。应用最成功的是加拿大的渥太华。

BRT 车辆的运送速度和运送能力取决于专用道或者专用路的形式。全封闭的公交专用道路可以提供大容量以及快速的公交服务，与一般轨道交通的服务水平接近；一般公交专用道由于受到交叉口信号约束，其运送速度及能力都会下降，有必要在交叉口设置公交优先信号系统。

2. 专用车辆

BRT 车辆应具有铰接式大容量、多门、低底板特点，方便乘客上下车，最好使用排污低的清洁车辆。一些公司还开发了双层或者双铰接的 BRT 公交车辆，提高了 BRT 系统的运送能力。

3. 专用车站

BRT 车站一般宜采用封闭式，站台外售票，以节省收费时间，具有行车信息等服务功能；站台高度宜与公交车辆底板齐平，以节省乘客上下车时间；配合车辆停站定位，引导站台上乘客在车门位置候车，提高上下车效率。开放式站台形式，对公交车不采取进出管制，能在保持原有公交线路的班次、收费等管理模式的情况下，配合公交设站地点，为乘客提供更为充分与协调的候车空间。

4. 信息管理系统

BRT 成功运营，还需要智能化的信息管理系统，包括交叉口公共交通优先信号系统、公交车辆的定位系统、公交车和车站的信息系统等。

三、BRT 的设置条件

1. 城市规模

在地铁、轻轨、BRT、普通公交等众多公共交通方式的选择过程中，城市规模是一个重要的影响因素。随着城市规模的扩张，居民平均出行距离增大，适合出行的交通方式必然发生变化，自行车、机动车等代步工具将会替代适合短距离出行的步行。公共交通适合的出行距离一般在 4km 以上，随着出行距离的增长，BRT、地铁等快速公交方式将更适合出行。当线路长度为 10km 时，快速公交会比使用普通公交节省约 40% 的运送时间。大量工程实践显示：BRT 实施后，全线运行时间通常都比普通公交节省 40% 以上。因此，当城市达到一定规模（城市公走廊的长度大于 10km)时,才有修建 BRT 的必要。

2. 客流需求

(1)客流需求上限:设置 BRT 的最大客流需求一般不超过 20000 人次/(h·方向)。

(2)客流需求下限:

①绝对量。

一条公交专用道运输的乘客数大于饱和小汽车流在一条机动车道上行驶时运送的乘客数,经计算为 1779 人次/h,折合公交车流量约 51 辆。

路段单向平均公交客流达到 2000 人次/h,即断面单向平均公交车流量大于 50 辆或高峰小时大于 150 辆。

②相对比例。

公交车流量占总交通量的比例宜大于 20%。

公交出行比例大于 30% ~ 35%。

3. 公交车速条件

(1)定性条件:当公共汽车严重受阻,速度极低,很难按时刻表运行时,应设置公交专用道;当公交车的平均行程车速低于该城市机动车的平均行程车速时,应考虑设置公交专用道。

(2)定量条件:公交行驶速度大于 30km/h,可以不设置公交专用道。

4. 机动车通行条件

BRT 专用道的设置,对其他机动车流的冲击最大。其他机动车的车道数因专用道的设置而减少(不考虑增设车道数的情况),对原本饱和度就较高的道路,将给机动车出行造成更长的延误。而一条道路的机动车出行受阻,尤其是发生在瓶颈路段,有可能降低局部甚至全网交通流的通行效率。因此,研究一条 BRT 专用道设置对道路的影响,不应该局限在设置 BRT 专用道的道路上,理论上应该从局部路网或全路网角度出发,探讨交通流时空分布的变化特征。但这一般要消耗较大的人力和时间,为简化实际操作过程,往往通过分析 BRT 专用道所在道路的机动车饱和度变化而得出结论。目前常采用的分析判断标准包括:

(1)设置 BTR 专用道后,机动车道路的交通服务水平降低不超过一个等级。

(2)设置 BRT 专用道后,机动车交通流量应小于剩余道路的通行能力。

5. 道路条件

道路条件包括车道数和车道宽。

(1)车道数

路段机动车道数:为保障设置 BRT 专用道后道路上的其他机动车仍可以超车和交织,剩余的机动车道数单向不应少于两条,即路段双向机动车道数低于 6 条则不宜设置 BRT 专用道。

路口进口车道数:为降低公交路口延误,应结合 BRT 转向和流量尽可能提供专用或优先排队道。但设置 BRT 专用排队道势必减少社会车辆的进口空间,因此,在无禁止转弯措施时,交叉口不足 4 个进口道的情形不宜设置 BRT 专用进口道。

(2)车道宽

设置 BRT 专用道的道路宽度条件应保障公交车和其他出行方式的安全、顺畅通行。对于不同的道路类型和设计速度,道路宽度条件要求不同,考虑我国城市道路设计车速一般都在 60km/h 以下,参考《城市综合交通体系规划标准》(GB/T 51328—2018)给出如下宽度限制条件。

①BRT 专用车道宽度不应小于 3.5m。
②一级、二级 BRT 的车站宜设置港湾停车道,三级 BRT 的车站可根据需要设置港湾停车道。
③港湾停车道的宽度不应小于 3m。
④中央整体式专用车道的总宽度不应小于 8m。分离式单车道专用车道的总宽度不应小于 4.5m。

四、BRT 的优势

1. 造价低、建设周期短

虽然世界各地建设轨道交通和 BRT 系统的投资额差异较大,但 BRT 系统与轨道交通相比,其投资与运营成本要低得多,这是 BRT 最大的优势之一。通常情况下,BRT 系统的造价往往只有轨道交通的 1/10。我国城市地铁的平均造价为 7 亿~10 亿元/km,根据初步测算,BRT 系统的平均造价为 2000 万~7000 万元/km。如果一条 BRT 系统的走廊不需要动迁,其造价在 2000 万元/km 左右;如果项目建设需要大量动迁工作,投资额可能会高达 7000 万元/km。

单条线路从立项到完工的时间,快速公交仅需 1~2 年,轻轨系统需要 4~6 年,地铁系统需要 8~10 年,而大部分城市的轨道交通网络形成,通常需要 20 年左右时间。相比之下,BRT 系统的建设周期比轨道交通要短,对解决城市的交通问题见效更快。

2. 速度快、灵活性好

BRT 系统运营在公交专用道上,因此受其他交通方式的干扰较小,车辆速度高,易于和计划时间表保持一致。此外,水平上下车和车外售票系统使公交车辆在车站内的等待时间缩短,行程时间缩短,车辆的平均速度得以进一步提高。

BRT 系统所具有的灵活性是轨道交通无法与其类比的。轨道交通必须在线路、车站、车辆、收费系统、运营控制系统完全建成后方可投入运营。而 BRT 系统可以在系统部分功能设施建成后即投入商业运营。因此,BRT 系统的建设可以采用分阶段和分路段的分步实施方法。

3. 运送能力大、污染少、耗能少

BRT 系统常以车组的形式发车,每组 2~4 辆车,运送能力大,与轻轨相近。

新型公交车辆耗能低、排放低;车速的提高,避免了拥堵时反复的加减速和停车,有效地减少了车辆的废气排放。据统计,波哥大"新世纪"BRT 系统比普通公交的污染降低了 40%,库里蒂巴的快速公交比常规公交节省用油 30%。

国内研究显示,主要客运方式的耗能与污染物排放情况如表 14-2 所示。可以看出,快速公交是一种污染少,耗能少的公交方式。

不同运输方式污染与能耗情况 表 14-2

污 染 物	BRT	常规公交	出 租 车	小 汽 车
$CO[g/(人·km)]$	0.4	0.8	1	0.8
$NO_x[g/(人·km)]$	0.04	0.08	0.07	0.06
能耗因子$[MJ/(人·km)]$	0.21	0.13	1.82	1.46

4. 安全性高、对用户友好

快速公交与其他交通方式相分离,减少了拥堵时可能发生的追尾、碰撞等事故;车辆追踪系统和交通事故管理系统的采用,使事故发生时,车辆能够及时迅速地得以救援。波哥大的"新世纪"公交线开通后,该道路死亡事故率降低了93%。

改良型高档次的公交车噪声低、振动小、车内宽敞、乘坐舒适;水平登车系统的采用,方便了乘客上下车,尤其是对携带包裹和行动不便的乘客更是如此。此外,乘客信息系统的使用,可使乘客对公交系统乃至整个交通系统的情况有更清晰的把握,减少了不确定性,可有效地增加乘客对公交方式的信任度。

5. 有利于公交导向型发展模式

把BRT与轨道交通作为快速客运交通一个整体考虑,可有效扩大快速客运系统的服务范围。在轨道交通网络中没有安排线路或者无法覆盖的客运走廊铺设BRT系统,可以弥补轨道交通覆盖率低的不足。同时,由于与客运枢纽、轨道交通站点合理衔接,作为轨道交通的延伸服务,BRT系统将中等出行距离的乘客从常规公交分离出来,提高了整个社会群体的出行效率。

与轨道交通一样,BRT系统也可以促进公交导向型发展(Transit Oriented Development, TOD)。在BRT系统沿线修建高密度的建筑,可以缩短乘客步行至公交车站的距离,增加公交出行方式的吸引力,为BRT系统提供充足的客源,形成土地发展和交通系统的良好结合。

巴西库里蒂巴是世界闻名的TOD发展良好的城市。城市发展严格按照规划进行,BRT系统的五条放射轴线构成了城市的五条线形发展轴线。轴线中央是BRT通道,两侧是机动车通道。沿轴线两侧是高强度土地开发,城市高容积率的建筑开发集中于五条轴线上,其他地区禁止高强度开发。城市主要的商务、商业、公共活动等也集中在五条轴线上。轴线之间是严格控制高强度开发的低容积率的住宅区,禁止高层建筑的开发。

6. 可充分利用现有公交运营管理经验

虽然BRT系统的运营管理方式与传统的公交略有不同,但是诸如线路的运营管理、司售人员的管理体制、运营调度和车辆维修方式与普通公交管理方式大致相同。因此,公交运营部门可以充分利用现有公交运营管理经验,对BRT系统运营人员进行培训。由于可以充分利用现有的公交管理经验,运营管理方法简单,以及技术操作和控制方法比轨道交通简化得多,一条新的BRT系统的试运营往往只需一周左右的时间,而一条轨道交通的试运营一般需要3~6个月。

五、BRT的规划设计

BRT的规划仍遵循前文讲到的公共交通规划,但是由于BRT的特殊性,下面重点针对不同的几个方面进行阐述。

1. 选择合适的客流走廊和可行的道路

BRT系统规划必须从长远和系统的角度进行考虑,选择合适的客流走廊和可行的道路。

BRT应当尽量布设在公交客运走廊上,兼顾既有的和潜在的客运走廊,以尽量提高运输的效率。应根据客流情况,选择有条件设置BRT的客运走廊。一般具有较长的路线和多条公交线的道路或者走廊,才能作为 BRT 考虑的方案。BRT 的规划设计要与城市的长远规划和近期规划相结合,同时考虑城市轨道交通规划。BRT 要与轨道交通线路相互补充,与客运系统充分整合。轨道交通建设暂时达不到近期建设计划的预期规模时,近期应选择建设 BRT,并预留轨道交通建设用地。

BRT 通道应选择在有条件的道路布设,尽量不影响或减小对普通车辆的通行影响。市区内,应选择车道较多的城市干道;在郊区,可选择快速路或者新辟 BRT 专用通道。

2004 年 12 月投入运营的北京市南中轴路 BRT 线路位于南中轴路上,为规划的地铁 8 号线南段,实施后效果良好。图 14-3 为北京市南中轴路 BRT 线路示意图。

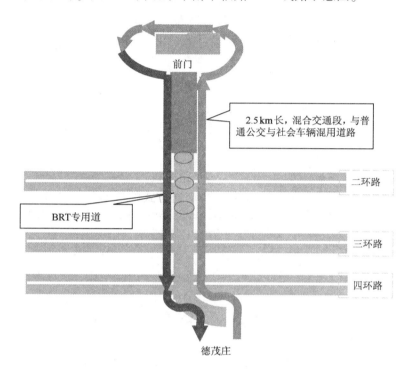

图 14-3　北京市南中轴路 BRT 线路示意图

2. 因地制宜规划 BRT 专用道

公交专用道设置在道路中央,是国内外布设最普遍的形式。根据需要,实行物体隔离或者施划标线或者以不同颜色区分专用道路面,车辆可根据需要实行逆向行驶。公交专用道集中设置在道路内侧,主要有以下特征:

(1)公交车辆受沿线车辆影响小,路段车速容易得到保证。

(2)路口限左时,路口交通组织和信号控制相对简化,并确保了公交车在交叉口通行优先,于是通行能力与公交车速都得到一定提高。

(3)车站设置在道路内侧,乘客在岛式站台上下车,有所不便。

公交专用道双向都设置在道路一侧,在国外得到了不同程度的应用。而公交专用道双向分别设置在道路两侧,在我国一些城市得到了一定应用,其主要特征如下:

(1)公交站台设置在人行道上,上下车方便。

(2)公交车辆路段行驶受沿线进出车辆影响大。

(3) 公交车辆与右转车辆有冲突,路口延误增加,通行效率不高。

建议通行形式为全封闭时,采用道路中央式;半封闭或者全开放时,集中布设于道路外侧;特殊情况下,可考虑双向集中布设在道路一侧。

3. 选择适宜的车站形式

BRT 车站是提供水平登降、车外售检票、实时信息监控系统的交通设施,也为乘客提供安全、舒适的候车环境与快速方便的上下车服务。同时,车站也是体现 BRT 的标识和形象的重要场所。

根据车站的设置形式分类,可以分为侧式站台和岛式站台两种。侧式站台多用于公交专用路、两侧型公交专用道和部分 HOV 专用道,通过人行天桥或地道、电扶梯等过街设施与道路人行道相连通。岛式站台一般应用于设置标准较高的专用路或者中央式公交专用道,这种站台对车道专用性和车辆要求比较高,例如,对车辆来说,必须能够左侧开门才可以使用。

六、BRT 的运营

BRT 系统在不同城市有着不同程度的发展,其规模和发展方式也有所不同。在运营模式方面,基本类同于常规公交的运营方式,但具体的实施方法又略有差异。

1. BRT 线路的服务形式

对于公交专用道来讲,不论是中央式还是路侧式,都可以在采用所有站都停靠的运行方式的同时,又在高峰段加设快车线,即采用混合交通方式的快速公交系统。如巴西库里蒂巴,就设置了平行的快车运营线。而洛杉矶和温哥华的 BRT 系统,在站站停靠的同时也设有大站停靠公交线。

大多数快速公交系统运营线路都超出了快速公交专用道的范围,快速公交系统相较轨道交通的优势在于其具有灵活性。而南美的三条快速公交系统:波哥大的"新世纪"、库里蒂巴的中央车道公交线、基多的快速电车公交系统,因为车辆车门的特殊设计、车站站台的高度要求以及动力系统等原因,只能在专用车道内行驶。从功能上看,这三条线路更像是轨道交通。

北京南中轴路的服务形式为在平时开设站站停靠的普通线路,高峰时段增设快线和直达线路,用以服务高密度车站处的乘客需求。

2. BRT 的售票系统

BRT 售票系统涉及许多新技术和措施,其中包括:硬币或证件系统、磁条技术、智能卡片技术、支付证明系统等。

波哥大、库里蒂巴的 BRT,在站台设有售票处,车站的功能类似于轻轨车站。站台预售车票、公交车多门,减少了公交车的停留时间,库里蒂巴每一车站的停靠时间可以节约 20s。在其他一些乘客量大的城市(如渥太华,匹兹堡),采用公交卡方式,公交车的前后门可以同时上下。

3. BRT 的发车机制

公交系统所需车辆班次要按客流需要设定。高峰时段,公交车的数量由以下因素决定:①乘客的需求;②车的容量;③运营成本;④其他限制因素。综合考虑这些因素,实际运营的公交车数量就有可能低于系统的运营能力。如库里蒂巴,高峰时段每隔 1.5min 就有一班中央车道公交车,且站站停靠,同时,在平行于公交专用道的城市主干道上,也行驶直达快车。公交车次频繁的地段,使用基于发车间距控制的车辆调度效果较好。

各个城市的车辆发车机制,基本都本着高频率、全天候服务、为乘客提供便利的乘车条件而设定,从而体现出快速公交快速、便捷、灵活等优点。针对不同地区的具体条件,以及乘客的不同程度的需求,各个城市又有着自身的特定机制,使得快速公交可以为乘客提供快速、准时的高质量服务。对于不同的行车时段,不同的行车线路都有确定的发车间隔时间,使得车辆的调度合理化。

4. BRT 的运营管理体制

对于运营管理工作,要求专业性与切实性相统一、政策性与实施性相统一。因此,许多城市在进行运营管理工作时,政府将管理权承包或租赁给专业的私营公司,政府在整个管理过程中起到决策和监督的作用。

库里蒂巴的快速公交运营管理系统是由 16 家私营公交公司所组成的,他们的运营由一家市政公司——URBS 来管理。URBS 对该公交系统进行设计,确定线路、运力和运行时间,管理和控制整个公交系统,并负责车票收入。公交车的运行承租给私营公交公司完成,车票收入是以公交公司所提供的服务为标准进行分配的,具体根据车辆运营里程、所提供的服务类型和所提供的公交车类型,完成车票收入的分配。从分配到的车票收入中,私营公交公司支付其全部运营支出,并依据公交车的服务年限和种类支付车辆更新支出。公交公司所分得的车票收入中包括一定的利润。

北京市南中轴路 BRT 线路,由某公司进行市场化运作,由政府负责监督。

5. BRT 的运营保障体系

(1)技术保障

目前 BRT 系统已采用自动公交定位系统(AVL)、乘客信息系统(如自动报站、车站实时信息显示等)和交通信号优先等智能系统。

系统运行可以通过车辆的自动定位系统进行集中控制。系统中,在车进站前的位置设置探测器,可以进行车辆的识别和定位。也可以应用全球定位系统,确定公交车在任何时间的准确位置。已使用 AVL 功能的城市有洛杉矶、温哥华和波哥大等。

系统在运营区域中布设了很多电子信息装置以监控车辆运行,同时将信息传送给中央计算机。中央计算机对这些信息进行处理,通过数字声音传递系统将这些信息反馈给电话查询的旅客。旅客可以拨号查询任意站点接下两趟公交车到达的时间以及道路状况信息,如是否有延误等。这些信息同时在主要换乘枢纽和商业中心的大屏幕上有显示。使用乘客信息系统的有渥太华、温哥华和库里蒂巴等城市。

交通信号优先智能系统是快速公交系统的重要组成部分,北京市南中轴路开辟的 BRT 线路,在兼顾路口其他方向车辆通行的前提下,给予了 BRT 车辆最大限度优先。

(2)政策、法规、体制保障

政策优先在城市公共交通优先发展的体系中处于先导性和全局性地位。政府职能部门要建立完善的法规体系和组织机构,制定和推进相关技术标准及投资战略。世界上许多国家和城市均通过公交立法实践取得了成功的经验。如法国的《公共交通法》、德国的《改善城市地区交通状况财政资助法》等。

第四节 共享交通

一、共享交通的定义

共享交通是指出行者无须拥有车辆所有权,以租赁或合乘的方式与其他出行者共享车辆,按照自己的出行要求付出相应的使用费的一种新兴交通方式。

二、共享交通的类型

按照共享交通工具的不同,共享交通目前有共享单车、共享汽车等多种类型。共享单车是以互联网技术为依托构建租赁平台,主要服务于城市中短距离出行和公共交通接驳换乘的自行车系统,也称为互联网租赁自行车。

共享汽车是一种企业或组织将车辆使用权有偿临时让渡,以满足居民短时用车需求的新型交通模式。目前的共享汽车主要是分时租赁、单程定点式的车辆运营模式,一般要求用户在规定的网点进行车辆的取还。

三、共享交通的发展

共享汽车从欧美国家开始萌芽。1948年,瑞士苏黎世发起的一个名叫"sefage"的汽车合作社,被广泛认为是共享汽车的萌芽。进入21世纪以后,共享汽车作为新型的商业模式迅速在全球推广。美国在2000年、澳大利亚在2003年、德国在2008年相继推出了共享汽车服务。我国的共享汽车行业于2013年起步,发展十分迅速。2016年,我国有60余个城市在开展共享汽车项目,其中有20个城市的规模超过1000辆,全国共享汽车运营规模超过4万辆。2017年,共享汽车相关企业的数量进一步增多,运营城市覆盖范围更广,共享汽车达到10万辆的规模。在共享汽车发展的进程中,国家主管部门和地方政府陆续出台文件对于共享汽车的发展进行规范和引导。例如,2017年6月,交通运输部出台的《关于促进汽车租赁业健康发展的指导意见(征求意见稿)》,鼓励分时租赁发展。

我国的共享单车行业经过十余年的发展,已经日渐成熟。2007年以来,我国一些城市开始由政府主导,构建采用固定设桩方式运营的自行车租赁服务系统。这标志着共享单车在中国的出现。2015年,中国已有近百个城区建设了公共自行车系统,最为成熟的杭州公共自行车系统拥有超过6万辆车,平均每天使用超过25万次,成为世界上最大的公共自行车系统。随后,一些共享单车企业在传统自行车技术基础上融合了移动支付和卫星定位等技术,开创了无桩共享(互联网+公共自行车)的新模式。截至2020年,中国共享单车投入数量超过1945万辆,用户规模达2.53亿,共享单车已成为我国各大中城市继公交、地铁之后的第三大公共交通工具。在共享单车发展的进程中,国家主管部门和地方政府陆续出台文件对于共享单车的发展进行规范和引导。2012年9月,住建部、发改委、财政部联合发布《关于加强城市步行和自行车交通系统建设的指导意见》,支持公共自行车系统的发展。2017年5月,交通运输部等部门发布了《关于鼓励和规范互联网租赁自行车发展的指导意见》,力求鼓励和规范互联网租赁自行车发展,优化交通出行结构,构建绿色、低碳的出行体系,更好地满足人民群众出行需要。

四、共享交通的基本属性

技术先进性：共享交通是基于互联网信息技术的新兴交通方式。共享汽车采用大数据、云计算、移动互联网、移动智能终端、卫星定位系统等技术，有效实现了约车服务、定位服务、网上乘车确认和付费服务、驾驶员和乘客互评服务；共享单车通过定位技术和智能锁技术实现无桩停车和任意地点借还车。以上技术为共享交通服务的高效率提供了坚实基础。

制度先进性：共享交通的制度基础是共享经济制度与协同消费制度。第一，共享交通最大限度地利用闲置资源实现资源共享，使资源使用者与资源供给方互惠互利，为二者进入共享交通市场提供了机会选择；第二，共享交通行业为不同市场主体参与交通服务竞争提供了制度激励，通过市场竞争提高了交通资源的配置效率。

五、共享交通的优势

(1) 提升交通工具周转率，实现交通活动与物质消耗脱钩。

共享交通可以在不增加或少增加交通工具与设施供给的基础上，通过提高交通工具及设施的周转率与分享率(即提高单位交通工具及设施的服务能力)，满足快速城镇化进程中居民日益增长和升级的机动化出行需求。因此，共享交通的推行可实现交通活动与物质消耗的脱钩，并减少闲置交通工具对资源、能源与城市空间的浪费，从源头控制交通活动水平，减少出行量，缩短出行距离。

(2) 提供绿色出行服务，降低政府环境治理成本。

共享交通以市场化手段提供公共出行服务，可提供效率更高、更能满足居民需求的非机动、机动车交通与公共交通接驳服务，成为公共交通供给侧结构性改革的新范式。共享交通的迅速发展显示了以政府和社会合作模式提供绿色出行服务的巨大潜力。通过合理的引导和规范，可达到更好的节能减排效果，大幅降低环境治理成本。

(3) 有利于解决基础设施瓶颈，推广清洁能源汽车。

随着新能源汽车技术的逐渐进步，充电站(桩)等配套设施建设滞后已成为阻碍新能源汽车推广的瓶颈。共享汽车作为运营车辆，其充电设施可集中规划布局、建设、运营，对推广新能源汽车的优势较为明显。此外，共享汽车适于智慧交通管理平台、人工智能驾驶辅助系统等技术的应用，可促进城市形成分布式智能微电网与充电桩体系，以绿色交通助力城市能源结构调整。

六、我国共享交通存在的主要问题

共享交通的出现为我国探索绿色出行模式提供了巨大机遇，但也存在一些突出问题。

(1) 管理模式创新滞后。目前在共享汽车、共享单车体制机制方面仍然缺少科学规范管理，导致在车辆标准、充电设施、投放规则等问题上标准不一，造成共享交通的发展不畅，城市环境及秩序被扰乱，并影响了用户的体验。

(2) 供需存在不平衡现象。我国共享交通，尤其是共享单车目前在大城市中心区投放数量较多，部分地区已饱和，但在大城市外围组团、开发强度较低的区域尚不能满足居民出行需求。此外，共享汽车尚在起步阶段，在车辆数量、市场集中度、网络化运营和服务能力等方面，与居民需求差距较大，行业规模化、网络化建设有待加强。

（3）市场发展有待规范与引导。共享交通作为互联网在交通出行领域应用的新模式,受资本市场的影响较大,易出现企业非正常退出、恶性竞争、车辆供需失衡等问题。同时,在城市空间资源稀缺、交通拥堵、空气污染等问题凸显的情况下,有必要通过政策引导进一步促进共享交通行业的健康有序发展。

【思考题】

1. 城市交通系统包括哪几部分？分别承担哪些交通出行需求？
2. 公共交通的特点是什么？是否所有城市都要大力发展公共交通？
3. 在我国现阶段,发展公共交通有何意义？
4. 轨道交通有何特点？建设轨道交通的适用条件是什么？
5. 试比较 BRT 与轨道交通的优缺点。

第十五章
道路交通环境保护

本章介绍道路交通对环境的影响,引导学生关注交通环保问题,培养学生的绿色出行和低碳生活意识。

第一节 道路交通环境保护概述

环境是人类赖以生存和发展的各种因素的总和。1979年9月,我国通过《中华人民共和国环境保护法(试行)》。所谓环境,是指影响人类生存和发展的各种天然的和经过人工改造的自然因素的总体,包括大气、水、土地、矿藏、森林、草原、野生生物、自然遗迹、人文遗迹、自然保护区、风景名胜区、城市和乡村等。

环境提供人类活动不可缺少的各种自然资源,是人类从事生产的物质基础,也是各种生物生存的基本条件。环境资源的多少决定着经济活动的规模。同时,环境还能对人类经济活动产生的废物和废能量通过各种各样的物理、化学、生物反应来进行消化和同化,即具有自净功能。优美清洁的环境不仅能够为经济活动提供物质资源,还能满足人们健康生活的基本需求,使人们心情更愉快,更能有效地工作。

如果环境中的大气、水、土或者气温发生异常,就会影响到一些动植物的组成与生存,使生态失去平衡,并对人类的健康和生存产生不良影响。人类的活动引起环境质量的变化,而这种变化又会反过来影响人类。环境问题的实质在于人类经济活动索取资源的速度超过了资源本身及其替代品的再生速度;人类向环境排放废弃物的数量超过了环境本身的自净能力。所谓环境保护,就是防止自然界和人类对环境生态的破坏。这种破坏是与工业、农业生产和交通运输活动分不开的。在破坏环境的各种因素中,交通因素占有不可忽视的地位。因此,研究交通对环境产生不良影响的原因,寻找减小以至消除这些影响的措施,是道路交通可持续发展的重要课题之一。

交通运输对环境的影响主要包括两个方面,即对周围环境自然成分的影响以及对人类自身的影响。

交通运输对周围自然成分的影响主要表现在以下两个方面:

1. 交通运输工具产生的影响

主要包括大气污染、噪声污染、振动危害、电磁波干扰,以及对不可再生自然资源的消耗。

2. 交通运输干线(地上和地下)的影响

主要包括对耕地的占用,对交通工程沿线的文化、历史和古建筑等风景名胜造成的不利影响,以及对自然生态的破坏,如移山筑路、改造河道等会破坏历经千万年形成的地形、地貌、自然景观和植物分布,影响生物群落、种群的数目以及动物迁徙等。

交通运输对人类本身的影响,直接的表现为交通事故对人体的伤害,间接的影响为大气污染、噪声等对人类健康、生活质量、环境质量等产生的影响。

本章主要介绍道路交通产生的大气、噪声、振动等污染的危害与控制。

第二节 大气污染

一、大气的组成

大气是指包围着地球的一层总厚度约为1000km的混合气体层,它受地心引力的控制,随地球一起运转,并在地球表面做各种运动。大气质量在垂直方向的分布是极不均匀的,它在地表附近的密度最大,99%的质量都存在于29km高度以下,其中一半以上又存在于5.6km高度内。根据大气在垂直方向上温度、化学成分、电荷等物理性质的差异,同时考虑到大气垂直运动状况,可将大气圈分为5层:对流层、平流层、中间层、热成层和逸散层。

未被污染的清洁空气,主要由氮(N_2)、氧(O_2)、稀有气体等组成,它们共计约占空气总质量的99.9%。

除去水汽、杂质外,整个混合空气称为"干洁空气",干洁空气中的各种气体的液化温度都很低,而在人类的生活、活动范围,自然情况下是不可能有这样低的温度的,所以这些气体在大气中不液化,其主要组成部分总是保持气体状态。它们是地球上生命必不可少的环境要素之一。

二、大气污染概述

大气污染指的是自然界中局部的质能变化及人类的生产和生活活动,改变了大气圈中某些原有成分,并向大气圈中排放有害物质,致使大气质量发生了变化,从而影响了原有的生态体系,严重威胁人体健康和正常的工农业生产,并对建筑物和设备财产等构成损害。

造成大气污染的根本原因是大气中不定组分的增加。不定组分是指空气中的不确定组成成分。不定组分的来源有以下两个：

（1）由自然演化过程暂时产生的，如自然界的火山爆发、海啸、地震等灾难引起的污染物。主要包括尘埃、硫、硫化氢、硫氧化物、氮氧化物、盐类及恶臭气体等。

（2）人类活动引起的，如燃料燃放、废物焚烧、有害物排放等形成的人为污染物。主要包括煤烟、尘埃、硫氢化物、硫氧化物等。

由于人类社会生产的发展，随着城市的增多与扩大，加之城市工业布局不合理，环境保护不善等人为因素，由人类活动引起的大气污染已成为空气中不定组分的主要来源。

根据大气污染物的存在形式，可以将大气污染物分为颗粒物质和气态物质。

颗粒污染物，即大气中粒径不同的固体、液体和气溶胶体。粒径大于 $10\mu m$ 的称为降尘；粒径小于 $10\mu m$ 的称为飘尘；粒径小于 $1\mu m$ 的称为烟；气溶胶体是大气中的固体和液体颗粒物结合成的悬浮物。

气态污染物，主要包括含硫化合物（SO_2、SO_3、H_2S）、含氮化合物（NO、NO_2、NH_3）、碳氧化合物（CO、CO_2）、碳氢化合物（有机废气）、卤素化合物（HCl、HF）等。这些气体对人类及生物的危害主要是因化学作用造成的。

在污染物中，直接排放到大气中的称为一次污染物，有些一次污染物在大气中与其他物质发生反应，可形成新的污染物质，这种污染物称为二次污染物。

三、污染物的运动

污染物进入大气后，对大气污染的严重程度除与污染物的数量（称为源强）有关外，还与污染物在大气中的运动规律有关。如果污染物在大气中被扩散稀释，大气就会逐渐恢复原来的清洁状态。反之，如果污染物在近地面大气层中聚积起来，就会造成污染，聚积的浓度越高，污染越严重。

影响污染物运动的环境因素，按影响程度排列有：气象、地形和地物等。

影响污染物在大气中运动的主要气象因素包括风、湍流和大气稳定度、逆温等。风主要是指大气的水平运动，一般是风速大时，地表污染物浓度低。当风速过大时，大气中飘浮的污染物会发生下泻作用，使近地面的污染浓度增加。湍流是指风向、风速经常变化的不规则旋涡状大气运动。污染物在大气中扩散主要受近地面大气层中湍流所左右。湍流的强弱，决定于风速大小、地面起伏状况和近地面大气的热状况。大气稳定度是指气层在垂直方向的相对稳定程度，大气在受到扰动时，会产生向上或向下的运动，如果受扰动时移动距离较小，扰动结束后有恢复到原来位置的趋势，则此气层是稳定的，反之为不稳定。一般情况下，气温随高度的增加而递减。但在特定的条件下，气温随高度的增加不变或增加。一般将气温随高度的增加而增加的气层称为逆温层。根据大气稳定度的分析，当发生等温或逆温时，大气是稳定的，所以逆温层的存在，大大阻碍了气流的垂直运动，所以也将逆温层称为阻挡层。由于上升的污染气流不能穿过逆温层而积聚在它下面，因此，会产生严重的大气污染现象。事实表明，许多大气污染事件发生在有逆温和静风的气象条件下。

由于城市温度比农村高（特别是夜间），气压比农村低，所以可以形成一种从周围农村吹向城市的特殊的局域风，称为城市热岛环流或城市风。这种风在市区汇合就会产生上升气流，因此，当周围有较多产生污染物的工厂时，污染物会在夜间向城市输送，造成严重污染，尤其在夜间城市上空有逆温层存在时。

地形直接影响大气的运动和温度,因此也直接影响到大气污染的程度。污染物在运行中,如果碰到丘陵和山地,在迎风面会发生下泻作用,使其附近地区受到污染。如丘陵不太高,污染物越过时,又会在背风面发生下滑,产生涡流,使该地区受到严重污染。图 15-1 即表明地面起伏与污染运动的这种关系。在山区,污染物运行受山风和谷风的影响。白天风沿谷地向上吹(谷风),晚上风由山上往下吹(山风),因此污染物经常在谷地和坡地上回旋。特别是在背风坡上,气流做螺旋运动,污染物最容易聚积,浓度特别高。夜间冷空气下沉,暖气上升,易出现逆温,使污染物难于扩散,以致烟雾弥漫,日出后经久不散。

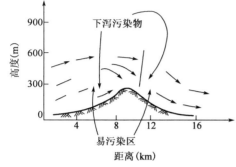

图 15-1 丘陵地区污染物的运动示意图

受地物影响最显著的地区是城市。在城市中,建筑物占据的空间相当大,建筑物间街道纵横、高低起伏,严重地阻碍气流的运行,风速低,污染物不容易扩散,故污染严重。

第三节 汽车污染物的危害及防治

一、交通运输业的大气污染

交通运输业是最主要的大气污染源之一。汽车、火车、轮船、飞机等交通工具的运行,都需要燃烧燃料,排放废物,对大气造成污染,其中以汽车最甚。由于交通运输工具以燃油为主,主要的污染物是碳氢化合物、一氧化碳、氮氧化物、含铅污染物、苯并芘等。排放到大气中的这些污染物,在阳光的照射下,有些还可能经光化学反应,生成光化学烟雾。因此,也是二次污染物的主要来源。

由于交通工具数量大,使用频繁,排放出来的污染物总量巨大。20 世纪 90 年代以来,城市交通排放污染已成为危害城市环境可持续性及居民生活健康的重要因素。根据国际能源署数据,交通运输行业的碳排放量占全球总碳排放量的近 1/3,到 2030 年将超过 50%。

不同交通方式的污染物排放量是不同的。表 15-1 是比利时政府研究得到的不同运输方式的污染物排放量。

各种运输方式污染物排放量 表 15-1

运输方式		排放量[单位:客运为 g/(人公里),货运为 g/(吨公里)]				
		CO	CO_2	NO_x	C_xH_y	SO_2
客运	常规铁路	0.008	48.7	0.120	0.003	0.209
	高速铁路	0.005	28.9	0.071	0.002	0.124
	小汽车	1.038	126.4	1.367	0.168	0.084
	飞机	1.266	210.0	0.588	0.198	0.078
货运	有效载质量大于 10t 的货车	2.10	—	1.85	0.92	—
	铁路	0.6	—	0.4	0.02	—
	水路	0.2	—	0.58	0.08	—

从表中数据可见,汽车运输排放的污染物较高。因此,汽车交通的污染是交通运输可持续发展面临的一个不可忽视的问题。

二、汽车污染物及其危害

除烟、粉尘外,在交通过程中主要产生碳氧化物、氮氧化物、硫氧化物和碳氢化合物等气体,这些污染物对人体呼吸道系统、心血管系统、消化系统(尤其是肝脏)、神经系统、泌尿系统都将产生不利的影响,并会造成眼、鼻黏膜组织病变及癌症的发生。严重者会因急性污染中毒导致心脏病恶化而死亡。例如1952年12月伦敦烟雾事件中,患心脏病者为平时的3倍。在发生事件的一周内,因支气管炎死亡704人,为前一周的9.3倍,冠心病死亡281人,为前一周的2.4倍,心脏衰竭死亡244人,为前一周的2.8倍。同时污染物对植物、牲畜和各种物品(金属制品、油漆涂料等)也有各种损害或腐蚀作用。

在汽车排放物中,产生较多、危害较大的污染物有以下几种:

(1)一氧化碳(CO)。CO是一种无色、无味、无臭的窒息性气体,全世界的CO排放量极大,总量达 $22 \times 10^8 t$,是世界排放量最大的污染物。约占大气污染物总量的1/3。现代发达国家城市空气中的CO有80%是汽车排放的。城市中的CO浓度随着城市的交通情况不同而变化。车辆越多,车速越慢,则CO浓度越大。

大气中的CO对植物及微生物均无害,但是对人体的健康有害,它能使血液携带氧的能力下降而引起缺氧,症状有头痛、眩晕等,同时还会使心脏过度疲劳,致使心血管工作困难,导致死亡。

(2)二氧化硫(SO_2)。SO_2主要是由含硫的煤和油燃烧时产生的,是一种无色、有恶臭、刺激性很强的气体,在大气中分布很广,影响很大,故常以其含量作为大气污染的一项主要指标。SO_2在近地面气层中聚集,氧化为SO_3并形成硫酸烟雾。SO_3的毒性比SO_2大7倍。例如,SO_2浓度为8ppm(百万分之八)时人开始感到难受,而SO_3烟雾不到0.8ppm时人就会感到受不住了。

二氧化硫(SO_2)的腐蚀性较大,它能使动力线硬化、拉索钢使用寿命缩短、皮革失去强度、建筑材料变色破坏、塑像及艺术品毁坏。它能损害植物的叶片,影响其生长并降低其产量。它能刺激人的呼吸系统,尤以有肺部慢性病和心脏病的老年人最易受害。此外,二氧化硫还有促癌作用。当空气中二氧化硫体积分数年平均值大于 0.04×10^{-6},日平均值大于 0.01×10^{-6} 时,即对人体产生危害。

(3)二氧化氮(NO_2)。NO_2是一种红棕色、有毒的恶臭气体,含量达0.1ppm就可被嗅到,含量达1~4ppm时恶臭难闻(1ppm=1mg/kg)。它能降低远方物体的亮度和反差,是形成光化学烟雾的主要原因,所以也是人们十分注意的一种污染物。

(4)碳氢化合物。碳氢化合物是一类有机化合物,简称为烃,包括烷烃、烯烃和芳烃等。碳氢化合物主要来源于不完全的燃烧和有机化合物的蒸发。城市大气中的碳氢化合物对眼、鼻、呼吸道有强烈的刺激作用。同时,可导致生成有害的光化学烟雾。

(5)粉尘及烟雾。粉尘及烟雾主要导致呼吸道疾病的产生及死亡。图15-2即明显地表明了呼吸道疾病死亡率与粉尘含量之间的关系。国外出现过的烟雾事件中大量的受害者均是患呼吸道疾病。闻名的日本东京横滨哮喘，更是直接由硫酸烟雾和光化学烟雾引起的。同时粉尘附着的 3,4-苯并芘(BaP)、氧化氮和碳氢化合物相互作用生成的硝基化合物、放射性 210Po 等都是致癌物质。据有关资料介绍，英国和美国城市癌死亡率是乡村的 1.26～2.23 倍，日本大阪 1964—1967 年中，污染区的肺癌发病率比非污染区高 2～3 倍，烟雾期间死亡率比非烟雾期间高 20%。

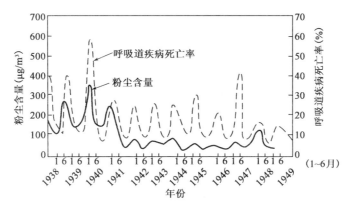

图 15-2　呼吸道疾病死亡率与粉尘含量的关系
资料来源：爱尔兰都柏林。

光化学烟雾。汽车排放污染物进入大气以后，在大气的特定条件——常温、常压和阳光照射下发生一系列的化学反应，生成新的污染物(或称为二次污染物)。其化学反应可分一般反应与光化学反应两种，其中以光化学反应最为复杂和危害最大。例如汽车尾气中的一氧化氮(NO)，在空气中容易氧化为二氧化氮(NO_2)，二氧化氮在强烈的太阳紫外线照射下发生分解产生一氧化氮和氧原子(O)，氧原子(O)迅速同空气中的氧气(O_2)反应产生臭氧(O_3)。O_3 是强氧化剂，它与碳氢化合物发生一系列反应，可生成过氧乙酰硝酸酯、醛类和其他多种复杂的化合物，形成蓝色的烟雾，称为光化学烟雾。它对人的危害很大，主要是刺激人的眼睛，引起红眼病，严重时全身疼痛，并可产生麻痹、肺水肿，对植物也能造成严重危害，还会腐蚀衣物，降低空气的通风度等。1952 年 12 月，在英国首都伦敦的一次光化学烟雾事件中，4d 之内就有 4000 多人中毒身亡。美国多诺拉和洛杉矶光化烟雾事件所造成的危害也令人震惊。

三、汽车污染物的排放

汽车排放污染物的部位如图 15-3 所示。

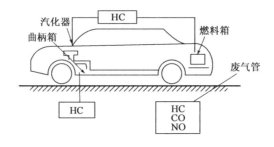

图 15-3　汽车排放污染物的部位

碳氢化合物分别由废气管、曲柄箱、汽化器和燃料箱排出,废气管除排放碳氢化合物外,还排出一氧化碳和氮氧化物等。汽车排放的有机物质,除碳氢化合物以外,还有烟尘和醛(含氧有机化合物)。此外,还有硫氧化物和铅氧化物等无机化合物。

城市越大、人口越密、汽车越多,则排出的污染物也越多。城市污染物排放量常高于农村,城市中心区常高于边沿区,商业区常高于居民区。当然,一个地区污染浓度大小,还与当地的环境因素有关,需具体分析。

汽车排放污染物的成分与数量,同汽车的速度、运行状态、燃料种类、发动机类型、道路纵坡、驾驶技术有关。下面选取部分展开介绍。

(一)排放量与车速的关系

污染物的排放量与车速有密切关系。汽车尾气成分含量与车速的关系如表15-2所示。

汽车尾气成分含量与车速的关系 表15-2

污染物的组成成分	空挡	满载	
		低速	高速
NO_x	0~50ppm	100ppm	4000ppm
CO_2	6.5%~8%	7%~11%	12%~13%
H_2O	7%~10%	9%~11%	10%~11%
O_2	1%~1.5%	0.5%~2%	0.1%~0.4%
CO	3%~10%	3%~8%	1%~5%
H_2	0.5%~4%	0.2%~1%	0.1%~0.2%
HC	300~8000ppm	200~500ppm	100~300ppm

注:表中的含量(%)为体积比。

一氧化碳、碳氢化合物均随车速提高而减少,而氮氧化物则随车速提高而稍有增长。三种主要污染物的排放量与速度的关系如表15-3所示。

三种主要污染物排放量与车速的关系(单位:g/km) 表15-3

污染物	车速(km/h)					
	16	32	48	64	80	96
CO	59.6	30.3	21.3	17.3	14.4	12.6
HC	7.1	4.7	3.7	3.0	2.5	2.3
NO_x	3.2	3.6	4.0	4.4	4.8	5.2

(二)排放量与车辆运行状态及燃料种类的关系

由于城市交叉口信号灯控制与交通拥堵,汽车速度时刻在变化,经常出现加速与减速等不同的运行情况。在不同的汽车运行状态下,其污染物的排放量有所不同。

燃料不同也影响污染物的排放。采用汽油及柴油发动的汽车在怠速时一氧化碳排放量最多,减速时次之,恒速时最低;碳氢化合物则在减速时排放量最多,恒速时最低。

(三)排放量与道路纵坡的关系

汽车污染物排放量与道路纵坡有关,坡度大耗油量大,因而排放污染物的数量也就大。一一般而言,汽车以40km/h,在3%的坡道上行进,CO排放量比平路增加1.7倍,在3.5%的坡道上增加2.1倍,坡度为4.5%时增加3.7倍。

四、道路交通大气污染的防治

防治大气污染是改善自然环境特别是城市环境,保护人民健康的重要工作。近年来,光化学烟雾在国内外各大城市频繁出现,导致这一问题出现的关键性污染物就是氮氧化物。产生氮氧化物的主要污染源是单独活动的汽车,它排出的废气量大而分散,无法集中起来进行处理。由此可见,防治汽车废气对道路周围环境的污染,是环境保护的一项十分重要和迫切的任务,目前世界各国正把大气污染治理的中心转向汽车尾气污染的控制,具体一些措施如下:

(一)制定并执行严格的排放标准

汽车的废气排放已成为城市的一个主要污染源。所以为减少环境污染,应制定并执行严格的排放标准。目前我国汽车排放标准基本采用的是欧洲标准体系。2001年开始实施国家第1阶段标准(相当于欧Ⅰ标准),同年停止了含铅汽油的生产和使用。2004年7月1日我国轻型汽车全面实施国家第2阶段标准(相当于欧Ⅱ标准),其具体指标是:汽油车排放CO不超过2.2g/km,碳氢化合物不超过0.5g/km;柴油车CO不超过1.0g/km,碳氢化合物不超过0.7g/km,颗粒物不超过0.08g/km。执行欧Ⅱ标准后,机动车污染物排放量比欧Ⅰ排放量减少了30%~50%。国Ⅲ标准的尾气污染物排放限值比国Ⅱ标准尾气污染物排放限值降低了30%,而国Ⅳ标准将进一步降低60%。2018年1月1日起,我国机动车实施国Ⅴ标准。2021年7月起,我国汽车标准全面进入国Ⅵ时代,基本实现与欧美国家接轨。与国Ⅴ标准相比,重型车国Ⅵ氮氧化物和颗粒物限值分别降低77%和67%。

(二)建立空气监测系统

建立空气监测系统是指在需要控制的道路和地区安装空气监测装置,记录1h内的污染物浓度。亦可根据长期监测结果制成图表、直接查用。

例如,调查者(R)距第一车道边缘17m(图15-4),车道高峰小时流量Q见图上数字,通行能力为1000辆/h,需求出一号车道1h末的CO浓度。为此,可利用图15-5、图15-6查出有关数值进行计算,其步骤如下:

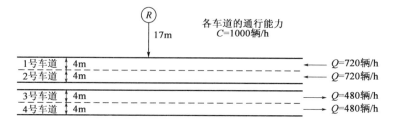

图15-4 接收器位置、街道及高峰小时流量示意图

先求出一号车道 V/C 之比,$V/C = 720/1000 = 0.72$。

当 $V/C = 0.72$ 时,由图 15-5 查得浓度 $X_{10} = 4.6$ppm。

按 R 至车道边缘距离 17m,由图 15-6 查得 $X/X_{10} = 0.75$。

故在调查者所在位置上 1h 末的 CO 浓度为 $X = 0.75X_{10} = 0.75 \times 4.6 = 3.5$(ppm)。

在有信号控制的交叉口,各车道的污染物浓度可相应查用另一套图表。

道路空气监测系统可与交通自动控制系统联系起来,作为交通自动控制的一个组成部分。道路空气监测站所得的空气质量情况可及时传到中央控制室,当空气污染浓度超过规定标准时,控制室可调整交通流、控制车速或采取其他措施予以解决。

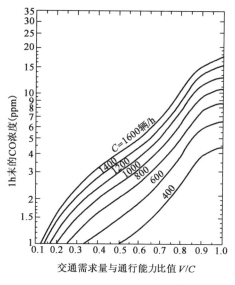

图 15-5 距车道 10cm 处 CO 浓度与 V/C 值的关系

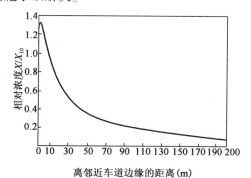

图 15-6 CO 相对浓度与离车道边缘距离的关系

实际上,道路空气监测系统又是环境综合监测系统的一个组成部分,所以它又可与环境综合监测系统联系起来,为环境综合监测系统提供道路环境的空气质量情报,接收环境综合监测系统的指令。

(三)净化排气,发展无公害汽车

除加强固定污染源的处理外,近年来国外还大力对汽车进行改进,净化排气。例如,改善汽车发动机的构造和性能,提高燃料在内燃机内的燃烧水平,实施机内净化;在汽车的排放系统安装各种装置以减少尾气中污染物的排放量,实施机外净化。如美国已有 85% 以上的汽车装上了净化装置,日本则采取延迟点火时间的方法,使氮氧化物的排放量减少了 30%~40%。

现在很多国家还积极研制无公害的汽车,以新能源代替汽油、柴油。目前从经济上、技术上发展相对成熟的主要是电动汽车、醇类燃料汽车以及燃气汽车。另外,加强车辆的监测和维护,也可有效降低污染物排放,由此可减少机动车碳氧化物排放量的 25%、氮氧化物排放量的 10%。

(四)发展高效公共交通系统,限制小汽车使用

私人小汽车与公共交通工具相比较,按照客运量(人公里)计算,小汽车的社会费用要比

公共汽车高6~8倍,能耗高3~4倍,空间占用量高9倍。因此,引导大城市交通向大容量公共交通转化,限制小汽车使用是减少交通污染的有效途径。

(五)合理进行城市规划与道路设计

为减少大气污染,宜建立中小城市。城址应选择在地形开阔、烟气易于扩散的地方。我国大部分地区属季风气候区,冬夏风向有显著变化,另外我国丘陵山地面积很广,因此根据我国的气候以及地形特点合理地规划城市布局,对于减轻交通大气污染无疑是有积极作用的。

在公路的设计中,尤其要注意公路的隧道通风,隧道里的污染物不易扩散,浓度高,特别是对于交通量大、长度长的隧道。目前,隧道机械通风是公路长隧道大气污染控制的主要手段。

(六)提高交通系统运行效率,缓解交通拥堵

交通拥堵时车速降低、车辆处于走走停停的状态,汽车发动机长时间怠速运转,不仅增加燃料消耗,而且容易产生燃料的不完全燃烧,导致废气排放量迅速上升。加强交通规划及管理,开发智能交通系统,提高交通系统运行效率,尽量减少汽车的怠速状态,缓解交通拥堵及各种干扰,既可减少排放的污染物,又可节约能源,提高路网的通行能力。

此外,由于高速公路具有等级高、车辆运行速度快、通行能力大和道路间干扰小等特点,车辆可保持恒速前进,因此修建高速公路及高速公路自动收费系统,也可有效地减轻交通大气污染。

(七)交通防污绿化

由于树木或森林对颗粒物具有吸滞和阻挡作用,因而能使大气中的大部分颗粒物沉降下来。树木或其他的一些植物还能与大气中一些污染物发生一定的反应,使空气得到净化,减轻道路邻近地区的污染程度。但是,不能把植物在净化空气上的作用估计过大或过分夸大。研究证明,当污染物浓度超过一定限度时,即使是抗性强的植物也可能受到危害。只有当植物处在能够生存的条件下时,它才能吸收一定量的污染物质。因此,应该首先在消除或减少污染物方面采取措施,然后才是绿化防污。

第四节 噪声污染

一、声波及有关的声学概念

声波是弹性媒质中传播的压力、应力、质点位移、质点速度等变化或几种变化的综合,来源于发声体的振动。声波传入人耳时,使耳鼓膜发生振动,刺激听神经而产生声的感觉。波动频率高于20000Hz(超声波)和低于20Hz(次声波)的波不能引起声感,介于两者之间的声波才能被听到,故称为可听声。

从声音对人耳作用的角度来看,无论是自然界的音响,还是人为的声音,可大致分为乐音与噪声两类。乐音听起来悠扬悦耳,余音袅袅,动人心弦;噪声频率混杂,呆板凌乱,使人心烦意乱。

交通工程中用来衡量声压大小的标准有 SPL、dB(A) 及 L_x 等几种。

(1) 声压级 SPL：它是 Sound Pressure Level 的缩写，是量测声压 P_1 与基准声压 P_0 的比值对数的 2 倍，即：

$$\mathrm{SPL} = 2\lg\frac{P_1}{P_0} \quad (\mathrm{Bel}) \tag{15-1}$$

或：

$$\mathrm{SPL} = 20\lg\frac{P_1}{P_0} \quad (\mathrm{dB}) \tag{15-2}$$

式中：Bel——贝尔，声音响度的单位；

dB——分贝，为贝尔的 1/10。

基准声压 P_0 一般为 20μPa，故：

$$\mathrm{SPL} = 20\lg\frac{P_1}{20} \quad (\mathrm{dB})$$

20μPa 是可闻度的极限，即可听性的最低界限，称为闻阈。其对应的声压标准 SPL = 0dB。

使人感到不愉快的极限，成为不快阈，其对应的声压标准 SPL = 94dB。

使人感到痛苦的极限，称为痛苦阈，其对应的声压标准 SPL = 140dB。

(2) 根据计权网络的不同，将噪声分为 A、B、C 三种声级。交通工程多用 A 声级，故以 dB(A) 表示。A 声级标准近似于人对低音的灵敏度。声级计是广泛用于噪声控制方面衡量噪声大小的一种仪器。

(3) 统计声级 L_x 反映声压的统计特性。如果每 1h 有 1% 的时间声音超出标准，则为 L_1 级；有 10% 的时间超出，则为 L_{10} 级，亦称峰值，有 50% 的时间超出，则为 L_{50} 级，相当于噪声的平均值。L_{90} 为噪声的本底噪声级，L_{10} 被广泛用于交通工程中。

(4) 等效 A 计权声级 L_{Aeq} 反映被测时间 (T) 区间内噪声能量的平均值，常用公式表达：

$$L_{\mathrm{Aeq}} = 10\lg\left(\sum\frac{t_i}{T}10^{0.1L_i}\right) \tag{15-3}$$

式中：L_i——时间 t_i 所测量到的声级，dB；

T——测量的总时间，s，$T = \sum t_i$。

如连续测量，则有：

$$L_{\mathrm{Aeq}} = 10\lg\left(\frac{1}{T}\int_0^T 10^{\frac{L_i}{10}}\mathrm{d}t\right)$$

二、声压与距离的关系

如图 15-7，$\overline{AB} = \overline{BC} = l$，$\overline{AC} = 2l$，$B$ 点与 C 点接收声波的面积分别为 S_B 及 S_C，且 $S_C = 4S_B$。按前述声压标准 SPL，B、C 点之声压标准分别为：

B 点之声压标准：

$$\mathrm{SPL}_B = 20\lg\frac{P_1}{P_0} = 10\lg\left(\frac{P_1}{P_0}\right)^2$$

C 点之声压标准：

$$\mathrm{SPL}_C = 10\lg\frac{\left(\frac{P_1}{P_0}\right)^2}{4} = 10\lg\left(\frac{P_1}{P_0}\right)^2 - 10\lg 4 = \mathrm{SPL}_B - 6$$

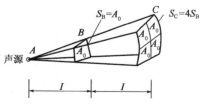

图 15-7 声压与距离关系示意图

实践证明,距声源的距离越远,声压越低。当距离增加一倍时,声压减小6dB。

三、交通噪声的传播

声在大气中传播将产生反射、衍射、折射等现象,并在传播过程中逐渐衰减。这一衰减通常包括声能随距离的扩散(衰减)和传播过程中产生的附加衰减两个方面,总的衰减值应是两者之和。

(一)声能随距离的衰减

最简单的情况是假设以声源为中心的球面对称地向各方向辐射声能(即无指向性),它的声强I与声功率W间的关系为:

$$I = \frac{W}{4\pi r^2} \quad (15\text{-}4)$$

W——声功率,W;
r——半径,m。

当声源放置在刚性地面上时,声音只能向半空间辐射,设接收点与声源距离为r,则半径为r的半球面之面积为$2\pi r^2$,由此得半空间接收声强为:

$$I = \frac{W}{2\pi r^2} \quad (15\text{-}5)$$

可见,声强随着离开声源中心距离的增加,以平方反比的规律减小。

若用声压级来表示,可得在距离为r处的声压(单位为dB):

$$\begin{cases} L_\text{p} = L_\text{w} - 20\lg r - 11 & (\text{全空间}) \\ L_\text{p} = L_\text{w} - 20\lg r - 8 & (\text{半空间}) \end{cases} \quad (15\text{-}6)$$

(二)声传播过程中的附加衰减

产生附加传播衰减的因素一般指:①大气的声吸收;②树林引起的声音散射和吸收,屏障和建筑物产生的声反射;③风和大气温度引起的声折射;④雾、雨、雪的声吸收;⑤不同地面覆盖物(如草地等)的声吸收等。

实际计算声波在大气中的衰减时,可参照表15-4所列出的数值。

大气中噪声传播的衰减常数(单位:dB/100m)　　表15-4

温度 (℃)	相对湿度 (%)	频率(Hz)					
		125	250	500	1000	2000	4000
30	10	0.09	0.19	0.35	0.82	2.60	8.80
	20	0.06	0.18	0.37	0.64	1.39	4.19
	30	0.04	0.15	0.38	0.68	1.20	3.20
	50	0.03	0.10	0.33	0.75	1.30	2.53
	70	0.02	0.08	0.27	0.74	1.40	2.25
	90	0.02	0.06	0.24	0.70	1.50	2.06
20	10	0.08	0.15	0.38	1.21	4.00	10.92
	20	0.07	0.15	0.27	0.62	1.86	6.70

续上表

温度(℃)	相对湿度(%)	频率(Hz)					
		125	250	500	1000	2000	4000
20	30	0.05	0.14	0.27	0.51	1.29	4.40
	50	0.04	0.12	0.28	0.50	1.04	2.80
	70	0.03	0.10	0.27	0.54	0.96	2.31
	90	0.02	0.08	0.26	0.56	0.99	2.14
10	10	0.07	0.19	0.61	1.90	4.50	7.01
	20	0.06	0.11	0.29	0.94	3.20	9.09
	30	0.05	0.11	0.22	0.61	2.10	7.02
	50	0.05	0.11	0.20	0.41	1.17	4.20
	70	0.04	0.10	0.20	0.38	0.92	2.76
	90	0.03	0.10	0.21	0.38	0.81	2.28
0	10	0.10	0.30	0.89	1.80	2.30	2.61
	20	0.05	0.15	0.50	1.60	3.70	5.70
	30	0.04	0.10	0.31	1.08	3.30	7.48
	50	0.04	0.08	0.19	0.60	2.11	6.70
	70	0.04	0.08	0.16	0.42	1.40	5.12
	90	0.03	0.08	0.15	0.36	1.10	4.10

(三)声波的衍射现象

声波在传播过程中遇到障碍物时，能够绕过障碍物的边缘前进，并引起声波传播方向的改变，称为声波的衍射或绕射。在声波屏障的降噪特性中就要考虑声波的绕射问题。声波的绕射与障碍物或孔洞的大小有关，当声波波长大于障碍物尺寸时，只有在离障碍物很近时，才有声影区，甚至没有声影区，大部分声可绕过障碍物。当声波波长远小于障碍物尺寸时，大部分声波被反射回来，在障碍物后面将有较大而明显的声影区。

四、噪声来源及其危害

不同频率、不同强度的声音无规律地组合在一起即成噪声。广义来说，凡对人的生活、工作有妨碍的声音都可称为噪声。

按噪声的来源不同，噪声可分为：工业噪声、交通噪声和生活噪声。工业噪声来自噪声大的大型工厂、混杂于住宅区的小工厂、建筑工地的施工机械等。交通噪声来自行驶在道路上的各种车辆、轨道上奔驰的火车、飞机的起落、轮船的汽笛声等。生活噪声包括文娱场所的锣鼓乐器声、露天悬挂的扬声器和人的喧闹声等。交通工程中主要研究在道路上行驶的各种车辆所产生的噪声，简称为交通噪声。

人耳刚好能分辨的响度为0dB，50dB时开始影响脑力劳动，86~90dB时明显地影响工效，讲话比较吃力。国际规定，按每天8h计，听力保护标准为80dB。超过此标准就可能使人的听力受到暂时性或持久性损伤，造成职业性耳聋。强脉冲噪声还可能导致鼓膜和中耳听骨链破裂。

除此而外,噪声还可能引起眩晕、头痛、恶心、呕吐、疲倦、心动过速、心律不齐、血管痉挛、高血压等症状。同时,还会由于对交谈和休息的干扰而造成心烦等心理影响。

第五节　城市交通噪声及其控制

一、交通噪声的形成

城市环境噪声的 70% 来自于交通噪声,汽车、火车、飞机等交通工具都是活动的噪声源,影响极广,交通噪声主要来自于交通工具的行驶、振动和喇叭声。电喇叭为 90~110dB(A),气喇叭为 105~110dB(A)(距离车辆 5m 处)。2021 年,全国 324 个地级及以上城市道路交通噪声昼间等效声级平均值为 66.5dB,232 个城市道路交通昼间噪声强度为一级,占 71.6%。

二、交通噪声的特点

交通噪声有以下特点:

(1)噪声源范围广,包括铁路运输噪声、公路交通噪声和航空噪声。

(2)噪声源的种类多,既有点源,又有面源和线源。例如繁忙的运输干线就是典型的线噪声源。

(3)交通噪声的产生具有一定的规律性,一般在上下班高峰及拥挤路段、交叉口噪声较大。

(4)交通噪声的持续时间长,随着车辆保有量的增加及城市生活节奏的加快,大城市交通噪声从早到晚不断,火车噪声更是不分昼夜。

(5)交通噪声具有随机性,除了与车辆本身功率级有关外,与道路结构和交通状态也有很大关系。

(6)交通噪声和车辆保有量有关,如我国 2016 年车辆保有量比 2013 年增加近 5000 万辆,而交通噪声也随之增加了 0.6dB(A)。

(7)交通噪声中有多种噪声混杂,难于控制,如内燃机的整体噪声包括空气动力性噪声、燃料噪声及机械噪声。

三、噪声强度与响度、车速、交通量和车种的关系

(1)噪声强度与响度的关系如图 15-8 所示,噪声每增加 10dB(A),响度约增加一倍。

例如:当噪声强度 = 70dB(A)时,响度 = 39;

噪声强度 = 75dB(A)时,响度 = 58;

噪声强度 = 80dB(A)时,响度 = 86。

(2)噪声级与不同车辆类型车速的关系可以用下式表示:

$$\begin{cases} 小型车\ L_{0小} = 12.6 + 34.73 \lg v_{小} \\ 中型车\ L_{0中} = 8.8 + 40.48 \lg v_{中} \\ 大型车\ L_{0大} = 22.0 + 36.32 \lg v_{大} \end{cases} \quad (15\text{-}7)$$

式中：L_{0i}——i 车型车辆参照点（7.5m 处）的平均辐射噪声级，dB(A)，计算时具体车型划分参看表 15-5；

v_i——i 车型平均行驶速度，km/h。

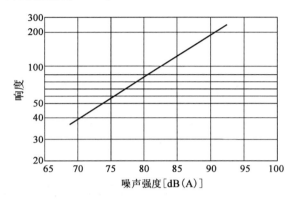

图 15-8 噪声强度与响度的关系

车 型 分 类 标 准　　　　　表 15-5

车型	汽车总质量	车型	汽车总质量
小型车(S)	3.5t 以下	大型车(L)	12t 以上
中型车(M)	3.5～12t		

注：小型车一般包括小货车、轿车、7 座（含 7 座）以下旅行车等。
　　大型车一般包括集装箱车、拖挂车、工程车、大客车（40 座以上）、大货车等。
　　中型车一般包括中货车、中客车（7～40 座）、农用三轮车、四轮车等。大型车和小型车以外的车辆，可按相近归类。

（3）噪声强度与交通量的关系为交通量越大，距车道越近，噪声越高。噪声强度与交通量的关系如图 15-9 所示。

据测试结果，无论是哪种车辆，上坡时噪声比在平坦路段约增加 6dB(A)，下坡时约减少 3dB(A)。

（4）交通噪声与车辆类型有关系，不计鸣喇叭声时，载重汽车、公共汽车、拖拉机等中型车辆的行进噪声为 89～92 dB(A)。小汽车与载货汽车相差 10～18dB(A)。

（5）道路噪声 [dB(A)] 的确定方法为根据车速、载重汽车及公共汽车数量，按表 15-6 确定计算噪声 [dB(A)]。交通量对噪声的修正值见表 15-7。

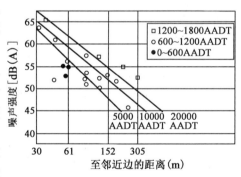

图 15-9 噪声强度与交通量的关系

计算噪声 [单位：dB(A)]　　　　　表 15-6

平均车速 (km/h)	车流中载重汽车及公共汽车数量(5%)								
	100	90	80	70	60	50	40	30	20
30	80.5	79.5	78.5	77.5	76.5	75.5	74.5	73.5	72.5
40	82.5	81.5	80.0	79.0	78.0	77.5	76.0	75.0	74.0
50	83.5	82.5	81.5	80.5	79.5	78.5	77.5	76.5	75.5

续上表

平均车速 (km/h)	车流中载重汽车及公共汽车数量(5%)								
	100	90	80	70	60	50	40	30	20
60	85.0	84.0	83.0	82.0	81.5	80.0	79.0	78.0	77.0
70	86.5	85.5	84.5	83.5	82.5	81.5	80.5	79.5	78.5
80	88.0	87.0	86.0	85.0	84.0	83.3	82.0	81.0	80.0
90	89.5	88.5	87.5	86.5	85.5	84.5	83.5	82.5	81.5
100	91.5	90.0	89.0	88.0	87.0	86.0	85.0	84.0	83.0
110	92.5	91.5	90.5	89.5	88.5	87.5	86.5	85.5	84.5

交通量的修正值　　　表15-7

交通量(辆/h)	100	200	300	500	700	1000	2000	3000	4000
修正值[dB(A)]	-10	-7.5	-5.5	-3.0	-1.5	-0.0	+1.5	+2.0	+2.5

(6)交通噪声预测模型。

我国现行噪声预测模型中应用较广的为交通部颁发的《公路建设项目环境影响评价规范》(JTG B03—2006)推荐的模型(后简称交通部模型)。该模型给出了填方路段预测点处环境噪声计算公式：

$$\begin{cases} L_{Aeq环} = 10 \times \lg(10^{0.1L_{Aeq交}} + 10^{0.1L_{Aeq背}}) \\ L_{Aeq交} = 10 \times \lg(10^{0.1L_{Aeq大}} + 10^{0.1L_{Aeq中}} + 10^{0.1L_{Aeq小}}) + \Delta L_1 \\ L_{Aeqi} = L_{0i} + 10\lg\dfrac{N_i}{TV_i} + \Delta L_{距离} + \Delta L_{地面} + \Delta L_{障碍物} - 16 \end{cases} \quad (15-8)$$

式中：$L_{Aeq环}$——预测点的环境噪声值，dB(A)；

$L_{Aeq交}$——预测点交通噪声的小时等效声级，dB(A)；

$L_{Aeq背}$——预测点的背景噪声值，dB(A)；

L_{Aeqi}——第 i 型车(i = 大、中、小三种车型)的小时等效声级，dB(A)；

L_{0i}——该车型车辆参照点(7.5m处)的平均辐射噪声级，dB(A)；

N_i——该车型车辆的小时车流量，辆/h；

T——计算等效声级的时间，h，一般取 1h；

V_i——该车型车辆的平均行驶速度，km/h；

$\Delta L_{距离}$——距噪声等效行车线距离为 r 的预测点处的距离衰减量，dB(A)；

$\Delta L_{地面}$——地面吸收引起的交通噪声衰减量，dB(A)；

$\Delta L_{障碍物}$——噪声传播途中障碍物的障碍衰减量，dB(A)；

ΔL_1——公路弯曲或有限长路段引起的交通噪声修正量，dB(A)。

四、道路噪声的控制

为减少道路噪声的污染，可采取下列措施。

(一)制定环境噪声法规及噪声标准

制定切实可行的环境噪声法令条例，并认真贯彻实施，是保护环境免遭噪声公害影响的重要措施。目前我国已基本上建立了这套管理法规体系,如《中华人民共和国环境保护法》《中华人民共和国环境噪声污染防治法》《声环境质量标准》(GB 3096—2008)等。

表15-8为我国机动车辆加速行驶车外噪声限值,它既作为车辆产品的噪声标准,又作为城市机动车辆噪声管理检查的依据。

我国机动车加速行驶车外噪声限值(摘编自 GB 1495—2002)　　　表 15-8

车 辆 分 类	噪声限值[dB(A)]	
	第一阶段 2002年10月1日—2004年12月30日期间生产的汽车	第二阶段 2005年1月1日以后生产的汽车
M_1	77	74
M_2(GVM≤3.5t),或 N_1(GVM≤3.5t): 　GVM≤2t 　2t<GVM≤3.5t	 78 79	 76 77
M_2(3.5t<GVM≤5t),或 M_3(GVM>5t): 　P<150kW 　P≥150kW	 82 85	 80 83
N_2(3.5t<GVM≤12t),或 N_3(GVM>12t): 　P<75kW 　75kW≤P<150kW 　P≥150kW	 83 86 88	 81 83 84

注:1. M_1、M_2(GVM≤3.5t)和 N_1 类汽车装用直喷式柴油机时,其限值增加1dB(A)。
　　2. 对于越野汽车,其 GVM>2t 时:
　　　如果发动机额定功率 P<150kW,其限值增加 1dB(A);
　　　如果发动机额定功率 P≥150kW,其限值增加 2dB(A)。
　　3. M_1 类汽车,若其变速器前进挡多于四个,P>140kW,P/GVM 之比大于 75kW/t,并且用第三挡测试时其尾端出现的速度大于 61km/h,则其限值增加 1dB(A)。

表15-9是2008年颁布的国家《声环境质量标准》(GB 3096—2008),表15-10是国际标准组织制定的环境噪声标准。

我国环境噪声限值[单位:dB(A)]　　　表 15-9

声环境功能区类别		时 段	
		昼 间	夜 间
0 类		50	40
1 类		55	45
2 类		60	50
3 类		65	55
4 类	4a 类	70	55
	4b 类	70	60

注:0 类声环境功能区:指康复疗养区等特别需要安静的区域。
　1 类声环境功能区:指以居民住宅、医疗卫生、文化教育、科研设计、行政办公为主要功能,需要保持安静的区域。
　2 类声环境功能区:指以商业金融、集市贸易为主要功能,或者居住、商业、工业混杂,需要维护住宅安静的区域。
　3 类声环境功能区:指以工业生产、仓储物流为主要功能,需要防止工业噪声对周围环境生产严重影响的区域。
　4 类声环境功能区:指交通干线两侧一定距离之内,需要防止交通噪声对周围环境生产严重影响的区域,包括4a类和4b类两种类型。4a类为高速公路、一级公路、二级公路、城市快速路、城市主干路、城市次干路、城市轨道交通(地面段)、内河航道两侧区域;4b类为铁路干线两侧区域。

国际标准组织制定的环境噪声标准 [单位:dB(A)]　　表 15-10

性　　质	噪声标准	性　　质	噪声标准
寝室	20~50	生活室	30~60
办公室	25~60	工厂	70~75

许多国家在制定环境噪声标准的同时,还对各种车辆的喇叭、排气用的消声器、街道照明情况及车速作了相应的规定。违者将认为是犯罪行为并相应给予罚款或监禁处分。为降低车辆噪声,有关部门应定期检验其行车时的噪声状况,不合格者应限制通过。

(二)合理进行城市及道路规划

1. 城市规划

在城市规划中要进行合理的功能区划分,尽量避免学校、疗养院、医院、宾馆和居民住宅区与工商业区、交通干道等吵闹区混合。交通干道距住宅应有足够的距离,一般不应小于 30m,并在其间种植林带,使噪声在传播途中得到一定的衰减。同时,应根据不同的使用目的和建筑物的噪声标准来选择建筑物的场所和位置。

因交通噪声随人口密度增大而增大,可通过建立卫星城来降低中心区的人口密度,从而有效降低噪声污染。

2. 道路规划

在进行道路网规划时,应重视不同功能的道路之间的配合,噪声污染严重的车辆宜辟专用道,以便集中采取隔离措施。对于噪声敏感地区以及医院和学校等地宜采用路堑或高架道路,以减小噪声。有关资料证明,路堑和高架道路的噪声比平地要低几分贝。四种典型的噪声屏障如图 15-10 所示。

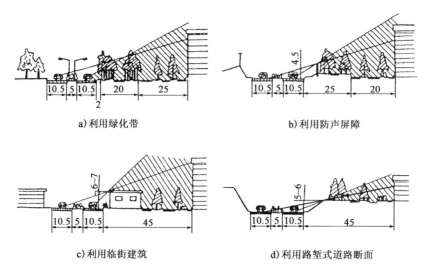

图 15-10　四种典型的噪声屏障(尺寸单位:m)

(三)设置隔音墙

噪声衰减与隔音墙高度的关系如图 15-11 所示。

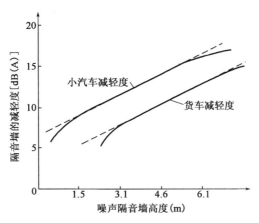

图 15-11　噪声衰减与隔音墙高度的关系
注:虚线表示每 300cm 高的隔音墙减轻 0.5dB(A)。

(四)绿化

利用绿化带的散射、吸声作用以及地面吸声,也是降低噪声的一种有效方法。为降低道路噪声,可在干道或主要街道路两侧各留出一段非建筑区进行绿化。一般来说,街道两侧的观赏遮阴绿林,降噪效果并不大,只有种植灌木丛或者多层林带构成绿林实体才能有效降噪。大多数绿化实体的衰减量平均为 0.15~0.17dB(A)/m。其中松林(树冠)全频带噪声降低平均值为 0.15dB(A)/m,冷杉(树冠)为 0.18dB(A)/m,茂密的阔叶林为 0.12~0.17dB(A)/m,浓密的绿篱为 0.25~0.35dB(A)/m,草地为 0.07~0.10dB(A)/m。另外,绿化带的高度、厚度、不同密度树冠的组合、地面高度的变化、树林整片还是分段布置对降噪效果都有影响。据国内有关研究,常见的松柏、侧柏绿篱配以乔灌木和草皮的混合结构减噪效果较好。在实际应用中,可利用浓密的绿篱将快、慢车道和人行道分离,或在高层建筑群的街道两旁种树,均可有效降低噪声。

第六节　振动危害及防治

一、振动的产生及其危害

当汽车行驶在凹凸不平的路面时,车辆将上下、左右或前后颠簸、摇动,这种方向不断变化的冲击力量作用于车体各部、乘客及路面,路面又将这种巨大的外力传递给路基,路基土壤又传给道路两侧的房屋设施,从而在道路沿线一带产生不同程度的振动。当振动超过某种限度时,即形成公害。

据日本环境厅在1974年对4000多种振动公害的调查,按振源划分,由工厂产生的振动占53%,工地产生的振动占24%,道路交通产生的振动占10%,新干线铁路产生的振动占7%。

近年来,由于重型车辆、超重型车辆及拖挂车迅速增长,发动机功率增大,道路的高低不平以及汽车的加速制动等,使车辆在运行中产生的振动越来越大、越来越频繁。这不仅对周围环境和生活产生影响,破坏安逸宁静的气氛,使道路两边房屋门窗振动、摇晃,甚至遭到破坏,更为严重的是对人的身体健康产生损害,例如影响睡眠休息,使人感到烦躁、焦急,产生疲劳,严重的可损害机体,产生疾病。因此在现代化道路设计中不能不予以考虑。

关于振动公害的预防,日本早有文件规定,1963年东京都、1965年大阪、1967年爱知县都先后发布过规定,国际标准组织也对于人体振动评价提出了一个ISO2631号文件。

二、振动的感觉及道路交通振动限度的规定

根据国际振动标准机构的研究,振动对人体的作用方式可分为以下三种情况:

(1)振动传给人身的全表面或基本部分。

(2)振动只通过支撑面传递(如站立或坐在汽车上)。

(3)振动作用在人的某一部位或器官(如振动的手柄或枕头等)。

而道路交通中的振动主要为第二种,即当人站立或坐在车中及路旁建筑物内时感受到的振动。

反映振动对人体或建筑物影响程度的主要参数为:振动的强度、频率、方向和振动的持续时间等。人体感受振动的范围一般在0.1~500Hz,受害的主要振动范围为1~90Hz。从人体的受害类型来划分又可分为:

(1)降低人的舒适性(使人产生不快)。

(2)降低人的工作效率(增加人的疲劳感)。

(3)降低人体的健康素质(影响人体健康)。

就振动的三个方向来看,对人体影响最大的为垂直方向振动。故常以重力加速度(g)或振动加速度作为量测的指标,亦有采用音量单位(dB)来表示振动加速的。

根据《城市区域环境振动测量方法》(GB 10071—1988)规定,人体全身振动的感受与振动加速度的对数值大体成正比,故振动大小可以用振动加速度与基准振动加速度之比的以10为底的对数乘以20来表示,记为VAL,单位为分贝(dB),其定义为:

$$VAL = 20\lg \frac{a}{a_0} \tag{15-9}$$

式中:a——振动加速度的有效数值,m/s^2;

a_0——基准振动加速度,m/s^2,$a_0 = 10^{-6} m/s^2$。

国际上a_0采用$10^{-6} m/s^2$,当垂直振动时,振动频率为4~8Hz,一般认为人感受出的最小振动加速度为$10^{-2} m/s^2$。

但由于人体对振动的感受极其复杂,影响因素众多,且很多参数难以量测和取得定量指标,所以我国目前尚未做出全国性的统一规定。国际标准(ISO2631)亦仅就1~80Hz频率范围做出了规定。我国《城市区域环境振动标准》(GB 10070—1988)(表15-11)对不同地带昼间、夜间允许振动的临界值做出了规定,其中稳态振动是指观测时段内振级变化不大的环境振动,冲击振动是具有突发性振级变化的环境振动,无规振动是未来任何时刻不能预先确定振级的环境振动。

城市区域环境振动标准(摘编自 GB 10070—1988,单位:dB)　　表 15-11

适用地带范围	昼间铅垂向上	夜间铅垂向上	
特殊住宅区	65	65	本标准适用于连续发生的稳态振动、冲击振动和无规振动,最大值昼间不许超标 10dB,夜间不许超标 3dB
居民、文教区	70	67	
混合区、商业中心区	75	72	
工业集中区	75	72	
交通干线道路两侧	75	72	
铁路干线两侧	80	80	

实际测定地点多取道路用地边界,测定时间可选取能代表该路交通振动的期间(1d),分昼间和夜间,各测 4h 以上,而每小时测一次以上,以测定数值各小时累计次数曲线的 10% 作为 L_{10} 的数值。振动的大小取所有测定值的平均值。

三、振动的防治

由于振动多同时产生噪声,故大多仿照噪声防治处理。主要措施如下。

(一)道路规划设计时要尽量预防

根据类似情况发生噪声的实测资料,预估规划道路可能发生振动的场所、范围和严重程度,在规划设计时采取减轻和防止振动的措施。

(二)控制振动的产生

可采用的控制措施主要是:第一是控制汽车的振动,在车上安装减振设施。第二是提高道路质量,严格规定道路的平整度并加强检测,及时平整道路。根据国外经验,对损坏的水泥混凝土路面采用沥青罩面可减少振动 15~25Hz。第三要加强交通管理,使汽车能匀速流畅地通行。第四是对车种、车速、质量和交通量进行限制。

(三)设置缓冲地带

加宽道路两侧的用地,或在道路两旁设置绿化等环境设施带,使两旁房屋远离道路,依靠土壤吸收能量起到自然减振作用,可减轻振动对两旁居民及建筑物的影响。

第七节　碳达峰、碳中和

一、碳达峰、碳中和的提出及对交通运输领域的要求

碳达峰是指在某一个时点,二氧化碳的排放不再增长,达到峰值,之后逐步回落。碳中和是指通过植树造林等碳补偿方式,将一定时间内直接或间接产生的二氧化碳排放总量吸收掉,从而达到碳平衡(中和)。碳达峰、碳中和简称双碳。

2020 年 9 月,习近平主席在第七十五届联合国大会一般性辩论上发表重要讲话,郑重宣

布"中国将提高国家自主贡献力度,采取更加有力的政策和措施,二氧化碳排放力争于2030年前达到峰值,努力争取2060年前实现碳中和。"

2021年2月,中共中央、国务院印发《国家综合立体交通网规划纲要》,提出"加快推进绿色低碳发展,交通领域二氧化碳排放尽早达峰,降低污染物及温室气体排放强度,注重生态环境保护修复,促进交通与自然和谐发展。"

2021年10月,国务院印发《2030年前碳达峰行动方案》,提出"加快形成绿色低碳运输方式,确保交通运输领域碳排放增长保持在合理区间""陆路交通运输石油消费力争2030年前达到峰值"。

二、交通运输领域做好碳达峰、碳中和相关工作的实施路径

交通运输是碳排放的重要领域之一,推动交通运输领域做好碳达峰、碳中和相关工作,是加速行业绿色低碳转型、推动交通运输高质量发展的重要抓手,是加快建设交通强国的重要内容。

2022年4月,交通运输部、国家铁路局、中国民用航空局、国家邮政局发布贯彻落实《中共中央 国务院关于完整准确全面贯彻新发展理念做好碳达峰碳中和工作的意见》的实施意见。交通运输领域碳达峰、碳中和的实施路径可概括如下:

一是优化交通运输结构——加快建设综合立体交通网;提高铁路水路在综合运输中的承运比重;优化客货运组织。

二是推广节能低碳型交通工具——积极发展新能源和清洁能源运输工具;加强交通电气化替代;提高燃油车船能效标准。

三是积极引导低碳出行——全面推进国家公交都市建设;积极开展绿色出行创建行动。

四是增强交通运输绿色转型新动能——强化绿色低碳发展规划引领;提升交通运输技术创新能力;发挥市场机制推动作用;加强国际交流合作。

五是加强组织实施——加强组织领导;健全政策规范;层层压实责任;做好检查评估;加强培训宣传。

【思考题】

1. 交通对环境的影响体现在哪些方面?
2. 汽车排放的污染物有哪几种?排放量与哪些因素有关?对人体的危害有哪些?如何治理?
3. 交通噪声的来源有哪些?有何特点?有何控制方法?
4. 交通振动的来源有哪些?如何防治?

第十六章
智能交通系统

本章介绍智能交通系统的基本原理和功能,培养学生的系统思维和创新意识。

第一节 智能交通系统概述

一、智能交通系统的含义

智能交通系统,英文为 Intelligent Transportation System,简称 ITS。智能交通系统是近 50 年发展起来的新型交通理念,迄今为止,国际上没有公认的定义。在第一届 ITS 世界大会上,大会主席对 ITS 做了如下描述:"智能交通系统是在较完善的道路基础设施之上,将先进的信息技术、通信技术、控制技术、传感器技术以及系统综合技术有效地集成并应用于地面交通系统,从而建立起的大范围内发挥作用的、实时、准确、高效的地面交通系统。"我国也有专家给出过解释:"智能交通系统是为出行安全方便和提高交通资源的效率,运用实时监测、信息技术、通信技术、计算机控制等技术创造的具有人类智慧特征的交通系统。"

从对智能交通系统的描述看,推进智能交通系统的目的是保障出行安全、方便和提高交通资源的利用效率,强调着眼于系统,强调系统具有人类智慧特征。智能交通系统是在传统交通系统基础上发展起来的,具有新理念。即在处理交通问题时,探索采用高新技术来改造现有道路系统和交通管理体系,充分挖掘现有路网潜力,尽量提高交通资源的利用效率,降低能耗,减少交通环境污染,在促进交通发展的同时做到保护环境。在进行交通管理时,更强调服务的理念,将管理与服务相结合,以服务促进管理,向用路人提供广泛的信息服务,使之有选择的可能。

ITS 强调系统,强调众多组织协调,共同研究、开发、调控,各子系统间实现有效的信息交换和共享,研究开发智能化、集成化的技术与方法,ITS 才能得以持续发展。

二、智能交通系统的发展

智能交通系统的发展,最早可以追溯到 20 世纪 70—80 年代的一系列车辆道路系统新技术开发与应用。在美国,由政府、企业、学术机构等参与,共同酝酿提出智能交通系统,起初称为智能车路系统(Intelligent Vehicle Highway System,IVHS)。1991 年,美国国会通过《地面交通效率法》(Intermodal Surface Transportation Efficiency Act,ISTEA),俗称《冰茶法案》。从此美国的 IVHS 研究开始进入宏观运作阶段。1994 年,美国将 IVHS 更名为 ITS。1996 年,美国公布了 ITS 的目标,要在未来 10 年内,在美国 75 个最大城市加强智能交通系统基础设施建设。

在欧洲,有关车辆和道路的研究,最早是分别按 PROMETHEUS 计划(Program for European Traffic with Highest Efficiency Unprecedented Safety)和 DRIVE 计划(Dedicated Road Infrastructure for Vehicle Safety in Europe)进行的。前者面向汽车技术,将先进的信息、通信与汽车技术结合,重点放在车辆的改进上;后者面向道路和交通控制技术,这一计划的第一阶段是致力于研究、规划、试验,尝试将人工智能技术应用公路系统,第二阶段的 DRIVE Ⅱ 继续了第一阶段的工作,主要致力于运行测试与评价研究。到了 1991 年,欧洲道路交通通信协作组织 ERTICO(European Road Transport Telematics Implementation Coordination Organization)成立,该组织的成立使得欧洲也将车辆和道路的研究结合为一体,开始了欧盟的 ITS 研究与开发的进程。

20 世纪 70 年代,日本开始车载动态路线指示系统的研究;20 世纪 80 年代,开始有关道路、通信系统的研究,以及移动交通通信系统的研究;1990 年,开始研究开发车辆信息与通信系统(VICS);1994 年,成立了道路交通车辆智能化推进协会 VERTIS(Vehicle,Road and Traffic Intelligence Society),以期求得各方合作,共同推进日本 ITS 的研究进程。

我国学者从 20 世纪 90 年代初开始关注国际上 ITS 的发展。交通部从 1996 年开始安排落实了一系列的研究项目和示范工程项目,如进行了公路智能交通系统发展战略研究。同时,建立 ITS 试验室及开展测试基地建设、网络环境下不停车收费系统示范工程等。1999 年 11 月,国家智能交通系统工程技术研究中心正式组建,主要工作包括推进交通领域 ITS 的工程应用,协助国家制定 ITS 领域的标准和规范,研究和开发 ITS 领域的新技术、新产品,并促进 ITS 的产业化发展。2000 年 2 月,全国智能交通系统(ITS)协调指导小组及办公室成立,我国 ITS 建设步入统一协调、规范发展的阶段。2000 年 7 月,公布了《中国智能交通系统体系框架》。

2015 年,科技部将"综合运输与智能交通"认定为交通科技领域"十三五"规划布局的重点专项之一,组织了一系列国内和国际的学术、技术和产品的交流活动。

2021 年,《"十四五"现代综合交通运输体系发展规划》中明确从推进基础设施智能化升级、推动先进交通装备应用、创新运营管理模式、夯实创新发展基础四方面,细化智能交通发展内容。

第二节 智能交通系统体系结构

美国较早进行了 ITS 体系结构的研究,并不断调整更新,随后欧洲、日本、澳大利亚、加拿大、芬兰等地区和国家都陆续完成了各自的体系结构研究,我国也建立了国家 ITS 体系结构。那么体系结构究竟起什么作用呢?体系结构是一种规格说明,它决定系统如何构成,确定功能模块以及模块间进行通信和协同的协议和接口。

ITS 是大范围内多系统协调运作的大系统,为了充分利用 ITS 技术的潜能,系统接口必须兼容以便分享数据,可以调整,可以跨地区运作,支持通用设备和恰当的通用服务。所以,ITS 体系框架的建立是为了提供全面的引导以确保系统、产品和服务的互换性和通用性,而对设计者的选择没有任何限制。ITS 体系框架能够使不同类型的技术满足交通运输用户的各种不同服务需求,在体系结构下通用性可确保这些技术互不干扰。由此可以了解,ITS 体系结构是为智能交通系统提供指导的结构标准,定义通用的结构,提供模块化的系统结构,并不是实际的系统设计。

在 ITS 体系结构中,提供了几个方面的定义,主要包括:
(1)实现一个给定用户服务的功能(如收集交通信息)。
(2)实现该功能的物理实体和子系统(如道路、车辆)。
(3)物体子系统间的界面和信息流,信息流的通信需求(有线和无线)。
(4)确定标准(国家和地区通用,适应经济和发展规模的产品标准)。

在按照体系结构进行系统配置时,一个子系统如何配置将由其选择的特定设备包决定,可以单一或集成配置。体系结构保证支持多种通信形式和技术的选择。

为保证更广泛的系统兼容性,智能交通系统体系结构应与国际标准组织和国际电信组织的有关内容相一致。考虑到相关领域、相关技术的发展对智能交通系统的促进,体系结构还应具有可扩展性。

ITS 体系结构中相关的几个名词解释如下。
用户服务:指在体系结构中,某一层向接近于最终用户的相邻层提供的(服务)功能。
用户主体:指服务面对的主要用户,反过来也是在某服务领域指定需求的主体。
服务主体(服务提供商):指服务的提供者,与用户主体是服务、被服务的关系。
系统功能:指 ITS 为完成用户服务必须具有的处理能力。
逻辑框架:定义了为提供各项 ITS 用户服务,ITS 必须具有的功能和必须遵从的(技术)规范,以及各功能之间交换的信息和数据流。
物理框架:指将逻辑框架中的功能实体化、模型化,把功能结构相近的实体(物理模型)归结成直观的系统和子系统。
设施:指在 ITS 中除了人和信息之外的所有实体,包括移动的设施和固定的设施。

ITS 体系结构主要包括服务领域、逻辑框架、物理框架、ITS 标准、ITS 评价等几个主要文件,下面分别叙述。

一、服务领域

智能交通系统的主要目标即是为用户提供良好高效的服务,所以体系结构中一个重要的组成部分就是服务领域,确定能为用户提供哪几大类服务。

在体系结构中,通过分析用户需求来确定服务领域。用户主要有公众和系统管理者两类,分别对应系统层次的需求和普通用户需求。

我国的 ITS 体系结构中,共分为 8 大服务领域,其中包含 34 项服务功能,又被细化为 137 个子服务功能。其中 8 个服务领域包括:①交通管理与规划;②电子收费;③出行者信息;④车辆安全与辅助驾驶;⑤紧急事件和安全;⑥运营管理;⑦综合运输;⑧自动公路。

美国 ITS 的 9 个服务领域包括:①智能化的交通信号控制系统;②高速公路管理系统;③公共交通管理系统;④事件和事故管理系统;⑤收费系统;⑥电子支付系统;⑦铁路平交路口系统;⑧商用车辆管理系统;⑨出行信息服务系统。

日本 ITS 的 9 个服务领域包括:①导航系统;②电子收费系统;③辅助安全驾驶;④道路交通的优化管理;⑤提高道路管理的效率;⑥公共交通支持;⑦提高商用车辆运营效益;⑧行人援助;⑨紧急车辆运营。

欧洲 ITS 的 6 个服务领域包括:①需求管理;②交通和旅行信息系统;③城市综合交通管理;④城市间综合交通管理;⑤辅助驾驶;⑥货运和车队管理。

二、逻辑框架

逻辑框架用来描述用户服务、系统功能和信息流程,用结构化数据流图表组织规范这些功能间的逻辑关系。

逻辑框架中包含的相关文件有功能层次表(功能域、功能、过程划分)、功能规范文件(功能域、功能、过程描述)、数据流图文件(描述各功能域、功能、过程间的逻辑关系)。

1. 逻辑框架顶层结构简图

顶层结构简图(System Context Diagram)主要描述 ITS 各系统之间的逻辑关系,如图 16-1 所示。

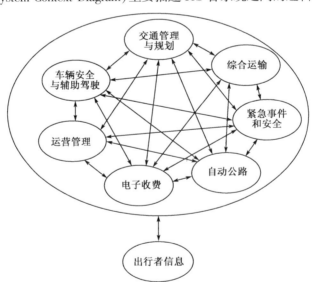

图 16-1 逻辑框架顶层结构简图

2. 数据流图

数据流图(Data Flow Diagram)描述子系统(或功能模块)存储的信息和在子系统(或功能模块)之间传输的信息或数据流,如图 16-2 所示。

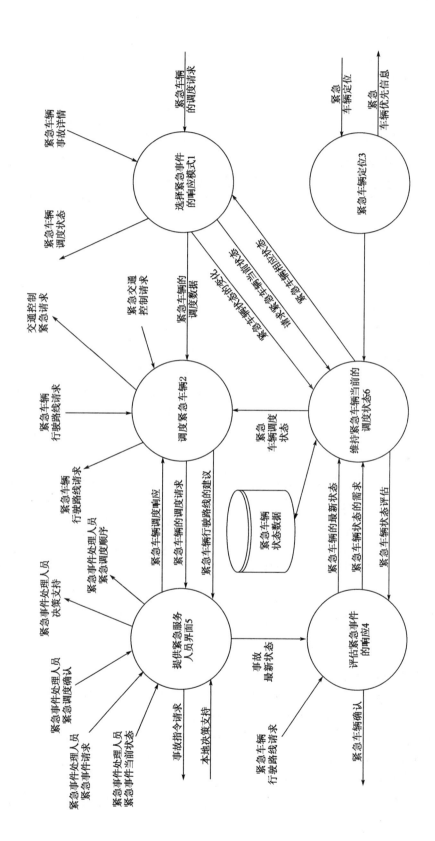

图16-2 "紧急车辆管理"功能的数据流图

3. 功能规范文件

功能规范文件是对子系统内功能模块的功能说明(Process Specification),描述将输入信息转换为所希望的输出信息的过程。

三、物理框架

物理框架是将逻辑框架中的功能实体化、模型化,把功能结构相近的实体(物理模型)确定为可以设计的物理系统和物理子系统。基本过程为:首先,将功能分配到物理子系统中;然后,确定实现功能的物理实体或结构;最后,确定子系统的输入输出终端。

物理框架中包含的相关文件有物理系统层次表,系统、子系统、系统模块描述文件,物理框架流图文件。

四、ITS 标准

目前还没有关于智能交通系统的专用标准,由于 ITS 涉及的技术和专业领域繁多,相关的专业技术应遵循相关技术标准。另外,国际标准组织(ISO)成立了一个专门的 TC-204 技术委员会,以促进交通系统标准化进程。该技术委员会有 16 个工作组,很早就开始致力于交通信息和控制系统标准化的工作。而在我国,ITS 体系结构中主要考虑了 4 部分内容:ITS 综合性标准包括 ITS 术语、结构、数据单元词典;标准明细表包括标准名称、标准简要描述、宜定级别、采标程度、相应的国际进展情况等;标准要求给出每个接口间传输的信息流,完成某项功能所必须交换的数据以及该接口适用的通信技术类别;关键标准明细表。

五、ITS 评价

ITS 评价是智能交通系统框架的关键组成部分之一,其目的是对智能交通系统项目的经济合理性、技术可行性、社会效益、环境影响和风险做出评价,为实际的 ITS 项目提供一个综合、全面的评价结果,为项目的可行性研究、实施、效果及方案比选、优化、决策提供科学依据,对已有的系统运作优化提供依据,还可以帮助投资者对将来的投资做出决定。ITS 项目的评价包括 5 个方面:经济、技术、社会、环境影响、风险。

第三节 智能交通系统中应用的关键技术

ITS 的研究对象是交通问题,所利用的工具不仅仅是交通工程理论,必须将先进的信息技术、通信技术、控制技术、传感器技术、计算机技术和系统综合技术有效地综合集成。ITS 具有多学科交叉的特点,各相关专业的关键技术构成了 ITS 的专业技术基础,其本质就是将高新技术应用到交通信息的采集、传输、处理和反馈的各个环节,最大限度地实现各类交通信息的共享,并对其进行综合分析,进而提高交通系统的运行效率和安全性能,实现交通系统的集约式发展。从技术层面来讲,ITS 是包括计算机技术、通信技术、信息技术、多媒体技术、传感器与控制技术等多个学科领域知识的交叉综合,各相关专业共同构成了 ITS 的专业技术基础。

一、计算机技术

智能交通系统可以有效运行的关键因素之一是实现广泛的信息交换与共享。信息需要采集、传输、处理、存储和发布,而计算机在信息存储、信息处理、信息共享和信息发布等方面起着重要作用。利用计算机数据库技术可以建立有关领域的数据库、知识库、方法库,利用计算机数据处理软件可以处理各类信息,进而建立各类信息系统。计算机网络技术又为ITS中大量的信息交换提供了物理平台。目前在智能交通系统广泛应用的管理信息系统(Management Information System,MIS)、决策支持系统(Decission Support System,DSS)、地理信息系统(GIS)等无一不是以计算机技术为基础的。

二、通信技术

在ITS中,通信技术为交通信息的传递和共享提供媒介和支持技术,为信息采集、信息加工处理、信息反馈以及信息发布等一系列环节中能够准确、快速地传递信息提供技术保障。

在ITS中,主要应用无线通信和有线通信两种方式,应用的无线通信技术主要有全球移动通信系统(Global System for Mobile Communications,GSM)、码分多址技术(Code Division Multiple Access,CDMA)、蜂窝数字分组数据(Cellular Digital Packet Data,CDPD)等移动通信技术、卫星通信技术以及短程通信技术等;有线通信技术有因特网(Internet)、综合业务数字网(Integrated Services Digital Network,ISDN)、异步传输模式(Asynchronous Transfer Mode,ATM)、光纤分布式数据接口(Fiber Distributed Data Interface,FDDI)等。当然,随着通信技术自身的发展,这些技术目前已经渗透在ITS的方方面面。

三、信息技术

研究信息提取、信息变换、信息存储的理论称为信息论,信息需要通过载体才可以真正实现信息流动,而对各类信息进行加工处理后才能应用于各个领域。目前,各类信息处理、加工的相关研究与开发已经取得了很多成果。ITS的核心是交通的信息化,在智能交通系统中各类信息系统发挥着重要作用。例如利用管理信息系统(MIS)对道路信息、交通状态信息、交通管制信息、交通事故信息加以管理和控制;应用决策支持系统(DSS),利用交通静态信息(包括各种城市路网信息、地域信息、公安业务信息等),以及交通动态信息(包括报警信息、交通路况信息、超前控制的决策信息等)对城市道路交通实施超前计划与控制。

其他应用还有卫星定位系统和地理信息系统(GIS)。卫星定位系统主要应用于车辆调度、目标跟踪、车辆导航和动态交通流数据的采集(装有卫星定位系统的车辆进行跟车法调查,可得到交通流速、流向等时空信息)等领域。GIS可以应用于交通地理信息的可视化管理、交通地理信息的动态显示等,GIS还可以用来开发用于车辆定位与导航系统、交通监控系统、交通控制指挥系统、公交智能化调度系统和综合物流系统等的专用电子地图。

四、多媒体技术

多媒体技术是通过计算机、电视、通信等技术结合实现的,它将信息以文字、声音、图像等多种方式呈现出来。与ITS相关的多媒体技术主要有多媒体图像采集技术、多媒体图像数据压缩技术、多媒体通信技术等,广泛应用于ITS中的现代交通监控系统、智能化电子收费系统、违章识别管理系统、车型分类、车牌号识别等多个领域中。

五、传感器与控制技术

交通检测、监视和控制是提高交通运输系统运行效率，提高交通安全水平以及管理水平的有效手段。能有效、准确检测、监测实时交通状态的各类传感器是实现交通检测与监控的前提。在 ITS 中广泛应用高灵敏度、高精度的智能化、集成化新型传感器，可以改善交通监控的有效程度，提高运行效率。ITS 通过变结构控制、最优控制、模糊控制、神经元网络控制以及人工智能领域的相关研究成果进行交通管理与控制，例如，采用动态实时控制与交通量动态预报相结合，更加有效地提高道路通行能力和服务水平；通过分布式集散控制系统对高速公路实施匝道控制、主线控制、走廊控制和网络控制的多种方式的集成控制；对城市道路实施绿波或区域性优化控制等。总之，通过应用先进的传感器与控制技术，可以改善城市路网、城市快速路、高速公路等道路的交通状况，减少拥堵，降低事故发生率。

第四节　ITS 实用系统

一、交通信息系统

交通信息系统的主要研究内容有出行者信息系统、车载路径诱导系统、停车场停车引导系统及交通地理信息系统(核心是数字地图数据库)。其中数字地图数据库是出行者信息系统和车载路线诱导系统的研究应用基础。

（一）系统的服务功能

1. 出行前信息服务

出行者在出行前可以利用有线和无线电话网、Internet 网络，在任意地点访问信息服务系统，以获取出行路径、方式、时间、当前道路交通状态及公共交通等相关信息，以便决定出发时间、选择出行工具以及出行路线。

2. 行驶中驾驶员信息服务

通过车载设备提供文字、图像或声音，向驾驶员提供动态优化的出行路线、车辆运行状态以及道路状况、交通管制等信息，提供路线诱导服务，还可以向不熟悉地形的驾驶员提供向导的功能。

3. 途中公共交通信息服务

通过可变信息情报板、广播、路边公用电话、公用计算机网络终端，使已在途中的公交用户在路边、公交车站或站台上及公交车辆上，获取实时公交出行服务信息，如出行路线指引、提供替代路线，以便乘客在出行中能够根据当前交通状况对其出行路线、方式做出适当调整。

4. 个性化信息服务

通过多种媒体及个人便携装置接收和访问个性化信息服务系统，以获取与出行有关的社会综合服务及设施的信息，此类信息包括餐饮服务、停车场、汽车修理厂、医院、警察局等的地址、营业或办公时间等。

(二)系统功能与构成

为了实现系统所提供的各项信息服务功能,从信息结构的角度,系统应该具有信息采集、信息处理、信息存储和信息发布的功能。因此,交通信息系统应由交通信息中心、车载路线诱导、信息服务、通信网络4个功能单元构成。

(三)系统设计的关键技术

1. 路网数字地图数据库的研究

为了将数字地图直接用于路线诱导,如何表达道路属性信息(路段长度、行车道数、道路级别、是否收费)和交通管制信息(单行线、路口禁转),从而全面地表达路网是需要重点研究的基础内容。此外,应设计一个结构合理的属性数据库存储道路属性信息和交通管制信息。

2. 出行者行为模型研究

需要进一步深入研究出行者的交通特性,以建立有效的动态路径选择模型和动态行程时间预测模型。

3. 有效的通信技术研究

包括可靠的信息编码和纠错技术、传输的抗干扰性等技术的研究。

(四)系统应用案例

伦敦高森伯格和德国中部黑森州地区实施的 SNRTES(System of Nluhr Radio for Traffic Efficiency System),是欧洲集成道路交通环境计划的一个双向通信部分,应用于 GSM 系统,主要具有以下智能交通功能。

(1)动态导航:提供动态路网信息和实时交通信息;提供先进的交通流控制。
(2)车队管理:给出车队的实时所在位置及道路状况报警。
(3)停车场管理及信息系统:从各停车场获得信息并及时通知车队,以便找到最佳的停车位置。
(4)公共交通管理与信息系统:含公共车辆动态调度表、旅客信息系统和公共交通车队信息。
(5)危险状态报警:提供前方发生交通事故或者大雾、冰雪预报;提供紧急救援。
(6)旅游信息:提供旅馆位置、状态、加油站等信息;提供交通管理的其他信息和咨询功能。

目前开发成功的还有美国的 Pathfinder、Travtek,德国的 Ali-Scout 和日本的 AMTICS 等系统。

二、先进交通管理系统

先进交通管理系统(Advanced Traffic Management System,ATMS)的主要研究内容有城市道路交通信号控制系统、高速公路管理系统、事故管理系统、车辆排放监测和管理系统等。

(一)系统功能

系统主要功能如下:

(1)交通网络监视和检测,实时提供道路和交通状况数据。

(2) 交通流量分析和预测,交通流量的模型识别、预报与分析,优化交通组织。

(3) 城市交通控制的优化,中心管理的动态控制策略,交叉口自适应控制,建立行人、车辆和非机动车控制的模型。

(4) 高速公路出入口匝道控制,城市出入口的监控。

(5) 交通流量的控制,提高公共交通的效率;协调多种交通方式。

(6) 通过可变信息情报板、交通信息广播提供最优路线引导等交通信息服务。

(7) 事故监测与管理,建立快速反应的紧急救援系统。

(8) 环境的监测和控制。

(二) 系统结构

1. 信息采集系统

车辆检测器检测交通量、车道占有率和车速等交通流参数,设置在城市道路的交叉口附近和高速公路的出入口及主线上。常用的检测器有环形检测线圈、磁性检测器、雷达检测器、超声波检测器等。

紧急电话设置在高速公路两侧路肩上,在发生紧急事件时为车辆提供紧急救援呼叫服务,以便与控制中心联系。

交通探测车报告实时的路网交通状况、路段通行时间、车辆位置、事故和道路损坏状况。

视频监测系统是在城市道路路段和交叉口、高速公路特殊地段和事故多发地段安装的视频监视设备,如闭路电视。加上图形处理设备,既可以对该区域交通状况、事故或车辆故障情况进行监视,还可以通过图形处理获得交通量等交通特性参数。

气象检测器检测气象状况、如雾、冰冻、风力风向、雨量、路面积雪程度等。

电子收费系统用于高速公路收费,还具有车辆防盗、车流量计数等功能。

2. 信息传输系统

实现各子系统之间的数据、语音和图像的传输,主要包括综合业务交换(专用程控交换机及外围设备,支持紧急电话、调度电话和业务电话等)、通信传输(普通程控电话电缆传输、数字微波中继传输、数字光纤传输),PCM 数字基群(复接设备)、移动通信(GSM、CDMA 等)几部分。

3. 信息处理系统

核心是交通控制中心,既完成信息处理功能,又实施交通管理和控制功能。主要功能包括实时自适应控制,根据交通需求和交通状态优化交叉口和匝道入口交通信号灯的绿信比,平衡道路的交通分配;还可实现各种交通管理功能,如在交通事故、道路维修、危险状况等情况下能够提供丰富信息。上述功能实现的基础是构建交通信息数据库,数据库通过收集来自各种交通检测器的数据,将交通拥堵、行程时间及控制效果等信息存储在其中,并随时更新,以便及时调整控制策略,并与系统的其他组成部分交换信息。

4. 信息发布系统

通过可变信息标志、可变限速标志、交通广播和路侧广播、信号灯、道路模拟屏、信号灯系统、公共查询系统、网络信息中心终端等设备向出行者和管理者提供交通信息,发布命令与建议,促使出行者选择合理的出行方式和路线,使道路交通量合理分布,达到交通管理与控制的目的。

交通管理系统与交通信息系统可共用信息采集、处理和传输的功能。例如，交通信息中心通过交通管理系统的环形检测器、路口摄像机、交通检测车采集数据，也采集来自于交通警察和交通信息提供者的关于当前交通事件、事故、阻塞等的定性交通信息，以及路段行程时间、交通流量和车道占用率等实时交通状况信息。还可以考虑将交通信息中心和交通控制中心建立在一个共用的交通信息平台之上（共用地理信息数据库、交通运行数据库、公共运输信息数据库和道路信息数据库）。

(三) 系统设计的关键技术

(1) 视频系统的图像数字化、压缩、传输和模型识别技术。
(2) 动态交通预测，包括动态交通分配与模拟、动态 OD 估计与预测、实时交通控制算法及模型等。
(3) 高速公路通道集成交通模型。
(4) 主要路段和高速公路事故识别与管理。

(四) 系统应用案例

美国底特律的智能交通中心在系统中使用了 148 个电视监控镜头、54 幅可变交通信息情报板、2419 个检测线圈、2070 个不同类型的信号控制机、9 座通信塔及 103km 的高速光纤，可以实时监控高速公路的运行状况。事故管理支持系统可以提醒监控人员潜在的事故并能够提供一系列的处理方案。

英国的 SCOOT 系统、意大利的 UTOPIA 系统、法国的 PRUDYN 系统以及德国的 MOTION 系统，都表明系统的应用可使车辆平均速度提高 10%～29%，旅行时间减少 10%～20%。由于城市交通控制系统和车辆管理系统使汽车排放的有害气体（CO、NO_x、HC）降低了 26%～30%，城市的环境得以改善。

三、其他系统

(一) 先进公共交通系统

先进公共交通系统（Advanced Public Transportation System, APTS）的主要功能是改善公共交通工具（包括公共汽车、地铁、轻轨、城郊铁路和城市间的长途汽车等）的运行效率，运用高新技术使公共交通和合乘车辆更有效、更可靠，使公共交通更便捷、更经济、运量更大。主要功能如下。

1. 公共交通辅助管理

实现公交系统规划、运营、管理的自动化和智能化：利用计算机对公交车辆及公共设施的技术状况和服务水平进行实时分析，在非定线或准定线公共运输中为调度人员和驾驶员提供解决方案，与交通管理系统结合，采取公交优先策略。

2. 提供公共交通信息

为利用不同公共交通方式出行的出行者提供实时准确的车载中转换乘信息。

3. 保障公共交通安全

为公共汽车站、停车场、客运站及行驶途中的公共交通车辆提供行驶或工作环境的安全监测。

(二)车辆辅助控制系统

车辆辅助控制系统还处于研究试验阶段,从当前的发展看,可以分为两个层次:一是车辆辅助安全驾驶系统,系统由车载传感器(微波雷达、激光雷达、摄像机、其他形式的传感器等)、车载计算机和控制执行机构等组成,行进中的车辆通过车载传感器测定出与前车、周围车辆以及与道路设施的距离,系统会及时向驾驶员发出警报,在紧急情况下强制车辆制动。二是自动驾驶系统,装备了这种系统的汽车也称为智能汽车,它在行驶中可以自动导向、自动检测和回避障碍物。在智能公路上,能够在较高的速度下自动保持与前车的距离。

(三)货运管理系统

该系统是以高速道路网和信息管理系统为基础,利用物流理论进行管理的智能化物流管理系统。它综合利用卫星定位、地理信息系统、物流信息及网络技术有效组织货物运输,可有效提高货运效率。

第五节 物联网与车联网技术

一、物联网技术

物联网技术是新一代信息技术的重要组成部分,也是"信息化"时代的重要阶段性成果。其英文名称为"Internet of Things(IoT)"。顾名思义,物联网就是物物相联的互联网。主要有两层含义:其一,物联网的核心和基础仍然是互联网,是在互联网基础上延伸和扩展的网络;其二,其用户端延伸和扩展到了任何物品与物品之间,在它们之间进行信息交换和通信,也就是物物相融。物联网通过智能感知、识别技术与普适计算等通信感知技术,广泛应用于网络的融合中,也因此被称为继计算机、互联网之后世界信息产业发展的第三次浪潮。

从技术架构来看,物联网可分为3层:感知层、网络层和应用层。

(1)感知层由各种传感器以及传感器网关构成,包括二维码标签、射频识别(RFID)标签和读写器、摄像头、卫星定位系统等感知终端。它是物联网识别物体、采集信息的来源,其主要功能是识别物体、采集信息。

(2)网络层由各种私有网络、互联网、有线和无线通信网、网络管理系统和云计算平台等组成,负责传递和处理感知层获取的信息。

(3)应用层是物联网和用户(包括人、组织和其他系统)的接口,它与行业需求结合,实现物联网的智能应用。

在物联网应用中有3项关键技术:传感器技术、RFID标签、嵌入式系统技术。

(1)传感器技术:这也是计算机应用中的关键技术,需要传感器把模拟信号转换成数字信号计算机才能处理。

(2)RFID标签:也是一种传感器技术,RFID技术是融合了无线射频技术和嵌入式系统技术的综合技术,RFID在自动识别、物品物流管理领域有着广阔的应用前景。

（3）嵌入式系统技术：是综合了计算机软硬件、传感器技术、集成电路技术、电子应用技术的复杂技术。

二、车联网技术

车联网（Internet of Vehicles）概念引申自物联网（Internet of Things），属于物联网的一部分，根据行业背景不同，对车联网的定义也不尽相同。传统的车联网定义是指装载在车辆上的电子标签通过无线射频等识别技术，在信息网络平台上实现对所有车辆的属性信息和静、动态信息的提取和有效利用，并根据不同的功能需求对所有车辆的运行状态进行有效的监管和提供综合服务。

随着车联网技术与产业的发展，上述定义已经不能涵盖车联网的全部内容。根据车联网产业技术创新战略联盟的定义，车联网是以车内网、车际网和车载移动互联网为基础，按照约定的通信协议和数据交互标准，在车-X（X：车、路、行人及互联网等）之间，进行无线通信和信息交换的大系统网络，是能够实现智能化交通管理、智能动态信息服务和车辆智能化控制的一体化网络，是物联网技术在交通系统领域的典型应用。

车联网的架构同物联网一样，主要包括3个层次：感知层、传输层和应用层，因此具有其他车辆控制系统无法比拟的优势。车联网与目前在道路运输领域广泛使用的智能交通系统相比，可以实现更全面的感知、各种各样的互联以及智能化信息处理和应用集成。

在物联网应用中有6项关键技术。

（1）传感器技术及传感信息整合：传感技术主要涉及车的传感器网络和路的传感器网络。车的传感器网络可分为车内传感器网络和车外传感器网络。车内传感器网络是向人提供关于车的状况信息的网络；车外传感器网络是用来感应车外环境状况的传感器网络。路的传感器网络指铺设在路上和路边的传感器构成的网络，用于感知和传递路的状况信息。

（2）开放的、智能的车载终端系统平台：如互联网络中的计算机、移动互联网中的手机。车载终端是车主获取车联网最终价值的媒介，是网络中最为重要的节点。

（3）语音识别技术：成熟的语音识别技术依赖于强大的语料库及运算能力，因此车载语音技术的发展本身就得依赖于网络，因而必须要采用基于服务端技术的"云识别"技术。

（4）服务端计算与服务整合技术：云计算在车联网中用于分析计算路况、大规模车辆路径规划、智能交通调度、基于庞大案例的车辆诊断计算等。车联网和互联网、移动互联网一样都得采用服务整合来实现服务创新，提供增值服务。服务整合可以使车载终端获得更合适、更有价值的服务。

（5）通信及其应用技术：指短距离无线通信和远距离移动通信技术。前者主要是RFID传感识别及类似无线保真（Wi-Fi）等通信技术，后者主要是通用分组无线服务、长期演进技术、5G等移动通信技术。

（6）互联网技术：车联网是通过整合车、路、人各种信息与服务，最终为人（车内的人及关注车内的人）提供服务。因此，能够获取车联网提供的信息和服务的不仅仅是车载终端，而是所有能够访问互联网终端，因此计算机、手机也是车联网的终端。

三、物联网与车联网技术的应用

物联网技术的主要应用领域包括：智能电网（电网管理、节能与安全、故障预警）、智能交通(公交运营生产调度、实时交通信息控制、道路视频监控和 ETC 系统、车车及车与基础设施通信)、智能安防(城市及大型公共设施监控)、智能工业(供应链管理、生产工艺优化、设备监控管理、安全生产管理)、智能环保(生态、人居环境监测)、智能物流(流程管理、信息服务平台)、食品药品安全(生产过程信息采集与管理)、智慧城市(城市管理、城市信息服务)等。

当前车联网技术的应用主要包括：进行车辆驾驶安全等级评定,对车辆保险业务的客户进行评级优化;获取车辆驾驶数据及故障信息,提醒驾驶员及时维修保养;开发系统减轻驾驶员的负担,提高驾驶舒适性,为驾驶员发送视觉、听觉和(或)触觉报警信号,加快驾驶员反应,自主制动以预防事故或减轻其严重程度。

【思考题】

1. 什么是智能交通系统？其服务领域包括哪些内容？
2. 请简述交通管理系统的结构和主要功能。
3. 请简述公共交通系统的结构和主要功能。
4. 请简述车辆导航系统的结构和主要功能。

参 考 文 献

[1] 中华人民共和国国家发展和改革委员会,中华人民共和国交通运输部.国家公路网规划[EB/OL].(2022-07-12)[2023-06-03].http://jtt.hebei.gov.cn/jtyst/zwgk/jcxxgk/zcwj/zcfg/101657267072299.html.

[2] 全国人大常委会办公厅.中华人民共和国城乡规划法[M].北京:中国法制出版社,2019.

[3] 中国法制出版社.中华人民共和国道路交通安全法[M].北京:中国法制出版社,2021.

[4] 中华人民共和国国务院."十四五"现代综合交通运输体系发展规划[EB/OL].(2022-03-25)[2023-06-03].https://www.ndrc.gov.cn/fggz/fzzlgh/gjjzxgh/202203/t20220325_1320208.html.

[5] Transportation Research Board. Highway Capacity Manual[M]. 7th Edition. Washington D.C.: The National Academies Press, 2022.

[6] 中华人民共和国交通运输部.公路工程技术标准:JTG B01—2014[S].北京:人民交通出版社,2015.

[7] 中华人民共和国住房和城乡建设部.城市道路工程设计规范:CJJ 37—2012[S].北京:中国建筑工业出版社,2012.

[8] 北京交通发展研究院.2021北京市交通发展年度报告[M].北京:社会科学文献出版社,2021.

[9] 全国交通工程设施(公路)标准化技术委员会.道路交通标志和标线 第1部分:总则:GB 5768.1—2009[S].北京:中国标准出版社,2009.

[10] 中华人民共和国交通运输部.道路交通标志和标线 第2部分:道路交通标志:GB 5768.2—2022[S].北京:中国标准出版社,2022.

[11] 全国交通工程设施(公路)标准化技术委员会.道路交通标志和标线 第3部分:道路交通标线:GB 5768.3—2009[S].北京:中国标准出版社,2009.

[12] 中华人民共和国住房和城乡建设部.城市停车规划规范:GB/T 51149—2016[S].北京:中国建筑工业出版社,2017.

[13] 中华人民共和国住房和城乡建设部.城市综合交通体系规划标准:GB/T 51328—2018[S].北京:中国建筑工业出版社,2019.

[14] 中华人民共和国国务院.国家综合立体交通网规划纲要[EB/OL].(2021-02-24)[2023-06-03].https://www.gov.cn/gongbao/content/2021/content_5593440.htm.

[15] 中华人民共和国国务院.2030年前碳达峰行动方案[EB/OL].(2021-10-24)[2023-06-03].https://www.gov.cn/zhengce/content/2021/10/26/content_5644984.htm.

[16] 任福田,徐吉谦,朱长仁,等.交通工程学导论[M].北京:中国建筑工业出版社,1987.

[17] 国家统计局.中国统计年鉴2022[M].北京:中国统计出版社,2022.

[18] 中国公路学会.交通工程手册[M].北京:人民交通出版社,1998.